高等院校通识教育课程教材

新时代大学生
劳动教育与实践

主　编　赵忠民

副主编　金　益　王　亮　崔懂礼　钱宏宇

WUHAN UNIVERSITY PRESS
武汉大学出版社

图书在版编目(CIP)数据

新时代大学生劳动教育与实践 / 赵忠民主编. -- 武汉 : 武汉大学出版社, 2025.8. -- 高等院校通识教育课程教材. -- ISBN 978-7-307-25115-1

Ⅰ.G40-015

中国国家版本馆 CIP 数据核字第 2025RC2550 号

责任编辑:胡国民　　责任校对:汪欣怡　　版式设计:马　佳

出版发行: **武汉大学出版社**　(430072　武昌　珞珈山)

(电子邮箱: cbs22@ whu.edu.cn　网址: www.wdp. com.cn)

印刷:武汉邮科印务有限公司

开本:787×1092　1/16　印张:18　字数:401 千字　插页:2

版次:2025 年 8 月第 1 版　2025 年 8 月第 1 次印刷

ISBN 978-7-307-25115-1　定价:49. 00 元

目 录

第一篇 劳动理论篇

第二篇 劳动素养篇

第三篇 劳动实践篇

第一篇　劳动理论篇

第一章
劳动教育的本质与理论根基

劳动教育是新时代大学生全面发展的重要基石。马克思主义劳动观深刻揭示了劳动的本质与价值，明确指出劳动不仅是人类生存发展的基础，更是推动历史进步与社会变革的核心动力。劳动创造了人本身，促进了生产力与生产关系的变革，其社会性、能动性与客观物质性特征贯穿于人类实践的始终。这一理论为新时代劳动教育提供了科学指引，强调了劳动教育在培养大学生责任意识、创新精神及实践能力中的关键作用，为实现中华民族伟大复兴注入了思想力量。

中国传统文化中的劳动思想为现代教育提供了丰厚滋养：儒家倡导“勤勉劳动”与道德修养并重，道家主张顺应自然的劳动智慧，墨家强调劳动平等与互助精神。这些思想启示着当代教育需融合劳动精神与德育、智育、美育，通过实践传承中华优秀传统文化基因，确立“劳动光荣”的价值导向，引导大学生在劳动中实现自我价值与社会价值的统一。

新时代劳动教育在“五育融合”中发挥着纽带作用，与德育、智育、体育、美育相辅相成。其通过实践场景深化知识应用，来锤炼意志品质，促进身心健康，培育创新思维与审美能力。面对社会发展需求，劳动教育需立足传统、融合现代，构建理论与实践并重的育人体系，为培养德智体美劳全面发展的社会主义建设者和接班人夯实基础。

第一节　马克思主义劳动观的核心内涵与当代价值

马克思主义劳动观作为马克思主义理论体系的重要组成部分，犹如一座光芒四射的灯塔，为我们认识劳动的本质、价值和意义提供了科学的指引。它不仅深刻揭示了劳动在人类社会发展中的决定性作用，还为我们理解社会现象、推动社会进步奠定了坚实的理论基础。在新时代，深入探究马克思主义劳动观的核心内涵及其当代价值，对于加强大学生劳动教育、培养德智体美劳全面发展的社会主义建设者和接班人具有至关重要的意义。

一、劳动创造人本身

马克思主义认为，劳动在从猿到人的转变过程中起到了决定性的作用。① 在远古时期，类人猿为了生存，不得不适应环境的变化，开始使用简单的工具进行劳动。这种劳动实践逐渐促使类人猿的身体结构发生了变化，例如，手脚的分工使得类人猿能够更加灵活地使用工具，从而提高了获取食物和防御天敌的能力。随着劳动的不断发展，类人猿的大脑也逐渐得到了锻炼和发展，思维能力不断提高，最终实现了从猿到人的质的飞跃。

劳动不仅创造了人的身体结构，还塑造了人的意识和语言。在劳动过程中，人们需要相互协作、交流信息，这就促使了语言的产生。语言的出现又进一步促进了人类思维的发展和意识的形成。人类通过语言来表达自己的思想、交流经验，从而推动了知识的传承和积累。可以说，劳动是人类意识和语言产生的源泉，是人类区别于其他动物的重要标志。

劳动创造人本身这一观点，深刻地揭示了劳动对于人类生存和发展的基础性作用。它让我们认识到，人类的进化和发展离不开劳动，劳动是人类不断进步的动力源泉。正如马克思所说："正是在改造对象世界的过程中，人才真正地证明自己是类存在物。这种生产是人的能动的类生活。通过这种生产，自然界才表现为他的作品和他的现实。"②

二、劳动创造历史

马克思、恩格斯指出："——当人开始生产自己的生活资料，即迈出由他们的肉体组织所决定的这一步的时候，人本身就开始把自己和动物区别开来。人们生产自己的生活资料，同时间接地生产着自己的物质生活本身。"③ 这表明，劳动是人类历史的起点，人类的历史就是一部劳动的历史。

从原始社会的狩猎、采集，到农业社会的农耕、畜牧，再到工业社会的机器生产和现代社会的科技创新，劳动的形式和内容不断发生着变化，但劳动始终是人类社会存在和发展的基础。在不同的历史时期，劳动创造了不同的物质财富和精神财富，推动了社会的进步和发展。例如，在古代，劳动人民通过辛勤的劳动建造了宏伟的金字塔、长城等伟大的建筑，创造了灿烂的文化和艺术；在近代，工业革命的兴起使得劳动生产率大幅提高，推动了资本主义社会的发展；在现代，科技创新劳动更是成为推动社会进步的核心力量，互联网、人工智能等新技术的出现深刻地改变了人们的生活方式和社会面貌。

劳动创造历史还体现在劳动人民是历史的创造者这一观点上。马克思认为，人民群众是历史的主体，是推动社会发展的决定性力量。在历史的长河中，广大劳动人民通过

---

① 马克思恩格斯选集（第3卷）［M］. 北京：人民出版社，2012：508-520.

② 马克思恩格斯选集（第1卷）［M］. 北京：人民出版社，2012：57.

③ 马克思恩格斯选集（第1卷）［M］. 北京：人民出版社，2012：147.

自己的辛勤劳动和智慧，创造了社会的物质财富和精神财富，推动了社会的变革和进步。例如，在封建社会，农民阶级的劳动是农业生产的主要力量，他们的辛勤劳作养活了整个社会；在资本主义社会，工人阶级的劳动创造了巨大的社会财富，但却遭受资本家的剥削和压迫，于是他们通过罢工、起义等形式进行斗争，推动了社会的变革和进步。

三、劳动推动社会发展

马克思指出："人们在生产中不仅仅影响自然界，而且也互相影响。他们只有以一定的方式共同活动和互相交换其活动，才能进行生产。为了进行生产，人们相互之间便发生一定的联系和关系；只有在这些社会联系和社会关系的范围内，才会有他们对自然界的影响，才会有生产。"① 这表明，劳动不仅是人与自然之间的物质变换过程，也是人与人之间的社会交往过程。劳动推动社会发展，主要体现在以下几个方面。

首先，劳动促进了生产力的发展。生产力是人类改造自然、获取物质生活资料的能力，是社会发展的最终决定力量。在劳动过程中，人们不断积累经验、改进技术、发明创造，从而推动了生产力的不断提高。例如，从手工劳动到机器生产，再到自动化生产和智能化生产，每一次生产方式的变革都是劳动推动生产力发展的结果。生产力的发展又进一步促进了社会分工的细化和专业化，提高了劳动生产率，推动了社会经济的发展。

其次，劳动推动了生产关系的变革。生产关系是人们在生产过程中形成的社会关系，包括生产资料所有制形式、人们在生产中的地位和相互关系以及产品分配方式等方面。随着生产力的发展，原有的生产关系可能会逐渐不适应生产力的发展要求，从而引发生产关系的变革。例如，在封建社会后期，随着商品经济的发展和资本主义的萌芽，封建生产关系逐渐成为生产力发展的障碍，于是资产阶级通过革命的方式推翻封建统治，建立了资本主义生产关系，从而推动了社会的进步和发展。

最后，劳动促进了社会的全面进步。劳动不仅创造了物质财富，还创造了精神财富。在劳动过程中，人们不断提高自己的文化素质和道德水平，推动了科学技术、文化艺术、教育等社会事业的发展。同时，劳动也促进了社会的和谐与稳定，人们通过劳动相互协作、相互帮助，形成了良好的社会关系和社会秩序。

四、马克思主义劳动观的当代价值

在当代社会，马克思主义劳动观依然具有重要的价值和意义，特别是对于新时代大学生劳动教育具有重要的指导作用。

（1）马克思主义劳动观为新时代大学生劳动教育提供了科学的理论基础。它让大学生深刻认识到劳动的本质和价值，树立了正确的劳动观念。通过学习马克思主义劳动观，大学生能够明白劳动是人类生存和发展的基础，是实现自我价值的重要途径。同

① 马克思恩格斯选集（第1卷）[M]. 北京：人民出版社，2012：340.

时，马克思主义劳动观也强调劳动的社会性和历史性，让大学生认识到劳动不仅仅是个人的行为，更是与社会的发展和进步紧密相连的。由上可知，树立正确的劳动价值观有助于培养大学生的社会责任感和使命感，激发他们为社会发展贡献自己的力量。

（2）马克思主义劳动观有助于培养大学生的劳动精神和劳动技能。劳动精神是劳动者在劳动过程中所表现出来的精神风貌和价值取向，包括敬业、奉献、创新、奋斗等方面。马克思主义劳动观强调劳动的创造性和能动性，鼓励人们在劳动中不断创新、勇于奋斗。通过学习马克思主义劳动观，大学生能够树立正确的劳动态度，培养敬业精神和奉献精神，提高自己的劳动技能和创新能力。

（3）马克思主义劳动观对于推动社会发展和实现中华民族伟大复兴中国梦具有重要的意义。在新时代，我们要实现中华民族伟大复兴中国梦，需要全体人民的共同努力和辛勤劳动。马克思主义劳动观强调劳动的重要性，鼓励人们通过劳动创造美好生活。它能够激发人们的劳动热情和创造力，凝聚起全社会的力量，为实现中华民族伟大复兴中国梦而努力奋斗。

马克思主义劳动观的核心内涵深刻揭示了劳动在人类社会发展中的决定性作用，其当代价值对于新时代大学生劳动教育和社会发展具有重要的指导意义。我们要深入学习和领会马克思主义劳动观，将其融入新时代大学生劳动教育和的社会实践，培养更多德智体美劳全面发展的社会主义建设者和接班人，为实现中华民族伟大复兴中国梦贡献力量。

第二节 劳动的本质属性与社会发展功能

劳动，作为人类社会最基本的实践活动，贯穿于人类历史发展的始终。深入剖析劳动的本质属性，能够让我们更清晰地认识劳动的内在规律和特征；而探讨劳动在社会发展中的功能，则有助于我们理解劳动对于社会进步的重要意义。

一、劳动的本质属性

（一）客观物质性

劳动具有客观物质性，这是劳动最基本的属性之一。马克思主义认为，劳动首先是人和自然之间的过程，是人以自身的活动来引起、调整和控制人和自然之间的物质变换的过程。在这个过程中，劳动的主体、对象和手段都是客观存在的物质实体。

劳动主体即劳动者，是具有自然属性的人。劳动者的身体是一种自然力，他们通过自身的体力和脑力的支出，与自然界进行物质和能量的交换。例如，农民在田间劳作，他们运用自己的体力挥动锄头、播种收割，通过自身的劳动改变土地的状态，获取农产品。这种劳动过程是实实在在的物质活动，劳动者的身体机能在劳动中得到体现和消耗。

劳动对象是劳动者在劳动过程中所加工的一切物质资料。它可以是自然界直接提供的自然资源，如矿石、木材等；也可以是经过人类加工的原材料，如钢材、布料等。这些劳动对象都是客观存在的物质，具有一定的物理和化学性质。例如，矿石是矿工的劳动对象，具有特定的硬度、密度等物理属性，矿工需要根据这些属性选择合适的开采工具和方法。

劳动手段是劳动者在劳动过程中用以改变或影响劳动对象的物质资料或物质条件，主要包括生产工具、生产建筑物等。生产工具是劳动手段的核心，是人类劳动能力和生产力发展水平的重要标志。从原始的石器工具到现代自动化生产设备，生产工具的不断演进反映了人类劳动能力的不断提高。例如，在工业生产中，工人使用各种机器设备对原材料进行加工，这些机器设备就是劳动手段，它们是客观存在的物质实体，通过工人的操作发挥作用，实现对劳动对象的加工和改造。

劳动的客观物质性还体现在劳动过程遵循自然规律。人类在劳动中不能违背自然规律，必须按照自然规律办事。例如，农业生产必须遵循农作物生长的规律，根据季节、气候等自然条件进行播种、施肥、灌溉等操作。如果违背了这些规律，就会导致农作物减产甚至绝收。

（二）有目的的能动性

劳动是一种有目的的能动性活动，这是人类劳动区别于动物本能活动的重要特征。动物的活动是一种本能的、无意识的行为，它们只是为了满足自身的生存需要而进行简单的觅食、筑巢等活动。而人类的劳动则是在一定的意识和目的的支配下进行的，人类能够预先设想劳动的结果，并根据这个结果来选择劳动的方式。

在劳动过程开始之前，劳动者就已经在头脑中形成了关于劳动结果的观念。例如，建筑师在设计一座建筑物之前，会在脑海中构思出这座建筑物的外观、结构、功能等方面的蓝图。然后，他们会根据这个蓝图制订详细的施工计划，选择合适的建筑材料和施工工艺，组织施工人员进行施工。整个劳动过程都是围绕着预先设想的目标展开的，劳动者通过自己的努力将头脑中的观念转化为现实的物质成果。

劳动的有目的的能动性还体现在能够不断地创新和改进劳动方式。随着社会的发展和科技的进步，人类不断地探索和发明新的生产技术和工具，提高劳动生产率。例如，在工业革命时期，人们发明了蒸汽机、纺纱机等机器设备，极大地提高了生产效率，推动了生产力的发展。在现代社会，随着信息技术、生物技术等高新技术的不断涌现，更是为人类劳动带来了前所未有的变革。人们可以通过计算机控制生产过程，实现自动化生产；可以利用生物技术进行基因编辑、药物研发等。这些创新和改进都是人类劳动能动性的体现。

劳动的有目的的能动性还表现在人类能够根据不同的需求和条件，灵活地调整劳动的方向和内容。例如，在市场需求发生变化时，企业会及时调整生产计划，改变产品的种类和数量。人们也会根据自身的发展需求和社会的变化，不断学习新的知识和技能，提高自己的劳动能力和竞争力。

（三）社会性

劳动具有社会性，这是因为人类的劳动从来都不是孤立的个人行为，而是在一定的社会关系中进行的。

劳动的社会性首先体现在劳动的分工与协作上。在社会生产中，由于不同的劳动者具有不同的技能和特长，为了提高劳动效率，人们会进行分工。例如，在一个工厂里，有工人负责生产零部件，有工人负责组装产品，还有工人负责质量检测等。这种分工使得每个劳动者都能够专注于自己擅长的工作，提高了劳动的专业化程度。同时，为了完成整个生产过程，不同岗位的劳动者之间需要进行协作。他们相互配合、相互支持，共同完成生产任务。例如，在建筑工地上，建筑师、工程师、施工工人等不同专业的人员需要密切协作，才能建造出高质量的建筑物。

劳动的社会性还体现在劳动产品的交换和分配上。在社会分工的基础上，不同的劳动者生产出不同的劳动产品。为了满足自身的多种需求，人们需要进行劳动产品的交换。例如，农民生产出粮食，工人生产出工业品，他们通过市场交换，用自己的产品换取对方的产品，从而实现了资源的优化配置。同时，劳动产品的分配也是在一定的社会关系中进行的。在不同的社会制度，劳动产品的分配方式也不同。例如，在资本主义社会，劳动产品按照资本家和工人之间的雇佣关系进行分配，资本家占有大部分的劳动成果，而工人只能获得维持自身生存的工资；在社会主义社会，劳动产品按照按劳分配的原则进行分配，劳动者根据自己的劳动贡献获得相应的报酬。

劳动的社会性还反映在劳动对社会关系的塑造上。劳动不仅是人们获取物质生活资料的手段，也是人们建立和发展社会关系的重要途径。在劳动过程中，人们相互交往、相互合作，形成了各种社会关系，如家庭关系、同事关系、朋友关系等。这些社会关系又反过来影响着人们的劳动和生活。例如，良好的同事关系可以提高工作效率，促进团队合作；和谐的家庭关系可以为劳动者提供精神支持，让他们更加安心地投入工作。

二、劳动在社会发展中的功能

（一）促进经济增长

劳动是经济增长的源泉。从宏观层面来看，一个国家或地区的经济增长主要取决于劳动力、资本、技术等生产要素的投入和配置。其中，劳动力是最活跃的最关键性生产要素。劳动者通过自己的劳动，将自然资源转化为各种物质产品和服务，满足人们的生产和生活需求。

在农业领域，农民的劳动是农业生产的核心。他们通过种植农作物、养殖牲畜等方式，为社会提供了丰富的农产品。随着农业技术的不断进步和劳动生产率的提高，农业生产不仅能够满足人们的基本粮食需求，还能够为工业和其他产业提供原材料。例如，我国是农业大国，通过不断加大对农业的投入和技术创新力度，提高了农业劳动生产率，保障了国家的粮食安全，同时也为工业的发展提供了充足的原材料。

在工业领域，工人的劳动是工业生产的主体。他们操作各种机器设备，将原材料加工成各种工业产品。工业的发展不仅提高了人们的生活水平，还推动了城市化进程和经济结构的升级。例如，在工业革命时期，英国的工人阶级通过辛勤劳动，推动了纺织业、钢铁业等工业的发展，使英国成为世界上第一个工业化国家。在现代社会，随着信息技术和制造业的融合，工业生产更加智能化、自动化，工人的劳动技能和素质也不断提高，进一步促进了工业经济的增长。

在服务业领域，服务人员的劳动为社会提供了各种服务。服务业的发展是经济发展到一定阶段的必然产物，它对于提高人们的生活质量、促进就业和经济结构调整具有重要意义。例如，旅游业的发展需要导游、酒店服务员等服务人员的劳动，他们为游客提供了优质的旅游服务，促进了旅游消费的增长，带动了相关产业的发展。金融服务业的发展需要银行职员、证券分析师等专业人员的劳动，他们为企业和个人提供了融资、投资等金融服务，促进了资金的流动和配置，推动了经济的发展。

劳动还通过提高劳动生产率来促进经济增长。劳动生产率是指劳动者在一定时间内生产的产品数量或提供的服务数量。提高劳动生产率可以降低生产成本，提高产品质量，增强企业的竞争力。例如，企业通过引进先进的生产技术和设备，对员工进行培训，优化生产流程等方式，可以提高劳动生产率，从而实现经济效益的增长。

（二）推动社会进步

劳动是推动社会进步的根本动力。从人类社会的发展历程来看，每一次重大的社会变革和进步都与劳动的发展密切相关。随着劳动工具的不断改进和劳动技能的不断提高，人类改造自然的能力不断增强，生产力水平不断提高。例如，从原始社会的石器时代到奴隶社会的青铜器时代，再到封建社会的铁器时代，每一次生产工具的变革都带来了生产力的巨大飞跃。在现代社会，科技的飞速发展更是为生产力的发展注入了强大的动力。例如，互联网、人工智能等新技术的应用，使得生产过程更加智能化、自动化，大大提高了劳动生产率，推动了社会生产力的快速发展。

劳动促进了社会分工的细化和专业化，推动了社会结构的变迁。在原始社会，人们的劳动主要是简单的狩猎、采集和农耕，社会分工非常简单。随着生产力的发展，出现了农业和手工业的分工，后来又出现了商业和服务业。社会分工的细化和专业化使得人们的劳动更加高效，同时也促进了不同行业之间的交流和合作。例如，在工业社会中，制造业、服务业等行业不断发展壮大，形成了复杂的社会结构。社会分工的发展还导致阶级的分化和社会阶层的形成，不同阶级和阶层之间的矛盾和斗争推动了社会的变革和进步。

劳动是人类文化的源泉，人类在劳动过程中创造了丰富多彩的文化。例如，艺术、文学、科学等文化形式是人类劳动的结晶。艺术家通过绘画、雕塑、音乐等艺术形式表达自己的情感和思想；文学家通过写作记录社会生活和人类的精神世界；科学家通过研究探索自然规律，推动科学技术的进步。同时，劳动也促进了文化的传承和交流。不同地区、不同民族的人们通过劳动交流和分享自己的文化成果，促进了文化的融合和发展。例如，丝绸之路的开辟促进了东西方文化的交流和传播，使得不同地区的文化相互借鉴、相互影响。

（三）促进社会和谐稳定

劳动对于社会的和谐稳定具有重要的作用。首先，劳动是人们获取收入和维持生计的主要途径。通过劳动，人们能够获得相应的报酬，满足自己和家人的生活需求。当人们有稳定的工作和收入时，生活就有了保障，社会就会更加稳定。例如，在一个失业率较高的地区，人们的生活往往比较困难，社会矛盾也比较突出；而在一个就业机会较多、劳动市场活跃的地区，人们的生活相对稳定，社会秩序也相对良好。

其次，劳动有助于培养人们的责任感和团队合作精神。在劳动过程中，人们需要对自己的工作负责，按时完成工作任务。同时，为了完成共同的目标，人们还需要与同事进行合作，相互支持、相互配合。这种责任感和团队合作精神不仅有助于提高工作效率，还能够促进人际关系的和谐。例如，在一个企业中，员工之间相互信任、相互协作，能够形成良好的工作氛围，提高企业的凝聚力和竞争力。

最后，劳动还能够促进社会公平正义。在一个公平的社会中，每个人都有平等的劳动机会和权利，都能够通过自己的劳动获得相应的回报。劳动可以打破社会阶层的壁垒，让人们通过自己的努力实现社会地位的提升。例如，在现代社会，教育的普及为人们提供了更多的学习和培训机会，使得不同阶层的人们能够提高自己的劳动技能和素质，从而获得更好的工作和收入。同时，政府也通过制定相关政策和法规，保障劳动者的合法权益，促进社会公平正义的实现。

劳动的本质属性决定了它在社会发展中具有不可替代的功能。深入理解劳动的本质属性和社会发展功能，有助于我们更好地认识劳动的价值和意义，激发人们的劳动热情，推动社会的进步和发展。在新时代，我们应该重视劳动教育，培养人们的劳动精神和劳动技能，让劳动成为推动社会发展的强大动力。

第三节　中国传统文化中的劳动思想及其现代启示

中国传统文化源远流长、博大精深，其中蕴含着丰富的劳动思想。这些思想历经千年的沉淀和传承，不仅反映了当时社会的生产生活方式，也体现了古人对劳动的深刻认识和价值追求。深入梳理儒家、道家、墨家等学派的劳动观念，并分析其对现代劳动教育的启示，对于培养当代大学生的劳动精神、树立正确的劳动价值观具有重要意义。

一、儒家的劳动思想

儒家作为中国传统文化的主流学派，其劳动思想贯穿于社会生活的各个层面，对中国社会的发展产生了深远的影响。

（一）倡导辛勤劳动

儒家强调辛勤劳动的重要性，认为劳动是人们获取生活资料、实现自我价值的重要途径。孔子一生周游列国，讲学授徒，不辞辛劳，以自己的实际行动践行着辛勤劳动的精神。他主张“敏于事而慎于言”（《论语·学而》），鼓励人们在做事时要勤奋努力、脚踏实地。孟子也说：“天将降大任于是人也，必先苦其心志，劳其筋骨，饿其体肤，空乏其身，行拂乱其所为，所以动心忍性，曾益其所不能。”（《孟子·告子下》）这句话强调了劳动和磨难对于个人成长和成就大业的重要性。在儒家看来，只有通过辛勤劳动，才能积累财富、提高自身能力，实现个人的发展和社会的进步。

（二）注重劳动中的道德修养

儒家将劳动与道德修养紧密结合，认为劳动不仅是一种物质生产活动，更是一种道德实践。在劳动过程中，人们应该遵循一定的道德规范，做到诚实守信、敬业奉献。孔子说：“君子喻于义，小人喻于利。”（《论语·里仁》）他强调在劳动中要以义为先，不能仅仅追求个人的利益。孟子也主张“富贵不能淫，贫贱不能移，威武不能屈”（《孟子·滕文公下》），要求人们在劳动中保持高尚的品德和坚定的信念。儒家的这种劳动道德观念，有助于培养人们的责任感和使命感，使人们在劳动中不仅追求物质上的满足，更注重精神上的升华。

（三）强调劳动教育的重要性

儒家重视教育，认为劳动教育是培养人才的重要组成部分。孔子主张“有教无类”，他的教育内容涵盖礼、乐、射、御、书、数等多个方面，其中不乏与劳动相关的技能和知识。通过劳动教育，人们可以培养自己的实践能力和创新精神，进而提高综合素质。同时，劳动教育还可以让人们更好地了解社会、体验生活，增强社会责任感。例如，在古代的儒家学府中，学生们不仅要学习经典著作，还要参与农业生产、手工制作等劳动实践，以培养自己的劳动技能和品德修养。

二、道家的劳动思想

道家以其独特的哲学视角，对劳动有着深刻的理解和认识，其劳动思想体现了对自然、自由和和谐的追求。

（一）崇尚自然劳动

道家主张顺应自然，认为劳动应该遵循自然规律，不刻意为之。老子说：“人法地，地法天，天法道，道法自然。”（《老子·第二十五章》）在道家看来，劳动是人与自然相互作用的过程，人们应该尊重自然、顺应自然，以自然的方式进行劳动。例如，在农业生产中，人们应该根据季节、气候等自然条件进行耕种、收获，不能违背自然规律。这种崇尚自然劳动的思想，有助于保护生态环境，实现人与自然的和谐共生。

（二）追求劳动中的自由与逍遥

道家强调个体的自由和逍遥，认为劳动应该是一种自由的、无拘无束的活动。庄子在《逍遥游》中描绘了一种超越世俗、自由自在的境界，他认为人们在劳动中应该摆脱功名利禄的束缚，追求内心的自由和满足。道家的这种思想，提醒人们在劳动中要保持一种平和、豁达的心态，不要被外界的压力和诱惑左右，而应享受劳动带来的乐趣。

（三）倡导劳动中的无为而治

道家的“无为而治”思想在劳动中也有所体现。“无为”并不是什么都不做，而是不刻意去干预事物的发展，让其自然地运行。在劳动中，道家主张人们应该发挥自己的主观能动性，但不要过度干预劳动过程，要让劳动按照自然的规律进行。例如，在管理劳动团队时，领导者应该给予成员充分的自由和空间，让他们能够自主地发挥自己的才能，而不是过多地进行干预和指挥。这种无为而治的劳动管理理念，有助于提高劳动效率，激发劳动者的创造力。

三、墨家的劳动思想

墨家是中国古代一个重要的学派，其劳动思想具有鲜明的特色，强调劳动的平等、实用和互助。

（一）主张劳动平等

墨家认为，无论贵贱贫富，每个人都应该参与劳动。墨子说：“赖其力者生，不赖其力者不生。”（《墨子·非乐上》）他强调劳动是人类生存的基础，每个人都有劳动的权利和义务。在墨家看来，劳动没有高低贵贱之分，无论是体力劳动还是脑力劳动，都应该受到尊重。这种劳动平等的思想，打破了当时社会的等级观念，为劳动者争取了平等的地位和权利。

（二）注重劳动的实用性

墨家注重劳动的实际效果，强调劳动应该为社会和人民带来实际的利益。墨子主张“兼相爱，交相利”，他认为劳动的目的是满足人们的物质生活需求，促进社会的发展和进步。在墨家思想中，劳动不仅仅是一种谋生的手段，更是一种为社会作贡献的方式。例如，墨家的工匠们擅长制作各种实用的工具和器械，他们的劳动成果直接服务于社会生产和人民生活。

（三）倡导劳动互助

墨家强调劳动中的互助合作，认为人们应该相互帮助、共同劳动。墨子说：“有力者疾以助人，有财者勉以分人，有道者劝以教人。”（《墨子·尚贤下》）他主张在劳动中，应该发挥自己的优势，帮助那些需要帮助的人，实现共同的目标。这种劳动互助的思想，有助于增强社会的凝聚力和向心力，促进社会的和谐发展。

四、中国传统文化中劳动思想的现代启示

中国传统文化中的劳动思想蕴含着丰富的智慧和价值，对现代劳动教育具有重要的启示意义。

（一）培养劳动精神

儒家的辛勤劳动、道家的自然劳动和墨家的劳动平等思想，都强调劳动精神的重要性。在现代社会，培养劳动精神是劳动教育的重要目标之一。劳动精神包括敬业、奉献、创新、奋斗等方面，是劳动者在劳动过程中所表现出来的精神风貌和价值取向。通过学习中国传统文化中的劳动思想，当代大学生可以深刻认识到劳动的意义和价值，树立正确的劳动态度，培养敬业精神和奉献精神，勇于在劳动中创新、奋斗，为实现个人的成长和社会的发展贡献自己的力量。

（二）树立正确的劳动价值观

中国传统文化中的劳动思想强调劳动的道德价值和社会价值，也有助于当代大学生树立正确的劳动价值观。在现代社会，一些人存在着轻视劳动、好逸恶劳的思想，认为劳动只是为了获取物质利益。这种错误的劳动价值观不利于个人的发展和社会的进步。通过学习中国传统文化中的劳动思想，大学生可以认识到劳动不仅是一种获取物质财富的手段，更是一种实现自我价值、促进社会和谐的重要途径。他们应该尊重劳动、热爱劳动，树立劳动光荣、创造伟大的观念，以积极的态度投身于劳动中。

（三）促进劳动教育与德育、智育、体育、美育的融合

中国传统文化中的劳动思想体现了劳动与道德、知识、身体、审美等方面的紧密联系。在现代劳动教育中，应该借鉴这种思想，促进劳动教育与德育、智育、体育、美育的融合。例如，在劳动教育中，可以融入道德教育的内容，培养学生的责任感和团队合作精神；可以结合智育，让学生在劳动中学习科学知识和技能，提高实践能力和创新精神；可以通过体育劳动，锻炼学生的身体，增强体质；可以引导学生在劳动中发现美、创造美，提高审美能力。通过这种融合，以实现劳动教育的全面育人功能。

（四）推动劳动教育的实践创新

中国传统文化中的劳动思想强调劳动的实践和实用价值。在现代劳动教育中，应该注重实践教学，让学生在实际的劳动中体验劳动的乐趣和价值。同时，要鼓励学生在劳动中进行创新，培养他们的创新意识和创新能力。例如，可以组织学生参加社会实践活动、科技创新竞赛等，让他们在实践中锻炼自己的能力，提高综合素质。此外，还可以结合现代科技的发展，创新劳动教育的方式和方法，提高劳动教育的效果。

中国传统文化中的劳动思想是中华民族的宝贵精神财富，为现代劳动教育提供了丰

富的思想资源和实践借鉴。在新时代，我们应该深入挖掘和传承这些思想，将其融入现代劳动教育，培养更多具有劳动精神、正确劳动价值观和全面发展能力的社会主义建设者和接班人。

第四节　近现代劳动教育理论的发展脉络与关键特征

近现代劳动教育理论在不同的历史时期和地域背景下不断发展演变，其发展脉络反映了社会、经济、文化等多方面的变化，同时也呈现出一些关键性特征，对现代劳动教育的发展产生了深远的影响。

一、国外近现代劳动教育理论的发展历程

（一）早期探索阶段

在工业革命初期，随着机器大生产的兴起，传统的手工劳动方式逐渐被取代，社会对劳动者的素质和技能提出了新的要求。这一时期，一些教育家开始关注劳动教育的重要性，并进行了初步的探索。瑞士教育家裴斯泰洛齐是早期劳动教育理论的代表人物之一。他主张教育与生产劳动相结合，认为通过劳动可以培养人的道德品质和实践能力。① 裴斯泰洛齐在自己创办的学校中，让学生参与农业和手工业劳动，将劳动教育融入日常教学。他认为，劳动不仅是获取生活资料的手段，更是培养人的全面发展的重要途径。通过劳动，学生可以学会尊重劳动、珍惜劳动成果，同时也能够提高自己的动手能力和解决问题的能力。

德国教育家福禄培尔也强调劳动教育的价值。他认为，儿童的成长需要通过游戏和劳动来实现自我发展。福禄培尔设计了一系列的“恩物”②，让儿童通过操作这些玩具来进行劳动实践，培养他们的创造力和想象力。他的教育理念为后来的幼儿劳动教育奠定了基础。

（二）系统理论形成阶段

19 世纪末 20 世纪初，随着社会的进一步发展和教育理论的不断完善，劳动教育理论逐渐形成了比较系统的体系。美国教育家杜威是这一时期的重要代表人物。

杜威提出了“教育即生活”“学校即社会”的教育理念③，强调教育应该与生活实际相结合，让学生在实践中学习。他认为，劳动是人类生活的重要组成部分，劳动教育应该成为学校教育的重要内容。杜威主张通过“做中学”的方式，让学生在实际的劳

① ［瑞士］裴斯泰洛齐．林哈德和葛笃德（上）［M］．北京编译社，译．北京：人民教育出版社，2005：78.

② ［德］福禄培尔．人的教育［M］．孙祖复，译．北京：人民教育出版社，2001：45.

③ ［美］约翰·杜威．民主主义与教育［M］．王承绪，译．北京：人民教育出版社，2001：85.

动操作中获得知识和技能。他认为，这种学习方式能够激发学生的学习兴趣和主动性，培养他们的实践能力和创新精神。例如，在学校中设置木工、金工、烹饪等劳动课程，让学生通过实际操作来学习相关的知识和技能。

苏联教育家马卡连柯也对劳动教育理论作出了重要贡献，他强调劳动教育在培养社会主义新人中的重要作用，认为劳动不仅是一种生产活动，更是一种道德教育的手段。① 马卡连柯在自己创办的工学团中，组织学生进行农业和工业劳动，通过劳动培养学生的集体主义精神、责任感和纪律性。他认为，劳动教育可以让学生在实践中体验到劳动的价值和意义，培养他们的劳动习惯和劳动技能，同时也能够促进学生的全面发展。

（三）多元化发展阶段

20 世纪中叶以来，随着科技的飞速发展和社会的多元化发展，劳动教育理论也呈现出多元化的发展趋势。一些新的教育理念和方法不断涌现，为劳动教育理论的发展注入了新的活力。

以布鲁纳为代表的结构主义教育理论家强调学科结构的重要性，认为劳动教育也应该注重知识的系统性和逻辑性。在劳动教育中，应该让学生掌握劳动的基本原理和方法，培养他们的科学思维能力。例如，在教授手工制作课程时，不仅要让学生学会具体的制作技巧，还要让他们了解相关的材料科学、工艺原理等知识。

以罗杰斯为代表的人本主义教育理论家则强调学生的主体地位和个性发展，认为劳动教育应该尊重学生的兴趣和需求，让学生在自由、宽松的氛围中进行劳动实践。在劳动教育中，应该关注学生的情感体验和自我实现，培养他们的自主学习能力和创新精神。例如，学校可以开设各种兴趣小组，让学生根据自己的兴趣选择参与不同的劳动活动，如绘画、音乐、摄影等。

此外，随着国际交流的日益频繁，一些国际组织也开始关注劳动教育问题，并提出了一些全球性的劳动教育理念和倡议。例如，联合国教科文组织提出了“终身学习”的理念，强调劳动教育应该贯穿于人的一生，培养人们适应社会变化和职业发展的能力。

二、国内近现代劳动教育理论的发展历程

（一）近代的引入与探索

中国近代劳动教育理论的发展与中国社会的变革密切相关。在鸦片战争后，中国面临着内忧外患的局面，一些有识之士开始认识到发展实业和培养实用人才的重要性，劳动教育的理念也逐渐被引入中国。

---

① ［苏］安・谢・马卡连柯．论共产主义教育［M］．刘长松，杨慕之，译．北京：人民教育出版社，1981：54-57，316-326.

张之洞是中国近代最早倡导劳动教育的代表人物之一。他在《劝学篇》中提出了“中学为体，西学为用”的思想，主张在传统的儒家教育基础上，引入西方的科学技术和实业教育。他认为，劳动教育可以培养学生的实际技能和谋生能力，提高国家的经济实力。[①] 在他创办的一些新式学堂中，开设了工艺、农桑等课程，让学生学习相关的劳动技能。

蔡元培是中国近代教育改革的先驱，也非常重视劳动教育。他主张“五育并举”[②]，其中包括实利主义教育，即通过劳动教育培养学生的实用技能和经济意识。他认为，劳动教育可以让学生了解社会生产的实际情况，培养他们的劳动习惯和责任感。他在担任北京大学校长期间，积极推动学校的劳动教育实践，鼓励学生参与各种劳动活动。

（二）现代的发展与实践

中华人民共和国成立后，劳动教育成为社会主义教育的重要组成部分。毛泽东提出了“教育与生产劳动相结合”的教育方针，强调劳动教育在培养社会主义建设者和接班人中的重要作用。在这一方针的指导下，全国各地的学校纷纷开展劳动教育实践，组织学生参加农业生产、工业劳动等活动。

在改革开放时期，随着经济的快速发展和社会的转型，劳动教育的内容和形式也发生了一些变化。邓小平强调教育要面向现代化、面向世界、面向未来，劳动教育也更加注重培养学生的创新精神和实践能力。学校开始引入一些现代科技和信息技术，将劳动教育与科技创新教育相结合，培养学生的综合素质。

进入21世纪，随着素质教育的全面推进，劳动教育得到了进一步的重视和加强。2020年，《中共中央　国务院关于全面加强新时代大中小学劳动教育的意见》出台，明确提出要全面加强新时代大中小学劳动教育，构建德智体美劳全面培养的教育体系。这一意见的出台，为新时代劳动教育的发展指明了方向，推动了劳动教育理论和实践的不断创新。

三、近现代劳动教育理论的关键特征

（一）强调实践

近现代劳动教育理论普遍强调实践的重要性，认为劳动教育不能仅仅停留在理论层面，而应该让学生通过实际的劳动操作来获得知识和技能。无论是国外的“做中学”理念，还是国内的“教育与生产劳动相结合”方针，都体现了对实践的重视。

通过实践，学生可以将所学的理论知识应用到实际中，加深对知识的理解和掌握。例如，在手工制作课程中，学生通过实际操作工具和材料，能够更好地理解工艺原理和

---

① （清）张之洞．劝学篇［M］．上海：上海书店，2002：41.

② 蔡元培．对于新教育之意见［M］//学养．北京：光明日报出版社，2024：137.

制作技巧。同时，实践还可以培养学生的动手能力、解决问题的能力和创新精神。在劳动实践中，学生可能会遇到各种问题和挑战，需要他们自己思考和解决。

（二）注重全面发展

近现代劳动教育理论注重学生的全面发展，认为劳动教育不仅可以培养学生的劳动技能，还可以促进学生在道德、智力、身体、审美等方面的发展。

在道德方面，劳动教育可以培养学生的责任感、团队合作精神和敬业精神。通过参与劳动，学生可以学会对自己的工作负责，尊重他人的劳动成果，与他人合作完成任务。在智力方面，劳动教育可以激发学生的思维能力和创造力。例如，在科技创新劳动中，学生运用所学的知识和技能，进行创新设计和实践，从而有助于培养他们的科学思维和创新能力。在身体方面，劳动教育可以锻炼学生的身体，增强体质。例如，农业劳动和体育劳动都可以让学生在劳动中锻炼身体。在审美方面，劳动教育可以培养学生的审美能力和创造力。例如，在艺术创作劳动中，学生可以通过自己的双手创造出美的作品，以提高审美水平。

（三）与社会需求相结合

近现代劳动教育理论强调劳动教育要与社会需求相结合，培养适应社会发展需要的人才。随着社会的不断发展和科技的进步，社会对劳动者的素质和技能提出了越来越高的要求。劳动教育应该根据社会的需求，调整教育内容和方法，培养具有创新精神和实践能力的高素质劳动者。

例如，在现代社会，随着信息技术和人工智能技术的迅速发展，劳动教育可以增加相关的课程和实践活动，以培养学生的信息技术素养和人工智能应用能力。同时，劳动教育还应该关注社会的热点问题和发展趋势，如环境保护、可持续发展等，以培养学生的社会责任感和环保意识。

（四）强调终身学习

近现代劳动教育理论逐渐认识到劳动教育应该贯穿于人的一生，培养人们的终身学习能力。在快速变化的社会中，人们需要不断学习和更新知识技能，以适应职业发展和社会变化的需求。

劳动教育不仅要在学校开展，还要延伸到社会和家庭。学校可以为学生提供系统的劳动教育课程和实践机会，培养他们的劳动意识和基本技能。社会各界可以通过举办各种职业培训和继续教育活动，为成年人提供学习和提升的机会。家庭也可以在日常生活中培养孩子的劳动习惯和劳动技能，让劳动教育成为一种生活方式。

近现代劳动教育理论在国外和国内经历了不同的发展阶段，呈现出强调实践，注重全面发展、与社会需求相结合，强调终身学习等关键特征。这些理论和特征为现代劳动教育的发展提供了重要的借鉴和指导，因而我们应该在继承和发扬的基础上，不断创新和完善劳动教育理论和实践，培养更多适应新时代发展需要的高素质人才。

第五节 新时代劳动教育在“五育融合”中的定位与作用

在新时代的教育体系中，“五育融合”是实现学生全面发展的重要理念。劳动教育作为“五育”之一，在“五育融合”中占据着独特而关键的位置，与德育、智育、体育、美育相互渗透、相互促进，共同构成了一个有机的整体，对于促进大学生的全面发展具有不可替代的作用。

一、新时代劳动教育在“五育融合”中的定位

（一）劳动教育是“五育融合”的实践基础

劳动教育是一种实践性很强的教育活动，为“五育融合”提供了真实的实践场景和平台。在劳动过程中，大学生将所学的知识和技能运用到实际操作中，不仅能够加深他们对知识的理解和掌握，还能够培养他们的实践能力和创新精神。例如，在参与农业劳动时，大学生需要运用生物学、地理学等知识来了解农作物的生长规律和种植技术，同时还需要通过实际操作来完成播种、施肥、浇水等工作。这种实践活动能够让大学生将理论知识与实践相结合，提高他们的综合素质。

劳动教育还能够让大学生在实践中体验到劳动的艰辛和快乐，从而培养他们的责任感和使命感。在劳动过程中，大学生需要对自己的工作负责，按时完成任务，同时还需要与他人合作，共同完成劳动任务。这种实践体验能够让大学生深刻认识到劳动的价值和意义，从而激发他们的劳动热情和创造力。

（二）劳动教育是“五育融合”的纽带

劳动教育贯穿于“五育”之中，是连接德育、智育、体育、美育的纽带。在劳动教育中，大学生不仅能够学习到劳动技能和知识，还能够培养自己的道德品质、智力水平、身体素质和审美能力。例如，在参与志愿服务劳动时，大学生需要关心他人、帮助他人，以培养他们的社会责任感和爱心；在进行科技创新劳动时，大学生需要运用科学知识和创新思维来解决问题，以提高他们的智力水平；在参与体育劳动时，大学生需要锻炼身体，增强体质，以提高他们的身体素质；在进行艺术创作劳动时，大学生需要发挥自己的想象力和创造力，创造出美的作品，以提高他们的审美能力。

劳动教育还能够促进“五育”之间的相互转化和相互促进。例如，通过劳动教育培养的责任感和使命感能够转化为学习的动力，促进智育的发展；通过劳动教育提高的身体素质能够为德育、智育、美育的发展提供保障；通过劳动教育培养的审美能力能够提高大学生的创造力和创新精神，促进劳动教育的发展。

二、劳动教育与德育的关系

（一）劳动教育是德育的重要途径

劳动教育能够培养大学生的道德品质和行为习惯。在劳动过程中，大学生需要遵守劳动纪律、尊重他人的劳动成果、与他人合作等，这些都是道德品质的重要体现。例如，在参与集体劳动时，大学生需要服从指挥、分工合作，以培养他们的集体主义精神和团队合作意识；在进行家务劳动时，大学生需要关心家人、分担家务，以培养他们的家庭责任感和爱心。

劳动教育还能够让大学生在实践中体验到劳动的价值和意义，从而树立正确的劳动观念和价值观。在劳动过程中，大学生只有付出辛勤的努力，才能获得劳动成果，才能深刻认识到劳动的艰辛和快乐，从而珍惜劳动成果，尊重劳动者。同时，劳动教育还能够让大学生认识到劳动是创造美好生活的源泉，从而激发他们的劳动热情和创造力，树立正确的劳动观念和价值观。

（二）德育为劳动教育提供精神动力

德育能够为劳动教育提供正确的价值导向和精神动力。在劳动教育中，大学生只有树立正确的劳动观念和价值观，才能真正理解劳动的意义和价值，从而积极主动地参与劳动。德育能够通过教育和引导，让大学生树立正确的世界观、人生观和价值观，培养他们的社会责任感和使命感，从而为劳动教育提供精神动力。

三、劳动教育与智育的关系

（一）劳动教育促进智育的发展

劳动教育能够让大学生在实践中学习和运用知识，从而促进智育的发展。例如，在进行科技创新劳动时，大学生只有运用科学知识和创新思维来设计和制作新产品，才能够提高自身的科学素养和创新能力；在进行手工制作劳动时，大学生只有运用数学、物理等知识来计算和设计，才能够提高自身的逻辑思维能力和动手能力。

劳动教育还能够激发大学生的学习兴趣和动力，让他们更加主动地学习和探索知识。在劳动过程中，大学生会遇到各种问题和挑战，需要通过学习和探索来解决这些问题。这种实践体验能够让大学生深刻认识到知识的重要性，从而激发他们的学习兴趣和动力，更加主动地学习和探索知识。

（二）智育为劳动教育提供知识支持

智育能够为劳动教育提供必要的知识支持和技术保障。在劳动教育中，大学生需要掌握一定的知识和技能，才能顺利地完成劳动任务。智育能够通过课堂教学、实验教学等方式，让大学生学习和掌握相关的知识和技能，为劳动教育的开展提供知识支持。

智育还能够培养大学生的创新思维和创新能力，让他们在劳动过程中能够不断创新和改进劳动方法和技术。例如，在进行科技创新劳动时，大学生需要运用创新思维和创新方法来设计和制作新产品，这就需要他们具备一定的创新能力和创新精神。智育能够通过培养大学生的创新思维和创新能力，为劳动教育的创新发展提供技术保障。

四、劳动教育与体育的关系

（一）劳动教育促进体育的发展

劳动教育能够锻炼身体，增强体质，促进体育的发展。例如，在参与农业劳动时，大学生长时间地弯腰、站立、行走，从而锻炼了他们的腰部、腿部和脚部的肌肉力量；在进行工业劳动时，要操作各种机器设备，锻炼他们的手部和手臂的肌肉力量。

劳动教育还能够培养大学生的体育精神和体育意识。在劳动过程中，大学生需要克服各种困难和挑战，坚持不懈地完成劳动任务，以培养其毅力和耐力，这也体现了体育精神的要求。同时，劳动教育还能够让大学生认识到身体健康的重要性，从而培养他们的体育意识，积极主动地参与体育锻炼。

（二）体育为劳动教育提供身体保障

体育能够为劳动教育提供良好的身体条件和保障。在劳动教育中，大学生需要具备一定的身体素质和体能，才能顺利地完成劳动任务。体育能够通过体育教学、体育锻炼等方式，让大学生锻炼身体，增强体质，提高他们的身体素质和体能，为劳动教育的开展提供身体保障。

体育还能够培养大学生的团队合作精神和竞争意识，让他们在劳动过程中能够更好地与他人合作，共同完成劳动任务。例如，在进行体育比赛时，大学生需要与队友密切配合，共同制定比赛策略，以培养他们的团队合作精神和竞争意识。这些团队合作精神和竞争意识能够为劳动教育的顺利开展提供保障，同时也能够提高劳动教育的效果。

五、劳动教育与美育的关系

（一）劳动教育促进美育的发展

劳动教育能够培养大学生的审美能力和创造力，促进美育的发展。在劳动过程中，大学生运用自己的审美眼光和创造力来设计和制作劳动产品，从而提高了其审美能力和创造力。例如，在进行手工制作劳动时，大学生需要选择合适的材料和颜色，设计出美观、实用的作品，以培养他们的审美能力和创造力；在进行艺术创作劳动时，大学生需要发挥自己的想象力和创造力，以创造出具有艺术价值的作品。

劳动教育还能够让大学生在实践中体验到劳动的美和乐趣，从而培养他们的审美情趣和审美意识。在劳动过程中，大学生会看到自己的劳动成果逐渐呈现出来，感受到劳动的成就感和快乐。

（二）美育为劳动教育增添艺术魅力

美育能够为劳动教育增添艺术魅力和文化内涵。在劳动教育中，大学生可以将美育的理念和方法融入劳动过程，让劳动变得更加富有艺术魅力和文化内涵。例如，在进行农业劳动时，大学生可以运用美学原理来设计农田的布局和种植方案，让农田变得更加美观、整洁；在进行工业劳动时，大学生可以运用设计理念来设计产品的外观和包装，让产品变得更加美观、实用。

美育还能够培养大学生的审美素养和文化素养，让他们在劳动过程中能够更好地欣赏和创造美；美育能够通过培养大学生的审美素养和文化素养，为劳动教育的发展提供文化支持。例如，在进行艺术创作劳动时，大学生需要具备一定的审美素养和文化素养，才能创作出具有艺术价值的作品。

六、劳动教育在促进大学生全面发展中的作用

（一）培养劳动技能和实践创新能力

劳动教育能够让大学生学习和掌握各种劳动技能和知识，提高他们的实践能力和动手能力。在劳动教育中，大学生可以参与各种劳动实践活动，如农业劳动、工业劳动、服务业劳动等，通过实际操作来学习和掌握相关的劳动技能和知识。例如，在参与农业劳动时，大学生可以学习农作物的种植技术、养殖技术等；在参与工业劳动时，大学生可以学习机器设备的操作技术、维修技术等；在参与服务业劳动时，大学生可以学习服务礼仪、沟通技巧等。

劳动教育还能够培养大学生的实践创新能力。在劳动过程中，大学生需要运用所学的知识和技能来解决实际问题，以提高他们的实践创新能力。例如，在进行科技创新劳动时，大学生运用科学知识和创新思维来设计和制作新产品，从而提高了他们的创新能力和实践能力。

（二）提升综合素质

劳动教育能够促进大学生在道德、智力、身体、审美等方面的全面发展，提升他们的综合素质。在劳动教育中，大学生可以通过劳动实践来培养自己的道德品质、智力水平、身体素质和审美能力。

劳动教育还能够培养大学生的团队合作精神和沟通能力。在劳动过程中，大学生需要与他人合作，共同完成劳动任务，以培养他们的团队合作精神和沟通能力。

（三）促进身心健康

劳动教育能够让大学生在劳动过程中增强体质，促进身心健康。在劳动过程中，大学生需要进行各种体力劳动，如搬运、挖掘、种植等，这些劳动能够锻炼他们的肌肉力量、耐力和协调性，提高他们的身体素质。同时，劳动教育还能够让大学生在劳动中放

松心情，缓解压力，促进心理健康。例如，在参与农业劳动时，大学生可以呼吸新鲜空气，欣赏大自然的美景，从而让他们放松心情，缓解压力；在进行手工制作劳动时，大学生可以专注于手工制作过程，忘却烦恼，从而让他们获得内心的平静和满足。

劳动教育还能够培养大学生的毅力和耐力。在劳动过程中，大学生需要克服各种困难和挑战，坚持不懈地完成劳动任务，从而培养他们的毅力和耐力。例如，在进行长时间的体力劳动时，大学生可能会感到疲劳和厌倦，若要坚持下去，完成劳动任务，就必须具备一定的毅力和耐力。

（四）增强社会责任感和使命感

劳动教育能够让大学生在劳动过程中了解社会、体验生活，增强他们的社会责任感和使命感。在劳动教育中，大学生可以参与各种社会实践活动，如志愿服务、社区劳动等，通过这些活动来了解社会的需求和问题，体验生活的艰辛和不易。例如，在参与志愿服务活动时，大学生可以为弱势群体提供帮助和服务，了解他们的生活状况和需求，从而增强自己的社会责任感和同情心；在参与社区劳动时，大学生可以为社区的建设和发展作出贡献，了解社区的发展需求和问题，从而增强自己的社会责任感和使命感。

劳动教育还能够让大学生认识到自己的责任和使命，激发他们为社会发展贡献自己的力量。在劳动过程中，大学生会看到自己的劳动成果对社会产生的积极影响，从而认识到自己的责任和使命。

新时代劳动教育在“五育融合”中具有重要的定位和作用。它是“五育融合”的实践基础和纽带，与德育、智育、体育、美育相互渗透、相互促进。劳动教育能够培养大学生的劳动技能和实践能力，提升他们的综合素质，促进他们的身心健康，增强他们的社会责任感和使命感。在新时代，我们应该重视劳动教育，将其融入“五育融合”的教育体系，为大学生的全面发展奠定坚实的基础。

榜样力量

李仁清：让千年传拓技艺焕发新生

传承千年的碑刻传拓技艺是中国古代文献复制的珍贵技艺。李仁清在传统基础上创新探索高浮雕传拓技术，将立体石刻以1∶1比例拓印于纸，被誉为“古代3D打印”。他通过改良技法，不仅能完整记录文物轮廓，还能呈现佛像裙摆等复杂细节，甚至保留石刻裂隙、风化痕迹，为文物保护提供精准信息。2014年，该技艺被列入河南省非物质文化遗产名录。

李仁清团队长期致力于文物传拓建档，完成了河南省中小型石窟造像、北宋皇陵圆雕等珍贵文物的解析与还原。为突破传统拓片黑白单调的局限，他带领团队研发出仿古矿物彩绘技术，结合高清扫描与微喷工艺，于2023年推出色彩斑斓的彩拓文创产品，如飞天、鱼跃龙门等主题作品。目前，该团队已开发近500种文创产品，涵盖挂件、摆件、手提袋等日常用品，并附文物背景卡片，对于推动传统文化走进千家万户起到了重要作用。

为了让传拓技艺“活”起来，李仁清积极推动公众体验。2025 年春节期间，他在郑州博物馆新馆与商都遗址博物院设立传拓体验区，日均吸引 200 人参与互动。他根据不同场合设计刻板内容：在高校选用复杂图案以深化理解，在小学则侧重基础图案启蒙。此外，李仁清通过国家古籍保护中心授课、线上公开技艺流程、建立培训基地等方式来培养传承力量，并计划未来 5~10 年新增千块刻板，将郑州仁清金石传拓艺术博物馆打造为技艺推广核心基地。

在科技融合领域，李仁清团队开发文物数字建模系统，获得 12 项国际专利，并运用 3D 打印技术复原龙门石窟，开创传统技艺与现代科技结合的新范式。其目标不仅是留存历史，更是让传统技艺成为连接古今的文化纽带，在创新中延续千年文明记忆。

资料来源：中国之声《你的样子丨他让文物“活”在纸上　让千年技艺进千家万户》，有改动。

第二章
新时代劳动教育的时代内涵与核心要素

新时代大学生劳动教育与实践是落实立德树人根本任务的重要途径，也是培养社会主义建设者和接班人的关键环节。近年来，党和国家高度重视劳动教育，先后出台《中共中央 国务院关于全面加强新时代大中小学劳动教育的意见》等政策文件，明确将劳动教育纳入人才培养体系，强调通过课程设置、实践体验与考核评价，培养学生正确的劳动价值观和综合劳动能力。在政策导向下，高校需构建理论与实践并重的教育体系，强化劳动教育与思政教育、专业教育的融合，推动学生德智体美劳全面发展。

科技革命深刻改变了劳动形态，智能化和数字化劳动成为新时代的核心特征。高校劳动教育需紧跟技术变革，更新教育理念，优化课程结构，将人工智能、大数据等新兴领域融入教学内容，并通过项目式学习、虚拟现实技术等创新方法提升学生实践能力。同时，面对共享经济、平台经济等新业态，高校需挖掘其教育价值，通过校企合作、实习实训等途径，培养学生创新意识、团队协作能力和职业素养，以适应未来劳动市场的多元化需求。在数字化时代，劳动伦理与职业素养的新要求进一步凸显，高校需强化数据安全、算法公平等教育内容，为培养符合时代需求的高素质人才奠定坚实基础。

第一节　新时代劳动教育的政策导向与战略要求

一、新时代劳动教育相关政策的具体内容和导向

新时代劳动教育相关政策是在国家对教育事业的整体规划和战略布局下逐步形成和完善的。这些政策旨在全面加强劳动教育，培养具有正确劳动价值观和良好劳动品质的时代新人。

2020 年 3 月 20 日，《中共中央 国务院关于全面加强新时代大中小学劳动教育的意见》指出，劳动教育是中国特色社会主义教育制度的重要内容，直接决定社会主义建设者和接班人的劳动精神面貌、劳动价值取向和劳动技能水平。这一政策明确了劳动教

育在国民教育体系中的重要地位，将劳动教育纳入全面培养的教育体系，强调了劳动教育对于培养社会主义建设者和接班人的关键作用。该意见提出要在大中小学设立劳动教育必修课程，中小学劳动教育课平均每周不少于 1 课时，高校要明确劳动教育主要依托课程，其中本科阶段不少于 32 学时。这一规定为劳动教育的实施提供了明确的课程设置要求，确保了劳动教育在各级学校中的落实。同时，该意见还强调要通过劳动教育，让学生动手实践、出力流汗，接受锻炼、磨炼意志，培养学生正确的劳动价值观和良好的劳动品质。这体现了政策对于劳动教育实践环节的重视，引导学生在实际劳动中体验劳动的价值和意义。

作为《中共中央 国务院关于全面加强新时代大中小学劳动教育的意见》的配套文件，教育部印发的《大中小学劳动教育指导纲要（试行）》，更针对劳动教育是什么、教什么、怎么教等问题，对学校提出了细化要求和专业指导。该纲要明确了劳动教育的目标，即培养学生树立正确的劳动观念、具有必备的劳动能力、培育积极的劳动精神、养成良好的劳动习惯和品质。在教学内容方面，该纲要根据不同学段的特点，提出了日常生活劳动、生产劳动和服务性劳动等不同类型的劳动教育内容，为学校开展劳动教育提供了具体的教学指引。在教学方法方面，该纲要强调注重实践体验、融合渗透，通过多种方式激发学生的劳动兴趣和积极性。

这些政策的导向十分明确，就是要全面加强劳动教育，扭转当前教育中存在的重智育轻劳动教育的倾向，培养学生的劳动意识、劳动能力和劳动精神，促进学生德智体美劳全面发展。这些政策鼓励学校、家庭和社会形成合力，共同推进劳动教育的实施，营造全社会关心支持劳动教育的良好氛围。

二、新时代劳动教育相关政策背后的战略意义和要求

新时代劳动教育政策背后蕴含着深远的战略意义。从国家发展的角度来看，劳动是创造物质财富和精神财富的过程，是人类特有的基本社会实践活动。加强劳动教育是实现中华民族伟大复兴的题中之义。要实现中国特色社会主义现代化，实现第二个百年奋斗目标，需要新时代中国青年接续奋斗，辛勤劳动。劳动教育能够培养学生的奋斗精神和创新能力，为国家的发展提供高素质的人才支撑。

在人的全面发展过程中，劳动教育具有不可替代的作用。马克思把人看作身体与精神的统一体，只有既能从事体力劳动，又能从事脑力劳动的人，才是全面发展的人。①生产劳动不仅是提高社会生产的一种方法，也是造就全面发展的人的重要途径，与德、智、体、美等其他教育系统相结合，具有综合育人性。劳动教育能够让学生在劳动实践中形成独立自主、勤劳俭朴、艰苦奋斗的高贵品质，增强自信心，形成乐观向上的积极品质，使“劳动最光荣、劳动最崇高、劳动最伟大、劳动最美丽”的价值观根植于心。

---

① ［德］马克思．资本论（第一卷）［M］．中共中央马克思恩格斯列宁斯大林著作编译局，译．北京：人民出版社，2004：207-210.

政策对劳动教育提出了一系列战略要求。首先，要构建完善的劳动教育体系。高校要将劳动教育纳入高等教育人才培养体系，建立一套劳动教育课程体系，开设劳动教育的专门课程，建立科学合理的劳动教育考核机制。其次，要加强劳动教育的师资队伍建设。教师是劳动教育的实施者，具备良好的劳动教育素养和教学能力至关重要。高校要加强对教师的培训，提高教师的劳动教育水平。最后，还要充分利用校内外资源，为劳动教育提供良好的实践平台。高校应打破学校生活的局限，进一步挖掘校外劳动教育资源，充分利用社区、企业和校企合作单位的劳动教育资源平台。

三、新时代劳动教育相关政策对高校劳动教育的具体影响

政策的出台对高校劳动教育产生了多方面的具体影响。在课程设置方面，高校需要按照政策要求，明确劳动教育主要依托课程，确保本科阶段不少于 32 学时。这促使高校重新审视现有的课程体系，合理安排劳动教育课程的内容和时间。一些高校开始开设劳动教育的专门课程，如劳动哲学、劳动技术、劳动实践等，丰富了劳动教育的课程形式和内容。

在教学方法方面，政策强调实践体验和融合渗透，这使得高校劳动教育更加注重学生的实际参与和动手能力的培养。① 高校纷纷组织学生开展各类劳动实践活动，如校园劳动、社区服务、企业实习等，让学生在实践中感受劳动的魅力和价值。同时，高校也注重将劳动教育与其他学科教育相结合，在专业课程中融入劳动教育的元素，实现劳动教育与专业教育的协同发展。

政策还推动了高校劳动教育评价体系的改革。高校开始建立科学合理的劳动教育考核机制，将劳动素养纳入学生综合素质评价体系。通过劳动教育的考核结果，高校可以发现并分析问题，在解决问题过程中总结经验，逐步优化劳动教育的课程和模式。

四、新时代劳动教育相关政策下高校劳动教育的实施方向

在政策的指引下，高校劳动教育应朝着以下几个方向实施。一是完善劳动教育机制。高校要构建完善的制度，将劳动教育纳入高等教育人才培养体系，明确劳动教育的目标、任务和要求。同时，要构建完善的管理机制，把劳动教育与思想政治工作有机结合，建立一套制度规范、分工明确、运行科学、保障有力的工作机制。此外，还要建立健全劳动教育的考核机制，推动劳动教育考核机制多元化，凸显劳动教育的实际效用。

二是在思想政治教育中注入劳动教育元素。高校要重视劳动教育的引领作用，把培养大学生正确的劳动价值观作为开展劳动教育的目标，充分发挥思想政治教育的激励和教化作用，帮助大学生理解劳动在人类历史发展中的重要作用，引导大学生树立尊重劳动、尊重劳动者的理念，摒弃不劳而获的错误观念。高校要坚持劳动教育与思想政治教

① 李喜梅．新时代高校劳动教育实践体系构建［J］．湖北开放职业学院学报，2024，37（18）：45-47.

育相结合，完善融通共建机制，充分发挥思想政治理论课课堂的主渠道、主阵地作用，促使德育、劳育形成协调效应。

三是充分发挥学校各类主体作用。高校各部门应协作配合，共同构建劳动教育共同体，发挥各级各类组织对大学生劳动精神的塑造作用。高校要充分发掘各级学生组织等平台中所蕴藏的劳动教育元素，将劳动习惯与劳动素养的养成贯穿于学生的学习和生活全过程。同时，高校还要加强与家庭和社会的合作，构建家校社三位一体的劳动教育互动机制，汇聚各类劳动教育资源合力，为大学生劳动教育的开展提供良好的环境和条件。

新时代劳动教育相关政策为高校劳动教育的发展指明了方向和提供了有力的支持。高校应深刻领会政策的精神实质，积极落实政策要求，不断探索创新劳动教育的实施路径和方法，努力培养德智体美劳全面发展的社会主义建设者和接班人。

第二节　科技革命背景下劳动形态的新变化与教育应对

一、科技革命带来劳动形态的新变化

科技革命正以前所未有的速度和规模改变着人类社会的生产生活方式，劳动形态也随之发生了深刻的变革。智能化和数字化劳动成为新时代劳动的显著特征。

智能化劳动是指在生产过程中广泛应用人工智能技术，实现生产的自动化、智能化和高效化。例如，在制造业领域，机器人已经广泛应用于焊接、装配、搬运等工作环节，大大提高了生产效率和产品质量。以汽车制造为例，许多汽车生产线配备了大量的工业机器人，它们能够精确地完成各种复杂的操作，减少了人工操作的误差并降低了劳动强度。在物流行业，智能仓储系统和自动分拣设备的应用，使得货物的存储和分拣更加高效快捷。这些智能化设备的应用，使得劳动过程更加精准、高效，但也对劳动者的技能和知识水平提出了更高的要求。劳动者需要具备一定的编程、调试和维护智能设备的能力，才能适应智能化劳动的需求。

数字化劳动则是指基于数字技术和互联网平台的劳动形式。随着互联网的普及和电子商务的发展，数字经济蓬勃兴起，催生了许多新的数字化劳动形态。例如，网络营销、数据分析、软件开发等职业成为热门职业。在网络营销领域，通过社交媒体、搜索引擎等平台进行产品推广和销售，已经成为许多企业的主要营销方式。数据分析人员则通过对大量的数据进行挖掘和分析，为企业的决策提供支持。软件开发人员则负责开发各种软件应用程序，满足人们在生活、工作和娱乐等方面的需求。这些数字化劳动具有灵活性高、创新性强等特点，但也需要劳动者具备较强的信息技术能力和创新思维能力。

除了智能化和数字化劳动，科技革命还带来了其他一些劳动形态的变化。例如，共享经济的发展使得一些传统的劳动形式发生了改变。在共享出行领域，网约车司机通过共享平台为乘客提供出行服务，他们的工作时间和工作地点更加灵活，但也面临着市场

竞争激烈、收入不稳定等问题。在共享住宿领域，房东通过在线平台将自己的闲置房屋出租给游客，增加了额外的收入。这些共享经济模式的出现，为劳动者提供了更多的就业机会和收入渠道，但也需要劳动者具备一定的市场意识和服务意识。

二、高校劳动教育针对新变化的应对措施

面对科技革命带来的劳动形态新变化，高校劳动教育需要采取相应的应对措施，以培养适应新时代劳动需求的高素质人才。

首先，高校要更新劳动教育理念。传统的劳动教育往往注重体力劳动和简单的技能培训，而忽视了对学生创新能力和信息技术能力的培养。在科技革命背景下，高校要树立新的劳动教育理念，将智能化、数字化劳动纳入劳动教育的范畴，注重培养学生的创新思维、信息技术能力和团队协作能力。例如，高校可以开设一些与人工智能、大数据、云计算等相关的课程，让学生了解这些新技术的原理和应用，培养学生的数字化素养。同时，高校还可以组织学生参加各种科技创新竞赛和实践活动，以激发学生的创新意识和创新能力。

其次，高校要优化劳动教育课程体系。高校要根据科技革命带来的劳动形态新变化，调整和优化劳动教育课程体系。一方面，要加强对传统劳动技能的培训，如手工制作、机械维修等，让学生掌握一定的基本劳动技能。另一方面，要增加与智能化、数字化劳动相关的课程内容，如编程、数据分析、网络营销等，以提高学生的信息技术能力和创新能力。此外，高校还可以开设一些跨学科的课程，如科技伦理、创新创业等，培养学生的综合素养和跨学科思维能力。

再次，高校要加强实践教学。实践教学是劳动教育的重要环节，通过实践教学可以让学生将所学的理论知识应用到实际劳动中，提高学生的实践能力和解决问题的能力。高校要建立和完善实践教学基地，与企业、科研机构等合作，为学生提供更多的实践机会。例如，高校可以与企业合作建立实习基地，让学生到企业中参与实际的生产和研发工作，了解企业的生产流程和管理模式，提高学生的职业素养和就业竞争力。同时，高校还可以组织学生参加各种社会实践活动，如志愿服务、社区劳动等，培养学生的社会责任感和团队协作能力。

最后，高校要加强师资队伍建设。教师是劳动教育的实施者，教师的素质和能力直接影响劳动教育的质量。高校要加强对教师的培训和培养，提高教师的劳动教育素养和教学能力。一方面，高校要组织教师参加各种培训和学习活动，让教师了解科技革命带来的劳动形态新变化和劳动教育的新理念、新方法。另一方面，高校要引进一些具有丰富实践经验和创新能力的企业技术人员和专家担任兼职教师，为学生传授最新的技术和实践经验。

三、高校劳动教育的具体教育方法

为了更好地应对科技革命带来的劳动形态新变化，高校劳动教育可以采用以下几种具体的教育方法。

项目式学习法是一种以项目为导向的学习方法，即通过让学生参与实际的项目，以培养学生的实践能力和创新能力。在劳动教育中，高校可以组织学生参与一些与智能化、数字化劳动相关的项目，如软件开发项目、数据分析项目等。学生在项目中需要自主学习、团队协作，共同完成项目任务。通过项目式学习，学生可以将所学的理论知识应用到实际项目中，提高实践能力和解决问题的能力。例如，某高校计算机专业的学生在教师的指导下，参与了一个软件开发项目，为一家企业开发了一款管理软件。在项目实施过程中，学生们需要学习和掌握软件开发的相关知识和技能，如编程语言、数据库设计、软件测试等。通过这个项目，学生们不仅提高了自己的软件开发能力，还培养了团队协作精神和创新能力。

案例教学法是一种通过分析实际案例来传授知识和技能的教学方法。在劳动教育中，高校可以选取一些与智能化、数字化劳动相关的实际案例，如企业的数字化转型案例、科技创新案例等，让学生进行分析和讨论。通过案例教学，学生可以了解实际劳动中的问题和挑战，学习解决问题的方法和策略。例如，某高校在劳动教育课程中选取了一家传统制造业企业的数字化转型案例，让学生分析该企业在数字化转型过程中遇到的问题和采取的措施。通过案例分析，学生们了解了企业数字化转型的重要性和方法，提高了自己的分析问题和解决问题的能力。

虚拟现实（VR）/增强现实（AR）教学法是一种利用虚拟现实和增强现实技术进行教学的方法。在劳动教育中，高校可以利用 VR/AR 技术创建虚拟的劳动场景，让学生在虚拟环境中进行劳动实践。通过 VR/AR 教学，学生可以身临其境地感受劳动过程，提高学生的学习兴趣和学习效果。例如，某高校在机械制造专业的劳动教育课程中，利用 VR 技术创建了一个虚拟的机械加工车间，让学生在虚拟车间中进行机械加工操作。学生们可以通过手柄等设备控制虚拟机床，进行零件加工。通过这种方式，学生们可以在安全的环境中进行实践操作，提高自己的机械加工技能。

在线学习平台是一种利用互联网技术进行教学的平台。在劳动教育中，高校可以建立在线学习平台，提供丰富的学习资源，如视频课程、在线测试、讨论区等，让学生可以随时随地进行学习。通过在线学习平台，学生可以根据自己的学习进度和需求进行学习，提高学习的自主性和灵活性。例如，某高校在劳动教育课程中建立了在线学习平台，学生们可以通过平台观看教学视频、进行在线测试、参与讨论区的讨论等。

第三节　劳动教育与专业教育、创新创业教育的融合

一、劳动教育与专业教育、创新创业教育融合的内在逻辑

（一）本质相通性

劳动教育、专业教育和创新创业教育在本质上都围绕着人的发展和社会的需求展

开。劳动教育旨在培养学生正确的劳动价值观和良好的劳动品质，让学生通过劳动实践获得全面成长。专业教育则是传授特定领域的知识和技能，使学生具备从事相关职业的能力。创新创业教育鼓励学生发挥创新思维，勇于开拓新的事业领域，创造社会价值。从本质上来说，这三种教育都是为了培养适应社会发展需要、具有综合素质和能力的人才。例如，在工程专业的学习中，学生不仅要掌握专业的理论知识和技能，还需要通过实际的劳动实践来加深对知识的理解和应用，同时在实践过程中培养创新意识和创业精神，这体现了三种教育在本质上的相通性。

（二）目标一致性

劳动教育、失业教育、创新教育的目标都是促进学生的全面发展和社会的进步。劳动教育通过培养学生的劳动能力和劳动精神，让学生能够更好地适应社会生活，为社会创造价值。专业教育使学生在特定领域具备专业素养和能力，为社会的各个行业输送专业人才。创新创业教育则激发学生的创新活力和创业热情，推动社会的经济发展和科技创新。以医学专业为例，劳动教育让医学生懂得尊重劳动、珍惜劳动成果，培养他们的敬业精神和责任感；专业教育使他们掌握扎实的医学知识和临床技能，能够为患者提供有效的医疗服务；创新创业教育鼓励他们在医学领域进行创新研究和创业实践，推动医学技术的进步和医疗服务模式的创新，共同为保障人民的健康和社会的发展作出贡献。

（三）相互促进性

劳动教育为专业教育和创新创业教育提供了实践基础和精神动力。通过劳动实践，学生能够更好地理解专业知识，提高专业技能的应用能力，同时培养坚韧不拔、勇于担当的精神品质，这些都有助于他们在创新创业过程中克服困难，取得成功。专业教育为劳动教育和创新创业教育提供了知识和技术支撑。学生在专业学习中掌握的专业知识和技能，是进行劳动实践和创新创业的重要基础。创新创业教育则为劳动教育和专业教育注入了创新活力和发展动力。创新创业的理念和实践能够促使劳动教育和专业教育不断改革和创新，培养出更具创新能力和实践能力的人才。例如，在计算机专业的学习中，学生通过参与实际的软件开发项目（劳动实践），加深了对专业知识的理解和掌握，同时在项目中培养了团队协作和创新精神。而专业知识的积累又为他们进行创新创业提供了技术支持，使他们能够开发出更有价值的软件产品或服务。

二、劳动教育与专业教育、创新创业教育融合的必要性

（一）适应社会发展需求

随着社会的快速发展和科技的不断进步，社会对人才的要求越来越高。现代社会需要的是具有综合素质和创新能力的复合型人才，他们不仅要具备扎实的专业知识和技能，还要有正确的劳动价值观、良好的劳动品质和创新精神。劳动教育、专业教育和创新创业教育的融合能够培养出符合社会发展需求的人才。例如，在人工智能时代，企业

需要的是既掌握人工智能专业知识和技术，又具备团队协作、沟通交流等劳动能力，同时还具有创新意识和创业精神的人才。通过三种教育的融合，学生能够在专业学习的基础上，通过劳动实践提高自己的综合素质，通过创新创业教育培养创新能力和创业精神，更好地适应社会的发展变化。

（二）促进学生全面发展

单一的教育模式往往难以满足学生全面发展的需求。劳动教育、专业教育和创新创业教育各有其独特的育人价值，将它们融合起来能够实现优势互补，促进学生的全面发展。劳动教育能够培养学生的劳动习惯、劳动能力和劳动精神，让学生在劳动中体验到成就感和责任感；专业教育能够使学生在特定领域深入学习，掌握专业知识和技能，为未来的职业发展打下坚实的基础；创新创业教育能够激发学生的创新思维和创业热情，培养学生的创新能力和实践能力。例如，一个学习艺术设计专业的学生，通过劳动教育参与校园文化建设的实际项目，提高了自己的动手能力和团队协作能力；在专业教育中系统学习设计理论和技能，提升了专业素养；通过创新创业教育参加设计比赛和创业实践，培养了创新意识和商业头脑，实现了自身的全面发展。

（三）推动教育改革创新

劳动教育、专业教育和创新创业教育的融合是教育改革创新的重要方向。传统的教育模式往往存在着学科分割、理论与实践脱节等问题，而三种教育的融合能够打破这些壁垒，促进教育资源的整合和优化。通过融合，能够将劳动实践、专业知识和创新创业理念有机结合起来，形成更加科学、合理的教育体系。例如，一些高校通过开设跨学科的课程和实践项目，将劳动教育、专业教育和创新创业教育融合在一起，让学生在不同学科的交叉融合中培养创新能力和实践能力，推动了教育教学方法和课程体系的改革创新。

三、劳动教育与专业教育、创新创业教育融合的具体途径

（一）课程体系整合

高校应构建融合劳动教育、专业教育和创新创业教育的课程体系。在专业课程中融入劳动教育和创新创业教育的内容，使学生在学习专业知识的同时，了解劳动的价值和创新创业的理念。例如，在市场营销专业的课程中，可以增加市场调研、产品推广等劳动实践环节，让学生在实践中掌握专业技能，同时培养他们的创新创业意识。同时，开设专门的劳动教育和创新创业教育课程，如劳动哲学、创新创业基础等，系统地向学生传授相关知识和技能。此外，还可以设置跨学科的课程和项目，鼓励学生跨专业选课和参与实践，促进不同学科之间的融合和交流。

（二）实践教学联动

加强实践教学环节，将劳动教育、专业教育和创新创业教育有机结合起来。高校可

以建立实践教学基地，与企业、科研机构等合作，为学生提供丰富的实践机会。在实践教学中，让学生参与实际的项目和生产过程，将专业知识应用到劳动实践中，同时培养他们的创新创业能力。例如，在电子信息专业的实践教学中，学生可以参与企业的电子产品研发项目，在项目中不仅提高了专业技能，还通过团队协作和创新实践培养了劳动精神和创新创业意识。此外，还可以组织学生参加各类创新创业竞赛和社会实践活动，让学生在实践中锻炼自己的能力，积累经验。

（三）师资队伍建设

建设一支具有跨学科知识和实践经验的师资队伍是实现三种教育融合的关键。高校要加强对教师的培训和培养，提高教师的劳动教育、专业教育和创新创业教育素养。一方面，组织教师参加相关的培训和学习活动，让教师了解三种教育融合的理念和方法。另一方面，引进具有丰富实践经验和创新创业背景的企业技术人员和专家担任兼职教师，为学生传授最新的技术和实践经验。例如，邀请企业的工程师和创业者到学校授课和指导学生实践，让学生接触到实际的行业需求和创新创业案例，提高学生的学习兴趣和实践能力。

（四）校园文化营造

营造有利于劳动教育、专业教育和创新创业教育融合的校园文化氛围。高校可以通过开展各种文化活动和宣传教育，弘扬劳动精神、专业精神和创新创业精神。例如，举办劳动模范和创业成功人士的讲座和报告会，分享他们的经验和故事，激励学生积极参与劳动实践和创新创业活动。设置创新创业孵化基地和劳动教育实践场所，为学生提供实践和创新的平台。此外，还可以开展劳动技能竞赛、创新创业大赛等活动，激发学生的学习热情和创新活力，营造良好的校园文化氛围。

第四节　数字化时代劳动伦理与职业素养的新要求

一、数字化时代对劳动伦理的新要求

（一）数据安全与隐私保护

在数字化时代，数据成为重要的生产要素，大量的个人信息和商业数据被收集、存储和分析。这就要求劳动者具备高度的数据安全和隐私保护意识。例如，《中华人民共和国网络安全法》规定，在互联网金融行业，从业者需要严格遵守相关法律法规，以确保客户的个人信息和资金安全不被泄露。一旦发生数据泄露事件，不仅会给客户带来巨大的损失，也会损害企业的声誉和形象。如某知名电商平台曾发生过用户数据泄露事件，导致大量用户的个人信息被非法获取，引发了社会的广泛关注和用户的信任危机。因此，劳动者在处理数据时，要遵循合法、正当、必要的原则，采取有

效的技术和管理措施来保障数据的安全性和保密性。

（二）算法伦理与公平性

随着人工智能和算法技术的广泛应用，算法伦理问题日益凸显。算法在招聘、信贷审批、司法裁判等领域的应用，可能会导致不公平的结果。例如，一些招聘算法可能会存在性别、种族等方面的偏见，导致某些群体在求职过程中受到不公平对待。劳动者需要认识到算法的局限性和潜在风险，以确保算法的设计和使用符合公平、公正、透明的原则。在开发和应用算法时，要进行充分的测试和评估，避免算法歧视的发生。同时，要建立健全算法的监督和审查机制，及时发现和纠正算法中的问题。

（三）网络协作与责任担当

数字化劳动使得远程办公、在线协作成为常见的工作方式。在这种工作模式下，劳动者需要具备良好的网络协作能力和责任担当意识。例如，在一个跨地区的项目团队中，成员们通过网络平台进行沟通和协作，每个人都需要按时完成自己的任务，对自己的工作负责。如果某个成员出现拖延或失误，可能会影响整个项目的进度和质量。因此，劳动者要树立正确的团队合作观念，积极主动地与团队成员沟通交流，共同解决工作中遇到的问题。同时，要增强自我管理能力，合理安排工作时间，以确保工作的高效完成。

二、数字化时代对职业素养的新要求

（一）数字技能与学习能力

数字化时代要求劳动者具备扎实的数字技能，如信息技术、数据分析、人工智能等方面的知识和技能。随着科技的不断发展，新的技术和工具层出不穷，劳动者需要不断学习和更新自己的知识，以适应工作的需求。例如，在新媒体行业，从业者只有掌握短视频制作、直播带货等新兴技能，才能在激烈的市场竞争中立于不败之地。同时，劳动者还要具备较强的学习能力，能够快速掌握新的知识和技能。

（二）创新思维与适应能力

数字化时代是一个快速变化的时代，这使得创新成为企业和个人发展的核心竞争力。劳动者需要具备创新思维，能够在工作中提出新的想法和解决方案。例如，在互联网企业中，员工需要不断创新产品和服务，以满足用户的需求。同时，劳动者还要具备较强的适应能力，能够快速适应工作环境和工作内容的变化。随着企业的数字化转型，一些传统的工作岗位可能会被淘汰，而新的工作岗位会不断涌现。劳动者需要及时调整自己的职业规划，学习新的技能，以适应新的工作要求。

（三）沟通协作与团队精神

数字化劳动打破了时间和空间的限制，使得团队成员之间的沟通和协作变得更加复杂。劳动者需要具备良好的沟通协作能力，能够与不同地区、不同背景的团队成员进行有效的沟通和协作。例如，在跨国项目中，团队成员可能来自不同的国家和文化背景，需要通过网络平台进行沟通和协作。这就要求劳动者具备跨文化沟通能力，尊重不同的文化差异，共同完成项目任务。同时，劳动者还要具备团队精神，能够与团队成员相互支持、相互配合，共同实现团队的目标。

三、高校劳动教育培养学生符合新要求的方法

（一）课程设置优化

高校要根据数字化时代劳动伦理和职业素养的新要求，优化劳动教育课程设置。一方面，要开设与数据安全、算法伦理、数字技能等相关课程，如“数据安全与隐私保护”“算法伦理与社会”“数字技术基础”等，让学生系统地学习相关知识和技能。另一方面，要将劳动伦理和职业素养的教育融入专业课程，使学生在学习专业知识的同时，培养良好的劳动伦理和职业素养。例如，在计算机专业的课程中，可以增加数据安全和隐私保护的内容，让学生了解在软件开发过程中如何保障用户的数据安全。

（二）实践教学强化

实践教学是培养学生劳动伦理和职业素养的重要环节。高校要加强实践教学，为学生提供更多的实践机会。可以通过建立实习基地、开展校企合作等方式，让学生到企业中参与实际的项目和工作，亲身体验数字化劳动的环境和要求。例如，高校可以与互联网企业合作，建立实习基地，让学生在企业中参与软件开发、数据分析等项目，以提高其数字技能和实践能力。同时，在实践教学中，要注重培养学生的劳动伦理和职业素养，引导学生遵守企业的规章制度，尊重他人的知识产权，树立正确的职业价值观。

（三）师资队伍建设

教师是劳动教育的实施者，其素质和能力直接影响到学生劳动伦理和职业素养的培养。因此，高校要加强师资队伍建设，提高教师的劳动教育素养和教学能力。一方面，要组织教师参加相关的培训和学习活动，让教师了解数字化时代劳动伦理和职业素养的新要求，掌握相关的教学方法和技巧。另一方面，要引进一些具有丰富实践经验和数字化技能的企业技术人员和专家担任兼职教师，为学生传授最新的技术和实践经验。例如，高校可以邀请互联网企业的数据安全专家到学校授课，为学生讲解数据安全的最新技术和案例。

（四）校园文化营造

高校要营造浓厚的劳动文化氛围，弘扬劳动伦理和职业素养的价值观。可以通过开展各种文化活动和宣传教育，让学生树立正确的劳动观念和职业理想。例如，可以举办劳动伦理和职业素养主题讲座、报告会等，邀请企业的人力资源专家和劳动模范到学校

分享他们的经验和故事，激励学生积极向上。同时，在校园内设置宣传栏、文化长廊等，展示劳动模范和优秀毕业生的先进事迹和精神风貌，以营造崇尚劳动、尊重劳动的良好氛围。

第五节　新业态劳动的教育价值

一、平台经济、共享经济等新业态劳动的教育价值①

（一）培养创新意识与能力

平台经济和共享经济作为新兴的经济模式，本身就是创新的产物。在这些新业态劳动中，充满了各种创新的机会和挑战。以共享出行平台为例，它打破了传统的出行模式，通过互联网技术将闲置的车辆资源与有出行需求的用户进行高效匹配。这种创新的商业模式激发了从业者不断思考和探索新的服务方式和运营策略。对于参与其中的学生来说，能够接触这种创新的实践环境，有助于其培养创新意识和创新思维。学生可以观察平台如何通过技术手段优化资源配置、提升用户体验，从而学习创新的方法和路径。在共享住宿平台的运营中，一些创业者通过提供个性化的住宿体验，如主题房间、特色服务等，吸引了大量用户。这种创新的经营方式为学生提供了鲜活的案例，让他们明白创新在商业成功中的重要性，进而激发他们在自己的学习和未来的工作中勇于尝试新的想法和方法。

（二）提升实践操作能力

新业态劳动为学生提供了丰富的实践机会，能够有效提升他们的实践操作能力。在平台经济中，无论是电商平台的运营、在线教育平台的课程开发，还是共享经济中的资源管理和服务提供，都需要从业者具备实际的操作技能。以电商平台为例，学生可以参与到商品上架、营销推广、客户服务等各个环节的工作中。在商品上架过程中，学生可以学习拍摄商品图片、撰写商品描述、设置商品参数等操作技能；在营销推广环节，学生可以学习如何利用社交媒体、搜索引擎等渠道进行产品宣传和推广；在客户服务方面，学生可以学习如何与客户进行沟通交流，解决客户的问题和投诉。通过这些实际操作，学生能够将所学的理论知识应用到实践中，提高自己的动手能力和解决实际问题的能力。

（三）增强团队协作与沟通能力

新业态劳动往往需要团队成员之间的密切协作和高效沟通。在平台经济和共享经济的运营中，涉及多个部门和环节的协同工作。例如，在一个共享办公平台的运营中，需

① 国家信息中心．中国共享经济发展报告 2022［R］．北京：国家信息中心，2022：5-8.

要市场部门进行推广营销、技术部门进行平台维护和升级、运营部门进行场地管理和客户服务等。各个部门之间需要相互配合、相互支持，才能确保平台的正常运转。这样的团队工作，能够使学生学会如何与不同背景、不同专业的人进行有效的沟通和协作。在团队项目中，学生需要明确自己的角色和职责，同时也要了解其他成员的工作内容和需求，通过沟通协调来共同完成项目目标。通过团队协作，学生能够培养自己的团队意识和合作精神，提高自己的沟通能力和人际交往能力。

（四）树立正确的职业观和价值观

新业态劳动的发展改变了传统的就业模式和职业观念。在平台经济和共享经济中，就业形式更加灵活多样，个人的职业发展不再局限于传统的全职工作。这种变化让学生能够更加全面地了解职业市场的需求和发展趋势，从而树立正确的职业观。学生可以认识到，职业发展不仅仅是追求稳定的工作和高收入，还包括个人兴趣的满足、自我价值的实现和社会贡献的体现。同时，新业态劳动强调诚信、责任和服务意识。在共享经济中，提供者需要对自己提供的服务和产品负责，确保用户的权益得到保障。这种对诚信和责任的要求，有助于学生树立正确的价值观，培养他们的社会责任感和职业道德。

二、高校将新业态劳动教育价值融入劳动教育课程和实践的方法

（一）课程体系设计

高校应将新业态劳动的相关内容纳入劳动教育课程体系。可以开设专门的课程，如“平台经济与共享经济概论”“新业态劳动实践与创新”等，系统地向学生介绍平台经济和共享经济的概念、发展现状、商业模式和运营管理等方面的知识。在课程教学中，应结合实际案例进行分析，让学生深入了解新业态劳动的特点和规律。同时，在其他相关专业课程中，也可以融入新业态劳动的元素。例如，在市场营销专业的课程中，可以增加平台营销、共享经济营销等内容；在信息技术专业的课程中，可以介绍平台技术、大数据分析在新业态劳动中的应用等。通过课程体系的设计，可以让学生在不同的专业领域中接触新业态劳动的知识，进而拓宽他们的知识面和视野。

（二）实践教学安排

实践教学是将新业态劳动教育价值融入劳动教育的重要环节。高校可以与平台企业、共享经济企业等建立合作关系，建立实习基地，为学生提供实践机会。学生可以到这些企业中参与具体的项目和工作，亲身体验新业态劳动的工作环境和工作内容。例如，学生可以到电商平台企业中参与电商运营项目，学习如何进行商品推广、客户服务和数据分析等工作；到共享出行平台企业中参与运营管理工作，了解平台的运营模式和调度策略。此外，高校还可以组织学生开展创新创业实践活动，鼓励学生利用平台经济和共享经济的模式进行创业尝试。例如，学生可以组建团队，开发共享服务平台或开展基于平台的创业项目。通过实践教学，学生能在实践中掌握新业态劳动的技能和方法，

进而提高其实践能力和创新能力。

（三）师资队伍建设

建设一支具有新业态劳动实践经验和教学能力的师资队伍是提升新型态劳动教育价值的关键。高校可以采取多种方式加强师资队伍建设：一方面，组织教师参加相关培训和学习活动，让教师了解平台经济和共享经济的发展动态和最新趋势，掌握新业态劳动的教学方法和技巧。例如，高校可以邀请行业专家到学校举办讲座和培训课程，为教师提供学习和交流的机会。另一方面，引进具有丰富实践经验的企业人员担任兼职教师。这些企业人员在平台经济和共享经济领域具有实际的工作经验，能够为学生传授最新的技术和实践经验。例如，邀请电商平台的运营总监、共享经济企业的创始人等担任兼职教师，为学生授课和指导实践项目。

（四）校园文化营造

高校要营造浓厚的新业态劳动文化氛围，激发学生对新业态劳动的兴趣和热情。可以通过开展各种文化活动和宣传教育，让学生了解新业态劳动的发展前景和就业机会。例如，举办新业态劳动主题讲座、报告会等活动，邀请行业专家和成功创业者到学校分享他们的经验和故事，激励学生积极参与新业态劳动。同时，还可在校园内设置宣传栏、文化长廊等，展示平台经济和共享经济的发展成果和优秀案例，营造良好的校园文化氛围。此外，高校还可以开展创新创业竞赛、实践项目评选等活动，对在新业态劳动实践中表现优秀的学生进行表彰和奖励，以激发学生的学习热情和创新活力。

榜样力量

曹原学术成就与职业动态

“95后”科学家曹原将于2024年7月出任加州大学伯克利分校电子工程与计算机科学系助理教授，研究方向涵盖物理电子学、微纳机电系统及物理学。伯克利分校作为全球顶尖公立研究型大学，在2023年U. S. News世界大学排名中位列第4名。

曹原早年展露卓越天赋：11岁进入深圳耀华实验小学超常班，14岁以669分的高考成绩考入中国科学技术大学少年班，并入选严济慈物理英才班。其青少年时期即表现出强烈科研热情，在校内外自主搭建实验室进行物理、化学实验。

2018年，曹原因在《自然》发表颠覆性研究成果引发全球关注：他发现双层石墨烯以1.1度“魔角”扭曲时会产生超导效应，破解了困扰物理学界107年的难题，被《自然》评为年度十大科学人物之首。此后持续突破，截至文档时间已在《自然》《科学》发表9篇论文（含8篇《自然》），2021年更以半年4篇的密度被称为“石墨烯驾驭者”。其团队开发的新型石墨烯制备工艺成功实现工业化转化，使相关产品成本降低70%。

在荣誉方面，曹原因在扭曲电子领域的开创性贡献而荣获2021年凝聚态物理领域青年物理学家最高奖——William L. McMillan Award。

资料来源：《从深圳走出的“95后天才”曹原，有了新动向！》，《深圳商报》，2023-11-26，有改动。

第三章
大学生劳动教育的理论逻辑与实践导向

在新时代背景下，劳动教育作为大学生全面发展的重要载体，正从理论探索迈向深度实践融合。本章聚焦大学生劳动教育的理论逻辑与实践路径，探讨大学生作为劳动教育主体的特殊性与能动性，强调其在身心发展、知识储备与主动参与中的核心地位。劳动教育通过认知提升、情感体验与自我认同等心理机制，助力大学生社会化进程，并依托课程体系设计、家庭-学校-社会协同机制等多元路径，构建了全方位育人格局，为培养兼具创新精神与实践能力的高素质人才提供了理论支撑。

劳动教育课程体系的科学架构是实践落地的关键。高校需遵循科学性、实用性、多样性等原则，将劳动理论、技能培训与实践项目有机结合，形成“目标-内容-实施-评价”的完整闭环。同时，家庭的基础作用、学校的主阵地功能与社会的实践平台资源需协同发力，通过制度保障、资源整合与文化引导，构建“三位一体”劳动教育生态，以实现个体发展权与社会责任培养的有机统一。

在全球化视野下，国际经验为我国劳动教育提供了重要启示。美国注重自主创新与职业规划，德国强调实践技能与工匠精神，日本推崇敬业协作与社会规范，其培养模式对我国强化实践教学、深化校企合作、融入创新创业教育具有借鉴意义。未来，劳动教育需立足本土特色，汲取国际智慧，推动大学生劳动素养的全面提升，为社会发展注入持久动力。

第一节　大学生作为劳动教育主体的特殊性与能动性

一、大学生身心发展特点对劳动教育的影响

大学生正处于身心快速发展并逐渐走向成熟的阶段，其生理和心理特点对劳动教育

有着独特的影响。①

从生理方面来看，大学生身体机能发育基本成熟，具备了较强的体力和耐力，能够承受一定强度的劳动任务。他们精力充沛、反应敏捷，在劳动实践中能够快速掌握操作技能。例如，在进行一些较为繁重的体力劳动时，部分学生能够在短时间内适应劳动节奏。然而，由于大学生长期处于学习环境中，缺乏劳动锻炼，学生可能存在身体素质参差不齐的情况。一些学生可能在劳动初期感到身体疲劳、肌肉酸痛，需要一定的时间来适应劳动强度。

从心理方面来看，大学生的认知能力、思维能力和自我意识都有了显著的发展。他们具有较强的好奇心和求知欲，对新的劳动知识和技能有着较高的学习热情。在劳动教育中，大学生能够运用所学的理论知识对劳动过程进行分析和思考，提出创新性的想法和建议。比如，在手工制作劳动中，大学生可以结合自己的专业知识和审美观念，对作品进行独特的设计和改进。同时，大学生的自我意识逐渐增强，他们更加注重自我价值的实现和个人成长。劳动教育为大学生提供了一个展示自我、锻炼自我的平台，通过劳动成果的获得，他们能够获得成就感和自信心。但是，大学生也容易受到外界因素的影响，情绪波动较大。在劳动过程中，如果遇到困难和挫折，可能会产生消极情绪，影响劳动积极性和效果。

二、大学生知识储备对劳动教育的影响

大学生经过多年的学习，积累了丰富的知识储备，这为他们参与劳动教育奠定了坚实的基础。

专业知识是大学生知识储备的重要组成部分。不同专业的大学生在劳动教育中能够发挥各自的专业优势。例如，理工科专业的学生在机械制造、电子维修等劳动实践中，能够运用所学的专业知识解决实际问题；文科专业的学生在文化宣传、社区服务等劳动活动中，能够发挥其文字表达和组织协调能力。专业知识的运用不仅提高了劳动效率和质量，还使劳动教育与专业学习相结合，促进了学生的全面发展。

除了专业知识，大学生还具备一定的人文社科知识和自然科学知识。这些知识有助于他们树立正确的劳动观念和价值观，理解劳动的意义和价值。例如，通过学习历史知识，大学生可以了解到劳动在人类社会发展中的重要作用；通过学习哲学知识，他们能够思考劳动与人生的关系。此外，人文社科知识还能够培养大学生的社会责任感和团队合作精神，使他们在劳动中更加注重与他人的协作和沟通。

然而，大学生的知识储备也存在一定的局限性。一方面，部分学生的知识结构较为单一，缺乏跨学科的知识融合。在劳动实践中，可能会遇到一些综合性的问题，需要运用多学科的知识才能解决。另一方面，大学生的知识往往停留在理论层面，缺乏实践经验。在将知识应用到劳动实践中时，可能会出现理论与实践脱节的情况，需要在劳动教

---

① 林崇德．发展心理学［M］．北京：人民教育出版社，2018：156.

育中不断地进行实践锻炼和经验积累。

三、大学生在劳动教育中的能动性表现

（一）主动参与

大学生在劳动教育中具有较强的主动参与意识，这是他们能动性的重要体现。随着社会的发展和教育理念的转变，大学生对劳动教育的认识逐渐提高，他们意识到劳动不仅是一种生存技能，更是一种全面发展的途径。因此，越来越多的大学生主动报名参加各种劳动教育活动，如志愿者服务、社会实践、创新创业等。在志愿者服务中，大学生积极参与社区关爱、环保宣传等活动，在为社会作出贡献的同时，也提升了自己的社会责任感和实践能力。

大学生还会根据自己的兴趣和特长，主动选择适合自己的劳动项目。例如，喜欢艺术的学生可能会参与校园文化建设、艺术创作等劳动活动；对科技感兴趣的学生则会参加科技创新、科研实验等劳动实践。这种基于兴趣和特长的主动选择，能够激发大学生的劳动热情和创造力，使他们在劳动中更加投入和专注。

此外，大学生在劳动教育中还会主动寻求学习和成长的机会。他们会积极向老师和同学请教劳动技能和经验，不断提高自己的劳动水平。同时，他们也会关注劳动领域的最新动态和发展趋势，学习新的知识和技能，为未来的职业发展做好准备。

（二）自我提升

在劳动教育过程中，大学生能够通过自我反思和自我调整，实现自我提升。

劳动实践为大学生提供了检验自己知识和能力的机会。在劳动中，大学生会发现自己存在的不足之处，如技能不熟练、团队协作能力差等。针对这些问题，他们会主动进行自我反思，分析原因，并制定相应的改进措施。例如，如果在团队劳动中发现自己沟通能力不足，大学生会通过阅读相关书籍、参加沟通技巧培训等方式来提高自己的沟通能力。

大学生还会在劳动中不断挑战自我，超越自己的舒适区。他们会主动承担一些具有挑战性的劳动任务，锻炼自己的意志品质和解决问题的能力。例如，在创新创业劳动中，大学生通常会面对市场竞争、资金短缺等各种困难和挑战，只有克服这些困难，才能提升抗压能力和创新能力。

此外，劳动教育还能够培养大学生的自我管理能力。在劳动过程中，大学生只有合理安排时间、分配任务，才能确保劳动任务的顺利完成。通过不断地实践和锻炼，他们能够提高自己的时间管理能力、组织协调能力和自我约束能力，为未来的学习和工作打下坚实的基础。

四、大学生能动性对劳动教育效果的促进作用

大学生在劳动教育中的能动性对提高劳动教育效果具有重要的促进作用。当大学生主动参与劳动教育活动时，他们会更加积极地投入劳动，充分发挥自己的主观能动性。这种积极的态度能够提高劳动效率和质量，使劳动教育达到更好的效果。例如，在校园绿化劳动中，主动参与的大学生会更加认真地完成植树、浇水、修剪等任务，使校园环境得到更好的改善。

大学生的自我提升能力也有助于劳动教育目标的实现。通过在劳动中不断学习和成长，大学生能够提高自己的劳动技能和综合素质，更好地适应社会发展的需求。同时，自我提升还能够增强大学生的自信心和成就感，进一步激发他们的劳动热情和积极性，形成一个良性循环。

此外，大学生的能动性还能够带动周围的同学参与到劳动教育中来。在团队劳动中，积极主动的大学生能够发挥榜样作用，影响和带动其他同学共同参与劳动，营造良好的劳动氛围。这种团队合作和相互影响的氛围能够促进劳动教育的深入开展，提高劳动教育的整体效果。

五、发挥大学生能动性的意义

学校和教师应该加强对劳动教育的宣传和引导，提高大学生对劳动教育的认识和重视程度。通过开展主题班会、讲座、宣传活动等形式，向大学生普及劳动教育的重要意义和价值，激发他们的劳动热情和主动性。

学校应该提供丰富多样的劳动教育项目和活动，满足大学生不同的兴趣和需求。除了传统的农业劳动、工业劳动等项目，还可以开展文化创意、科技创新、志愿服务等新兴劳动项目，为大学生提供更多的选择空间。同时，学校还应该加强劳动教育与专业学习的结合，使劳动教育更加具有针对性和实用性。

教师在劳动教育中应该注重引导大学生进行自我反思和自我提升。在劳动实践结束后，教师可以组织大学生进行总结和交流，引导他们分析自己在劳动实践中的优点和不足，制订改进计划。同时，教师还应该鼓励大学生在劳动中勇于尝试和创新，培养他们的创新精神和实践能力。

学校和家庭应该共同营造良好的劳动教育氛围。学校可以通过建立劳动教育激励机制，对在劳动教育中表现优秀的大学生进行表彰和奖励，激发他们的劳动积极性。家庭也应该注重培养孩子的劳动习惯和劳动意识，鼓励孩子参与家务劳动和社会实践活动，为孩子的劳动教育提供支持和保障。

大学生作为劳动教育的主体，具有特殊性和能动性。了解大学生的身心发展特点和知识储备对劳动教育的影响，以及他们在劳动教育中的能动性表现，对于提高劳动教育效果、促进大学生全面发展具有重要的意义。通过采取有效的策略和建议，充分发挥大

学生的能动性，能够使劳动教育更好地适应新时代的要求，培养出具有创新精神和实践能力的高素质人才。

第二节　劳动教育促进大学生社会化的心理机制与路径

一、劳动教育促进大学生社会化的认知发展机制

劳动教育为大学生提供了丰富的认知素材和实践机会，有助于他们形成对社会的全面认知。在劳动过程中，大学生可以了解劳动对象的性质、特点和规律，掌握相应的劳动技能和方法。例如，在参与农业劳动时，大学生可以了解农作物的生长周期、种植技术和田间管理方法，这不仅能增加他们的农业知识，还使他们对农业生产的整个过程有更深入的认识。

劳动教育还能培养大学生的问题解决能力和逻辑思维能力。当大学生在劳动中遇到问题时，他们需要运用所学的知识和技能，分析问题产生的原因，并寻找解决问题的方法。这种实践中的思考和探索，能够锻炼大学生的思维能力，使他们学会从不同的角度看待问题，提高解决实际问题的能力。比如，在进行机械维修劳动时，大学生需要通过观察、检测和分析，找出故障的原因，并采取相应的维修措施。这个过程需要他们运用逻辑推理和判断能力，从而促进他们认知能力的发展。

此外，劳动教育还能帮助大学生树立正确的职业认知和职业规划意识。通过参与不同类型的劳动实践，大学生可以了解不同职业的工作内容、职业要求和发展前景，从而更好地认识自己的兴趣和能力所在，为未来的职业选择和职业发展做好准备。例如，一些大学生通过参加企业实习劳动，亲身体验了职场的工作环境和工作节奏，对自己所学专业对应的职业有了更清晰的认识，进而调整了自己的学习计划和职业规划。

二、劳动教育促进大学生社会化的情感体验机制

劳动教育能够让大学生在劳动中获得丰富的情感体验，这些情感体验对他们的社会化发展具有重要的影响。首先，劳动可以带来成就感和满足感。当大学生通过自己的努力完成一项劳动任务时，他们会感受到自己的价值和能力得到了体现，从而获得成就感和满足感。这种积极的情感体验能够增强大学生的自信心和自尊心，使他们更加积极地面对生活和学习中的挑战。例如，在手工制作劳动中，大学生经过精心设计和制作，完成了一件精美的手工作品，看到自己的劳动成果，他们会感到无比自豪和满足。

劳动教育还能培养大学生的责任感和团队合作精神。在集体劳动中，每个大学生都承担着一定的任务和责任，他们需要与团队成员密切合作，共同完成劳动任务。在实践过程中，大学生会逐渐意识到自己的行为对团队的影响，从而增强责任感。同时，通过与团队成员的合作，大学生可以学会倾听他人的意见和建议，尊重他人的劳动成果，提高团队协作能力。比如，在校园志愿者服务活动中，大学生只有分工合作，才能共同完

成服务任务。在实践过程中，他们会体验到团队的力量和合作的重要性，培养出良好的团队合作精神。

另外，劳动教育还能让大学生体验到劳动的艰辛和不易，从而培养他们的艰苦奋斗精神和感恩意识。当大学生亲身参与一些体力劳动时，他们会深刻体会到劳动的辛苦，珍惜劳动成果。例如，在农业劳动中，大学生若在烈日下辛勤劳作，其会更加理解农民的艰辛，珍惜粮食的来之不易。这种情感体验能够使大学生树立正确的价值观，培养他们的艰苦奋斗精神和感恩意识。

三、劳动教育促进大学生社会化的自我认同机制

劳动教育为大学生提供了一个展示自我、认识自我的平台，有助于他们形成正确的自我认同。在劳动过程中，大学生可以发挥自己的特长和优势，展示自己的能力和才华。通过劳动成果的获得，他们可以得到他人的认可和赞扬，从而增强自我认同感。例如，在科技创新劳动中，一些具有创新能力的大学生可以发挥自己的专业知识和技能，创造出有价值的科技成果。

劳动教育还能让大学生在劳动中发现自己的不足之处，从而促进自我完善和自我发展。当大学生在劳动中遇到困难和挫折时，他们会反思自己的能力和表现，找出自己存在的问题。通过不断地学习和实践，他们可以克服这些不足之处，提高自己的综合素质。例如，在团队劳动中，一些大学生可能会发现自己的沟通能力和组织协调能力不足。为了更好地完成劳动任务，他们会主动学习沟通技巧和组织管理方法，从而提升自己的能力。

此外，劳动教育还能帮助大学生树立正确的自我形象和社会角色意识。在不同的劳动场景中，大学生需要扮演不同的社会角色，承担相应的社会责任。通过参与劳动实践，大学生可以逐渐适应社会角色的要求，明确自己在社会中的位置和作用。例如，在社区服务中，大学生需要扮演志愿者的角色，为社区居民提供帮助和服务。在这个过程中，他们会逐渐树立起为社会服务的意识，明确自己作为社会一员的责任和义务。

四、通过实践活动促进大学生社会化的路径

实践活动是劳动教育促进大学生社会化的重要途径之一。学校可以组织各种形式的实践活动，让大学生在实践中体验劳动的乐趣和价值，促进他们的社会化发展。

志愿服务活动是一种常见的实践活动形式。学校可以组织大学生参与社区服务、环保宣传、关爱弱势群体等志愿服务活动。在志愿服务过程中，大学生可以接触到不同的人群和社会问题，了解社会的多样性和复杂性。例如，在社区服务活动中，大学生可以帮助社区居民解决生活中的困难，与他们建立良好的关系。通过与社区居民的交流和互动，大学生可以提高自己的沟通能力和人际交往能力，增强社会责任感。

社会实践活动也是促进大学生社会化的重要方式。学校可以组织大学生参加企业实习、社会调研等社会实践活动。在企业实习中，大学生可以了解企业的运营模式和管理方法，学习职场的规则和礼仪，为未来的职业发展做好准备。例如，一些大学生通过参

加企业实习，亲身体验了职场的工作环境和工作压力，学会了如何与同事和上级沟通合作，提高了自己的职业素养。在社会调研活动中，大学生可以深入社会基层，了解社会的实际情况和发展需求。通过对社会问题的研究和分析，大学生可以培养自己的社会观察能力和分析问题的能力，增强对社会的认识和理解。

创新创业活动也是劳动教育的重要实践形式。学校可以鼓励大学生参与创新创业活动，培养他们的创新精神和创业能力。在创新创业过程中，大学生将面对各种挑战和困难，这就需要他们不断地学习和探索。通过创新创业活动，大学生可以锻炼自己的意志品质和解决问题的能力，提高自己的综合素质。例如，一些大学生通过参加创新创业比赛，开发出具有创新性的产品和服务。在这个过程中，他们不仅提高了自己的专业技能，还学会了如何进行市场调研、项目策划和团队管理，为未来的创业打下了坚实的基础。

五、通过课程设置促进大学生社会化的路径

课程设置是劳动教育的重要组成部分，合理的课程设置能够有效地促进大学生的社会化发展。学校可以根据大学生的身心发展特点和社会需求，设置多样化的劳动教育课程。

（1）理论课程是劳动教育的基础。学校可以开设马克思主义劳动观、劳动法律法规等理论课程，让大学生了解劳动的本质、意义和价值，树立正确的劳动观念。例如，通过学习马克思主义劳动观，大学生可以认识到劳动是人类生存和发展的基础，是创造社会财富的源泉。同时，通过学习劳动法律法规，大学生可以了解自己在劳动中的权利和义务，增强法律意识和自我保护意识。

（2）实践课程是劳动教育的核心。学校可以开设农业劳动、工业劳动、手工制作等实践课程，让大学生亲身体验劳动的过程，掌握劳动技能。在实践课程中，大学生可以通过实际操作，提高自己的动手能力和实践能力。例如，在农业劳动实践课程中，大学生可以学习农作物的种植技术和田间管理方法，亲身体验农业生产的全过程。通过实践课程的学习，大学生可以将理论知识与实践相结合，提高自己的综合素质。

此外，学校还可以开设劳动教育选修课程，满足大学生不同的兴趣和需求。例如，学校可以开设文化创意、科技创新等选修课程，让大学生根据自己的兴趣和特长选择适合自己的课程。通过选修课程的学习，大学生可以进一步拓展自己的知识面和技能领域，培养自己的创新精神和实践能力。

六、家庭、学校、社会协同促进大学生社会化的路径

劳动教育促进大学生社会化需要家庭、学校和社会的协同合作。家庭是大学生成长的第一课堂，父母应该注重培养孩子的劳动习惯和劳动意识。父母可以让孩子参与家务劳动，如做饭、洗衣、打扫卫生等，让孩子在劳动中体验到劳动的乐趣和价值。同时，父母还应该鼓励孩子参加社会实践活动，如志愿者服务、社区活动等，让孩子在实践中锻炼自己的能力，增强社会责任感。

学校是劳动教育的主阵地，学校应该加强劳动教育的组织和管理。学校可以制定完善的劳动教育计划和方案，将劳动教育纳入人才培养体系。同时，学校还应该加强劳动教育师资队伍建设，提高教师的劳动教育水平。此外，学校还可以加强与企业、社区等社会机构的合作，为大学生提供更多的劳动实践机会。

社会是大学生社会化的大舞台，社会应该为大学生提供良好的劳动教育环境和条件。政府可以出台相关政策，鼓励企业和社会机构为大学生提供实习、就业等劳动机会。同时，社会各界也应该加强对劳动教育的宣传和支持，营造良好的劳动教育氛围。例如，媒体可以宣传劳动模范的先进事迹，弘扬劳动精神，引导大学生树立正确的劳动观念和价值观。

劳动教育通过认知发展、情感体验和自我认同等心理机制，促进了大学生的社会化发展。通过实践活动、课程设置以及家庭、学校、社会的协同合作等路径，可以更好地发挥劳动教育在大学生社会化过程中的作用，培养出具有社会责任感、创新精神和实践能力的高素质人才。

第三节　家庭、学校、社会“三位一体”劳动教育协同机制

一、家庭在劳动教育中的作用

家庭是孩子成长的第一课堂，在劳动教育中扮演着基础性的角色。父母作为孩子的第一任老师，他们的言传身教对孩子劳动观念和劳动习惯的形成起着至关重要的作用。

首先，家庭劳动教育有助于培养孩子的生活自理能力。从孩子年幼时起，父母就可以引导他们参与一些简单的家务劳动，如穿衣、洗手、整理玩具等。随着年龄的增长，逐渐让孩子承担更多的家务，如扫地、洗碗、洗衣服等。通过这些日常劳动，孩子能够学会照顾自己的生活，提高生活自理能力，为今后独立生活打下坚实的基础。例如，一个从小就参与家务劳动的孩子，在进入大学后，能够迅速适应集体生活，合理安排自己的学习和生活时间；而那些缺乏家务劳动锻炼的孩子，可能会在生活中遇到诸多困难，甚至出现生活不能自理的情况。

其次，家庭劳动教育能够培养孩子的责任感。当孩子参与家庭劳动时，他们会意识到自己是家庭的一员，需要为家庭的整洁和舒适贡献自己的力量。这种责任感会逐渐延伸到孩子生活的其他方面，使他们在学习和社会交往中也能够勇于承担责任。比如，孩子在负责打扫自己的房间时，会明白保持房间整洁是自己的责任，从而养成良好的卫生习惯和自我管理能力。

最后，家庭劳动教育还能增进亲子关系。在共同参与劳动的过程中，父母和孩子可以进行良好的沟通和互动，分享彼此的想法和感受。这种亲密的亲子关系有助于孩子的心理健康和情感发展。例如，一家人一起做饭时，父母可以教孩子一些烹饪技巧，孩子也可以表达自己对美食的喜好，在欢声笑语中完成劳动任务，不仅提高了孩子的劳动技能，还加深了亲子之间的感情。

二、学校在劳动教育中的作用

学校是劳动教育的主阵地，具有系统性、专业性和规范性等特点，能够为学生提供全面、深入的劳动教育。

学校通过开设劳动教育课程，向学生传授劳动理论知识和技能。根据不同年级和专业的特点，学校可以设置多样化的劳动教育课程，如农业劳动、工业劳动、手工制作、家政服务等。这些课程不仅能够让学生掌握一定的劳动技能，还能让他们了解劳动的历史、文化和社会意义。

学校还组织各种劳动实践活动，让学生在实践中体验劳动的乐趣和价值。校内劳动实践活动包括校园绿化、图书馆管理、实验室维护等，这些活动能够培养学生的集体荣誉感和团队合作精神。校外劳动实践活动如企业实习、社区服务、志愿服务等，则可以让学生接触社会，了解不同行业的工作内容和职业要求，为未来的职业发展做好准备。比如，学生参加社区服务活动，为社区居民提供帮助和服务，能够增强他们的社会责任感和公民意识。

此外，学校还注重营造劳动教育氛围，通过校园文化建设、主题班会、劳动模范讲座等形式，宣传劳动精神和劳动价值观，引导学生树立正确的劳动观念。例如，学校可以在校园内设置劳动文化宣传栏，展示劳动模范的先进事迹和学生的劳动成果，激励学生积极参与劳动。

三、社会在劳动教育中的作用

社会是劳动教育的大课堂，为大学生提供了广阔的劳动实践平台和丰富的劳动教育资源。

（1）社会为大学生提供了多样化的劳动实践机会。企业、社区、社会组织等社会机构可以为大学生提供实习、兼职、志愿服务等劳动岗位，让他们在真实的工作环境中锻炼自己的劳动技能和综合素质。例如，企业可以为大学生提供专业实习机会，让他们将所学的理论知识应用到实际工作中，提高实践能力和职业素养；社区可以组织大学生参与社区建设和服务活动，培养他们的社会责任感和团队合作精神。

（2）社会能够传播劳动文化和劳动价值观。媒体、文化机构等可以通过宣传报道、文化活动等形式，弘扬劳动精神，倡导劳动光荣的社会风尚。例如，媒体可以报道劳动模范的先进事迹，宣传他们的劳动精神和奉献精神，引导大学生树立正确的劳动观念和价值观；文化机构可以举办劳动主题的展览、演出等活动，让大学生在欣赏文化艺术的同时，感受劳动的魅力和价值。

（3）社会可以为劳动教育提供政策支持和资源保障。政府可以出台相关政策，鼓励企业和社会机构参与劳动教育，为大学生提供更多的劳动实践机会和资源。同时，社会各界也可以通过捐赠、资助等方式，为劳动教育提供资金和物资支持，促进劳动教育的发展。

四、家庭、学校、社会协同开展劳动教育的必要性

家庭、学校、社会在劳动教育中各有优势，但也存在一定的局限性。家庭劳动教育可能缺乏系统性和专业性；学校劳动教育可能与社会实际需求存在一定的脱节；社会劳动教育则可能缺乏对学生个体的关注和指导。因此，家庭、学校、社会协同开展劳动教育就显得尤为必要。

家庭、学校、社会协同开展劳动教育能够形成教育合力，强化劳动教育的效果。家庭、学校、社会三方相互配合、相互补充，可以为学生提供全方位、多层次的劳动教育。例如，家庭可以在日常生活中培养学生的劳动习惯和劳动意识，学校可以系统地传授劳动理论知识和技能，社会可以为学生提供实践机会和资源支持。三方共同努力，能够让学生在不同的环境中接受劳动教育，更好地理解劳动的意义和价值，进而提高劳动技能和综合素质。

家庭、学校、社会协同开展劳动教育能够满足学生多样化的需求。不同学生的兴趣、爱好和能力存在差异，单一的教育主体难以满足学生的多样化需求。家庭、学校、社会协同合作，可以根据学生的个体差异，提供个性化的劳动教育方案。例如，对于对科技创新感兴趣的学生，学校可以提供相关的课程和实践机会，家庭可以鼓励和支持学生参加科技创新活动，社会可以为学生提供科技创新的平台和资源。

协同开展劳动教育能够促进学生的全面发展。劳动教育不仅能够培养学生的劳动技能，还能够促进学生的品德、智力、体质、美育等方面的发展。家庭、学校、社会协同合作，可以将劳动教育与其他教育有机结合起来，实现学生的全面发展。例如，在劳动实践中，学生可以培养团队合作精神、创新精神和实践能力，同时也可以提高自己的身体素质和审美能力。

五、建立“三位一体”劳动教育协同机制的具体举措

（一）加强沟通与合作

家庭、学校、社会之间应建立有效的沟通机制，加强信息交流和资源共享。学校可以定期召开家长会，向家长介绍学校的劳动教育计划和活动安排，听取家长的意见和建议；同时，学校还可以通过家长委员会等形式，加强与家长的合作，共同开展劳动教育活动。学校与社会机构之间可以建立合作关系，签订合作协议，明确双方的权利和义务，共同开展劳动实践活动。例如，学校可以与企业合作建立实习基地，为学生提供实习机会；与社区合作开展志愿服务活动，为社区居民提供服务。

（二）制订协同教育计划

家庭、学校、社会应共同制订劳动教育协同计划，明确各自的职责和任务。计划应包括劳动教育的目标、内容、方法、时间安排等方面。在制订计划时，要充分考虑学生的年龄特点、兴趣爱好和实际需求，确保计划的可行性和有效性。例如，针对小学生，

可以制订以培养劳动习惯和劳动意识为主的计划；针对中学生，可以制订以提高劳动技能和社会实践能力为主的计划；针对大学生，可以制订以培养创新精神和职业素养为主的计划。

（三）整合教育资源

家庭、学校、社会应整合各自的教育资源，形成资源共享、优势互补的局面。学校可以利用社会资源，如企业的生产设备、社区的活动场地等，为学生提供更好的劳动实践条件；社会机构可以利用学校的师资力量和教育设施，开展劳动教育培训和宣传活动。家庭也可以为学校和社会提供一些资源支持，如家长可以为学校的劳动教育活动提供物资捐赠，为学生的社会实践活动提供帮助和指导。

（四）建立评价机制

为了确保“三位一体”劳动教育协同机制的有效运行，应建立科学合理的评价机制。评价内容应包括家庭、学校、社会在劳动教育中的表现和贡献，以及学生的劳动素养和综合能力的提升情况。评价方法可以采用多元化的方式，如教师评价、家长评价、学生自评、社会评价等。评价结果应及时反馈给相关主体，以便他们及时调整教育策略和方法，提高劳动教育的质量和效果。

（五）加强宣传与引导

政府、媒体等应加强对“三位一体”劳动教育协同机制的宣传和引导，提高社会各界对劳动教育的认识和重视程度。政府可以出台相关政策，鼓励家庭、学校、社会积极参与劳动教育；媒体可以通过宣传报道、专题节目等形式，宣传劳动教育的重要意义和成功经验，营造良好的社会舆论氛围。同时，还可以开展劳动教育主题活动，如劳动教育宣传周、劳动技能竞赛等，激发学生参与劳动教育的积极性和主动性。

家庭、学校、社会在劳动教育中都具有不可替代的作用，“三位一体”劳动教育协同机制的建立是提高劳动教育质量和效果的必然要求。通过加强沟通与合作、制订协同教育计划、整合教育资源、建立评价机制和加强宣传与引导等策略和方法，可以实现家庭、学校、社会的有机结合，形成劳动教育的强大合力，培养出具有社会责任感、创新精神和实践能力的高素质人才。

第四节　劳动教育中的个体发展权与社会责任培养

一、劳动教育中个体发展权的内涵

（一）劳动技能提升权

大学生在劳动教育中有权获得全面且系统的劳动技能培训。不同专业的学生应能接触与专业相关以及通用的劳动技能学习机会。例如，理工科学生可以在劳动教育中学习先进的制造工艺、自动化操作技能等；文科学生则可以提升组织协调、沟通表达等服务性劳动技能。这种劳动技能提升权是大学生未来职业发展和个人成长的基础，能让他们在毕业后更好地适应社会的需求，实现自身的价值。

（二）人格完善权

劳动教育是促进大学生人格完善的重要途径，他们有权在劳动过程中培养坚韧、独立、自信等优秀品质。在面对劳动中的困难和挫折时，大学生能够锻炼自己的意志力，学会独立思考和解决问题。

（三）自我实现权

每个大学生都有在劳动中展现自己才华和能力、实现自我价值的权利。劳动教育为大学生提供了多样化的平台，让他们能够发挥自己的特长和优势。例如，具有艺术天赋的学生可以在校园文化建设中，发挥自己的创意和设计能力，为校园增添艺术氛围；擅长科技创新的学生可以参与科研项目劳动，通过发明创造为社会作出贡献，从而在劳动中体验到自我实现的满足感。

二、劳动教育中个体发展权的保障

（一）法律法规保障

国家和地方应制定相关的法律法规，明确大学生在劳动教育中的个体发展权。例如，规定高校必须为学生提供一定时长和质量的劳动教育课程和实践机会，保障学生的劳动技能提升权。同时，法律应保护学生在劳动过程中的合法权益，防止学生受到不合理的劳动安排和劳动伤害。对于违反规定的学校和单位，要依法追究其责任，确保学生的个体发展权得到切实保障。

（二）学校制度保障

高校应建立完善的劳动教育制度，从课程设置、师资配备、实践基地建设等方面保障学生的个体发展权。在课程设置方面，要根据学生的专业和兴趣，提供丰富多样的劳动教育课程，满足不同学生的需求。在师资配备方面，应加强师资队伍建设，提高教师的劳动教育水平，确保能够为学生提供高质量的教学和指导。在实践基地建设方面，应建设稳定的劳动实践基地，为学生提供安全、规范的劳动环境，让学生能够在实践中充分发展自己的能力。

（三）社会支持保障

社会各界应积极支持大学生的劳动教育，为学生的个体发展权提供保障。企业可以为大学生提供实习和就业机会，让学生在真实的工作环境中锻炼自己的劳动技能。社会组织可以开展各种劳动教育活动，如志愿者服务、技能培训等，丰富学生的劳动体验。同时，社会舆论应倡导尊重劳动、鼓励创新的价值观，为大学生的劳动教育营造良好的社会氛围，让学生在社会的支持和认可中更好地实现自己的个体发展权。

三、劳动教育与社会责任培养的关系

（一）劳动教育是培养社会责任意识的重要途径

劳动教育能让大学生亲身体验劳动的过程，了解劳动的价值和意义，从而培养他们对社会的责任感。在劳动实践中，大学生会认识到自己的劳动成果不仅关系到个人的利益，还会对他人和社会产生影响。例如，在参与社区服务劳动时，大学生为社区居民解决了实际问题，改善了社区环境，他们会深刻体会到自己作为社会一员的责任和义务，从而增强了其社会责任感。

（二）社会责任意识促进劳动教育的深入开展

具有强烈社会责任意识的大学生会更加积极主动地参与劳动教育。他们会将劳动视为一种为社会作贡献的方式，而不仅仅是为了完成任务或获得学分。这种积极的态度会促使他们在劳动中更加认真负责，努力提高自己的劳动技能和综合素质。同时，社会责任意识还会引导大学生关注社会问题，将劳动教育与社会需求相结合，为解决社会问题贡献自己的力量，从而推动劳动教育的深入开展。

四、通过劳动教育培养大学生社会责任意识的途径

（一）理论教育引导

高校应在劳动教育课程中加强理论教学，向大学生传授社会责任的相关知识和理念。通过讲解马克思主义劳动观、伦理学、社会学等方面的知识，让大学生明白劳动与社会发展的关系，以及个人在社会中的责任和义务。例如，在马克思主义劳动观的教学中，让学生了解劳动是人类社会存在和发展的基础，每个人都应该通过劳动为社会创造价值。同时，结合实际案例，引导大学生思考社会问题，培养他们的社会责任感和社会批判精神。

（二）实践活动锻炼

组织大学生参加各种形式的劳动实践活动是培养他们社会责任意识的有效途径。社会实践活动可以让大学生深入社会基层，了解社会的实际情况和发展需求。例如，让大学生参与乡村振兴劳动，他们会看到乡村振兴状况和发展机遇，从而激发他们为农村发展贡献力量的责任感。志愿服务活动则可以培养大学生的奉献精神和关爱他人的意识。在志愿服务中，大学生为弱势群体提供帮助和服务，会感受到自己的行为对他人的重要性，从而增强社会责任感。

（三）榜样示范引领

树立劳动模范和先进人物的榜样，可对大学生实现有效的示范引领。高校可以邀请劳动模范走进校园，为大学生讲述他们的劳动故事和奋斗历程。劳动模范们的敬业精神、奉献精神和社会责任感会深深地感染大学生，激发他们向榜样学习的热情。同时，学校还可以宣传本校优秀学生的劳动事迹，让大学生身边的榜样发挥示范作用，使他们更加直观地感受到社会责任意识在劳动中的体现，从而自觉培养自己的社会责任意识。

（四）评价激励机制

建立科学合理的评价激励机制，对大学生的社会责任意识培养具有重要的推动作用。高校可以将社会责任意识纳入学生的综合素质评价体系，对在劳动教育中表现出强烈社会责任意识的学生进行表彰和奖励。例如，设立“社会责任奖”，对积极参与劳动实践、为社会作出贡献的学生进行奖励。同时，将评价结果与学生的奖学金评定、评优评先、毕业推荐等挂钩，激励大学生积极培养自己的社会责任意识，在劳动中践行社会责任。

劳动教育中的个体发展权与社会责任培养是相辅相成的。保障大学生的个体发展权能够为他们培养社会责任意识提供基础和动力，而通过劳动教育培养大学生的社会责任意识又能促进他们更好地实现个体发展权。高校应充分认识到两者的重要性，采取有效的措施，在劳动教育中保障学生的个体发展权，同时培养学生的社会责任意识，为社会培养出具有高度责任感和创新能力的高素质人才。

榜样力量

灵巧手技术突破推动人形机器人产业化

2025 年 5 月 9 日，随着具身智能技术的快速发展，灵巧手作为人形机器人的核心组件，正以颠覆性创新推动行业迈入商业化落地新阶段。

国内企业灵心巧手自主研发的 LinkerHand 系列灵巧手，以 42 个主动自由度超越国际标杆产品 Shadow Hand（26 个自由度），并集成电子皮肤、多模态传感器等先进技术，可感知物体纹理、温度及接近距离。该企业通过自研微型谐波关节与柔性结构设计，其成本仅为国际同类产品的 1/20（国内市场价 5 万元），而耐用性提升 10 倍以上。中国科学院自动化所同期推出神经拟态灵巧手，负载能力达 7kg，计划突破 15kg，为工业场景提供更强适应性。

业内共识“手比足难”，灵巧操作需解决实时反馈与海量数据训练难题。戴盟机器人通过“视觉-触觉-语言-动作”端到端模型提升交互能力；灵心巧手正构建全球最大灵巧操作数据集，涵盖数千种抓取任务，为算法标准化奠定基础。据预测，2030 年全球灵巧手市场规模将达 568 亿元，技术焦点将集中于多模态感知与大语言模型融合，这将加速人形机器人从实验室走向千家万户。

"灵巧手是具身智能时代的钥匙，其技术突破将彻底改变人机协作的边界。"灵心巧手创始人周永表示。戴盟机器人首席科学家王煜强调："未来三年，灵巧手将从单一功能转向环境自适应，以推动人形机器人成为真正的生产力工具。"

随着技术迭代与成本持续下探，灵巧手正成为驱动智能机器人产业的核心引擎，一场由"手"引发的技术革命已悄然开启。

资料来源：《中国机器人，天工出"巧手"》，新华社客户端，2025-01-07，有改动。

第四章
劳动法律法规与经济学基础

劳动是人类社会发展的基石，劳动法律与经济规律是保障劳动者权益、推动社会进步的核心框架。劳动法作为调整劳动关系的基础性规范，明确了劳动者的基本权利与用人单位的义务。从劳动基准法对工时、最低工资、劳动安全及特殊群体的保护，到劳动合同的签订、变更与解除，劳动法体系全面覆盖了劳动关系的关键环节，其核心原则——保护劳动者权益、平等自愿、诚实信用贯穿始终，旨在平衡劳资双方利益，维护社会公平正义。

劳动与经济的深度关联体现在人力资本与劳动市场的动态互动中。人力资本理论揭示了教育、培训、健康投资对个体及社会经济增长的深远影响。劳动生产率的提升、技术创新及产业结构优化，均依赖于高素质劳动力的支撑。同时，工资收入受劳动力供求、企业效益、政策调控等多重因素影响，合理的工资制度与最低工资保障是促进收入分配公平、缩小贫富差距的关键机制。

新时代大学生作为未来社会发展的中坚力量，亟待掌握劳动法律知识，理解经济规律与人力资本的核心价值。这不仅关乎个人职业权益的维护，更是推动社会可持续发展的重要前提。通过系统学习劳动法与实践案例，结合经济视角分析劳动与资本的互动逻辑，大学生能够全面提升法律意识与职业素养，为构建和谐劳动关系、促进经济高质量发展贡献力量。

第一节　劳动法的基本概念

一、劳动法的定义

劳动法是调整用人单位与劳动者之间关系的重要法律规范，在我国社会主义法治体系中占据着举足轻重的地位。它犹如一座坚实的桥梁，连接着用人单位和劳动者，确保双方在劳动过程中的权利和义务得以平衡和保障。

从狭义上来说，劳动法特指《中华人民共和国劳动合同法》及其相关配套法规。这些法规就像是精密的仪器，对劳动合同的各个方面进行了细致入微的规定。它们明确了劳动合同的订立、履行、变更、解除和终止等各个环节的具体要求和程序，为用人单位和劳动者提供了清晰的行为准则。例如，在劳动合同的订立方面，规定了劳动合同应当以书面形式订立，并明确了劳动合同必须具备的条款，如劳动合同期限、工作内容和工作地点、劳动报酬等。这些条款的明确规定，使得用人单位和劳动者在签订劳动合同时能够有章可循，避免了因合同条款不明确而引发的纠纷。

而广义的劳动法则涵盖整个劳动关系领域的所有法律法规，是一个庞大而复杂的法律体系。它不仅包括劳动就业法、社会保险法、劳动条件和标准法等多个方面，还涉及劳动争议处理、劳动监察等一系列相关制度。劳动就业法致力于保障劳动者的平等就业权利，防止就业歧视的发生，为劳动者提供公平的就业机会。社会保险法则为劳动者在年老、患病、工伤、失业、生育等情况下提供了必要的经济保障，使劳动者能够在遭遇困难时得到及时的帮助。劳动条件和标准法则规定了用人单位在劳动安全卫生、工作时间与休息休假、最低工资保障等方面的责任和义务，确保劳动者在良好的劳动条件下工作。

劳动法在我国社会主义法律体系中具有重要的地位。它是我国社会主义法治体系的重要组成部分，与其他法律部门相互配合、相互补充，共同维护着社会的公平正义和稳定。劳动法的实施，有助于保护劳动者的合法权益，提高劳动者的生活质量和社会地位。在现实生活中，许多劳动者通过劳动法的保障，获得了合理的劳动报酬、良好的工作环境和必要的休息（休假）时间，从而能够更加安心地工作和生活。同时，劳动法也有助于规范用人单位的用工行为，促进企业的健康发展。用人单位遵守劳动法的规定，能够建立良好的劳动关系，提高员工的工作积极性和忠诚度，从而提升企业的竞争力。此外，劳动法还有助于维护社会的稳定和和谐。通过调整用人单位与劳动者之间的关系，解决劳动争议，劳动法能够避免因劳动纠纷引发的社会矛盾和冲突，为社会的稳定和发展创造良好的环境。

无论是从狭义上讲还是从广义上讲，劳动法都对用人单位和劳动者的关系进行了全面而细致的规范。它在我国社会主义法律体系中扮演着不可或缺的角色，对于保护劳动者的合法权益、促进企业的健康发展和维护社会的稳定和谐具有重要的意义。新时代的大学生应当深入学习和了解劳动法的相关知识，增强自身的法律意识和维权能力，为未来的职业生涯打下坚实的基础。

二、劳动法的起源和发展

劳动法的起源与欧洲工业革命时期的社会变革紧密相连。在工业革命之前，传统的农业社会以家庭和手工业为主要生产方式，劳动关系相对简单。然而，工业革命的到来彻底改变了这一局面。机器大生产取代了手工劳动，工厂制度逐渐兴起，大量农民和手工业者涌入城市，成为雇佣工人。

随着工厂制度的发展，资本家为了追求利润最大化，往往会延长工人的工作时间、降低工资待遇、恶化工作条件。工人们每天需要工作十几个小时，甚至更长时间，工作环境恶劣，缺乏必要的安全保障和劳动保护。这种残酷的劳动条件引发了工人阶级的强烈不满和反抗。工人们开始组织起来，通过罢工、示威等方式来争取自己的权益。在这种背景下，为了缓和阶级矛盾、维护社会稳定，一些国家开始制定相关的法律来规范劳动关系。世界上最早的劳动法可以追溯到19世纪初的英国。1802年，英国议会通过了《学徒健康与道德法》，这是现代劳动法的开端。该法律主要针对纺织工厂中学徒的工作时间和劳动条件进行了限制，规定学徒的工作时间每天不得超过12小时，禁止学徒在夜间工作，并要求工厂主为学徒提供必要的教育和医疗保障。

此后，随着工业革命在欧洲其他国家的蔓延，劳动法逐渐在这些国家得到发展。法国在1841年颁布了《工厂法》，对童工的工作时间和劳动条件进行了规定；德国在1839年制定了《普鲁士工厂矿山条例》，对工厂的劳动安全和卫生条件提出了要求。这些早期的劳动法虽然内容相对简单，主要侧重于对童工和女工的保护，但它们标志着国家开始介入劳动关系，对劳动者的权益进行保护。

在19世纪中叶到20世纪初，随着工人运动的不断发展和壮大，劳动法得到了进一步的完善和发展。这一时期，各国纷纷制定了更加全面和系统的劳动法律法规，涵盖劳动合同、工资、工时、劳动安全卫生、社会保险等多个方面。例如，英国在1871年颁布了《工会法》，承认了工会的合法地位；美国在1935年通过了《国家劳工关系法》，保障了工人组织工会和进行集体谈判的权利。

20世纪中叶以来，随着经济全球化的发展和国际劳工组织的成立，劳动法进入新的发展阶段。国际劳工组织制定了一系列的国际劳工标准，如《关于就业和职业歧视公约》《关于最低工资确定办法公约》等，这些标准为各国劳动法的发展提供了重要的参考和指导。同时，各国也在不断加强劳动法的国际合作，共同应对跨国劳动问题。

不同国家的劳动法发展具有各自的特点。在欧洲大陆国家，劳动法往往与社会法紧密结合，强调国家对劳动关系的干预和调节，注重保护劳动者的社会权益。例如，德国的劳动法体系以《德国民法典》中的雇佣合同为基础，同时制定了大量的劳动法律法规和集体合同，形成了较为完善的劳动法律体系。在英美法系国家，劳动法主要以判例法为主，强调当事人的意思自治和契约自由。例如，美国的劳动法主要通过法院的判例来发展和完善，劳动合同的内容和条款主要由当事人自行约定。

在亚洲国家，劳动法的发展受到传统文化和经济发展水平的影响。一些国家在借鉴西方劳动法经验的基础上，结合本国的实际情况，制定了具有本国特色的劳动法律法规。例如，日本的劳动法在保障劳动者权益的同时，也注重维护企业的经营自主权和竞争力，强调企业与员工之间的合作和协调。

劳动法起源于欧洲工业革命时期的社会变革，经过两个多世纪的发展和演变，已经成为一个涵盖广泛、内容丰富的法律体系。不同国家的劳动法发展具有各自的特点，但都致力于保护劳动者的合法权益、促进劳动关系的和谐稳定。新时代的大学生应当了解劳动法的起源和发展，认识到劳动法在维护社会公平正义和保障劳动者权益方面的重要作用。

三、劳动法的目的和意义

劳动法的核心目的之一是保护劳动者的合法权益。在劳动关系中，劳动者往往处于相对弱势的地位，面对用人单位，他们在经济实力、信息掌握等方面存在明显差距。劳动法通过一系列具体规定，为劳动者撑起了一把坚实的“保护伞”。

从劳动报酬方面来看，劳动法明确规定用人单位必须按时足额支付劳动者工资，不得克扣或者无故拖欠。这一规定保障了劳动者的基本生活来源，使他们能够凭借自己的劳动获得合理的经济回报。例如，在建筑行业，过去曾存在包工头拖欠农民工工资的现象，导致农民工辛苦一年却拿不到应得的报酬，生活陷入困境。而劳动法的严格执行，使得这种情况得到了有效遏制，农民工的合法权益得到了保障。

在工作时间和休息休假方面，劳动法规定了标准工时制度，即每日工作时间不超过8小时、平均每周工作时间不超过44小时，同时用人单位应当保证劳动者每周至少休息一日。此外，劳动者还享有法定节假日、年休假等休息休假权利。这些规定有助于劳动者合理安排工作和生活，避免过度劳累，保障了劳动者的身心健康。比如，某互联网公司曾要求员工长期加班，导致员工身体和精神状态不佳。在劳动法的约束下，该公司调整了工作安排，保障了员工的休息时间，员工的工作效率和生活质量都得到了显著提高。

劳动法还注重对劳动者职业安全和健康的保护。用人单位必须建立劳动安全管理制度，定期进行职业病危害因素检测和评价，为劳动者提供必要的劳动保护用品。职工有权拒绝违章指挥和强令冒险作业。在一些化工企业，如果不遵守劳动安全卫生规定，可能会导致员工患上职业病，影响员工的身体健康。劳动法的相关规定促使企业重视劳动安全卫生，采取有效措施预防职业病的发生，保护了劳动者的生命健康权。

劳动法的另一个重要目的是促进劳动关系的和谐稳定。劳动关系是社会关系的重要组成部分，和谐稳定的劳动关系对于企业的发展和社会的稳定至关重要。劳动法通过规范用人单位和劳动者的权利和义务，为双方提供了明确的行为准则，减少了劳动纠纷的发生。

在劳动合同的订立方面，劳动法要求用人单位与劳动者以书面形式订立劳动合同，并明确规定了劳动合同的必备条款。这使得双方的权利和义务在合同中得以明确，避免了因合同条款不明确而引发的纠纷。例如，某小型企业在与员工签订劳动合同时，由于合同条款模糊，导致员工在工作一段时间后对工资待遇、工作内容等方面产生了争议。在劳动法的指导下，该企业重新规范了劳动合同的签订，明确了双方的权利和义务，有效地避免了类似纠纷的再次发生。

当劳动纠纷发生时，劳动法提供了一套完善的劳动争议处理机制。双方可以先进行协商解决，如果协商不成，可以向企业内部调解机构申请调解，调解不成还可以向劳动仲裁委员会提起申诉，对仲裁裁决不服时可向人民法院提起诉讼。这种多元化的处理机制为劳动纠纷的解决提供了多种途径，使得劳动纠纷能够得到及时、公正的处理，维护了劳动关系的和谐稳定。比如，某企业与员工因解除劳动合同的经济补偿问题产生了争议，双方通过劳动仲裁委员会的调解，最终达成了和解协议，既保障了员工的合法权益，又维护了企业的正常生产经营秩序。

劳动法在维护社会公平正义方面发挥着重要作用。社会公平正义是社会主义的核心价值之一，劳动法通过对劳动者合法权益的保护，缩小了用人单位与劳动者之间的差距，促进了社会的公平正义。在就业方面，劳动法规定劳动者就业不因民族、种族、性别、宗教信仰不同而受歧视，妇女享有与男子平等的就业权利。这一规定为劳动者提供了公平的就业机会，打破了各种就业壁垒，使得每个人都能够凭借自己的能力和努力获得工作。例如，在一些招聘过程中，曾经存在性别歧视的现象，女性在求职时面临着比男性更多的困难。劳动法的实施，有效地遏制了这种现象，保障了女性的平等就业权。

劳动法对于推动经济发展和社会进步也具有重要意义。从企业的角度来看，遵守劳动法可以提高员工的工作积极性和忠诚度，从而提高企业的生产效率和竞争力。当员工的合法权益得到保障时，他们会更加愿意为企业付出努力，最大化地发挥自己的潜能。例如，某知名企业注重员工的权益保障，为员工提供了良好的工作环境、合理的工资待遇和丰富的职业发展机会，员工的工作积极性和创造力得到了充分激发，企业的业绩也不断提升。

从社会的角度来看，劳动法的实施有助于促进劳动力市场的健康发展，优化劳动力资源的配置。合理的劳动法律法规可以引导劳动力向更有发展潜力的行业和企业流动，提高劳动力的利用效率。同时，劳动法保障了劳动者的基本生活需求，提高了劳动者的消费能力，从而促进了消费市场的繁荣，拉动了经济的增长。例如，随着劳动者收入的增加，他们对住房、汽车、教育等方面的消费需求也会相应增加，这将带动相关产业的发展，促进经济的繁荣。

劳动法的目的和意义是多方面的。它不仅保护了劳动者的合法权益，促进了劳动关系的和谐稳定，还维护了社会的公平正义，推动了经济发展和社会进步。新时代的大学生应当深刻认识到劳动法的重要性，在未来的职业生涯中，学会运用劳动法来维护自己的合法权益，同时也为构建和谐稳定的劳动关系贡献自己的力量。

四、劳动法的基本原则

（一）保护劳动者合法权益原则

保护劳动者合法权益原则是劳动法的核心原则，体现了劳动法以人为本的价值取向。在劳动关系中，劳动者通常处于相对弱势的地位，面临着诸多风险和挑战。因此，劳动法将保护劳动者合法权益作为首要任务，通过一系列具体规定来实现这一目标。在劳动报酬方面，明确要求用人单位按时足额支付工资，不得克扣或无故拖欠。这保障了劳动者的基本生活来源，使其能够凭借劳动获得合理的经济回报。例如，在一些劳动密集型企业中，曾出现过企业以各种理由拖欠员工工资的情况，导致员工生活陷入困境。劳动法的这一规定，有效遏制了此类现象的发生，维护了劳动者的经济权益。在工作时间和休息休假方面，规定了标准工时制度以及劳动者享有的法定节假日、年休假等权利。这些规定旨在帮助劳动者合理安排工作和生活，避免过度劳累，从而保障其身心健康。比如，一些互联网企业曾存在加班文化盛行的问题，员工长期处于高强度工作状态。劳动法的相关规定促使企业调整工作安排，保障员工的休息时间，提高了员工的生活质量。此外，在职业安全和健康保护方面，要求用人单位建立劳动安全管理制度，进行职业病危害因素检测和评价，为劳动者提供必要的劳动保护用品。职工有权拒绝违章指挥和强令冒险作业。在一些危险行业，如矿山、化工等，如果企业不重视劳动安全卫生，可能会导致员工患上职业病或发生安全事故。劳动法的这些规定，促使企业采取有效措施预防职业病和安全事故的发生，保护了劳动者的生命健康权。

（二）平等自愿原则

平等自愿原则强调在劳动合同订立过程中，双方当事人的法律地位平等，真实意思表示一致，遵循平等自愿、协商一致的原则。平等是指用人单位和劳动者在订立劳动合同时，享有平等的法律地位，不存在一方凌驾于另一方之上的情况。无论是国有企业、民营企业还是个体经济组织，在与劳动者签订劳动合同时，都应平等对待，不得因劳动者的身份、性别、民族等因素而歧视。例如，在招聘过程中，企业不能以性别为由拒绝录用女性求职者，除非该岗位有国家规定的不适合妇女的特殊要求。自愿是指双方当事人订立劳动合同是出于自己的真实意愿，不受任何一方的强迫、威胁或欺诈。劳动者有权自主选择用人单位和工作岗位，用人单位也有权根据自身需求选择合适的劳动者。在签订劳动合同时，双方应充分协商，就合同的各项条款达成一致意见。如果一方以欺诈、胁迫等手段迫使对方订立劳动合同，该合同将被视为无效。比如，某些企业在招聘时故意隐瞒工作的真实情况，欺骗劳动者签订劳动合同，这种行为违反了平等自愿原则，劳动者有权要求解除合同并获得相应的赔偿。平等自愿原则保障了劳动合同的公平性和合法性，使双方当事人能够在平等的基础上建立劳动关系，促进了劳动力市场的健康发展。

（三）诚实信用原则

诚实信用原则要求合同双方在劳动合同的订立、履行、变更和解除等各个环节中，严格遵守约定，全面履行义务，秉持诚实、善意的态度，不得隐瞒真实情况或进行欺诈行为。在劳动合同订立阶段，用人单位应如实告知劳动者工作内容、工作条件、职业危害、劳动报酬等情况，劳动者也应如实提供自己的学历、技能、工作经历等信息。如果一方故意隐瞒重要信息或提供虚假信息，可能会导致对方在违背真实意愿的情况下订立劳动合同，从而损害对方的利益。例如，劳动者在求职时夸大自己的工作能力，入职后无法胜任工作，给用人单位造成损失。在劳动合同履行过程中，双方应按照合同约定全面履行自己的义务。用人单位应按时支付工资、提供劳动保护条件等，劳动者应遵守用人单位的规章制度，认真履行工作职责。如果一方不履行或不完全履行合同义务，应承担相应的违约责任。比如，用人单位未按照合同约定支付工资，劳动者有权要求用人单位支付拖欠的工资及相应的赔偿金。诚实信用原则有助于维护劳动合同的稳定性和严肃性，增强双方当事人的信任，促进劳动关系的和谐发展。

劳动法的这些基本原则相互联系、相互补充，共同构成了劳动法的基石。它们在劳动法的各个方面都发挥着重要作用，保障了劳动者的合法权益，促进了劳动关系的和谐稳定，维护了社会的公平正义。新时代的大学生在学习和了解劳动法时，应深刻理解这些基本原则的内涵和意义，以便在未来的职业生涯中更好地运用劳动法来维护自己的权益。

五、劳动基准法对劳动者的保障

（一）工作时间与休息休假

标准工时制度是劳动基准法的重要组成部分，为劳动者的工作时间设定了基本框架。根据《中华人民共和国劳动法》规定，国家实行劳动者每日工作时间不超过 8 小时、平均每周工作时间不超过 44 小时的工时制度。这一规定旨在保障劳动者的身体健康和休息权利，使劳动者能够在合理的工作强度下进行生产劳动。

每日 8 小时的工作时长规定，是经过长期实践和研究得出的科学结论。从人体生理机能的角度来看，长时间连续工作会导致身体疲劳、注意力不集中等问题，不仅影响工作效率，还可能对劳动者的身体健康造成损害。8 小时的工作时间既能保证劳动者有足够的时间进行工作，创造价值，又能让劳动者在工作之余有时间休息、恢复体力和精力。例如，在一些制造业企业中，严格按照八小时工作制安排生产，员工在工作时间内能够保持较高的工作效率，产品质量也得到了有效保障。

平均每周工作时间不超过 44 小时的规定，则是从宏观层面上对劳动者的工作总量进行了限制。它考虑到了劳动者在一周内的整体工作负荷，避免劳动者因长期过度工作而导致身体和精神的双重疲劳。这一规定也为用人单位合理安排生产计划提供了指导，促使用人单位优化工作流程，提高生产效率，而不是单纯依靠延长工作时间来增加产量。

然而，在实际生产经营过程中，由于各种原因，用人单位可能需要劳动者加班加点工作。《中华人民共和国劳动法》对加班加点的条件和标准也作出了明确规定。用人单位由于生产经营需要，经与工会和劳动者协商后可以延长工作时间，一般每日不得超过一小时；因特殊原因需要延长工作时间的，在保障劳动者身体健康的条件下延长工作时间每日不得超过 3 小时，但是每月不得超过 36 小时。

用人单位安排劳动者延长工作时间的，支付不低于工资的 150%的工资报酬；休息日安排劳动者工作又不能安排补休的，支付不低于工资的 200%的工资报酬；法定休假日安排劳动者工作的，支付不低于工资的 300%的工资报酬。这些规定一方面保障了劳动者在加班加点工作时能够获得相应的经济补偿，另一方面也对用人单位随意安排加班加点的行为进行了限制，防止用人单位滥用加班来降低用工成本。

例如，某企业在订单高峰期需要员工加班赶货，经过与工会和员工协商后，安排员工加班。对于平时延长工作时间的部分，企业按照工资的 150%支付加班工资；对于休息日加班且无法安排补休的部分，按照工资的200%支付；对于法定休假日加班的部分，则按照工资的300%支付。这样既满足了企业的生产需求，又保障了员工的合法权益。

劳动者除了享有标准工时制度下的休息权利，还享有法定节假日、年休假等休息休假权利。法定节假日是国家为了庆祝重要节日、纪念日等而规定的全民放假的日期。根据《全国年节及纪念日放假办法》，全体公民放假的节日包括新年、春节、清明节、劳动节、端午节、中秋节和国庆节等。这些法定节假日是劳动者休息和与家人团聚的重要时间，也是传承和弘扬民族文化的重要契机。

年休假是劳动者连续工作一年以上后享有的带薪休假权利。国家实行带薪年休假制度，劳动者连续工作一年以上的，享受带薪年休假，具体办法由国务院规定。年休假的天数根据劳动者的工作年限不同而有所差异，一般来说，工作年限越长，年休假天数越多。年休假制度的实施，有助于劳动者调整身心状态，提高工作积极性和工作效率，同时也体现了国家对劳动者休息权利的重视和保障。

例如，小李在一家公司工作了三年，根据规定他每年可以享受五天的年休假。在年休假期间，小李可以自由安排自己的时间，去旅游、学习或者陪伴家人。公司按照正常工资标准支付他年休假期间的工资，保障了他的经济收入不受影响。

工作时间与休息休假制度是劳动基准法对劳动者权益保障的重要内容。标准工时制度为劳动者的工作时间设定了合理的界限，加班加点的规定在满足企业生产经营需求的同时保障了劳动者的经济补偿，法定节假日和年休假等休息休假权利则让劳动者有时间休息、放松和提升自己。新时代的大学生在未来的职业生涯中，应当了解和掌握这些权利，以维护自己的合法权益。

（二）最低工资保障

最低工资保障是劳动基准法的重要组成部分，它对于保障劳动者的基本生活权益、维护社会公平正义具有重要意义。各省、自治区、直辖市在确定最低工资标准时，需要综合考虑多方面的因素，以确保该标准既能保障劳动者的基本生活，又能适应当地的经济发展水平。

确定最低工资标准的依据主要包括以下几个方面。首先是当地就业者及其赡养人口的最低生活费用。这是最基本的考量因素，要保证劳动者及其所赡养的家庭成员能够维持基本的生活需求，包括食品、住房、医疗、教育等方面的支出。例如，在一些物价水平较高的城市，生活成本相对较高，最低工资标准也会相应提高，以确保劳动者能够在当地维持基本的生活质量。其次是城镇居民消费价格指数。该指数反映了一定时期内居民消费价格的变动情况，通过参考这一指数，可以使最低工资标准随着物价的波动而进行合理调整，保证劳动者的实际购买力不下降。如果物价上涨较快，而最低工资标准没有相应提高，劳动者的生活水平就会受到影响。此外，职工个人缴纳的社会保险费和住房公积金也是确定最低工资标准的重要依据。这些费用是劳动者必须承担的支出，在确定最低工资标准时需要将其考虑在内，以确保劳动者在扣除这些费用后，仍能有足够的收入维持基本生活。

各省、自治区、直辖市确定最低工资标准的方式通常是由当地的人力资源和社会保障部门会同同级工会、企业联合会/企业家协会等组织，根据上述依据进行测算和论证。他们会收集大量的数据，包括当地的经济发展水平、就业状况、工资水平、物价指数等，运用科学的方法进行分析和计算，提出最低工资标准的初步方案。然后，将初步方案向社会公开征求意见，广泛听取用人单位、劳动者以及社会各界的意见和建议。在充分考虑各方面意见的基础上，对方案进行修改和完善，最终报经当地政府批准后公布实施。

最低工资标准并不是一成不变的，而是需要根据经济社会发展情况进行适时调整。经济发展水平是重要的调整依据之一。随着当地经济的增长，企业的盈利能力和支付能力也会相应提高，此时可以适当提高最低工资标准，让劳动者能够分享经济发展的成果。同时，物价变动情况也是调整的重要因素之一。如果物价持续上涨，为了保证劳动者的实际生活水平不下降，就需要及时提高最低工资标准。此外，就业状况也会影响最低工资标准的调整。如果就业形势较好，劳动力市场供不应求，适当提高最低工资标准可以吸引更多的劳动力，促进就业；反之，如果就业形势严峻，劳动力市场供大于求，在调整最低工资标准时则需要更加谨慎，以免对企业的用工成本造成过大压力，影响就业。

最低工资保障对劳动者具有至关重要的意义，它为劳动者提供了基本的生活保障，确保劳动者能够获得维持基本生活所需的收入。对于一些低收入劳动者来说，最低工资标准是他们生活的重要支撑，能够保障他们的衣食住行等基本需求。例如，在一些劳动密集型行业，如餐饮、家政服务等，很多劳动者的工资水平接近或就是最低工资标准，最低工资保障直接关系到他们的生存和生活质量。最低工资保障有助于维护社会公平正义。在劳动力市场中，劳动者往往处于相对弱势的地位，一些用人单位可能会利用自身的优势地位压低劳动者的工资。最低工资标准的设定，限制了用人单位的不合理降薪行为，保障了劳动者能够获得公平合理的劳动报酬，缩小了劳动者之间的收入差距，促进了社会的公平与和谐。此外，最低工资保障还能激励劳动者提高自身素质和技能水平。当劳动者的基本生活得到保障后，他们会有更多的精力和资源投入学习和培训，提升自己的工作能力和竞争力，从而获得更高的收入和更好的职业发展机会。

最低工资保障是劳动基准法的一项重要制度，它通过科学合理地确定和调整最低工资标准，为劳动者提供了基本的生活保障，促进了劳动力市场的健康发展。新时代的大学生在未来的职业生涯中，应当了解最低工资保障的相关知识，维护自己的合法权益。

（三）劳动安全卫生

劳动安全卫生是劳动基准法的重要组成部分，关乎劳动者的生命健康和企业的可持续发展。用人单位在劳动安全卫生方面承担着不可推卸的责任和义务，这不仅是法律的要求，也是企业应有的社会责任。

建立劳动安全管理制度是用人单位保障劳动安全卫生的基础。用人单位应当根据自身的生产经营特点和实际情况，制定完善的劳动安全管理制度，明确各部门和各岗位的安全职责，规范劳动安全管理的流程和标准。例如，某化工企业建立了严格的安全生产责任制，明确了从企业负责人到一线员工的安全职责，规定了安全生产的各项规章制度和操作规程。同时，该企业还设立了专门的安全管理机构，配备了专业的安全管理人员，负责日常的安全检查和监督工作。通过建立健全劳动安全管理制度，该企业有效地预防了安全事故的发生，保障了员工的生命安全和身体健康。

进行职业病危害因素检测和评价是用人单位预防职业病的重要措施。用人单位应当按照国家有关规定，定期对工作场所进行职业病危害因素检测和评价，及时发现和消除职业病危害因素。例如，某矿山企业定期对井下作业场所进行粉尘、噪声等职业病危害因素检测，根据检测结果采取相应的防护措施，如安装通风设备、发放防护用品等。同时，该企业还对员工进行定期的职业健康检查，及时发现和治疗职业病患者。通过进行职业病危害因素检测和评价，该企业有效地预防了职业病的发生，保障了员工的职业健康。

提供必要的劳动保护用品是用人单位保障劳动者劳动安全卫生的基本要求。用人单位应当根据工作场所的职业病危害因素和劳动者的工作需要，为劳动者提供符合国家标准或者行业标准的劳动保护用品，并指导劳动者正确佩戴和使用。例如，某建筑企业为从事高处作业的员工提供了安全带、安全帽等劳动保护用品，并对员工进行了正确佩戴和使用劳动保护用品的培训。同时，该企业还定期对劳动保护用品进行检查和维护，确保劳动保护用品的有效性和安全性。通过提供必要的劳动保护用品，该企业有效地预防了高处坠落等安全事故的发生，保障了员工的生命安全。

对劳动者进行劳动安全卫生培训是用人单位提高劳动者安全意识和技能的重要途径。用人单位应当定期组织劳动者进行劳动安全卫生培训，使劳动者了解劳动安全卫生法律法规和规章制度，掌握必要的安全知识和技能。例如，某机械制造企业定期组织员工进行安全生产培训，培训内容包括安全生产法律法规、操作规程、安全事故案例分析等。通过培训，员工的安全意识和技能得到了显著提高，有效地预防了安全事故的发生。

除了上述责任和义务，用人单位还应当及时报告和处理劳动安全卫生事故。一旦发生劳动安全卫生事故，用人单位应当立即采取措施进行救援和处理，保护事故现场，并及时向有关部门报告。例如，某工厂发生火灾事故后，企业负责人立即组织员工进行灭火和救援，并及时向消防部门和安全生产监管部门报告。同时，该企业还积极配合有关部门进行事故调查和处理，对事故原因进行深入分析，采取相应的整改措施，防止类似事故的再次发生。

劳动者在劳动安全卫生方面也享有一定的权利。劳动者有权了解工作场所的职业病危害因素、防护措施和待遇等情况；有权拒绝违章指挥和强令冒险作业；有权对用人单位的劳动安全卫生工作提出批评、检举和控告。例如，某员工发现企业存在安全隐患，有权向企业负责人提出整改建议；如果企业负责人拒绝整改，员工有权向有关部门进行检举和控告。

劳动安全卫生是用人单位和劳动者共同关注的问题。用人单位应当切实履行在劳动安全卫生方面的责任和义务，建立健全劳动安全管理制度，进行职业病危害因素检测和评价，提供必要的劳动保护用品，对劳动者进行劳动安全卫生培训，及时报告和处理劳动安全卫生事故。同时，劳动者也应当增强自我保护意识，积极行使自己在劳动安全卫生方面的权利，共同营造一个安全、健康的工作环境。新时代的大学生在未来的职业生涯中，应当了解劳动安全卫生的相关知识，保护自己的生命健康和合法权益。

（四）特殊群体保护

1. 女职工特殊保护规定

（1）经期保护：女职工在经期身体较为虚弱，需要特殊的关怀和保护。用人单位应给予女职工必要的休息和照顾，不得安排其从事高处、低温、冷水作业和国家规定的第三级体力劳动强度的劳动。例如，在建筑行业，不得安排经期女职工进行高空作业；在食品加工行业，不得安排其在冷库等低温环境下工作。这一规定旨在避免女职工在经期因过度劳累或接触恶劣环境而对身体造成伤害，保障其身体健康。

（2）孕期保护：孕期是女职工身体发生重大变化的时期，对工作环境和劳动强度有更高的要求。用人单位不得安排女职工在怀孕期间从事国家规定的第三级体力劳动强度的劳动和孕期禁忌从事的劳动。对于怀孕 7 个月以上的女职工，不得安排其延长工作时间和夜班劳动。比如，化工企业不得安排孕期女职工从事接触有毒有害物质的工作；纺织企业不得安排怀孕 7 个月以上的女职工上夜班。同时，女职工在孕期需要进行产前检查，用人单位应按照规定给予其必要的时间，并视为正常出勤。这一系列规定保障了孕期女职工和胎儿的健康安全，体现了对生命的尊重和保护。

（3）产期保护：女职工生育享受不少于 90 天的产假，这是国家给予女职工的法定权益。产假期间，女职工的工资待遇应按照国家和地方的有关规定执行，确保其在生育期间有稳定的经济收入。例如，一些地区规定女职工产假期间的工资由生育保险基金支付，用人单位不得克扣或拖欠。此外，用人单位还应在女职工产假结束后，为其提供合适的工作岗位，不得因女职工生育而解除劳动合同或降低其工资待遇。产期保护规定让女职工能够安心生育和调养身体，保障了母婴的健康和权益。

（4）哺乳期保护：女职工在哺乳未满一周岁的婴儿期间，身体仍处于恢复阶段，需要更多的时间和精力照顾婴儿。用人单位不得安排其从事国家规定的第三级体力劳动强度的劳动和哺乳期禁忌从事的其他劳动，不得安排其延长工作时间和夜班劳动。同时，用人单位应在每天的劳动时间内为哺乳期女职工安排一定的哺乳时间。例如，企业应每天给予女职工一到两小时的哺乳时间，方便其喂养婴儿。这一规定保障了哺乳期女职工能够更好地照顾婴儿，促进婴儿的健康成长，同时也体现了对女职工的人文关怀。

2. 未成年工特殊保护措施

（1）工作限制：未成年工是指年满 16 周岁未满 18 周岁的劳动者，由于其身体发育尚未完全成熟，用人单位不得安排其从事矿山井下、有毒有害、国家规定的第四级体力劳动强度的劳动和其他禁忌从事的劳动。例如，煤矿企业不得招用未成年工从事井下作业；化工企业不得安排未成年工接触有毒有害物质。这些工作限制旨在保护未成年工的身体健康，避免其因从事过重、过累或有害的工作而对身体造成不可逆的伤害。

（2）定期健康检查：用人单位应定期安排未成年工进行健康检查，及时了解其身体发育状况和健康情况。一般来说，在未成年工上岗前、工作满一年以及年满 18 周岁且距前一次的体检时间已超过半年时，都需要进行健康检查。通过定期健康检查，可以及时发现未成年工在工作过程中可能出现的健康问题，并采取相应的措施进行治疗和调整工作岗位。例如，如果发现未成年工患有不适合当前工作的疾病，用人单位应及时调整其工作岗位，保障其身体健康。

（3）职业培训：由于未成年工的社会经验和工作技能相对不足，用人单位应根据未成年工的特点和实际情况，为其提供必要的职业培训，帮助其提高工作技能和综合素质。职业培训可以包括安全生产知识培训、岗位技能培训等方面。例如，企业可以组织未成年工参加安全生产知识讲座，提高其安全意识；开展岗位技能培训，让未成年工更好地掌握工作技能，提高工作效率。通过职业培训，不仅可以提高未成年工的工作能力，还可以为其未来的职业发展打下坚实的基础。

（4）特殊劳动保护：用人单位应为未成年工提供适合其身体发育特点的劳动条件和劳动保护用品。例如，为未成年工提供合适的劳动工具和设备，避免因工具不合适而导致身体损伤；根据未成年工的身体尺寸，提供合适的劳动保护用品，如安全帽、工作服等。同时，用人单位还应关注未成年工的心理健康，为其创造良好的工作环境和人际关系，避免其因工作压力过大而产生心理问题。

对女职工和未成年工的特殊保护是劳动法律法规的重要内容，体现了社会的公平正义和人文关怀。用人单位应严格遵守相关规定，切实保障特殊群体的合法权益。新时代的大学生也应了解这些特殊保护规定，增强法律意识，在未来的工作中尊重和维护特殊群体的权益。

第二节　经济领域劳动的常见概念

一、劳动力市场的基本概念

劳动力市场作为经济领域中至关重要的组成部分，是连接劳动者与用人单位的桥梁，对整个社会的经济运行和发展起着关键作用。①

劳动力市场是指劳动力供求双方通过自由竞争和双向选择，实现劳动力资源合理配置的场所和机制。它不仅仅是一个物理意义上的场所，更是一种经济关系的体现。在这个市场中，劳动者提供自己的劳动能力，以获取相应的报酬；用人单位则根据自身的生产经营需求，招聘合适的劳动力。

① ［美］西奥多·W. 舒尔茨. 人力资本投资［M］. 吴珠华，译. 北京：商务印书馆，1987：12.

劳动力市场的构成要素丰富多样。首先是劳动力的供给方，即广大的劳动者。他们具备不同的技能、知识和经验，分布在各个年龄段和不同的行业领域。劳动者的数量、质量和结构直接影响着劳动力市场的供给状况。例如，随着高等教育的普及，高学历、高素质的劳动力供给不断增加，这为一些知识密集型产业的发展提供了有力支持。其次是劳动力的需求方，也就是各类用人单位，包括企业、政府部门、事业单位等。用人单位根据自身的生产规模、技术水平和发展战略，确定对劳动力的需求数量和质量。不同行业和企业对劳动力的需求存在差异，如制造业可能更需要具备专业技能的工人，而服务业则更注重员工的沟通能力和服务意识。此外，劳动力市场还包括劳动力市场的中介机构，如职业介绍所、人才市场、招聘网站等。这些中介机构为劳动力供求双方提供信息交流和匹配的平台，促进了劳动力的流动和优化配置。

劳动力市场的运行机制主要包括价格机制、竞争机制和供求机制。价格机制是指劳动力的价格，即工资，由劳动力的供求关系决定。当劳动力供大于求时，工资水平往往会下降；反之，当劳动力供不应求时，工资水平则会上升。工资的高低不仅影响着劳动者的收入和生活水平，也调节着劳动力的供求关系。竞争机制是指劳动力供求双方在市场中相互竞争的过程。劳动者为了获得更好的工作机会和更高的工资待遇，会不断提高自己的技能和素质，增强自身的竞争力；用人单位为了吸引和留住优秀的劳动力，也会提供更好的工作条件和福利待遇。供求机制是指劳动力的供给和需求相互作用，实现劳动力资源的合理配置。当劳动力市场出现供不应求或供大于求的情况时，市场会通过价格机制和竞争机制进行调节，使劳动力的供求达到平衡。

劳动力市场可以根据不同的标准进行分类。按照市场的范围，可以分为区域劳动力市场和全国劳动力市场。区域劳动力市场是指在一定的地理区域内，劳动力的供求双方进行交易的市场；全国劳动力市场则是指在全国范围内，劳动力的供求双方进行交易的市场。按照劳动力的技能水平，可以分为初级劳动力市场、中级劳动力市场和高级劳动力市场。初级劳动力市场主要面向技能水平较低的劳动者，如普通工人、服务员等；中级劳动力市场主要面向具有一定技能和经验的劳动者，如技术工人、专业人员等；高级劳动力市场主要面向高技能、高素质的劳动者，如高级管理人员、专家学者等。按照劳动力的就业形式，可以分为全日制劳动力市场和非全日制劳动力市场。全日制劳动力市场主要提供全日制的工作岗位，劳动者需要按照规定的工作时间和工作地点进行工作；非全日制劳动力市场主要提供非全日制的工作岗位，劳动者可以根据自己的时间和需求选择工作时间和工作地点。

劳动力市场具有一些独特的特点。首先，劳动力市场的交易对象是劳动力，而劳动力是一种特殊的商品，具有人身依附性和不可储存性。劳动者的劳动能力与劳动者本人紧密相连，不能像其他商品一样进行储存和运输。其次，劳动力市场的交易过程具有复杂性。劳动力的供求双方在交易过程中需要考虑众多因素，如工资待遇、工作环境、职业发展前景等。而且，劳动力市场的交易往往需要一定的时间和成本，如招聘、培训、面试等。此外，劳动力市场的供求关系具有动态性。随着经济的发展、技术的进步和社会的变化，劳动力的供求关系也会不断发生变化。例如，新兴产业的兴起会导致对相关专业劳动力的需求增加，而传统产业的衰退则会导致对相关专业劳动力的需求减少。

劳动力市场在经济领域中扮演着重要的角色，它的定义、构成要素、运行机制、分类和特点相互关联，共同影响着劳动力资源的合理配置和经济的健康发展。对于新时代的大学生来说，了解劳动力市场的基本概念，有助于他们更好地规划自己的职业生涯，提高自身的就业竞争力。

二、劳动需求与供给

劳动需求与供给是劳动力市场的核心内容，它们的相互作用决定了劳动力的价格和就业水平。深入了解劳动需求与供给的影响因素、变化规律以及两者之间的平衡关系，对于理解劳动力市场的运行机制和制定相关政策具有重要意义。

劳动需求是指用人单位在一定时期内，在各种可能的工资水平下，愿意并且能够雇佣的劳动力数量。影响劳动需求的因素众多，其中企业的生产规模是一个重要因素。当企业扩大生产规模时，需要更多的劳动力来满足生产需求，从而增加劳动需求；反之，当企业缩小生产规模时，劳动需求则会相应减少。例如，一家制造业企业计划新建一条生产线，为了保证生产线的正常运转，就需要招聘更多的工人，包括生产工人、技术人员和管理人员等。技术进步也会对劳动需求产生显著影响。随着科技的不断发展，新的生产技术和设备不断涌现，企业可能会采用自动化生产设备来替代部分劳动力，从而减少对劳动力的需求。以汽车制造业为例，机器人的广泛应用使得一些重复性、危险性的工作岗位被取代，导致对相关劳动力的需求下降。此外，产品的市场需求也会影响劳动需求。如果某种产品的市场需求增加，企业为了满足市场需求，会扩大生产规模，进而增加劳动需求；反之，如果产品的市场需求减少，企业则会减少生产，劳动需求也会随之降低。比如，随着智能手机市场的不断扩大，手机制造企业对生产工人、研发人员等劳动力的需求也相应增加。

劳动供给是指劳动者在一定时期内，在各种可能的工资水平下，愿意并且能够提供的劳动力数量。影响劳动供给的因素主要包括人口规模、劳动力参与率和劳动者的工作意愿等。人口规模是劳动供给的基础，人口数量的增加会带来劳动力供给的增加。例如，一个国家的人口增长较快，那么劳动力供给也会相应增加。劳动力参与率是指劳动力在总人口中所占的比例，反映了劳动力参与劳动市场的程度。劳动力参与率的提高会增加劳动供给。一些国家通过鼓励女性就业、延长退休年龄等政策，提高了劳动力参与率，从而增加了劳动供给。劳动者的工作意愿也会影响劳动供给。如果劳动者对工作的满意度较高，愿意投入更多的时间和精力工作，那么劳动供给就会增加；反之，如果劳动者对工作不满意，或者更倾向于休闲和娱乐，那么劳动供给就会减少。

劳动需求和供给都有其自身的变化规律。从劳动需求来看，工资水平与劳动需求呈反向变动关系。当工资水平上升时，企业雇佣劳动力的成本增加，会减少对劳动力的需求；当工资水平下降时，企业雇佣劳动力的成本降低，会增加对劳动力的需求。这一规律可以用劳动需求曲线来表示，劳动需求曲线是一条向右下方倾斜的曲线。从劳动供给来看，工资水平与劳动供给的关系较为复杂。在一定范围内，工资水平的提高会吸引更多的劳动者进入劳动力市场，增加劳动供给；但当工资水平达到一定程度后，劳动者可能会更注重休闲和生活质量，减少劳动供给。因此，劳动供给曲线通常是一条向后弯曲的曲线。

劳动需求和供给之间的平衡关系是劳动力市场稳定运行的关键。当劳动需求大于劳动供给时，会出现劳动力短缺的情况，企业为了招聘到足够的劳动力，会提高工资水平，从而吸引更多的劳动者进入劳动力市场，增加劳动供给，直到劳动需求和供给达到平衡。反之，当劳动需求小于劳动供给时，会出现劳动力过剩的情况，劳动者为了获得工作机会，会降低工资要求，企业则会减少工资支出，从而减少劳动供给，直到劳动需求和供给达到平衡。以互联网行业为例，在其快速发展的时期，对软件开发、数据分析等专业人才的需求急剧增加，而市场上相关专业的劳动力供给相对不足，导致这些岗位的工资水平大幅上升，吸引了大量的人才进入该行业。随着时间的推移，相关专业的高校毕业生数量逐渐增加，劳动力供给不断增加，工资水平的上升趋势逐渐放缓，劳动需求和供给逐渐趋于平衡。

劳动需求与供给的影响因素、变化规律以及两者之间的平衡关系是一个复杂的动态过程。企业、政府和劳动者都需要密切关注这些因素的变化，以做出合理的决策。企业要根据市场需求和自身发展战略，合理调整劳动需求；政府要通过制定相关政策，促进劳动需求和供给的平衡，实现充分就业；劳动者要不断提高自身素质和技能，适应劳动力市场的变化，提高就业竞争力。

三、劳动生产率

劳动生产率作为衡量经济效率的关键指标，在经济发展中占据着举足轻重的地位。它反映了劳动者在一定时间内创造产品或提供服务的能力，是评估企业竞争力和经济增长潜力的重要依据。

劳动生产率是指劳动者在生产过程中，单位时间内生产的产品数量或创造的价值。它体现了劳动者的生产效率和生产能力，是衡量生产活动效益的重要指标。例如，在一家汽车制造企业中，如果一名工人在一天内能够生产两辆汽车，而另一名工人只能生产一辆汽车，那么前者的劳动生产率就是后者的两倍。

劳动生产率的计算方法有多种，常见的是用产出量除以投入的劳动时间。具体公式为：劳动生产率=产出量/劳动时间。这里的产出量可以是实物产品的数量，也可以是产品的价值；劳动时间可以是小时、天、月、年等不同的时间单位。例如，一家服装厂在一个月内生产了1000件服装，该月所有工人的总工作时间为2000小时，那么该服装厂的劳动生产率就是1000件/2000小时=0.5件/小时。这意味着平均每个小时可以生产0.5件服装。

提高劳动生产率对于企业和经济发展具有至关重要的意义。从企业层面来看，提高劳动生产率可以降低生产成本，提高产品质量，增强企业的市场竞争力。以某电子制造企业为例，通过引入先进的生产设备和优化生产流程，该企业的劳动生产率提高了30%。这使得企业在原材料和劳动力成本不变的情况下，能够生产出更多的产品，从而降低了单位产品的生产成本。同时，由于生产效率的提高，企业有更多的时间和资源用于产品质量的检测和改进，产品的次品率降低了 20%，产品质量得到了显著提升。在市场竞争中，该企业凭借更低的价格和更高的质量，赢得了更多的客户订单，市场份额不断扩大。

从经济增长的角度来看，劳动生产率的提高是推动经济增长的重要动力。根据相关经济数据显示，在过去几十年中，一些发达国家的经济增长主要得益于劳动生产率的提高。例如，美国在 20 世纪 90 年代，由于信息技术的快速发展和应用，劳动生产率大幅提高，推动了经济的持续增长。劳动生产率的提高意味着在相同的资源投入下，可以生产出更多的产品和服务，从而增加了社会的总产出。同时，劳动生产率的提高还可以促进技术创新和产业升级，推动经济结构的优化和转型。

提高劳动生产率的途径有很多。技术创新是提高劳动生产率的重要手段。通过引入先进的生产技术和设备，可以提高生产的自动化和智能化水平，减少人工操作的误差和时间消耗，从而提高生产效率。例如，在农业领域，无人机的应用可以实现精准施肥和喷洒农药，大大提高了农业生产的效率。管理创新也可以提高劳动生产率。合理的组织架构、科学的生产计划和有效的人员管理，可以优化资源配置，提高生产流程的协调性和效率。例如，一些企业采用精益生产管理模式，通过消除生产过程中的浪费和不合理环节，提高了生产效率和产品质量。此外，提高劳动者的素质和技能也是提高劳动生产率的关键。通过培训和教育，使劳动者掌握更先进的生产技术和知识，提高他们的工作能力和创新能力，从而提高劳动生产率。例如，一家软件企业定期组织员工参加技术培训和交流活动，员工的技术水平和创新能力得到了显著提升，企业的劳动生产率也随之提高。

劳动生产率是经济发展的核心要素之一。了解劳动生产率的概念、计算方法和提高途径，以及它对经济增长和企业发展的重要意义，有助于企业和政府制定合理的发展战略和政策，提高经济运行的效率和质量。对于新时代的大学生来说，认识到劳动生产率的重要性，努力提高自身的素质和技能，将有助于他们在未来的职业生涯中创造更高的价值。

第三节　劳动合同对劳动者的保障

一、劳动合同的签订

劳动合同在劳动关系中具有至关重要的地位，可以保障劳动者和用人单位双方的权益。对于劳动者而言，签订劳动合同是维护自身合法权益的重要手段。在当今复杂的劳动力市场环境下，劳动者往往处于相对弱势的地位。一份规范的劳动合同能够明确劳动者的工作内容、工作地点、劳动报酬、工作时间与休息休假等重要权益。例如，明确的劳动报酬条款可以确保劳动者按时获得合理的工资收入，避免用人单位随意克扣或拖欠工资。在一些劳动纠纷案例中，由于没有签订劳动合同，劳动者在追讨工资时面临诸多困难，而有了劳动合同，劳动者就有了明确的法律依据来维护自己的权益。

劳动合同还能保障劳动者的职业发展和工作稳定性。合同中通常会约定劳动合同期限，这为劳动者提供了一定时期内的工作保障。同时，合同中关于培训、晋升等方面的条款，也有助于劳动者提升自身的职业技能和竞争力。比如，一些企业会在劳动合同中承诺为员工提供定期的专业培训，这对于劳动者的职业成长具有重要意义。

从用人单位的角度来看，签订劳动合同同样具有重要意义。它可以规范用人单位的用工行为，使企业的人力资源管理更加规范化、制度化。通过劳动合同，用人单位可以明确劳动者的工作职责和要求，确保企业的生产经营活动能够顺利进行。例如，在劳动合同中明确工作内容和工作标准，有助于提高员工的工作效率和工作质量。

签订劳动合同可以降低用人单位的法律风险。在劳动法律法规日益完善的今天，用人单位如果不与劳动者签订劳动合同，将面临支付双倍工资等法律惩处。而且，规范的劳动合同可以避免因劳动纠纷而给企业带来的不必要的损失和负面影响。例如，在一些劳动争议案件中，用人单位没有与劳动者签订劳动合同，导致企业在仲裁或诉讼中处于不利地位，不仅要支付高额的赔偿费用，还会损害企业的声誉。

关于签订劳动合同的时间，《中华人民共和国劳动合同法》有明确规定：用人单位自用工之日起即与劳动者建立劳动关系，应当订立书面劳动合同。已建立劳动关系，未同时订立书面劳动合同的，应当自用工之日起一个月内订立书面劳动合同。这一规定旨在督促用人单位及时与劳动者签订劳动合同，保障劳动者的合法权益。例如，如果用人单位在劳动者入职后超过一个月仍未签订劳动合同，劳动者有权要求用人单位支付双倍工资。

签订劳动合同的程序也有一定的要求。一般来说，用人单位应当向劳动者如实告知工作内容、工作条件、职业危害、劳动报酬等情况，劳动者也应当如实说明自己的学历、技能、工作经历等信息。双方在平等自愿、协商一致的基础上，就劳动合同的各项条款达成一致意见后，签订书面劳动合同。劳动合同应当由用人单位和劳动者各执一份，以确保双方都能清楚地了解合同的内容和自己的权利义务。

在签订劳动合同的过程中，劳动者和用人单位都需要注意一些事项。劳动者应当仔细阅读合同内容，明确合同条款。特别是对于劳动报酬、工作时间、休息休假、社会保险等重要条款，要认真审查，确保自己的权益得到充分保障。如果对合同条款有疑问或不满意的地方，应当及时与用人单位协商，要求修改或补充。例如，在签订劳动合同时，劳动者发现合同中关于加班工资的计算方式不明确，就应当及时与用人单位沟通，要求明确具体的计算标准。

劳动者还应当注意合同中是否存在不合理的条款或陷阱。一些用人单位可能会在合同中设置一些不利于劳动者的条款，如不合理的竞业限制条款、高额的违约金条款等。劳动者在签订合同前，应当了解相关的法律法规，避免陷入这些陷阱。例如，根据法律规定，竞业限制的期限不得超过两年，且用人单位应当在竞业限制期限内给予劳动者经济补偿。如果合同中的竞业限制条款不符合这些规定，劳动者应当要求用人单位进行修改。

用人单位在签订劳动合同时，应当遵守法律法规的规定，不得采用欺诈、胁迫等手段迫使劳动者签订劳动合同。同时，用人单位应当按照合同约定履行自己的义务，保障劳动者的合法权益。例如，用人单位应当按时足额支付劳动者工资，为劳动者缴纳社会保险等。

劳动合同是保障双方权益、规范劳动关系的重要法律文件，因而劳动者和用人单位都应当重视劳动合同的签订，严格按照法律规定的时间和程序要求签订合同，并注意合同中的各项条款，以确保双方的合法权益得到有效保障。新时代的大学生在未来的职业生涯中，应当了解签订劳动合同的相关知识，增强自我保护意识，在签订劳动合同时维护好自己的合法权益。

二、劳动合同的内容和条款

劳动合同的内容和条款是明确用人单位与劳动者权利义务的重要依据，分为必备条款和可选条款两部分，每一部分都对劳动者权益的保障起着重要作用。

必备条款是劳动合同中不可或缺的内容，它们为劳动者的基本权益提供了坚实的保障。劳动合同的必备条件包括劳动合同期限、工作内容和工作地点、劳动报酬、工作时间和休息休假、社会保险和福利待遇、劳动纪律和合同的终止条件、违反合同的责任条款等。劳动合同期限是必备条款之一，规定了用人单位与劳动者建立劳动关系的时间范围。劳动合同期限分为固定期限、无固定期限和以完成一定工作任务为期限三种类型。固定期限劳动合同明确了合同的起始和终止日期，为劳动者提供了相对稳定的工作预期。例如，一份为期三年的固定期限劳动合同，劳动者可以在这三年内安心工作，规划自己的职业发展。无固定期限劳动合同则没有明确的终止时间，除非出现法定情形，用人单位不得随意解除劳动合同，这为劳动者提供了更长期的职业保障。以完成一定工作任务为期限的劳动合同，以某项工作任务的完成作为合同终止的条件，适用于一些临时性、季节性的工作。

工作内容和工作地点也是必备条款的重要组成部分。工作内容明确了劳动者的工作职责和任务，它是劳动者履行劳动义务的具体依据。清晰的工作内容条款可以避免用人单位随意变更劳动者的工作岗位和职责，保障劳动者能够按照自己的专业技能和职业规划进行工作。例如，在一份软件开发工程师的劳动合同中，明确规定了劳动者的工作内容是负责公司某一软件项目的开发和维护，这样劳动者就可以专注于自己擅长的领域，提高工作效率。工作地点则确定了劳动者的工作场所，关系到劳动者的生活安排和工作便利性。如果用人单位需要变更工作地点，应当与劳动者协商一致，否则可能构成违约。比如，一家企业原本在城市 A 设立办公地点，后来未经员工同意将办公地点迁至城市 B，这就可能给员工的生活带来极大的不便，员工有权要求企业提供合理的解决方案。

劳动报酬是劳动者关注的必备条款之一，也是劳动者付出劳动后应得的经济回报。劳动报酬条款应当明确工资的数额、支付方式、支付时间等内容。工资数额应当按照双方约定的标准确定，不得低于当地最低工资标准。支付方式可以是现金、银行转账等，但应当确保劳动者能够按时、足额收到工资。支付时间一般应当按照月支付，不得无故拖欠。例如，某企业与员工约定每月 15 日以银行转账的方式支付工资，企业就应当严格按照约定执行。除了基本工资，劳动报酬条款还可以包括奖金、津贴、补贴等其他收入形式，这些都应当在合同中明确规定，以保障劳动者的合法权益。

工作时间与休息休假也是必备条款的重要内容。工作时间条款应当明确劳动者的工作时长和工作制度，如标准工时制、不定时工作制或综合计算工时工作制等。标准工时制是最常见的工作制度，即每日工作时间不超过 8 小时、平均每周工作时间不超过 44 小时。用人单位应当保证劳动者每周至少休息一日。休息休假条款则规定了劳动者享有的法定节假日、年休假、病假、婚假、产假等休息休假权利。这些规定保障了劳动者的身心健康和休息权利，使劳动者能够在工作之余有时间恢复体力和精力，提高工作效率。例如，某员工按照规定每年享有 5 天的年休假，企业应当在合适的时间安排员工休假，并按照正常工资标准支付休假期间的工资。

社会保险和福利待遇也是必备条款的一部分。社会保险包括养老保险、医疗保险、失业保险、工伤保险和生育保险，用人单位应当按照国家规定为劳动者缴纳社会保险费。社会保险是劳动者的一项重要权益，为劳动者在年老、患病、工伤、失业、生育等情况下提供了必要的经济保障。福利待遇则包括住房补贴、交通补贴、餐饮补贴、带薪年假等，这些福利待遇可以提高劳动者的生活质量和工作满意度。例如，一家企业为员工提供住房补贴，帮助员工解决住房问题，这对于员工来说是一项实实在在的福利。

劳动纪律和合同的终止条件也是必备条款的内容。劳动纪律条款规定了劳动者在工作过程中应当遵守的规章制度，如考勤制度、保密制度、安全生产制度等。劳动者应当遵守劳动纪律，否则可能会面临相应的处罚。合同的终止条件则明确了劳动合同在什么情况下可以终止，如劳动合同期满、劳动者达到法定退休年龄、用人单位破产等。明确的合同终止条件可以避免双方在合同终止问题上产生争议，保障双方的合法权益。

违反合同的责任条款规定了双方在违反劳动合同约定时应当承担的法律责任。如果用人单位违反合同约定，如未按时支付工资、违法解除劳动合同等，应当承担支付赔偿金、经济补偿等责任。如果劳动者违反合同约定，如泄露商业秘密、违反竞业限制协议等，也应当承担相应的赔偿责任。违反合同的责任条款可以促使双方严格遵守劳动合同约定，保障劳动合同的顺利履行。

除了必备条款，劳动合同还可以包含一些可选条款，这些条款可以根据双方的具体情况和需求进行约定。试用期条款是常见的可选条款之一，是指用人单位和劳动者相互了解、相互适应的一段时间。试用期的期限应当根据劳动合同期限的长短来确定，最长不得超过 6 个月。在试用期内，用人单位应当按照不低于本单位相同岗位最低档工资或者劳动合同约定工资的 80% 支付劳动者工资，并且不得低于用人单位所在地的最低工资标准。试用期条款可以让用人单位在一定时间内考察劳动者的工作能力和表现，以决定是否正式录用劳动者；同时也让劳动者有机会了解用人单位的工作环境和文化，以决定是否继续留在该单位工作。

培训条款也是可选条款的一种，规定了用人单位为劳动者提供培训的内容、方式、时间和费用等。培训可以提高劳动者的专业技能和综合素质，为劳动者的职业发展提供帮助。培训条款还可以约定服务期，即劳动者在接受培训后需要在用人单位工作一定的期限，如果劳动者在服务期内提前离职，应当按照约定向用人单位支付违约金。

保密条款和竞业限制条款也是常见的可选条款。保密条款规定了劳动者在工作过程中知悉的用人单位的商业秘密、技术秘密等信息应当予以保密，不得泄露给第三方。竞业限制条款则规定了劳动者在离职后一定期限内不得在与原用人单位有竞争关系的单位工作，或者不得自己从事与原用人单位有竞争关系的业务。保密条款和竞业限制条款可以保护用人单位的商业秘密和竞争优势，但同时也应当给予劳动者相应的经济补偿。例如，某企业与员工签订了竞业限制协议，约定员工在离职后两年内不得在同行业竞争企业工作，企业每月向员工支付一定的经济补偿。

劳动合同的内容和条款无论是必备条款还是可选条款，都对劳动者的权益保障起着重要作用。必备条款为劳动者的基本权益提供了全面的保障，而可选条款则可以根据双方的具体情况和需求进行约定，进一步完善劳动合同的内容。新时代的大学生在签订劳动合同时，应当仔细审查合同的内容和条款，确保自己的合法权益得到充分保障。

三、劳动合同的变更和解除

劳动合同的变更和解除是劳动关系中较为复杂且关键的环节，涉及用人单位和劳动者双方的权益和义务。了解在何种情况下可以变更或解除劳动合同，以及相应的程序和法律后果，对于双方来说都至关重要。

劳动合同的变更，是指在劳动合同履行过程中，由于某些原因，经用人单位和劳动者协商一致，对原劳动合同的部分条款进行修改或补充。变更劳动合同应当遵循平等自愿、协商一致的原则，不得违反法律、行政法规的规定。

用人单位可以提出变更劳动合同的情况有多种。当企业因生产经营需要进行调整时，可能会对劳动者的工作岗位、工作内容等进行变更。例如，某制造企业由于市场需求的变化，决定调整产品结构，将部分生产线进行升级改造，这就可能需要对相关岗位的员工进行工作内容的变更，如从原来的传统生产工艺调整为新的自动化生产工艺。在这种情况下，用人单位应当提前与劳动者进行充分沟通，说明变更的原因和必要性，并与劳动者协商达成一致意见。

劳动者也可能因自身原因提出变更劳动合同。比如，劳动者因个人健康问题无法继续从事原工作，需要调整工作岗位；或者劳动者因家庭原因需要变更工作地点等。此时，劳动者应及时向用人单位提出变更申请，并说明具体情况。用人单位在接到申请后，应根据实际情况与劳动者进行协商，尽量满足劳动者的合理需求。

变更劳动合同应当采用书面形式，变更后的劳动合同文本由用人单位和劳动者各执一份。这是为了确保双方对变更的内容有明确的记录，避免日后产生纠纷。例如，某公司与员工协商一致变更了工作岗位和工资待遇，双方签订了书面的变更协议，并各自保存一份。这样，在后续的履行过程中，如果出现争议，双方都可以依据书面协议来维护自己的权益。

劳动合同的解除则是指在劳动合同期限届满前，因一定法律事实的出现，使劳动合同的法律效力归于消灭的行为。劳动合同的解除分为协商解除、用人单位单方解除和劳动者单方解除三种情况。

协商解除是指用人单位与劳动者协商一致，同意解除劳动合同。这种方式体现了双方的自愿和自主，能够在友好的氛围中解决劳动关系的问题。例如，某企业因经营困难，需要缩减规模，与部分员工协商解除劳动合同。在协商过程中，双方就经济补偿等问题达成了一致意见，签订了解除劳动合同的协议。这种协商解除的方式既保障了企业的正常经营，又维护了员工的合法权益。

用人单位单方解除劳动合同分为过错性解除、非过错性解除和经济性裁员三种情况。过错性解除是指劳动者存在严重违反用人单位规章制度、严重失职、营私舞弊等过错行为，用人单位可以解除劳动合同，且无需支付经济补偿。例如，某员工在工作中多次违反公司的考勤制度，无故旷工，经多次警告仍不改正，公司依据规章制度解除了与该员工的劳动合同。非过错性解除是指劳动者不存在过错，但由于某些客观原因，用人单位提前 30 日以书面形式通知劳动者本人或者额外支付劳动者一个月工资后，可以解除劳动合同。这些客观原因包括：劳动者患病或者非因工负伤，在规定的医疗期满后不能从事原工作，也不能从事由用人单位另行安排的工作；劳动者不能胜任工作，经过培训或者调整工作岗位，仍不能胜任工作；劳动合同订立时所依据的客观情况发生重大变化，致使劳动合同无法履行，经用人单位与劳动者协商，未能就变更劳动合同内容达成协议等。例如，某员工因患病住院治疗，医疗期满后身体状况无法再从事原工作，公司为其调整了工作岗位，但该员工仍无法胜任，公司提前 30 日书面通知该员工解除劳动合同，并支付了相应的经济补偿。

经济性裁员是指用人单位由于生产经营发生严重困难等原因，需要裁减人员 20 人以上或者裁减不足 20 人但占企业职工总数 10%以上的，用人单位提前 30 日向工会或者全体职工说明情况，听取工会或者职工的意见后，裁减人员方案经向劳动行政部门报告，可以裁减人员。例如，某企业因市场竞争激烈，经营陷入困境，需要裁减部分员工以降低成本。企业按照法定程序进行了经济性裁员，并向被裁减的员工支付了经济补偿。

劳动者单方解除劳动合同分为预告解除和即时解除两种情况。预告解除是指劳动者提前 30 日以书面形式通知用人单位，可以解除劳动合同；劳动者在试用期内提前 3 日通知用人单位，可以解除劳动合同。这种方式给予了用人单位一定的时间进行人员调整和工作交接。例如，某员工找到了更适合自己发展的工作机会，提前 30 日向公司提交了书面辞职报告，30 日后办理了离职手续。

即时解除是指用人单位存在未按照劳动合同约定提供劳动保护或者劳动条件、未及时足额支付劳动报酬、未依法为劳动者缴纳社会保险费等违法行为，劳动者可以立即解除劳动合同，不需事先告知用人单位。例如，某公司长期拖欠员工工资，员工多次催讨无果，于是立即解除了与公司的劳动合同，并要求公司支付拖欠的工资和经济补偿。

变更或解除劳动合同会产生一系列的法律后果。对于用人单位来说，如果是合法变更或解除劳动合同，应当按照法律规定支付经济补偿。经济补偿的计算方式根据劳动者在本单位的工作年限和工资标准来确定。劳动者在本单位工作的年限，每满一年支付一个月工资的标准向劳动者支付。六个月以上不满一年的，按一年计算；不满六个月的，向劳动者支付半个月工资的经济补偿。月工资是指劳动者在劳动合同解除或者终止前十二个月的平均工资。例如，某员工在公司工作了三年零五个月，月平均工资为五千元，公司因经营困难与该员工协商解除劳动合同，应支付该员工四个月工资的经济补偿，即两万元。

如果用人单位违法解除劳动合同，劳动者可以要求用人单位继续履行劳动合同；劳动者不要求继续履行劳动合同或者劳动合同已经不能继续履行的，用人单位应当依照经济补偿标准的二倍向劳动者支付赔偿金。例如，某公司在没有合法理由的情况下解除了与一名员工的劳动合同，该员工不要求继续履行合同，公司应按照经济补偿标准的二倍向该员工支付赔偿金。

对于劳动者来说，如果违反劳动合同约定解除劳动合同，给用人单位造成损失的，应当承担赔偿责任。例如，某员工在未提前30日通知公司的情况下擅自离职，给公司的生产经营造成了一定的损失，该员工应当赔偿公司因此遭受的损失。

劳动合同的变更和解除是劳动关系中的重要环节，用人单位和劳动者都应当严格按照法律规定的条件和程序进行操作，以保障双方的合法权益，维护劳动关系的和谐稳定。新时代的大学生在未来的职业生涯中，应当了解劳动合同变更和解除的相关法律知识，在遇到此类问题时，能够运用法律武器维护自己的合法权益。

四、无效劳动合同的情形

（一）以欺诈、胁迫手段订立的劳动合同

在劳动合同订立过程中，若一方以欺诈手段，故意隐瞒真实情况或者提供虚假信息，使对方在违背真实意思的情况下订立劳动合同，该合同将被认定为无效。例如，用人单位在招聘时，故意夸大工作待遇、职业发展前景等，诱使劳动者签订合同。待劳动者入职后，发现实际情况与招聘时所说相差甚远。又如，劳动者在求职时，伪造学历证书、工作经历等，骗取用人单位的信任而签订劳动合同。胁迫手段则是指一方以给对方及其亲友的生命健康、荣誉、名誉、财产等造成损害为要挟，迫使对方作出违背真实的意思表示而订立劳动合同。比如，用人单位通过威胁劳动者及其家人的人身安全，来强迫劳动者签订不合理的劳动合同。这种通过欺诈、胁迫手段订立的劳动合同，违背了平等自愿、协商一致的原则，严重损害了受欺诈、胁迫一方的合法权益。对于劳动者而言，可能会陷入一份与预期相差甚远的工作，面临不合理的工作要求、低工资待遇等问题，极大地影响了其职业发展和生活质量。

（二）违反法律、行政法规强制性规定的条款

劳动合同的内容必须符合法律、行政法规的强制性规定，否则相关条款无效。法

律、行政法规的强制性规定是为了保障劳动者的基本权益和社会公共利益而制定的，具有普遍的约束力。例如，某些用人单位在劳动合同中规定劳动者每周工作时间超过法定标准且不支付加班工资，或者规定用人单位无需为劳动者缴纳社会保险等，这些条款明显违反了《中华人民共和国劳动法》《中华人民共和国社会保险法》等相关法律法规的强制性规定，应属无效。此外，一些劳动合同中可能存在限制劳动者基本权利的条款，如限制劳动者的择业自由、剥夺劳动者的休息休假权利等，这些条款同样因违反法律规定而无效。此类无效劳动合同使得劳动者的合法权益无法得到法律的有效保障，劳动者可能面临工作强度过大、缺乏社会保障等问题，对其身心健康和未来生活造成潜在威胁。

（三）免除用人单位法定责任、排除劳动者权利的条款

部分用人单位为了降低用工成本、逃避法律责任，会在劳动合同中设置一些免除自身法定责任、排除劳动者权利的条款。例如，用人单位在合同中规定“发生工伤事故，用人单位概不负责”，这种条款排除了劳动者在遭受工伤时获得赔偿的权利，违反了《工伤保险条例》等相关法律法规的规定，是无效的。又如，用人单位规定“劳动者在试用期内不得辞职”，这既限制了劳动者的自主择业权，也是不合法的。这些条款严重损害了劳动者的合法权益，使劳动者在劳动关系中处于更加弱势的地位。一旦发生劳动纠纷，劳动者可能因为这些不合理的条款而无法维护自己的权益。

（四）无效劳动合同对劳动者权益的影响

无效劳动合同会给劳动者带来诸多不利影响。在经济方面，劳动者可能无法获得合理的劳动报酬，如工资低于最低工资标准、加班工资被克扣等，影响其生活质量和经济收入。在职业发展方面，无效劳动合同可能导致劳动者无法获得应有的培训、晋升机会，限制其职业成长。在社会保障方面，由于劳动合同无效，用人单位可能未依法为劳动者缴纳社会保险，使劳动者在面临疾病、工伤、失业等风险时缺乏必要的保障。此外，无效劳动合同还可能给劳动者带来精神上的压力和困扰，使其对工作和未来感到迷茫和不安。

（五）劳动者的维权途径

当劳动者发现自己签订的劳动合同可能无效时，应及时采取措施维护自己的权益。首先，劳动者可以与用人单位进行协商，要求用人单位纠正违法行为，重新签订合法有效的劳动合同。如果协商不成，劳动者可以向劳动争议调解委员会申请调解，由调解委员会居中调解，促使双方达成和解协议。若调解也无法解决问题，劳动者可以向劳动争议仲裁委员会提起仲裁申请，由仲裁委员会对劳动合同的效力进行认定，并作出裁决。对仲裁裁决不服的，劳动者还可以向人民法院提起诉讼，通过司法途径维护自己的合法权益。在维权过程中，劳动者要注意收集相关证据，如劳动合同、工资条、工作证、考勤记录等，以证明自己的主张。同时，劳动者也可以寻求工会、法律援助机构等的帮

助，获取专业的法律支持和指导。

无效劳动合同的存在严重损害了劳动者的合法权益，劳动者应增强法律意识，了解无效劳动合同的情形，在签订劳动合同时仔细审查合同条款，一旦发现问题及时通过合法途径维权。

五、劳动争议的处理

劳动争议是劳动关系中不可避免的现象，涉及用人单位和劳动者双方的利益，对劳动关系的和谐稳定产生重要影响。了解劳动争议的种类和原因，有助于及时预防和解决劳动纠纷，维护双方的合法权益。

劳动合同争议是劳动争议中较为常见的一种类型。劳动合同是确立用人单位与劳动者权利义务的重要依据，当双方在劳动合同的订立、履行、变更、解除等环节出现分歧时，就容易引发争议。在劳动合同订立阶段，可能会出现合同条款不明确、合同形式不符合法律规定等问题。例如，一些用人单位在与劳动者签订劳动合同时，故意模糊工作内容、劳动报酬等关键条款，导致劳动者在入职后对工作情况产生误解，从而引发争议。在劳动合同履行过程中，用人单位可能违反合同约定，擅自变更劳动者的工作岗位、降低工资待遇等。比如，某企业未经员工同意，将员工从原工作岗位调到其他岗位，且工资待遇大幅降低，这就侵犯了员工的合法权益，容易引发劳动争议。在劳动合同解除方面，双方可能对解除的条件、程序和经济补偿等问题存在争议。例如，用人单位以劳动者不能胜任工作为由解除劳动合同，但未能提供充分的证据证明，或者未按照法律规定支付经济补偿，就会引发劳动者的不满和争议。

工资待遇争议也是劳动争议的重要类型之一。工资是劳动者劳动报酬的主要形式，直接关系到劳动者的生活质量和经济利益。工资待遇争议主要包括工资支付不足、拖欠工资、工资计算方式不合理等问题。一些用人单位为了降低成本，可能会故意压低劳动者的工资，或者以各种理由克扣工资。例如，某工厂以产品质量不合格为由，扣除员工的部分工资，但却没有明确的质量标准和考核制度，这就容易引发员工的不满。拖欠工资也是常见的问题，特别是在一些建筑、餐饮等行业，由于资金周转困难等原因，用人单位可能会拖欠员工的工资。这不仅影响了劳动者的生活，也违反了劳动法的规定。此外，工资计算方式不合理也会引发争议，如加班工资的计算标准不明确、奖金分配不公等。

工时和休假争议同样不容忽视。工时和休假制度是保障劳动者休息权利和身体健康的重要制度。然而，在实际工作中，一些用人单位可能会违反工时和休假制度的规定，引发劳动争议。用人单位可能会安排劳动者超时加班，且不按照法律规定支付加班工资。例如，某企业为了赶订单，要求员工连续加班数周，却只支付正常工资，这就侵犯了劳动者的休息权利和经济利益。在休假方面，用人单位可能会剥夺劳动者的法定节假日、年休假等休息权利。比如，某公司以工作繁忙为由，不允许员工休年休假，也不给予相应的补偿，这就违反了劳动法的规定，容易引发劳动者的不满。

社会保险和福利待遇争议也是劳动争议的常见类型。社会保险是劳动者的一项重要权益，包括养老保险、医疗保险、失业保险、工伤保险和生育保险等。用人单位应当按照国家规定为劳动者缴纳社会保险费，但一些用人单位为了降低成本，可能会少缴、漏缴或者不缴社会保险费。这不仅影响了劳动者的社会保障权益，也违反了劳动法的规定。例如，某企业只按照当地最低工资标准为员工缴纳社会保险费，而不是按照员工的实际工资缴纳，这就导致员工在享受社会保险待遇时受到影响。在福利待遇方面，用人单位可能会违反与劳动者的约定，不提供相应的福利待遇。比如，某公司在招聘时承诺为员工提供住房补贴，但在员工入职后却以各种理由拒绝提供，这就引发了劳动争议。

劳动争议产生的原因是多方面的，其中用人单位违反劳动法规定是重要原因之一。一些用人单位为了追求经济利益最大化，可能会忽视劳动者的合法权益，违反劳动法的规定。用人单位可能会不与劳动者签订书面劳动合同，或者签订的劳动合同不符合法律规定，从而导致劳动合同争议的发生。用人单位可能会不按照法律规定支付工资、加班工资，不缴纳社会保险费等，侵犯劳动者的经济权益。此外，用人单位的管理不规范也是引发劳动争议的原因之一。一些用人单位缺乏完善的规章制度和管理流程，导致在劳动管理过程中出现混乱，容易引发劳动争议。例如，某企业的绩效考核制度不明确，导致员工对绩效考核结果不满，从而引发劳动争议。

劳动者权益受到侵害也是劳动争议产生的重要原因。在劳动关系中，劳动者往往处于相对弱势的地位，容易受到用人单位的侵害。一些用人单位可能会利用自身的优势地位，强迫劳动者接受不合理的工作条件和待遇，如延长工作时间、降低工资待遇等。此外，劳动者的法律意识淡薄也是导致劳动争议的原因之一。一些劳动者对劳动法的相关规定了解不够，不知道自己的合法权益受到了侵害，或者不知道如何维护自己的权益。例如，一些劳动者在遇到用人单位拖欠工资的情况时，不知道可以通过劳动仲裁、诉讼等途径来维护自己的权益，从而导致劳动争议得不到及时解决。

劳动争议的种类繁多，原因复杂。用人单位和劳动者都应当增强法律意识，遵守劳动法的规定，规范自己的行为。同时，双方应当加强沟通和协商，及时解决劳动纠纷，维护劳动关系的和谐稳定。新时代的大学生在未来的职业生涯中，应当了解劳动争议的相关知识，增强自我保护意识，在遇到劳动争议时，能够运用法律武器维护自己的合法权益。

第四节　劳动与人力资本

一、人力资本理论的产生和发展

人力资本理论的起源可以追溯到古典经济学时期，当时的经济学家们已经开始关注人的能力和技能在经济活动中的作用。威廉·配第在 17 世纪就意识到了人力的经济价值，他在分析生产要素创造价值的过程中，把人的“技艺”列为除土地、物力资本和劳动之外的第四个特别重要的要素，这可以看作是人力资本思想的萌芽。①

到了18世纪，亚当·斯密在《国富论》中进一步阐述了类似观点。② 他指出，一个国家全体居民的所有后天获得的有用能力是资本的重要组成部分。学习一种才能，须受教育，须进学校，须做学徒，所费不少。这样费去的资本，好像已经实现并且固定在学习者的身上。这些才能，对于他个人自然是财产的一部分，对于他所属的社会，也是财产的一部分。工人对于劳动的熟练程度，可和便利劳动、节省劳动的机器和工具同样看作社会上的固定资本。斯密的这一论述，为人力资本理论的形成奠定了一定的基础。

19世纪，德国历史学派的代表人物李斯特提出了“精神资本”的概念。③ 他认为，物质资本是由物质财富的积累而形成的，而精神资本则是个人所固有的或个人从社会环境和政治环境中得来的精神力量和体力。他强调教育和科技对国家经济发展的重要性，认为一个国家的最大部分消耗，应该用于后一代的教育，应该用于国家未来生产力的促进和培养。

然而，真正使人力资本理论系统化并成为一门独立理论的是20世纪60年代。西奥多·W. 舒尔茨是这一时期的关键人物。当时，传统经济理论无法解释一些经济现象，如美国经济在“二战”后的快速增长，以及一些发展中国家在增加物质资本投入后经济增长效果不佳等问题。舒尔茨在1960年美国经济学会年会上发表了题为《人力资本投资》的演讲④，明确提出了人力资本的概念。他认为，人力资本是体现在人身上的知识、技能、能力和健康等，是通过对人的投资而形成的资本。他指出，经济增长的关键在于人力资本的积累，教育是人力资本形成的主要途径。舒尔茨通过对美国农业经济的研究发现，农业生产的增长并非仅仅依靠土地、劳动力数量和资本投入的增加，更重要的是农业劳动者素质的提高和农业技术的进步。他的研究成果使人们开始重视人力资本在经济发展中的作用，标志着人力资本理论的正式诞生。

加里·S. 贝克尔也是人力资本理论发展中的重要代表人物。他在1964年出版的《人力资本》一书中，运用经济分析方法，对人力资本进行了微观层面的深入研究。⑤ 贝克尔将新古典经济学的分析方法应用于人力资本投资领域，建立了人力资本投资的均衡模型。他分析了个人和家庭在教育、培训、健康等方面的投资决策，认为这些投资是为了获得未来的收益。他还研究了人力资本投资的成本和收益，以及不同投资方式的选择。贝克尔的研究使人力资本理论更加完善和深入，为后来的研究提供了重要的理论基

---

① ［英］威廉·配第．政治算术［M］．陈冬野，译．北京：商务印书馆，1978：35.

② ［英］亚当·斯密．国民财富的性质和原因的研究［M］．郭大力，王亚南，译．北京：商务印书馆，1972：253.

③ ［德］弗里德里希·李斯特．政治经济学的国民体系［M］．陈万煦，译．北京：商务印书馆，1961：128.

④ ［美］西奥多·W. 舒尔茨．人力资本投资［M］．吴珠华，译．北京：商务印书馆，1987：12.

⑤ ［美］加里·S. 贝克尔．人力资本［M］．梁小民，译．北京：北京大学出版社，1987：23.

础和分析方法。

20 世纪 80 年代以后，人力资本理论进入了新的发展阶段。以保罗·罗默和罗伯特·卢卡斯为代表的新增长理论将人力资本纳入经济增长模型，进一步强调了人力资本在经济持续增长中的核心作用。罗默在 1986 年发表的《收益递增与长期增长》和 1990 年发表的《内生技术变迁》等论文中，提出了内生经济增长模型。他认为，知识和技术创新是经济增长的内生变量，而人力资本是知识和技术创新的载体。通过对人力资本的投资，可以提高知识和技术水平，从而实现经济的持续增长。① 卢卡斯在 1988 年发表的《论经济发展的机制》一文中，建立了以人力资本为核心的经济增长模型。他强调了人力资本的外部性和积累效应，认为个人的人力资本不仅会提高自身的生产能力，还会对周围的人产生积极的影响，促进整个社会的经济增长。新增长理论的出现，使人力资本理论与经济增长理论更加紧密地结合在一起，为经济增长的研究提供了新的视角和方法。②

在不同阶段，人力资本理论具有不同的特点和贡献。在古典经济学时期，虽然已经有了人力资本思想的萌芽，但只是简单地提及人的能力和技能在经济中的作用，尚未形成完整的理论体系。这一时期的观点为后来的研究提供了最初的思考方向。20 世纪 60 年代，舒尔茨和贝克尔等学者使人力资本理论系统化，将其从一个模糊的概念发展成为一门独立的经济理论。他们的研究使人们认识到人力资本在经济增长中的重要地位，推动了各国政府和社会对教育、培训等人力资本投资领域的重视。20 世纪 80 年代以后的新增长理论阶段，人力资本理论与经济增长理论深度融合，为解释经济的长期增长和各国经济发展的差异提供了更有力的理论支持。它促使各国更加注重科技创新和人力资本的积累，制定相关政策来促进经济的可持续发展。

人力资本理论从起源到发展，经历了多个阶段，众多代表人物的研究不断丰富和完善了这一理论。它对经济理论和实践都产生了深远的影响，为我们理解经济增长、个人发展和社会进步提供了重要的理论依据。

二、人力资本的内涵与特征

（一）人力资本的定义

人力资本是体现在人身上的知识、技能、能力、健康以及经验等能够为个人和社会带来经济收益和价值的资本形式。它是通过对人的投资，如教育、培训、医疗保健等活动所形成的，与物质资本相对应，是一种以人为载体的特殊资本。与物质资本不同，人力资本具有能动性，能够主动地参与生产过程，创造价值，并随着时间的推移和经验的

① Paul M. Romer. Increasing Returns and Long-Run Growth [J]. The Journal of Political Economy, 1986, 94 (5): 1002-1037.

② Robert E. Lucas. On the mechanics of economic development [J]. Journal of Monetary Economics, 1988, 22 (1): 3-42.

积累不断增值。例如，一位经过多年专业医学教育和临床实践的医生，他所具备的医学知识、诊断技能和临床经验就是其人力资本的体现，这些资本使他能够为患者提供高质量的医疗服务，并为医院和社会创造经济价值和社会效益。

（二）人力资本的构成要素

1. 知识

知识是人力资本的重要组成部分，包括一般知识和专业知识。一般知识如语言、数学、科学等基础知识，是个人学习和发展的基础；专业知识则是针对特定领域或职业的深入知识，如工程师掌握的工程技术知识、律师掌握的法律知识等。以计算机领域为例，软件开发人员需要掌握编程语言、算法设计等专业知识，同时也需要具备一定的数学和逻辑知识，这些知识的积累使他们能够开发出高质量的软件产品。

2. 技能

技能是指人们运用知识和经验完成特定任务的能力。技能可以分为操作技能和智力技能。操作技能如机械制造工人的操作技能、厨师的烹饪技能等；智力技能如管理人员的决策技能、教师的教学技能等。技能的高低直接影响着个人的工作效率和质量。例如，一位熟练的数控机床操作员能够准确、高效地完成零件加工任务，而技能不熟练的操作员可能会出现加工误差，影响产品质量。

3. 能力

能力是指个人在完成各种活动中所表现出来的心理特征和综合素质，包括学习能力、创新能力、沟通能力、团队协作能力等。能力是在知识和技能的基础上发展起来的，决定了个人在不同情境下解决问题的能力和适应变化的能力。例如，一个具有较强创新能力的科研人员能够在科研工作中提出新的思路和方法，推动科学技术的进步；一个具备良好沟通能力和团队协作能力的项目负责人能够有效地组织团队成员完成项目任务。

4. 健康

健康是人力资本的基础要素。良好的身体和心理状态是个人能够正常工作和学习的前提条件。健康的身体能够保证个人有足够的精力和体力投入到工作中，提高工作效率；健康的心理状态能够使个人保持积极的心态，应对工作和生活中的各种压力和挑战。例如，一家企业注重员工的健康管理，为员工提供定期的体检、健身设施和心理健康咨询服务，员工的健康状况得到改善，工作积极性和工作效率也相应提高。

5. 经验

经验是个人在工作和生活中积累的实践知识和技能。经验能够使个人在面对类似问题时更加熟练和准确地做出决策和行动。例如，一位资深的市场营销人员通过多年的市场推广经验，能够准确地把握市场趋势和消费者需求，制定出有效的市场营销策略。

（三）人力资本的特征

1. 无形性

人力资本不像物质资本那样具有具体的实物形态，而是无形的，存在于人的大脑和身体之中。例如，一个人的知识、技能和能力无法直接看到或触摸到，但它们却能够在实际工作中发挥重要作用。这种无形性使得人力资本的评估和测量相对困难，但也为其带来了更大的灵活性和创新性。企业在招聘员工时，往往难以直接衡量员工的人力资本价值，需要通过面试、测试、工作表现等多种方式进行综合评估。

2. 时效性

人力资本具有一定的时效性。随着时间的推移和科技的进步，知识和技能会逐渐过时，需要不断更新和提升。例如，在信息技术领域，软件技术和编程语言不断更新换代，如果程序员不及时学习新的技术，他们的人力资本价值就会逐渐降低。此外，人的身体状况和精力也会随着年龄的增长而发生变化，对人力资本的发挥产生影响。因此，个人和企业都需要重视人力资本的持续投资和更新，以保持其时效性。

3. 收益递增性

与物质资本的收益递减规律不同，人力资本具有收益递增的特点。在一定范围内，对人力资本的投资越多，其带来的收益就越大。这是因为人力资本具有知识和技能的积累效应和外部性。例如，一个具有较高知识水平和创新能力的科研团队，其研究成果不仅能够为企业带来直接的经济效益，还能够带动相关产业的发展，产生更大的社会效益。同时，个人通过不断学习和积累知识技能，其工作能力和收入水平也会不断提高，形成良性循环。

4. 依附性

人力资本依附于人体而存在，不能与人体分离。它的发挥和运用必须通过人的活动来实现。例如，一位优秀的运动员的运动技能和体能是其人力资本的重要组成部分，但这些资本只有在运动员进行比赛和训练时才能发挥作用。而且，人力资本的价值也会受到个人主观意愿和工作积极性的影响。如果一个人缺乏工作动力和积极性，即使他拥有丰富的人力资本，也难以充分发挥其价值。

5. 可投资性

人力资本可以通过投资来增加和提升。个人和社会可以通过教育、培训、医疗保健等方式对人力资本进行投资。例如，个人通过接受高等教育、参加职业培训课程等方式提高自己的知识和技能水平；政府和企业通过加大对教育和科研的投入，培养高素质的人才，提高整个社会的人力资本水平。这种可投资性为个人和社会提供了提升自身竞争力和促进经济发展的途径。

（四）人力资本对个人和社会的重要作用

1. 对个人的作用

人力资本是个人实现自身价值和获得经济收入的重要保障。拥有丰富人力资本的个人在就业市场上具有更强的竞争力，能够获得更好的工作机会和更高的收入水平。例如，一位拥有高学历和专业技能的金融分析师，他在金融行业能够获得较高的薪酬待遇和职业发展空间。同时，人力资本还能够提高个人的生活质量和幸福感。通过学习和掌握知识技能，个人能够更好地适应社会变化，解决生活中的各种问题，实现自我成长和自我实现。

2. 对社会的作用

人力资本是推动社会经济发展和进步的关键因素。高素质的人才能够促进科技创新和产业升级，提高劳动生产率，推动经济的持续增长。例如，在一些发达国家，科技创新能力强的企业往往拥有大量高素质的科研人才和管理人才，这些人才的人力资本为企业的发展和国家的经济增长作出了重要贡献。此外，人力资本还能够促进社会公平和和谐。通过教育和培训等方式提高全体社会成员的人力资本水平，可以缩小不同群体之间的收入差距和发展差距，促进社会的公平正义和稳定和谐。

人力资本具有独特的内涵和特征，对个人和社会都具有至关重要的作用。个人应该重视自身人力资本的投资和积累，不断提升自己的知识、技能和能力；社会和政府也应该加大对教育、培训、医疗保健等领域的投入，提高整个社会的人力资本水平，以促进经济的发展和社会的进步。

三、人力资本投资的内容

人力资本投资是提升个人和社会经济价值的关键途径，其涵盖多个重要方面，不同的投资内容和方式各具特点与效果。

（一）教育投资

教育是人力资本投资的核心内容，为个人提供了系统学习知识和技能的机会，对个人的职业发展和社会的整体进步具有深远影响。

基础教育是个人成长和发展的基石。在小学和中学阶段，学生接受全面的基础教育，包括语文、数学、科学、历史等多个学科。这些知识不仅是进一步学习的基础，还培养了学生的思维能力、学习能力和社会交往能力。例如，在一些发达国家，高度重视基础教育的普及和质量提升，通过提供优质的教育资源和师资力量，为学生的未来发展奠定了坚实的基础。

高等教育则是培养专业人才和创新能力的重要阶段。在大学中，学生可以选择自己感兴趣的专业领域进行深入学习，获取专业知识和技能。同时，大学还提供了丰富的学术资源和科研机会，有助于培养学生的创新思维和实践能力。以美国为例，其拥有世界上众多顶尖的大学，这些大学吸引了来自全球的优秀学生和教师。许多知名的科技公司，如苹果、谷歌等，其创始人或核心团队成员都毕业于美国的高等院校。高等教育不仅为个人带来了更高的收入潜力，还推动了科技进步和社会发展。

职业教育也是教育投资的重要组成部分。它专注于培养学生在特定职业领域的技能和知识，使学生能够快速适应职场需求。职业教育通常与实际工作紧密结合，通过实践教学和实习等方式，让学生在学习过程中积累实际工作经验。例如，德国的职业教育体系非常发达，其“双元制”职业教育模式将学校教育与企业培训相结合，为德国的制造业培养了大量高素质的技术工人。这种教育模式不仅提高了学生的就业竞争力，也促进了德国制造业的发展。

教育投资的成本主要包括学费、书本费、住宿费等直接成本，以及因上学而放弃的工作收入等间接成本。然而，教育投资的收益也是显著的。从个人角度来看，接受良好教育的人往往能够获得更高的收入和更好的职业发展机会。从社会角度来看，教育投资有助于提高整个社会的劳动生产率和创新能力，促进经济增长和社会进步。

（二）培训投资

培训投资是在个人已经具备一定知识和技能的基础上，为了提升特定技能或适应新的工作需求而进行的投资。

企业内部培训是常见的培训方式之一。企业为了提高员工的工作效率和业务能力，会组织各种形式的培训活动。例如，一家软件公司会定期为员工提供新技术、新工具的培训，以保持员工的技术水平与行业发展同步。这种培训方式的优点是针对性强，能够直接满足企业的业务需求。同时，企业内部培训还可以促进员工之间的交流和合作，增强团队凝聚力。然而，企业内部培训的成本相对较高，需要投入大量的人力、物力和财力。

外部专业培训则是由专业的培训机构提供的培训课程。这些课程通常涵盖了各个领域的专业知识和技能，如市场营销、财务管理、项目管理等。个人可以根据自己的需求和兴趣选择适合自己的培训课程。外部专业培训的优点是培训内容丰富、师资力量雄厚，能够提供更广泛的知识和技能。例如，一些知名的培训机构会邀请行业内的专家和学者进行授课，为学员提供最新的行业动态和实践经验。但是，外部专业培训的费用相对较高，而且需要学员花费一定的时间和精力去参加培训。

在线培训是随着互联网技术的发展而兴起的一种培训方式。它具有灵活性高、成本低等优点。学员可以根据自己的时间和进度，随时随地通过网络学习课程。例如，一些在线学习平台提供了丰富的课程资源，包括视频教程、在线测试、讨论社区等，学员可以在学习过程中与其他学员进行交流和互动。在线培训的缺点是缺乏面对面的交流和指导，对于一些需要实践操作的课程，学习效果可能会受到一定影响。

培训投资的成本主要包括培训费用、交通费用等直接成本，以及因参加培训而耽误的工作时间等间接成本。培训投资的收益则体现在个人技能的提升和职业发展的促进上。例如，一名员工通过参加项目管理培训课程，提高了自己的项目管理能力，从而获得了晋升的机会。

（三）健康投资

健康是人力资本的基础，健康投资对于个人和社会都具有重要意义。

医疗保健是健康投资的重要方面。个人通过定期体检、预防接种、疾病治疗等方式，保持身体健康。例如，一些发达国家建立了完善的医疗保健体系，为居民提供全面的医疗服务。在加拿大，居民可以享受免费的基本医疗服务。医疗保健投资的成本包括医疗费用、药品费用等。虽然医疗保健投资需要一定的成本，但它可以减少因疾病导致的工作缺勤和生产效率下降，从而带来更大的经济效益。

体育锻炼也是健康投资的重要方式。通过参加体育活动，个人可以增强体质、提高免疫力、缓解压力。例如，一些企业会为员工提供健身设施和健身课程，鼓励员工进行体育锻炼。体育锻炼的成本相对较低，只需要投入一定的时间和精力。然而，体育锻炼带来的收益是长期的，可以提高个人的工作效率和生活质量，减少医疗费用支出。

心理健康投资同样不可忽视。在现代社会，人们面临着各种压力和挑战，心理健康问题日益突出。个人可以通过心理咨询、心理治疗等方式，维护自己的心理健康。例如，一些企业会为员工提供心理健康咨询服务，帮助员工缓解工作压力和心理负担。心理健康投资的成本包括咨询费用、治疗费用等。心理健康投资可以提高个人的心理素质和应对能力，促进个人的全面发展。

不同的人力资本投资内容和方式各有优劣。个人和社会应该根据自身的需求和实际情况，合理选择投资方式，以实现人力资本的最大化增值。同时，政府和企业也应该加大对人力资本投资的支持力度，为个人和社会的发展创造良好的条件。

四、人力资本与经济增长的关系

人力资本在经济增长过程中扮演着至关重要的角色，对经济的持续、稳定和高质量发展起着关键性促进作用。同时，经济增长也会反作用于人力资本的积累，两者相互影响、相互促进。

（一）人力资本提高劳动生产率促进经济增长

劳动生产率是衡量经济效率的重要指标，而人力资本是提高劳动生产率的关键因素。具有较高人力资本的劳动者，往往具备更丰富的知识、更熟练的技能和更强的创新能力，能够在生产过程中更高效地运用各种生产要素，从而提高单位时间内的产出。

从微观层面来看，以一家制造业企业为例，拥有高人力资本的工人能够更快地掌握先进的生产技术和操作方法，减少生产过程中的失误和浪费，提高产品的质量和产量。例如，在汽车制造行业，经过专业培训和长期实践积累的技术工人，能够精准地操作复杂的生产设备，生产出高质量的汽车零部件，其生产效率可能是普通工人的数倍。这不仅降低了企业的生产成本，还提高了企业的市场竞争力，为企业带来更多的利润和发展机会。

从宏观层面来看，一个国家或地区的人力资本水平越高，其整体劳动生产率也越高，经济增长就越强劲。根据相关经济模型和实证研究，在一些发达国家，如美国、德国等，由于其高度重视教育和培训，国民的人力资本水平较高，劳动生产率也处于世界领先地位。这些国家的制造业、服务业等各个产业都能够高效运转，创造出巨大的经济价值。例如，美国的高科技产业之所以能够在全球占据领先地位，很大程度上得益于其拥有大量高素质的科研人才和技术工人，他们的高劳动生产率推动了美国经济的持续增长。

（二）人力资本推动技术创新促进经济增长

技术创新是经济增长的核心动力，而人力资本是技术创新的源泉。具有高人力资本的科研人员和创新人才，能够不断探索新的知识和技术，开发出新产品、新服务和新的生产工艺，从而推动产业升级和经济结构的优化。

在科技领域，许多重大的技术突破都是由高素质的科研人才完成的。例如，在信息技术领域，从计算机的发明到互联网的普及，再到如今的人工智能、大数据等新兴技术的发展，每一次技术创新都离不开科研人员的智慧和努力。这些科研人员凭借其深厚的专业知识和创新能力，不断推动着信息技术的进步，创造出了巨大的经济价值。以苹果公司为例，其创始人乔布斯以及众多的科研团队成员，凭借其卓越的创新能力和高人力资本，推出了一系列具有创新性的产品，如iPhone、iPad等，不仅改变了人们的生活方式，也为苹果公司带来了巨额的利润，同时推动了全球电子信息产业的发展。

此外，人力资本还能够促进技术的传播和应用。具有较高人力资本的劳动者能够更快地学习和掌握新技术，并将其应用到实际生产中。例如，在一些发展中国家，通过引进国外的先进技术和设备，同时加强对本国劳动者的培训，提高他们的人力资本水平，使得这些国家能够快速吸收和应用先进技术，实现经济的快速增长。

（三）人力资本促进产业结构升级和优化

随着经济的发展，产业结构会不断发生变化，从传统的农业和制造业向服务业和高科技产业升级。人力资本在这个过程中起到了重要的推动作用。

具有高人力资本的劳动者更适合从事知识密集型和技术密集型的产业，如金融、科技、教育、医疗等。随着人力资本水平的提高，劳动力会逐渐从低附加值的产业向高附加值的产业转移，从而促进产业结构的升级和优化。例如，在一些发达国家，随着高等教育的普及和科研投入的增加，越来越多的劳动力进入了服务业和高科技产业，这些产业的发展不仅提高了经济的整体效益，还创造了更多的就业机会和更高的收入水平。

同时，产业结构的升级和优化也会对人力资本提出更高的要求，促使人们不断提高自身的知识和技能水平，进而推动了人力资本的积累。例如，随着人工智能、大数据等新兴技术的发展，对相关专业人才的需求急剧增加，这促使更多的人选择学习这些领域的知识和技能，从而提高了整个社会的人力资本水平。

（四）经济增长对人力资本积累的影响

经济增长也会对人力资本积累产生积极的影响。一方面，经济增长能够为教育、培训和医疗保健等人力资本投资提供更多的资源和资金支持。随着经济的发展，政府和企业有更多的财力投入到教育和科研领域，改善教育设施和教学条件，提高教师的待遇和素质，从而培养出更多高素质的人才。例如，一些经济发达的国家和地区，如北欧国家、新加坡等，由于其经济实力雄厚，能够为教育提供充足的资金支持，使得这些国家和地区的教育水平和人力资本水平都非常高。

另一方面，经济增长会创造更多的就业机会和更高的收入水平，这会激励人们进行人力资本投资。当人们看到通过接受教育和培训能够获得更好的工作机会和更高的收入时，他们会更愿意投入时间和金钱进行学习和提升自己的技能。例如，在一些新兴的高科技产业，由于其发展迅速，对专业人才的需求旺盛，工资待遇也相对较高，这吸引了大量的年轻人选择学习相关专业知识和技能，从而促进了人力资本的积累。

人力资本与经济增长之间存在着密切的相互关系。人力资本通过提高劳动生产率、推动技术创新和促进产业结构升级等方式，对经济增长起到了重要的促进作用；而经济增长又为人力资本积累提供了资源和激励，促进了人力资本水平的提高。因此，一个国家或地区要实现经济的持续增长和发展，就必须重视人力资本的投资和积累，提高国民的整体素质和创新能力。

第五节　劳动与工资收入

一、工资的决定因素

工资作为劳动者劳动报酬的重要体现，其水平高低受到多种因素的综合影响。深入了解这些决定因素，有助于劳动者、企业和政府更好地理解工资形成机制，做出合理的决策。

劳动力市场供求关系是影响工资水平的基础性因素。当劳动力市场供大于求时，即劳动力供给数量超过企业对劳动力的需求数量，劳动者之间的竞争会加剧，企业在招聘过程中具有更大的选择权，工资水平往往会受到抑制而下降。以某传统制造业城市为例，由于该城市产业结构单一，主要以劳动密集型的制造业为主，随着周边地区同类产业的兴起，大量劳动力涌入该城市寻找工作机会。而当地企业的扩张速度相对较慢，对劳动力的需求增长有限，导致劳动力市场供过于求。在这种情况下，企业为了降低成本，会压低工资水平，普通工人的工资增长缓慢甚至出现下降趋势。相反，当劳动力市场供不应求时，企业为了吸引和留住足够的劳动力，会提高工资待遇。例如，在一些新兴的高科技产业领域，如人工智能、大数据等，由于相关专业人才稀缺，企业之间为了争夺这些人才，纷纷开出高额的工资和优厚的福利待遇。一些知名的科技企业为了招聘到优秀的算法工程师，会提供高于市场平均水平的工资，还会给予股票期权、住房补贴等额外福利。

劳动生产率也是决定工资水平的关键因素之一。劳动生产率反映了劳动者在单位时间内创造的价值或产出的产品数量。一般来说，劳动生产率越高，劳动者为企业创造的价值就越多，企业也就有能力支付更高的工资。以一家现代化的汽车制造企业为例，该企业通过引入先进的生产设备和管理模式，提高了生产自动化水平和员工的操作技能，使得劳动生产率大幅提升。在相同的时间内，每个工人生产的汽车数量增加，产品质量也得到了提高，企业的利润相应增加。为了激励员工继续提高生产效率，企业会根据劳动生产率的提高幅度，适当提高员工的工资水平。相反，如果劳动生产率低下，企业的生产成本就会增加，利润空间受到压缩，企业就难以支付较高的工资。例如，一些传统的手工制造业企业，由于生产技术落后，员工的劳动强度大但生产效率低，企业的经济效益不佳，员工的工资水平也相对较低。

企业经济效益对工资水平有着直接的影响。企业作为工资的支付主体，其盈利状况决定了能够用于支付工资的资金规模。当企业经济效益良好，利润丰厚时，企业有更多的资金用于提高员工的工资待遇，以激励员工的工作积极性和忠诚度。例如，一家大型的互联网电商企业，在某个销售旺季取得了优异的业绩，销售额和利润大幅增长。为了奖励员工的辛勤付出，企业不仅发放了丰厚的年终奖金，还提高了员工的基本工资和绩效工资。相反，当企业经济效益不佳，出现亏损或利润下滑时，企业可能会采取降低工资、减少福利等措施来降低成本，以维持企业的生存和发展。例如，在全球经济危机期间，一些外贸企业由于订单减少，销售额下降，企业面临着巨大的经营压力，不得不采取降薪或裁员的方式来维持运营。

政府政策在工资决定中也起着重要的调节作用。政府可以通过制定最低工资标准、税收政策、劳动法律法规等手段来影响工资水平。最低工资标准是政府为了保障劳动者的基本生活权益而设定的工资底线。当政府提高最低工资标准时，企业必须按照规定支付不低于该标准的工资，这直接提高了低收入劳动者的工资水平。例如，某地区政府根据当地的经济发展水平和物价上涨情况，将最低工资标准从每月 2000 元提高到 2200 元，使得该地区众多从事服务业、制造业等行业的低收入劳动者的工资得到了相应提高。税收政策也会对工资产生影响。政府可以通过调整个人所得税税率和税收起征点，来影响劳动者的实际收入。如果政府降低个人所得税税率或提高税收起征点，劳动者的税后收入就会增加，相当于间接提高了工资水平。劳动法律法规则保障了劳动者的合法权益，规范了企业的工资支付行为。例如，《中华人民共和国劳动法》规定了企业必须按时足额支付劳动者工资，不得克扣或无故拖欠劳动者工资，这为劳动者的工资权益提供了法律保障。

除了以上主要因素，行业差异、地区差异、劳动者的个人素质和技能等因素也会对工资水平产生影响。不同行业的工资水平存在明显差异，一些高利润、高附加值的行业，如金融、科技等，往往能够支付较高的工资；而一些劳动密集型、低利润的行业，如餐饮、零售等，工资水平相对较低。地区差异也是影响工资水平的重要因素，经济发达地区的工资水平通常高于经济欠发达地区。这是因为发达地区的企业经济效益较好，生活成本较高，对劳动力的需求也更大。劳动者的个人素质和技能也会影响其工资水平。具有高学历、专业技能和丰富工作经验的劳动者，往往能够获得更高的工资待遇。例如，一名拥有博士学位和多年工作经验的高级工程师，其工资水平会远远高于一名普通的技术工人。

工资的决定是一个复杂的过程，受到劳动力市场供求关系、劳动生产率、企业经济效益、政府政策等多种因素的综合影响。劳动者应该不断提高自身素质和技能，以适应市场需求，提高自己的工资水平；企业应该根据自身的经济效益和市场竞争情况，合理确定工资水平，以吸引和留住优秀的人才；政府则应该通过制定合理的政策，调节工资分配，促进社会公平和经济的健康发展。

二、工资制度与工资形式

工资制度和工资形式是企业薪酬管理的重要组成部分，直接关系到劳动者的收入水平和工作积极性，也影响着企业的人力资源管理和经济效益。以下将介绍常见的工资制度和工资形式，并分析它们的优缺点和适用范围。

（一）计时工资

计时工资是按照劳动者的工作时间来计算工资的一种制度。它根据劳动者的工作小时数、天数或月数，结合预先确定的小时工资率、日工资率或月工资率来支付工资。

（1）优点：计时工资计算简单，操作方便，易于管理。对于企业来说，能够准确地计算人工成本，便于进行成本控制和预算规划。对于劳动者而言，工作时间相对固定，收入稳定，能够提供一定的经济保障，减少了因工作量波动带来的收入风险。例如，在一些行政办公岗位，员工的工作内容主要是日常的文件处理、会议组织等，工作时间相对规律，采用计时工资制度可以使员工专注于工作任务，不必过于担心工作量的变化对收入的影响。

（2）缺点：计时工资可能无法充分激励劳动者提高工作效率。因为无论劳动者的工作效率高低，只要工作时间相同，获得的工资就相同，这可能导致部分员工出现磨洋工的现象，降低了整体的工作效率。而且，计时工资难以准确反映劳动者的实际贡献，对于工作能力强、效率高的员工来说，可能会觉得自己的付出没有得到相应的回报，从而影响工作积极性。

（3）适用范围：计时工资适用于工作任务难以量化、工作过程需要严格监督和管理的岗位。如行政管理人员、教师、科研人员等岗位，这些岗位的工作成果往往难以在短期内直接用数量来衡量，更注重工作的过程和质量，采用计时工资制度较为合适。

（二）计件工资

计件工资是根据劳动者生产的合格产品数量或完成的工作量来计算工资的制度。企业预先确定每件产品或每项工作的工资单价，劳动者根据自己完成的数量获得相应的工资。

（1）优点：计件工资能够直接激励劳动者提高工作效率。劳动者为了获得更多的收入，会主动提高工作速度和质量，提高产品的产量。同时，计件工资能够比较准确地反映劳动者的实际贡献，多劳多得，公平合理，能够充分调动劳动者的工作积极性。例如，在一些制造业企业的生产线上，工人按照生产的产品数量获得工资，他们会努力提高自己的操作技能，加快生产速度，以增加收入。

（2）缺点：计件工资可能导致劳动者过度追求产量而忽视产品质量。为了在单位时间内生产更多的产品，劳动者可能会简化工作流程，降低质量标准，从而影响企业的产品质量和声誉。而且，计件工资的计算相对复杂，需要准确统计劳动者的工作量和产品质量，增加了企业的管理成本。此外，一些工作的质量和数量难以准确衡量，可能会引发劳动者与企业之间的矛盾和纠纷。

适用范围：计件工资适用于工作任务能够明确量化、生产过程相对稳定、产品质量易于检验的岗位。如制造业的装配工、纺织工，农业的采摘工等岗位，这些岗位的工作成果可以用具体的数量来表示，采用计件工资制度能够有效地激励劳动者提高工作效率。

（三）绩效工资

绩效工资是根据劳动者的工作绩效来确定工资水平的制度。企业通过设定一系列的绩效指标，如工作任务完成情况、工作质量、工作效率、团队合作等，对劳动者的工作表现进行评估，并根据评估结果支付相应的工资。

（1）优点：绩效工资能够将劳动者的工资与工作绩效紧密联系起来，充分激励劳动者努力工作，提高工作绩效。它能够引导劳动者关注企业的目标和战略，将个人的工作目标与企业的整体目标相结合，促进企业的发展。同时，绩效工资具有较强的灵活性和适应性，可以根据企业的经营状况和市场环境的变化及时调整绩效指标和工资水平，以保持企业的竞争力。例如，在一些销售企业，销售人员的绩效工资与销售业绩直接挂钩，他们会积极开拓市场，提高销售业绩，以获得更高的收入。

（2）缺点：绩效工资的评估标准和方法可能存在主观性和不公平性。不同的评估者对同一劳动者的工作表现可能会有不同的评价，这可能导致评估结果不准确，影响劳动者的工作积极性。而且，绩效工资可能会导致劳动者之间的竞争过于激烈，破坏团队合作氛围，影响企业的整体协作效率。此外，绩效工资的设计和实施需要耗费大量的时间和精力，对企业的管理水平要求较高。

（3）适用范围：绩效工资适用于工作成果能够明确衡量、工作目标可以量化、需要激励员工提高工作绩效的岗位。如销售人员、项目管理人员、研发人员等岗位，这些岗位的工作绩效对企业的发展至关重要，采用绩效工资制度能够有效地激励员工提高工作绩效。

不同的工资制度和工资形式各有优缺点和适用范围。企业在选择工资制度和形式时，应根据自身的行业特点、生产经营模式、岗位性质等因素进行综合考虑，以制定出合理、有效的薪酬体系，激励员工提高工作绩效，促进企业的发展。同时，企业还应不断完善工资制度和形式，根据实际情况进行调整和优化，以适应企业发展的需要。

三、工资差异与收入分配

（一）工资差异的表现形式

（1）行业差异：不同行业的工资水平存在显著差异。一些高利润、技术密集型和知识密集型的行业，如金融、科技、医疗等，往往能够支付较高的工资。以金融行业为例，其涉及大量的资金运作和风险管理，对从业者的专业知识和技能要求较高，同时行业的利润率也相对较高，因此能够为员工提供丰厚的薪酬待遇。而一些传统的劳动密集型行业，如农业、制造业中的部分环节，由于竞争激烈、利润空间有限，工资水平相对较低。例如，农业生产受自然条件和市场价格波动影响较大，农民的收入增长相对缓慢。

（2）地区差异：地区之间的经济发展水平不平衡导致工资存在差异。经济发达地区通常拥有更多的优质企业、更好的就业机会和更高的生活成本，因此工资水平普遍较高。像北京、上海、深圳等一线城市，集中了大量的金融机构、科技企业和跨国公司，这些企业为了吸引和留住人才，会提供较高的工资和福利待遇。而经济欠发达地区，产业结构相对单一，企业的盈利能力较弱，工资水平也相应较低。例如，一些中西部地区的小城市，主要以传统制造业和服务业为主，工资水平明显低于一线城市。

（3）性别差异：尽管在现代社会倡导男女平等，但性别工资差异仍然存在。女性在就业过程中可能会面临一些无形的障碍，如职业发展机会受限、生育和家庭责任的影响等。一些研究表明，女性在同等条件下的工资往往低于男性。在某些行业中，女性可能更集中于低薪岗位，而男性则更多地占据高薪岗位。例如，在科技和工程领域，男性的比例相对较高，且工资水平也普遍高于女性。

（4）技能和教育差异：劳动者的技能水平和受教育程度对工资有着重要影响。一般来说，拥有高学历和专业技能的劳动者能够获得更高的工资。例如，一名拥有博士学位的科研人员，由于其掌握了前沿的知识和技术，在科研机构或企业中往往能够获得较高的薪酬。而低技能、低学历的劳动者，只能从事一些简单的体力劳动或低附加值的工作，工资水平较低。如普通的建筑工人和家政服务人员，他们的工资相对有限。

（5）企业规模和性质差异：大型企业和国有企业通常能够提供更稳定的工作和较高的工资待遇。大型企业具有更强的经济实力和市场竞争力，能够为员工提供更好的培训和发展机会，因此工资水平相对较高。国有企业在保障员工权益和福利待遇方面也有一定的优势。相比之下，小型企业和民营企业由于资金和资源相对有限，工资水平可能较低。例如，一些小型的创业公司，在发展初期可能无法为员工提供高额的工资，但会以股权等形式作为激励。

（二）工资差异对收入分配的影响

（1）加剧贫富差距：工资差异的存在使得高收入群体和低收入群体之间的收入差距不断扩大。高收入者凭借其在高利润行业、发达地区或高技能岗位的优势，获得了较高的工资收入，从而能够积累更多的财富。而低收入者由于工资水平较低，难以满足生活需求，更难以进行财富积累。这种贫富差距的加剧可能会引发社会不稳定因素，影响社会的和谐与发展。

（2）影响社会公平感：过大的工资差异会让低收入群体产生不公平感，降低他们对社会的认同感和归属感。当人们认为自己的付出与回报不成正比，而他人却能够轻松获得高额收入时，会对社会的公平性产生质疑。这种不公平感可能会导致社会矛盾的激化，影响社会的凝聚力和向心力。

（3）阻碍人力资源合理配置：工资差异可能会引导劳动者过度追求高工资行业和岗位，而忽视自身的兴趣和特长。这可能导致一些行业人才过剩，而另一些行业则人才短缺，影响了人力资源的合理配置和有效利用。例如，金融行业的高工资吸引了大量的优秀人才，但却可能导致其他行业如教育、科研等领域的人才流失，从而影响这些行业的发展。

四、促进收入分配公平的政策建议

一是加强教育和培训：政府和社会应加大对教育的投入，提高全民的受教育水平，尤其是加强对低收入群体和弱势群体的教育支持。通过提供免费的职业培训和技能提升课程，帮助他们提高就业能力和工资水平。例如，针对农村地区和贫困地区的学生，提供更多的教育资源和奖学金，鼓励他们接受高等教育和职业教育。同时，企业也应加强对员工的培训，提高员工的技能水平和工作效率，从而提高员工的工资待遇。

二是完善税收和福利政策：政府可以通过税收政策来调节收入分配，对高收入群体征收更高的个人所得税，对低收入群体给予税收减免和补贴。同时，完善社会保障体系，提高最低工资标准，保障低收入群体的基本生活需求。例如，建立健全的医疗保险、养老保险和失业保险制度，为劳动者提供更多的保障。此外，还可以通过发放住房补贴、教育补贴等福利措施，减轻低收入群体的生活负担。

三是消除就业歧视：政府应加强劳动法律法规的执行力度，禁止企业在招聘、晋升和薪酬等方面存在性别、种族、年龄等歧视行为。建立公平的就业环境，保障劳动者的平等就业权利。例如，加强对企业招聘过程的监督，对存在歧视行为的企业进行处罚。同时，鼓励企业制定公平的薪酬制度，根据员工的工作表现和贡献来确定工资水平，而不是基于性别、种族等因素。

四是促进区域协调发展：政府应加大对经济欠发达地区的扶持力度，推动区域经济协调发展。通过加大基础设施建设投入、产业转移和招商引资等方式，促进欠发达地区的经济增长，提高当地的就业机会和工资水平。例如，在中西部地区建设产业园区，吸引东部地区的企业转移，带动当地的就业和经济发展。同时，政府可以加强区域之间的人才交流和合作，促进人力资源的合理流动。

五是推动行业均衡发展：政府可以通过产业政策来引导资源向不同行业合理配置，避免某些行业过度集中资源，促进各行业的均衡发展。例如，加大对农业、制造业等传统行业的技术创新支持，提高这些行业的生产效率和竞争力，从而提高从业人员的工资水平。同时，政府可以加强对新兴行业的规范和监管，防止行业垄断和不正当竞争，以保障市场的公平竞争环境。

五、最低工资制度

最低工资制度是政府为保障劳动者基本生活权益而制定的一项重要政策，规定了用人单位在一定时期内必须支付给劳动者的最低劳动报酬标准。这一制度的实施旨在确保劳动者能够获得维持基本生活所需的收入，促进社会公平与稳定。

最低工资制度的目的具有多重目的；首先，最低工资制度的首要目的是保障劳动者的基本生活。在市场经济环境下，劳动者通过劳动获取收入以满足自身及家庭的生活需求。然而，由于劳动力市场供求关系、劳动者个体差异等因素，部分劳动者可能面临工资过低的问题，难以维持基本的生活水平。最低工资制度的设立，为劳动者提供了收入底线，使他们能够获得足够的收入来购买生活必需品，如食品、住房、医疗等，保障了劳动者及其家庭的基本生存权利。其次，最低工资制度有助于促进社会公平。它缩小了劳动者之间的收入差距，减少了低收入群体的贫困程度。通过提高最低工资标准，使得低收入劳动者能够分享经济发展的成果，增强了社会的公平感和凝聚力。最后，最低工资制度还可以激励劳动者提高自身素质和技能。当劳动者获得相对稳定的收入保障后，他们更有动力和资源去参加培训和学习，提升自己的工作能力，从而实现个人的职业发展。

从实施情况来看，世界上许多国家和地区建立了最低工资制度，并根据经济发展水平、物价指数等因素定期调整最低工资标准。以中国为例，自 1993 年发布《企业最低工资规定》以来，最低工资制度不断完善和发展。各省市根据本地实际情况制定了不同的最低工资标准，并适时进行调整。例如，一些经济发达地区的最低工资标准相对较高，以适应较高的生活成本；而经济欠发达地区则根据自身经济实力制定合理的标准。同时，政府加强了对最低工资制度执行情况的监督检查，对违反规定的用人单位进行处罚，以确保制度的有效实施。

最低工资制度对劳动力市场和企业产生了多方面的影响。从劳动力市场角度看，一方面，最低工资制度提高了低收入劳动者的收入水平，提升了他们的消费能力，从而刺激了市场需求，促进了经济的增长。例如，当最低工资标准提高后，低收入劳动者有更多的钱用于购买商品和服务，这带动了相关产业的发展，创造了更多的就业机会。另一方面，最低工资制度可能会对就业产生一定的负面影响。对于一些劳动密集型企业来说，提高最低工资标准会增加企业的人工成本，企业可能会减少雇佣劳动力的数量，或者采用自动化设备来替代人工，导致部分低技能劳动者失业。

对企业而言，最低工资制度带来的影响较为复杂。对于一些大型企业和盈利能力较强的企业来说，虽然增加了人工成本，但也有助于提高员工的工作积极性和忠诚度，减少员工流失率，提高企业的生产效率和产品质量。例如，一家知名的连锁餐饮企业，在提高员工最低工资后，员工的工作热情明显提高，服务质量得到提升，顾客满意度增加，从而为企业带来了更多的业务和利润。然而，对于一些小型企业和微利企业来说，最低工资标准的提高可能会给企业带来较大的经营压力。这些企业本身利润空间有限，人工成本的增加可能会导致企业亏损甚至倒闭。例如，一些小型加工企业，由于产品附加值低，利润微薄，在最低工资标准提高后，企业难以承受成本的增加，不得不缩小生产规模或裁员。

最低工资制度是一项具有重要意义的政策，在保障劳动者基本生活、促进社会公平等方面发挥了积极作用。然而，在实施过程中也面临着一些挑战和问题。政府需要不断完善最低工资制度，科学合理地制定最低工资标准，加强对制度执行情况的监督检查，同时引导企业加快转型升级，以实现劳动者权益保障和企业发展的双赢局面。

榜样力量

杨成兴：从“科技怪才”到创新创业领袖

杨成兴，1990年生于四川资阳，自幼展现出强烈的好奇心和动手能力。儿时便热衷于小发明，如用铁丝制作鱼钩、用电池切割泡沫，虽常被师长视为“不务正业”，却因此培养了自主创新能力。初中时尝试制作快速充电器，因知识不足导致试验失败甚至引发火灾，但这次经历让他明白灵感源于生活。

高中阶段，他已获3项国家专利及重庆市长创新奖等荣誉。面对高考，他拒绝“唯分数论”，选择通过自主招生进入重庆电子工程职业学院机电工程专业。2011年入学后，他于次年创办首家企业，生产自动浇水花盆。初期产品问题频发，他果断改进生产线，严格把控质量，最终赢得市场认可。

为专注创业，杨成兴大二时选择休学，此举虽遭家人反对，但他坚持追梦。其间多次创业失败，但最终成功运营“野夫钓鱼”和“蚁世纪”两家公司。截至2016年，“野夫钓鱼”电商平台月营收突破百万元，公司总资产逾2700万元。

杨成兴的梦想从“成为发明家和创业家”升级为“引领思维与商业模式的创新”。他计划将创新创业理念传递给更多的学生和企业家，推动社会价值的创造。其经历印证了坚持自我、勇于试错的力量，也展现了一位青年创业者从技术探索到成为商业领袖的蜕变之路。

资料来源：《杨成兴：在创业中实现人生价值》，《光明日报》，2016-11-25，有改动。

第二篇　劳动素养篇

第五章
劳动精神与价值观

劳动精神与价值观是个人成长与社会发展的核心动力。本章系统阐述了新时代劳动精神的内涵与实践路径，以工匠精神与劳模精神为双翼，揭示劳动在推动产业升级、科技创新中的关键作用。工匠精神强调专注执着、精益求精与创新进取，从传统手工艺到现代高端制造，始终是质量提升与技术突破的灵魂。劳模精神则通过爱岗敬业、艰苦奋斗、淡泊名利等品质，树立行业标杆，如徐立平三十年零误差“雕刻火药”、艾爱国焊花飞溅中铸就“钢铁脊梁”，彰显了劳动精神对国家重大工程的支撑。

新时代劳动价值观以崇尚劳动、辛勤劳动、诚实劳动为核心，强调劳动不仅是谋生手段，更是实现个人价值与服务社会的桥梁。袁隆平躬耕稻田、黄文秀扎根扶贫一线等案例，体现劳动价值观在乡村振兴、科技兴国等领域的实践意义。劳动教育需多方协同：学校通过课程融合与劳动实践培育责任意识；企业以技能培训与企业文化相结合来强化职业素养；社会舆论倡导尊重劳动、职业平等的价值导向，为青年树立“劳动创造幸福”的信念。①

大学生作为践行劳动价值观的主体，需以知行合一为准则。通过校园实践、志愿服务、职业规划等路径，青年可将劳动精神内化为品格，外化为担当，在基层服务、创新创业中实现个人价值与社会价值的统一。在智能化与绿色化转型的今天，传承匠心与拥抱创新并重，劳动精神将持续凝聚社会共识，为高质量发展注入不竭动力。

第一节　工匠精神的内涵与时代价值

工匠精神源远流长，其根源可追溯至远古时期人类制作简单工具的实践。② 在旧石器时代，早期人类为了生存，利用石头打制出粗糙的石器，如石斧、石刀等。尽管这些

① 檀传宝．劳动教育论［M］．北京：北京师范大学出版社，2020：102.

② 李知宴．中国陶瓷史［M］．北京：社会科学文献出版社，2011：145.

工具在现代看来极为简陋，但当时的人们在制作过程中，已经开始尝试不同的打击角度和力度，不断摸索更有效的制作方法，这便是工匠精神的萌芽。他们对工具的改进，体现了对劳动成果质量的初步追求，这种追求促使人类逐渐掌握更精湛的技艺，为后续文明的发展奠定了基础。

随着人类社会步入农业文明，工匠精神在手工业领域得到了更为显著的发展。以古代中国的陶瓷制造为例，从选土、制坯到烧制，每一个环节都凝聚着工匠们的心血。在选土时，工匠们会仔细甄别不同地区土壤的质地、颜色和黏性，只为选取最适合制作的原料。制坯过程中，拉坯工匠凭借着长期训练形成的手感和技巧，将柔软的泥土塑造成精美的形状，其手法的细腻程度和对力度的精准掌控，令人赞叹。而烧制环节更是充满挑战，工匠们需要根据陶瓷的种类和期望的效果，精准控制窑炉的温度和烧制时间，稍有偏差就可能导致整窑陶瓷的失败。例如，宋代的汝窑瓷器，其天青色的釉色和温润的质感，便是工匠们经过无数次试验和摸索，在原料配方、烧制工艺等方面达到极高水准的成果。这些瓷器不仅具有实用价值，更成为艺术珍品，彰显了当时工匠们追求卓越的精神品质。①

进入 21 世纪，随着科技的飞速发展和全球化的加速推进，工匠精神在新兴产业领域焕发出新的生机。在信息技术领域，软件工程师们以工匠精神对待每一行代码。他们在开发软件时，会对程序的功能需求进行深入分析，精心设计软件架构，力求使软件运行高效、稳定且用户体验良好。例如，在开发一款大型办公软件时，工程师们会对各种办公场景进行模拟和优化，不断测试和改进软件的功能模块，确保软件能够满足不同用户的多样化需求。在高端制造领域，如航空航天、汽车制造等，工匠精神更是体现得淋漓尽致。以航空发动机制造为例，工程师和技术人员需要对每一个零部件的设计和制造进行严格把控，从耐高温合金材料的研发到复杂叶片的精密加工，再到整机的装配调试，每一个环节都要求极高的精度和可靠性。他们通过技术创新和工艺改进，提高发动机的性能和安全性，为航空事业的发展提供了强大的动力支持。

一、现代工匠精神的丰富内涵与多维特征

（一）专注执着

现代工匠精神是工匠们在专业领域深耕的内在动力。在当今信息爆炸的时代，各种诱惑和干扰层出不穷，但具有工匠精神的劳动者能够保持高度的专注。以一位资深的芯片研发工程师为例，在设计一款新型芯片时，他需要全身心地投入复杂的电路设计和逻辑架构规划。从最初的需求调研阶段，他就与客户和市场团队紧密合作，深入了解芯片在不同应用场景下的性能要求和功能特点，不放过任何一个细节。在设计过程中，他面对海量的技术资料和数据，需要仔细分析和筛选，不断优化设计方案。即使遇到技术难题，如电磁兼容性问题或信号干扰等，他也会凭借着执着的精神，查阅大量的专业文

① 叶喆民．中国陶瓷史［M］．北京：生活·读书·新知三联书店，2011：158-162.

献，与团队成员进行深入的讨论和研究，甚至与国内外的专家进行交流和请教，直到找到解决方案。这种专注执着的精神使他能够在芯片研发领域不断积累经验和技术实力，为推动芯片技术的发展作出重要贡献。

（二）精益求精

精益求精是现代工匠精神的灵魂所在，体现了工匠们对卓越品质的不懈追求。

在现代制造业中，汽车制造是一个典型的例子。在汽车设计阶段，设计师们不仅要追求外观的时尚与美观，还要考虑空气动力学原理、人体工程学设计和安全性等多方面因素。他们利用先进的计算机辅助设计软件，进行大量的模拟分析和优化设计。例如，在设计汽车外形时，通过模拟风洞实验，不断调整车身线条和曲面，以降低风阻系数，提高燃油经济性。在车内设计方面，设计师们会根据人体的生理结构和驾驶习惯，精确设计座椅的高度、角度和靠背曲线，以及仪表盘、中控台和操作按钮的布局，确保驾驶者在长时间驾驶过程中能够保持舒适和便捷的操作体验。在生产环节，汽车制造企业对零部件的质量把控极为严格。每一个零部件都要经过多道质量检测工序，从原材料的检验到加工过程中的尺寸精度、表面质量检测，再到成品的性能测试，确保每一个零部件都符合高标准的质量要求。在装配过程中，工人们严格按照操作规程进行操作，每一个螺丝的拧紧力矩都要精确控制，每一个零部件的安装位置都要准确无误。例如，发动机作为汽车的核心部件，其装配过程需要高度的专业技能和严谨的操作态度。工人们需要将各种精密的零部件如活塞、曲轴、气门等精确地安装在一起，并进行严格的调试和检测，确保发动机的性能稳定可靠。在汽车销售和售后服务阶段，精益求精的精神也贯穿始终。销售人员要深入了解汽车的各项性能和技术参数，能够为客户提供专业、详细的购车建议和咨询服务。售后服务人员则要具备精湛的维修技术和良好的服务态度，能够及时、高效地为客户解决汽车使用过程中出现的各种问题，确保客户的满意度和忠诚度。

（三）创新进取

创新进取是现代工匠精神在新时代的重要特征，赋予了工匠精神强大的生命力和竞争力。

在科技领域，智能手机的发展历程就是一部不断创新进取的历史。从最初的简单功能手机到如今功能强大的智能手机，每一次的技术突破和功能升级都离不开工匠们的创新精神。早期的手机制造商们勇于探索新的技术和工艺，如触摸屏技术的引入，彻底改变了手机的操作方式，为用户带来了更加便捷直观的操作体验。随后，高清摄像头技术的应用使得手机摄影成为一种流行的记录方式，人们可以随时随地拍摄高质量的照片和视频。随着移动互联网的发展，手机操作系统的不断升级和各种应用程序的涌现，为手机赋予了更多的功能和应用场景。例如，移动支付应用的出现，改变了人们的支付方式，使支付变得更加便捷和安全；社交媒体应用的普及，让人们可以随时随地与朋友、家人和同事保持联系和分享生活。在这个过程中，手机制造商们不仅在硬件技术上不断创新，如研发更强大的处理器、更高分辨率的屏幕和更优质的摄像头等，还在软件和服务方面进行创新，开发出各种具有创新性的应用程序和功能，满足用户日益多样化的需求。同时，他们还积极探索新的商业模式和市场策略，如与互联网企业合作推出定制手机、开展线上线下融合的营销活动等，以扩大市场份额和提升品牌影响力。

（四）敬业爱岗

敬业爱岗是现代工匠精神的基石，是工匠们对职业的敬畏和热爱之情的体现。

以电力维修工人为例，他们的工作看似平凡，但却关系到千家万户的用电安全和正常生活。无论是烈日炎炎的夏日还是寒风刺骨的冬天，他们都要随时待命，应对可能出现的电力故障。在日常工作中，他们需要定期对电力线路进行巡检，仔细检查每一根电线杆、每一段电线和每一个变压器，不放过任何一个可能存在的安全隐患。他们爬上高高的电线杆，对绝缘子、金具等设备进行检查和维护，以确保其正常运行。在遇到电力故障时，他们会迅速响应，争分夺秒地赶到现场进行抢修。在抢修过程中，他们可能会面临各种困难和危险，如恶劣的天气、复杂的故障情况和高压电的威胁，但却始终坚守岗位，毫不退缩。因为他们深知自己肩负的责任重大，电力供应的稳定关系到社会的正常运转和人民的生活质量。

二、工匠精神对现代制造业的推动作用

（一）提升产品质量和竞争力

工匠精神是现代制造业提升产品质量的关键因素。在全球化的市场竞争中，产品质量是企业生存和发展的基石，而工匠精神所蕴含的专注、精益求精等特质，能够从多个层面助力企业打造高品质产品，进而增强企业在市场中的竞争力。

在汽车制造领域，从零部件的采购与检验，到车身的冲压、焊接、涂装，再到整车的总装与调试，每一道工序都至关重要。具有工匠精神的工人会对零部件的尺寸精度、材质性能等进行细致入微的检查，确保零部件符合高标准要求。例如，在发动机零部件的生产过程中，对于活塞的加工精度要求极高，其直径的公差控制在极小的范围内，表面粗糙度也必须达到特定的标准。工人会使用高精度的测量仪器，如三坐标测量仪，对活塞进行多次测量和检测，一旦发现尺寸偏差，立即进行调整或返工。在车身焊接环节，工人会精准控制焊接参数，如焊接电流、电压和焊接时间等，保证焊接点的强度和美观度，避免出现虚焊、漏焊等质量问题。涂装过程中，对油漆的黏度、喷涂厚度、烘烤温度和时间等参数进行精确调整，使车身漆面光滑平整、色泽均匀且具有良好的耐腐蚀性。正是这种对生产流程的严格把控，使得汽车的整体质量得到有效保障，减少了因质量问题导致的召回和售后维修，降低了企业成本，同时提升了产品在市场上的口碑和竞争力。

在精密仪器制造领域，工匠精神体现得更为突出。例如，在制造高端光学仪器时，

哪怕是镜片的研磨精度误差零点几微米，都可能影响仪器的成像质量和性能。工匠们会使用高精度的研磨设备和检测仪器，对镜片进行反复研磨和检测，不断调整工艺参数，直到达到设计要求的精度。在研磨过程中，他们会根据镜片的材质和曲率，选择合适的研磨工具和研磨液，控制研磨的速度和压力，确保镜片的表面平整度和曲率精度。同时，他们会利用干涉仪等检测仪器，对镜片的表面质量和光学性能进行实时监测，及时发现问题并进行修正。这种对质量的极致追求，使得生产出的精密仪器在性能和可靠性方面远超同类产品，从而在高端市场占据一席之地，为企业赢得丰厚的利润并树立良好的品牌形象。

（二）促进产业升级和转型

工匠精神在现代制造业中扮演着引领产业升级和转型的重要角色，通过多种方式推动制造业向高端化、智能化、绿色化方向发展，实现产业结构的优化和升级。

在高端制造业方面，以航空航天制造业为例，飞机的制造涉及众多高精尖技术和复杂的工艺流程，从飞机的设计、材料研发、零部件制造到总装调试，每一个环节都需要工匠精神的支撑。飞机设计师们凭借着对航空技术的执着追求和创新精神，不断优化飞机的气动外形、结构强度、燃油效率等性能指标，设计出更加先进、安全、高效的飞机型号。在材料研发方面，科研人员和工匠们致力于开发高强度、轻量化、耐高温、耐腐蚀的新型航空材料，如碳纤维复合材料、钛合金等。以碳纤维复合材料为例，其研发过程需要经过大量的试验和工艺改进。科研人员需要研究碳纤维的制备工艺、纤维与基体的复合技术以及材料的性能测试等方面。他们通过不断调整碳纤维的原材料配方、生产工艺参数和复合工艺，提高材料的强度和韧性，降低其重量。在零部件制造过程中，工匠们对每一个零部件的加工精度要求达到微米甚至纳米级别，例如发动机叶片的加工，其形状复杂、精度要求极高，需要使用先进的五轴联动数控机床和高精度的刀具，同时工匠们要具备精湛的操作技能和丰富的经验，才能确保叶片的加工质量。正是这种对工匠精神的坚守和传承，使得航空航天制造业不断发展壮大，推动了整个制造业向高端化迈进。

在制造业智能化转型方面，随着信息技术的飞速发展，智能化制造已成为产业发展的必然趋势，工匠精神在这一转型过程中发挥着重要的推动作用。在生产设备智能化方面，工匠们参与智能设备的研发和应用。例如，在数控机床的智能化升级中，工匠们与工程师们合作，为机床配备了传感器、数控系统和工业互联网模块，实现了机床的远程监控、故障诊断和预测性维护。通过传感器实时采集机床的运行数据，如转速、扭矩、温度、振动等，数控系统对这些数据进行分析和处理，能够自动调整加工参数，优化加工工艺，提高加工效率和质量。工匠们在这个过程中，需要深入了解机床的机械结构、电气控制系统和加工工艺，结合智能技术的特点，对机床进行合理的改造和优化。同时，工业互联网模块将机床接入工厂的网络系统，实现了生产数据的互联互通，管理人员可以通过手机或电脑实时查看机床的运行状态和生产进度，及时发现问题并进行处理。这种智能化的生产设备不仅提高了生产效率，还降低了人工成本和设备故障率，提升了企业的竞争力。

在生产管理智能化方面，工匠精神体现在对生产流程的优化和管理系统的创新上。具有工匠精神的企业会引入先进的生产管理系统，如制造执行系统（MES）、企业资源规划系统（ERP）等，实现生产计划、物料管理、质量控制、设备管理等环节的信息化和智能化。工匠们在使用这些系统的过程中，会根据实际生产情况提出改进建议和需求，与软件开发商合作，不断优化系统功能，使其更好地适应企业的生产管理需求。例如，在 MES 系统中，工匠们通过对生产数据的分析，发现生产瓶颈和质量问题的根源，提出改进措施，如调整生产工序、优化设备布局、加强质量检测等，从而提高生产效率和产品质量。同时，他们还会利用大数据分析技术，对市场需求、客户反馈等信息进行分析，为企业的产品研发和生产决策提供数据支持，实现生产与市场的精准对接，推动企业的智能化转型和可持续发展。

（三）培养高素质技能人才

工匠精神是培养高素质技能人才的灵魂和核心，在技能人才的培养过程中发挥着潜移默化的引领作用，从多个方面塑造和提升技能人才的综合素质和能力。

工匠精神所蕴含的对工作的热爱、专注和执着，能够激发技能人才的学习热情和职业认同感。当学生或学徒接触工匠精神的内涵和优秀工匠的事迹时，他们会被工匠们对技艺的痴迷和对职业的敬畏感染，从而对自己所从事的专业领域产生浓厚的兴趣和好奇心。例如，在职业院校的机械加工专业，当学生们了解到一些工匠大师能够通过手工操作普通机床加工出精度极高的零部件，甚至能够完成一些数控机床都难以完成的复杂加工任务时，他们会对机械加工这门技艺产生强烈的探索欲望，渴望像这些工匠大师一样掌握精湛的技艺。这种学习热情的激发，会促使学生们更加主动地投入专业知识和技能的学习，积极参加各种实践操作和技能训练，不断提升自己的专业水平。

同时，工匠精神能够帮助技能人才树立正确的职业价值观，增强职业认同感。在当今社会，一些人对技能人才存在偏见，认为从事技能工作不如从事白领工作体面。然而，工匠精神所倡导的敬业爱岗、精益求精等理念，让技能人才认识到自己所从事的工作同样具有重要的价值和意义。每一个经过技能人才精心制作的产品，都凝聚着他们的智慧和汗水，都在为社会的发展和进步贡献力量。例如，一名优秀的焊工，他焊接的桥梁、建筑等结构，关系到人们的生命安全和生活质量；一名出色的服装裁缝，他制作的服装能够让人们展现自信和美丽。只有当技能人才深刻理解到自己工作的价值和意义时，他们才会对自己的职业产生强烈的认同感和自豪感，从而更加坚定地投身于技能工作，致力于成为行业的佼佼者。

在培养专注与精益求精的品质方面，工匠精神的核心特质之一是专注执着和精益求精，这是高素质技能人才必备的品质。在技能人才的培养过程中，通过实践教学、项目实训等方式，引导学生和学徒像工匠一样专注于自己的工作任务，培养他们的专注力和耐心。例如，在电子技术专业的实训课程中，学生们需要焊接电路板上的电子元件。刚开始时，很多学生可能会因为粗心大意导致焊接不良，如虚焊、短路等问题。教师会引导学生们学习工匠们专注细致的工作态度，要求他们在焊接过程中集中注意力，仔细观察每一个焊点的形成过程，控制好焊接时间和温度，确保每一个焊点都牢固、光滑、无瑕疵。

精益求精的品质培养则贯穿于技能人才培养的全过程。在技能教学中，教师会设置高标准的技能考核指标和质量要求，鼓励学生们不断挑战自我，追求卓越。例如，在数控加工专业，学生们在完成零件加工后，不仅要保证零件的尺寸精度、形状精度和表面粗糙度符合图纸要求，还要追求零件的外观质量和加工效率。教师会组织学生们进行作品展示和评比，让学生们相互学习、相互借鉴，发现自己的不足之处，并不断改进和完善。同时，还会邀请企业的工匠师傅到学校进行指导和示范，让学生们亲身感受工匠们对品质的极致追求，从而在潜移默化中培养学生们精益求精的品质，使他们在未来的工作中能够以高标准、严要求对待每一项任务，不断提升自己的技能水平和工作质量。

在提升创新能力与解决问题的能力方面，工匠精神并非指墨守成规，而是在传承传统技艺的基础上不断创新进取。在培养技能人才时，注重培养他们的创新能力和解决问题的能力，能够使他们更好地适应现代制造业的发展需求。学校和企业可以通过开展创新实践活动、技能竞赛、项目研发等方式，激发技能人才的创新思维和创新意识。例如，在汽车维修专业，学校可以组织学生参加汽车维修技能竞赛，竞赛题目不仅包括传统的汽车故障诊断和维修项目，还设置了一些创新性的题目，如利用新能源技术对传统汽车进行改装、设计汽车智能辅助驾驶系统等。学生们在准备竞赛的过程中，需要查阅大量的资料，学习新的知识和技术，不断尝试新的方法和思路，从而锻炼了他们的创新能力。

在传承技艺与文化方面，工匠精神是技艺传承的重要保障，承载着丰富的历史文化内涵和传统技艺精华。在技能人才培养过程中，通过师徒传承、技艺传承工作室等形式，将工匠精神融入技艺传承，使年轻一代技能人才能够继承和发扬传统技艺，传承工匠精神。例如，在传统手工艺领域，如刺绣、木雕、陶瓷制作等，老一辈工匠们通过言传身教，将自己多年积累的技艺经验和工匠精神传授给徒弟。徒弟们在跟随师傅学习的过程中，不仅要学习具体的技艺操作方法，还要学习师傅对待工作的态度、对品质的追求以及对传统文化的热爱和传承。这种师徒传承模式，能够让传统技艺得以延续和发展，同时也让工匠精神在一代又一代技能人才中传承下去，保持其生命力和活力。

此外，学校和企业还可以通过开展文化活动、开设传统文化课程等方式，让技能人才了解工匠精神的历史渊源和文化背景，增强他们对传统文化的认同感和自豪感。例如，在职业院校开设中国传统工艺文化课程，介绍中国古代工匠的杰出成就和工匠精神的典型案例，如鲁班的发明创造、景德镇陶瓷工匠的精湛技艺等。通过这些课程和活动，让技能人才明白工匠精神是中华优秀传统文化的重要组成部分，激励他们传承和弘扬工匠精神，为推动中国制造业的发展和文化传承贡献自己的力量。

榜样力量

徐立平——火箭药面“整容师”，三十年不失误不出次品

徐立平的工作，可以叫作“火药雕刻”，他们要用特制刀具对已经浇注固化好的推进剂药面进行精细修整，一个不小心，就会瞬间引起燃烧甚至爆炸，犹如躺在炸药包上工作。

徐立平：它一旦发生燃烧，会产生两三千度的高温，而且燃烧的速度会非常快。

徐立平不是神，要说不害怕，肯定是假话。击败恐惧的最好办法就是练好手艺别犯错。0.5 毫米，是固体发动机药面精度允许的最大误差，而徐立平整形的精度，不超过 0.2 毫米。

徐立平：多修整了以后，它在工作过程中燃烧就会不平稳，不平稳的话就会影响发射的精度。

30 年来，徐立平的师父、同事、徒弟、徒弟的徒弟，有的升了职，有的换了岗，只有他在班组里扎下了根。他把自己比作小螺丝，要和航天系统里千千万万个像他一样的“螺丝”们一起，为国尽责。

徐立平：我们的航天是一项大的系统工程，它里边有无数个零部件，可能一个螺钉或一根导线的失效，它会导致整个系统的失效。任何一个岗位，不管再小，都要把自己手头的工作干好。

徐立平是中国航天科技集团公司第四研究院 7416 厂高级技师，他的职业是微整形。不过，他雕刻的不是工艺品，而是难度更大的导弹发动机的固体燃料火药。

燃料药面精度是否贴合设计形状和尺寸，直接决定导弹能否在预定轨道达到精准射程。中国很多战略战术导弹、固体火箭发动机的火药微整形出自徐立平这样的技师之手。固体发动机燃料药面精度的最大误差仅有 0.5 毫米，而徐立平雕刻的精度不超过 0.2 毫米，还没有两张 A4 纸厚，堪称完美。

固体燃料发动机是战略战术导弹装备的心脏，也是发射载人飞船火箭的关键部件，它的制造有上千道工序，要求最高的工序之一就是发动机固体燃料的微整形。需要雕刻的固体燃料，其主要成分就是火药，极其危险，稍有不慎蹭出火花，就会引起燃烧，甚至爆炸，而徐立平就是这样天天与火药打交道的人。

资料来源：《时代楷模徐立平——雕刻火药的大国工匠》，https：//www.sastind.gov.cn/n152/n6759226/n6759227/c6779732/content.html，有改动。

第二节　劳模精神的引领与示范作用

一、劳模精神的内涵与核心价值

劳模精神是在长期的劳动实践中形成的一种宝贵精神品质，其内涵丰富且深刻，具有强大的激励和引领作用。

劳模精神的核心首先体现在爱岗敬业上。劳模们对自己的工作岗位充满热爱和敬畏之情，将工作视为实现人生价值的重要途径。他们无论从事何种职业，都全身心地投入其中，尽职尽责，以高度的责任感和使命感对待每一项工作任务。例如，被誉为“大国工匠”的徐立平，他从事固体火箭发动机燃料药面微整形工作，这是一项极其危险且对精度要求极高的工作。在狭小的空间里，他手持刀具，一点一点地雕琢着燃料药面，每一刀都关乎火箭发射的成败。他几十年如一日地坚守在这个岗位上，不惧危险和艰辛，正是源于他对这份工作的热爱和对国家航天事业的高度责任感。他的爱岗敬业精神激励着无数劳动者在自己的岗位上兢兢业业，努力奋斗。

艰苦奋斗是劳模精神的又一重要体现。许多劳模在工作中面临着各种困难和挑战，但他们从不退缩，凭借着顽强的意志和坚韧的毅力，克服重重困难，取得了优异成绩。比如“杂交水稻之父”袁隆平，在研究杂交水稻的过程中，经历了无数次的失败和挫折。他常年奔波在田间地头，风吹日晒，条件艰苦。从最初的寻找野生稻雄性不育株，到后来的杂交组合试验，每一个环节都充满了艰辛。但他始终坚持不懈，经过多年的努力，最终成功培育出高产的杂交水稻，为解决全球粮食问题作出了巨大贡献。他的艰苦奋斗精神成为广大劳动者在面对困难时的精神支柱，激励着人们勇往直前，战胜困难。

勇于创新是劳模精神的关键要素。劳模们不满足于现状，敢于突破传统思维的束缚，在工作中积极探索新的方法、技术和模式。例如，许振超是一位港口工人，他在工作中不断创新装卸工艺和操作方法。面对港口集装箱装卸效率低下的问题，他带领团队刻苦钻研，发明了“一钩准”“无声响操作”等一系列先进的操作方法，大大提高了装卸效率，使青岛港的集装箱装卸效率在世界上处于领先地位。他的创新精神激发了广大劳动者的创新热情，推动了行业的技术进步和发展。

淡泊名利也是劳模精神的重要内涵之一。劳模们在取得成绩后，依然保持着谦虚谨慎的态度，不追逐个人的名利和虚荣，将个人的荣誉视为激励自己继续前进的动力，始终坚守在劳动一线，为社会的发展默默奉献。比如“铁人”王进喜，他在石油会战中表现出的无私奉献和顽强拼搏精神令人敬佩。他带领工人们在艰苦的条件下打出了大庆第一口油井，为国家的石油事业立下了汗马功劳。但他从不居功自傲，始终保持着艰苦朴素的作风，将自己的全部精力都投入石油生产。他的这种淡泊名利的精神，为广大劳动者树立了高尚的道德榜样，引导人们树立正确的价值观和职业观。

劳模精神的核心价值在于它能够凝聚起强大的精神力量，激励广大劳动者积极投身于社会主义建设事业。它是一种道德引领，引导人们树立正确的职业道德和社会风尚；

它是一种精神激励，激发人们的劳动热情和创造力；它还是一种价值导向，促使人们追求卓越，为实现个人价值和社会价值的统一而努力奋斗。

二、劳模精神在不同行业的具体体现

在工业领域，李斌是一位杰出的劳模代表。他是一名技术工人，凭借着精湛的技艺和勇于创新的精神，在机械制造行业取得了显著成就。他不断学习和掌握先进的数控技术，通过自主创新，改进了许多传统的加工工艺和方法。他研发的多项技术成果在企业中得到广泛应用，不仅提高了产品质量和生产效率，还为企业创造了巨大的经济效益。他还积极参与行业内的技术交流和培训活动，将自己的经验和技术传授给更多的工人，带动了整个行业的技术水平提升。他的事迹激励着工业领域的劳动者们努力提升自身技术能力，积极创新，为推动工业现代化发展贡献力量。

在农业方面，申纪兰的事迹影响深远。她一生致力于农业生产和农村发展，积极推动农业科技进步和农村改革。在农业生产中，她率先引进先进的种植技术和管理经验，带领村民们提高农作物产量和质量。她还积极参与农村基层建设，为改善农村基础设施、提高农民生活水平而不懈努力。她多年来坚持在农村一线工作，充分体现了劳模的艰苦奋斗和无私奉献精神，成为广大农民的榜样，激励着无数农业劳动者为乡村振兴而努力奋斗。

在教育行业，于漪老师是一位备受尊敬的劳模。她热爱教育事业，将自己的一生都奉献给学生和教育教学研究。她在教学中不断探索创新教学方法，注重培养学生的综合素质和创新思维能力。她精心备课，每一堂课都充满激情和智慧，能够深入浅出地讲解知识，激发学生的学习兴趣。她还关心学生的成长和发展，不仅在学习上给予指导，在生活上也给予关爱和帮助。她的教育理念和教学方法影响了一代又一代的教育工作者，她的劳模精神激励着广大教师爱岗敬业，努力提高教育教学质量，为培养德智体美劳全面发展的社会主义建设者和接班人而努力。

在医疗领域，钟南山院士是劳模精神的杰出践行者。在抗击新冠疫情期间，他不顾个人安危，逆行而上，奔赴抗疫一线。他凭借着丰富的医学经验和专业知识，为疫情防控提供了科学的指导和建议。他带领医疗团队日夜奋战，研究治疗方案，救治患者。他的敬业精神、担当精神和奉献精神激励着广大医护人员坚守岗位，全力以赴抗击疫情，守护人民群众的生命健康。他的事迹也让全社会更加尊重和理解医护人员的付出，弘扬了医疗行业的正能量。

三、劳模精神对社会发展的激励与推动作用

劳模精神对社会发展的激励作用首先体现在激发劳动者的积极性和创造性方面。劳模们的先进事迹和优秀品质成为广大劳动者学习的榜样，激发了他们内心的劳动热情和创新动力。当劳动者们看到劳模们通过辛勤劳动和创新取得的成就时，他们会受到鼓舞，更加努力地工作，积极探索新的工作方法和技术，提高工作效率和质量。例如，在一些企业中，通过宣传劳模事迹和开展向劳模学习的活动，员工们的工作积极性明显提

高，主动提出了许多合理化建议和创新方案，为企业的发展注入了新的活力。

劳模精神有助于促进社会的和谐稳定。劳模们在各自的岗位上默默奉献，他们的敬业精神和责任感传递出一种正能量，影响着周围的人。这种正能量能够营造良好的社会氛围，增强社会的凝聚力和向心力。在一个充满劳模精神的社会中，人们更加尊重劳动、尊重劳动者，各行业之间相互协作，共同为社会的发展努力。同时，劳模精神也引导人们树立正确的价值观和职业观，减少社会矛盾和冲突，促进社会的和谐稳定发展。

在推动经济发展方面，劳模精神发挥着重要作用。劳模们所在的企业或行业往往因为他们的创新和努力而取得更好的经济效益和发展成果。他们的先进技术和管理经验能够在行业内得到推广和应用，带动整个行业的发展。例如，一些劳模企业通过技术创新和管理创新，提高了产品的竞争力，扩大了市场份额，不仅自身得到了发展，还带动了相关产业链的发展，为经济增长作出了贡献。

劳模精神还对社会文化建设产生积极影响。它是社会主义先进文化的重要组成部分，弘扬劳模精神能够丰富社会文化内涵，传承和弘扬中华民族的优秀传统美德。通过宣传劳模事迹和劳模精神，能够让更多的人了解劳动的价值和意义，培养人们的劳动意识和社会责任感，促进社会文明进步。在学校教育中，引入劳模事迹和精神的教育内容，能够培养学生正确的劳动观念和价值观，为社会培养更多具有高尚品德和创新精神的人才。

榜样力量

袁隆平——良种济世　粮丰民安

金风送爽，染黄了又一茬稻谷。“杂交水稻之父”袁隆平的学生、湖南省杂交水稻研究中心栽培室主任李建武又想起了恩师：“老师，请您放心！经过实地考察，今年能实现您双季稻亩产3000斤的愿望。”

杂交水稻双季亩产突破3000斤的心愿，是袁隆平在90岁生日时许下的。为了实现这个心愿，90岁高龄时，他还坚持在海南三亚的国家南繁科研育种基地开展科研。虽然袁老未能看到今年扩大双季稻亩产3000斤的示范成功，但是，在他身后，他一生挚爱的水稻事业后继有人，一批批农业科技工作者把论文写在祖国大地上。

1949年，从小立志学农的袁隆平，如愿报考了农学第一志愿。毕业后，袁隆平来到湘西雪峰山麓的安江农校任教。1960年，一次寻常的课后，他在校外的早稻试验田里发现一棵“鹤立鸡群”的稻禾：一株足有10余穗，挑一穗数有籽粒200多粒。他如获至宝，收获时把这一株的籽粒全收了。第二年春天，他播下这些金灿灿的稻种，却发现抽穗时早的早、迟的迟，参差不齐，优异性状完全退化了。

“自花授粉作物没有杂交优势”，这是当时学界的普遍共识。真是这样吗？袁隆平冲破传统学术观点的束缚，义无反顾地选择攻关水稻杂交优势利用。从1964年开始，他带着学生，在稻田里从寻找天然雄性不育株入手，用“三系”法研究杂交水稻。他举着放大镜，一垄垄、一行行，终于在第十四天发现了第一株雄性不育株；此后，他带领助手用上千个水稻品种进行了3000多次试验。直到1970年才打开了杂交水稻研究突破口。1973年，中国籼型杂交水稻“三系”配套成功。

“人就像种子，要做一粒好种子”，这是袁隆平院士生前常说的一句话。他也用一生，为这句话写下了注脚。

2019年，袁隆平获得“共和国勋章”。捧着沉甸甸的勋章，他觉得自己“不能躺在功劳簿上睡大觉”。颁奖会后第二天，袁隆平匆匆赶回湖南。回去第一件事，还是下田去看他的水稻。

对袁隆平来说，下田就像一日三餐一样平常。为了缩短杂交水稻育种周期，几十年来，袁隆平师徒几人背着干粮，在云南、海南和广东等地辗转研究。

“袁老师常常对我们说，电脑里长不出水稻，书本里也长不出水稻，要种出好水稻必须得下田。”李建武说。如今，几代年轻的科学家已经逐渐接过种业振兴的担子，继续攻坚在一块块水稻试验田中。

“风吹起稻浪，稻芒划过手掌，稻草在场上堆成垛，谷子迎着阳光哔啵作响，水田泛出一片橙黄……”“走在田埂上，它同我一般高，我拉着我最亲爱的朋友，坐在稻穗下乘凉……”今年5月22日，袁隆平先生走了，带着他念念不忘的“梦”。

“杂交水稻覆盖全球”是袁隆平的一个梦想，他曾说：“全世界有一亿六千万公顷的稻田，如果其中有一半稻田是杂交稻，每公顷增产两吨算，可以增产一亿六千万吨粮食，能多养四到五亿人。中国的水稻将为人类的粮食安全作出贡献。”

现在，杂交水稻已经在亚洲、非洲、美洲的数十个国家和地区推广种植，年种植面积达800万公顷。金黄的稻谷，让无数人享受到了吃饱的幸福，看到了生活的希望。

“袁隆平院士为推进粮食安全、消除贫困、造福民生作出了杰出贡献！”联合国如此评价他。

资料来源：《袁隆平——良种济世　粮丰民安》，《人民日报》，2021-09-23。

第三节　新时代劳动精神的培育路径与方法

一、学校教育中的劳动精神培育

学校教育是培育新时代劳动精神的重要阵地。在课程设置方面，应加强劳动教育课程的建设。劳动教育课程不应仅仅局限于简单的劳动技能传授，而应涵盖劳动价值观、劳动历史、劳动文化等多方面的内容。例如，通过讲述古代劳动人民的伟大创造，如中国古代的四大发明，让学生了解劳动在推动人类文明进步中的重要作用；介绍不同行业劳动者的故事，使学生明白每一个职业都有其独特的价值和意义，从而树立正确的职业观和劳动观。

在教学方法上，要注重实践教学与理论教学相结合。学校可以开辟校园农场、手工制作室等劳动实践场所，让学生亲身体验种植、养殖、手工制作等劳动过程。在校园农场中，学生参与播种、浇水、施肥、收获等环节，不仅能学到农业知识和技能，还能体会到劳动的艰辛与收获的喜悦。在手工制作课程中，学生通过制作陶艺、木工制品等，锻炼动手能力和创造力，培养专注和耐心的品质。同时，教师在理论教学中可以采用案例分析、小组讨论等互动式教学方法，引导学生思考劳动精神在实际生活中的体现和应用。

此外，学校还应将劳动精神培育融入各学科教学。在语文教学中，通过学习描写劳动场景和劳动者的文学作品，如《悯农》《白杨礼赞》等，让学生感受劳动的伟大和劳动者的高尚品质；在历史教学中，讲述工业革命、科技革命等历史事件中劳动人民的创新和奋斗，使学生明白劳动是社会发展的动力；在科学课程中，引导学生通过实验、探究等活动，培养科学精神和创新思维，这也是劳动精神的重要体现。

校园文化建设也是培育劳动精神的重要环节。学校可以开展劳动主题的校园文化活动，如劳动技能大赛、劳动文化节等。在劳动技能大赛中，设置烹饪、手工、园艺等多个项目，鼓励学生积极参与，展示自己的劳动成果和技能，激发学生的竞争意识和创新精神。劳动文化节期间，可以举办劳动主题的演讲比赛、征文活动、艺术展览等，让学生从不同角度表达对劳动的理解和感悟，营造浓厚的劳动文化氛围。

二、企业培训中的劳动精神塑造

企业在劳动精神塑造方面具有关键作用。新员工入职培训是一个重要的契机，企业应将劳动精神作为培训的重要内容。在培训中，通过讲述企业的发展历程和企业文化，强调劳动精神在企业成长过程中的核心地位。例如，介绍企业创始人如何凭借艰苦奋斗、勇于创新的劳动精神白手起家，逐步打造出具有竞争力的企业，让新员工了解企业的文化底蕴和价值取向，增强对企业的认同感和归属感。

在职业技能培训过程中，融入劳动精神的培养。企业可以邀请行业内的劳动模范、技术专家来分享他们的工作经验和成长历程，让员工近距离感受劳动精神的力量。同时，在培训项目中设置团队合作、问题解决等实践环节，培养员工的团队协作精神和创新能力。例如，在一个软件开发项目的培训中，将员工分成小组，共同完成一个软件的开发任务，要求他们在项目过程中不断创新和优化功能，遇到问题时共同探讨解决方案，通过这样的实践活动，使员工在提升技能的同时，也能培养劳动精神。

企业还可以通过建立激励机制来促进员工劳动精神的养成。设立与劳动精神相关的奖项，如“劳动模范奖”“创新贡献奖”等，对在工作中表现出突出劳动精神的员工进行表彰和奖励，给予物质和精神上的激励。同时，在员工的绩效考核中，将劳动精神的体现纳入考核指标，如工作态度、责任心、创新成果等方面，促使员工在日常工作中注重劳动精神的践行。

此外，企业内部的文化建设活动也有助于劳动精神的塑造。组织员工开展志愿者服务、公益劳动等活动，增强员工的社会责任感和奉献精神。例如，企业组织员工参与社区的环保活动，清理街道垃圾、种植树木等，让员工在服务社会的过程中，体会劳动的社会价值，进一步弘扬劳动精神。

三、社会文化环境对劳动精神的影响与引导

社会文化环境对劳动精神的培育起着潜移默化的影响和引导作用。媒体作为社会文化传播的重要力量，应加大对劳动精神的宣传力度。通过电视、报纸、网络等媒体平台，广泛报道各行各业劳动者的先进事迹和劳动成果。例如，制作系列专题节目，介绍大国工匠、科技创新人才、基层一线劳动者等的工作和生活，展示他们的劳动精神和奉献精神，让更多的人了解劳动的伟大和光荣，激发社会公众的劳动热情和职业自豪感。

社会舆论应倡导正确的劳动价值观，摒弃对某些职业的偏见和歧视。营造尊重劳动、尊重劳动者的社会氛围，让每一个职业都能得到应有的尊重和认可。例如，通过宣传和表彰快递员、外卖小哥、环卫工人等在平凡岗位上默默奉献的劳动者，改变社会对这些职业的看法，让人们认识到无论从事何种职业，只要努力劳动，都能为社会作出贡献，都值得尊重。

政府和社会组织可以举办各类以劳动为主题的活动和竞赛，如职业技能大赛、创新创业大赛等。这些活动不仅为劳动者提供了展示技能和才华的平台，也能在全社会营造劳动光荣、技能宝贵、创造伟大的氛围。在职业技能大赛中，不同行业的劳动者同场竞技，相互学习和交流，促进了行业整体技能水平的提升，同时也弘扬了劳动精神。

此外，社区作为社会的基本单元，也可以开展劳动精神的宣传和教育活动。组织社区居民参与社区建设和志愿服务活动，如社区美化、关爱孤寡老人等，在活动中培养居民的劳动意识和社会责任感，让劳动精神在社区中生根发芽，促进社会的和谐发展。

总之，新时代劳动精神的培育需要学校、企业和社会的共同努力，通过多种途径和方法，营造良好的劳动文化氛围，培养具有劳动精神的高素质劳动者，为社会的发展提供强大的精神动力和人才支持。

榜样力量

艾爱国——大国工匠 在飞溅的焊花里

在湖南湘潭钢铁集团有限公司的厂区内，一位身着深蓝色工装的老人手持焊枪，焊花飞溅间，他的目光始终专注如炬。他，就是“七一勋章”获得者、72岁的“钢铁裁缝”艾爱国。53年焊工生涯，从青葱少年到白发匠人，他用一把焊枪诠释了何为“择一事终一生”的工匠精神，更用无私与坚守书写了中国工人的时代答卷。

2021年7月，艾爱国刚在北京人民大会堂接过象征党内最高荣誉的“七一勋章”，便匆匆返回湘潭，投入新的挑战——为河北某企业焊接一根18米长、抗压强度极高的钢轴。面对旁人对高龄的担忧，他摆摆手：“党员没有‘退休’二字。”

18 米的钢轴焊接需确保绝对直线，稍有不慎便会因应力变形而报废。艾爱国连夜制订方案，在实验室连续奋战 14 小时，焊花灼穿工装、汗水浸透衣背，最终以零误差完成焊接，X 射线检测合格率达 100%。这样的场景，只是他半个多世纪职业生涯的寻常一幕。1970 年，20 岁的艾爱国从管道工转行做焊工，北京师傅的一句“这小伙子眼里有活儿”让他与焊枪结缘。此后的40 多年里，他辗转于野外工地，风餐露宿，与焊花为伴，从焊接“门外汉”成长为我国紫铜焊接技术的奠基人。即便退休返聘后，他仍每日骑单车往返于实验室，风雨无阻。“劳动是工人的本分，技术是匠人的尊严，”他说得朴实。

1983 年，冶金工业部牵头研制“高炉贯流式紫铜风口”，这项需将锻造端头与铸造本体无缝焊接的技术长期被国外垄断。彼时国内无人敢接，艾爱国站了出来：“外国人能焊，中国工人也能！”

紫铜导热极快，焊接时需将工件加热至 600℃以上，稍有不慎便会产生裂纹。对此，艾爱国提出了“手工氩弧焊”工艺，带着团队在寒冬中反复试验。1984 年 3 月，连续失败后，他裹着石棉板跳入炽热的铜件中作业，双手被灼得满是血泡，终于攻克难题，填补国内空白，获国家科技进步奖二等奖。此后，他带领团队完成国产首台万吨级远洋货轮螺旋桨焊接、亚洲最大水泥窑炉修复等百余项重大工程；其所写的 50 万字的笔记，成为行业“技术圣经”。“焊工就像医生，焊缝就是生命线。”他常对徒弟说。

某次，一家机械厂私下重金请艾爱国焊接啤酒糊化铜锅，他断然拒绝：“要焊就通过公司派任务，私活给金山也不接！”最终，他带领团队在 40℃高温下作业 12 天，瘦了 20 斤，分文未取。厂长含泪致谢，他却摆摆手：“工人讲的是责任，不是交易。”

这种“轴劲儿”贯穿着他的一生。曾有企业开百万年薪挖人，他一笑置之：“湘钢培养了我，钱买不走良心。”他的家中堆满专业书籍，却无一件奢侈品。面对大学生“为何不赚外快”的提问，他回答：“铜臭满身的人，焊不出顶天立地的钢！”

在“艾爱国焊接实验室”，徒弟欧勇永远记得第一次焊接紫铜的场景：双手烫出水泡，焊缝歪斜如蚯蚓。艾爱国接过焊枪，在 700℃高温前纹丝不动，焊缝平整如尺，而他摘下手套时，掌心已血肉模糊。“哪有什么绝招？不过是咬牙硬扛。”他对欧勇说。

50 多年来，艾爱国带出 580 多名徒弟，其中不少人成为国家级技能大师。他总把绝活倾囊相授：“技术藏着掖着，行业怎么进步？”如今，他的徒弟遍布核电、航天等领域，有人参与“华龙一号”焊接，有人为长征火箭“缝纫”燃料箱。“师傅教会我们，焊枪焊的是钢铁，更是脊梁！”全国五一劳动奖章获得者欧勇感慨。

焊花飞溅五十载，匠心灼灼映初心。从湘江畔的“拼命三郎”到享誉全国的“大国工匠”，艾爱国用一把焊枪焊出了中国制造的筋骨，更焊出了一名共产党员

“把一切献给党和国家”的赤子之心。正如他所言：“工匠精神不是口号，是焊每一道缝时的手不能抖，是哪怕一百次失败，也要第一百零一次拿起焊枪！”

资料来源：《在飞溅的焊花里……》，《人民日报》，2022-08-15，有改动。

第四节　新时代劳动价值观的核心内容与意义

一、新时代劳动价值观的核心内容

（一）崇尚劳动

在新时代，崇尚劳动是劳动价值观的首要核心内容。劳动被视为一切幸福的源泉，是推动社会进步和个人发展的根本力量。无论是体力劳动还是脑力劳动，无论是简单劳动还是复杂劳动，都应得到尊重和推崇。从城市的高楼大厦建设到乡村的农田耕耘，从科研实验室里的创新探索到基层服务岗位的默默奉献，每一位劳动者都在通过自己的双手创造价值，他们的劳动成果共同构成了社会发展的基石。例如，建筑工人不惧烈日严寒，一砖一瓦搭建起城市的繁华；科研人员日夜钻研，攻克一个又一个技术难题，推动科技进步。这种对劳动的崇尚，让每一个劳动者都能感受到自身工作的价值和尊严，激发他们的劳动热情和创造力。

（二）热爱劳动

热爱劳动强调的是劳动者对劳动的内在情感和积极态度。当一个人热爱劳动时，他会将劳动视为一种乐趣和享受，而不仅仅是为了获取物质报酬。这种热爱源于对劳动本身的认同和对劳动成果的自豪感。在教育领域，教师们热爱自己的职业，精心备课、耐心教导学生，看到学生们的成长和进步，他们会由衷地感到喜悦；在医疗行业，医护人员不辞辛劳，日夜守护患者的健康，他们对救死扶伤的热爱让他们在面对高强度工作和巨大压力时依然坚守岗位。热爱劳动使劳动者能够全身心地投入工作，不断提升自己的技能和水平，为社会创造更多的价值。

（三）辛勤劳动

辛勤劳动体现了劳动过程中的努力和付出。在新时代，社会的快速发展和激烈的竞争要求劳动者必须具备辛勤劳动的品质。无论是在传统制造业还是新兴的互联网行业，都需要劳动者付出大量的时间和精力。例如，在工厂生产线上，工人们每天重复着单调而又精细的操作，为了保证产品质量和生产效率，他们不辞辛苦地工作；互联网从业者常常为了完成项目，加班加点，不断优化产品和服务。辛勤劳动是实现个人目标和社会发展的必经之路，只有通过不懈的努力，才能在劳动中取得优异的成绩，为社会作出更大的贡献。

（四）诚实劳动

诚实劳动是劳动价值观的重要道德准则。它要求劳动者在劳动过程中遵守法律法规和职业道德规范，以诚实守信的态度对待工作。在商业活动中，企业要诚信经营，不欺诈消费者，确保产品质量和服务水平；在科研领域，科研人员要秉持严谨的科学态度，不抄袭、不造假，以真实的研究成果推动科技进步。诚实劳动不仅是对他人负责，也是对自己的职业声誉负责。只有通过诚实劳动，才能赢得他人的信任和尊重，建立良好的社会信用体系，促进社会的公平正义和经济的健康发展。

（五）创造性劳动

创造性劳动是新时代劳动价值观的重要特征。随着科技的飞速发展，创新已经成为推动社会进步的核心动力。创造性劳动要求劳动者具备创新意识和创新能力，能够在工作中不断提出新的想法、方法和技术，为解决实际问题提供新的思路。在科技企业中，研发人员不断创新产品和技术，满足市场需求；在文化艺术领域，创作者们不断推陈出新，创作出优秀的作品，丰富人们的精神生活。创造性劳动能够提高劳动生产率，推动产业升级和转型，为社会创造更多的财富和价值。

二、新时代劳动价值观的意义

（一）对个人发展的意义

新时代劳动价值观对个人的发展具有深远的意义。它能够帮助个人树立正确的职业观和人生观，明确自己的人生目标和价值取向。当一个人秉持崇尚劳动、热爱劳动的价值观时，他会更加积极主动地投入工作，不断追求进步和成长。辛勤劳动能够培养个人的毅力和耐力，让他们在面对困难和挫折时不屈不挠，勇往直前。诚实劳动有助于个人建立良好的人际关系和职业声誉，为个人的职业发展打下坚实的基础。创造性劳动则能够激发个人的创新思维和创造力，使个人在激烈的竞争中脱颖而出，实现自己的人生价值。例如，一个热爱编程的程序员，通过辛勤学习和不断创新，开发出具有创新性的软件产品，不仅获得了职业上的成功，也实现了自我价值的提升。

（二）对社会进步的意义

从社会层面来看，新时代劳动价值观是推动社会进步的强大动力。崇尚劳动、热爱劳动能够营造良好的社会氛围，激发全体社会成员的劳动热情，形成人人参与劳动、人人热爱劳动的良好风尚。辛勤劳动能够提高社会的生产效率，增加社会财富，为社会的发展提供坚实的物质基础。诚实劳动有助于维护社会的公平正义，促进社会的和谐稳定。创造性劳动则能够推动科技创新和产业升级，提高国家的综合实力和国际竞争力。例如，在科技领域，众多科研人员的创造性劳动推动了人工智能、大数据、新能源等新兴产业的发展，为社会带来了巨大的变革和进步。①

（三）对国家发展的意义

对于国家而言，新时代劳动价值观是实现国家繁荣富强的重要保障。劳动是国家发展的根本动力，只有全体人民都树立正确的劳动价值观，积极投身于社会主义建设事业，才能推动国家的经济发展、社会进步和文化繁荣。在新时代，面对国内外复杂的形势和挑战，需要全体人民齐心协力，通过辛勤劳动和创造性劳动，解决发展中的各种问题，实现国家的高质量发展。例如，在脱贫攻坚战役中，广大干部群众通过辛勤劳动和创造性劳动，帮助贫困地区的人民摆脱贫困，实现了国家的减贫目标，为国家的发展作出了重要贡献。同时，诚实劳动和崇尚劳动的价值观有助于树立国家的良好形象，增强国家的软实力。

第五节　劳动价值观对大学生成长成才的影响

一、劳动价值观影响大学生的职业选择

（一）引导大学生树立正确的职业观

劳动价值观能够引导大学生树立正确的职业观，使他们认识到职业没有高低贵贱之分，每一种职业都有其独特的价值和意义。在新时代劳动价值观的影响下，大学生不再仅仅以薪资待遇、工作环境等外在因素来选择职业，而是更加注重职业的社会价值和个人兴趣。例如，越来越多的大学生愿意选择投身教育事业，他们认识到教师这一职业对于培养人才、推动社会进步的重要性，尽管教师的工作可能辛苦，但他们依然热爱这份职业，愿意为教育事业奉献自己的力量。这种正确的职业观能够让大学生在职业选择上更加理性和成熟，为他们的职业生涯发展奠定良好的基础。

（二）激发大学生的职业兴趣和热情

当大学生树立了崇尚劳动、热爱劳动的价值观时，他们会对自己所选择的职业产生浓厚的兴趣和热情。这种兴趣和热情能够驱使他们更加主动地学习专业知识和技能，不断提升自己的职业素养。例如，一个对计算机编程充满热爱的大学生，会在课余时间主动学习新的编程语言和算法，参加各种编程竞赛和项目实践，通过不断的努力提高自己的编程能力。这种对职业的热情和投入，不仅有助于大学生在学业上取得优异的成绩，也为他们未来的职业发展提供了强大的动力。

---

① 李开复．AI·未来［M］．杭州：浙江人民出版社，2018：102.

（三）帮助大学生做好职业规划

劳动价值观能够帮助大学生更好地制订职业规划。大学生在明确了自己的职业目标和价值取向之后，会根据自己的兴趣、能力和社会需求，制定合理的职业规划。例如，一个立志成为环保工程师的大学生，会在大学期间注重学习环境科学、工程技术等相关专业知识，积极参加环保实践活动，积累实践经验。同时，他会关注环保行业的发展趋势，不断调整自己的职业规划，为未来的职业发展做好充分的准备。

二、劳动价值观促进大学生的个人成长

（一）培养大学生的品德修养

劳动价值观中的诚实劳动、辛勤劳动等内容能够培养大学生的品德修养。在劳动过程中，大学生通过遵守职业道德规范，诚实守信地完成工作任务，能够培养自己的责任感和诚信意识。辛勤劳动则能够培养大学生的毅力和吃苦耐劳的精神，使他们在面对困难时能够坚持不懈地努力。例如，在参加社会实践活动时，大学生只有认真负责地完成各项任务，与团队成员密切合作，才能提高他们的实践能力，进而培养他们的团队合作精神和社会责任感。

（二）提升大学生的综合素质

参与劳动实践能够提升大学生的综合素质。劳动过程中，大学生只有运用所学的知识和技能解决实际问题，才能提高他们的动手能力和创新能力。同时，劳动还能够锻炼大学生的沟通能力、协调能力和人际交往能力。例如，在参加科研项目时，大学生只有与导师和同学进行沟通和协作，共同完成研究任务，才能提高他们的科研能力，进而提升他们的团队协作和沟通能力。此外，劳动还能够让大学生更好地了解社会，增强他们的社会适应能力。

（三）增强大学生的自信心和成就感

当大学生通过自己的劳动取得成果时，会获得自信心和成就感。无论是完成一项课程作业、参加一次社会实践活动还是在科研项目中取得进展，每一次劳动成果的获得都能够让大学生感受到自己的能力和价值。这种自信心和成就感能够激发大学生更加积极地参与劳动，不断追求更高的目标。例如，一个大学生在参加创新创业比赛中获得奖项，这会让他对自己的创新能力和创业想法更加自信，从而更加坚定地追求自己的创业梦想。

三、劳动价值观推动大学生的全面发展

（一）促进大学生的身心健康发展

劳动不仅能够创造物质财富，还能够促进大学生的身心健康发展。适当的体力劳动

能够让大学生锻炼身体，增强体质。例如，参加校园劳动实践，如打扫校园卫生、参与校园绿化等，能够让大学生在劳动中活动身体，缓解学习压力。同时，劳动还能够培养大学生的心理素质，让他们在面对困难和挫折时保持积极乐观的心态。例如，在团队劳动中，大学生只有学会与他人合作，共同克服困难，才能培养他们的团队精神和抗压能力。

（二）丰富大学生的精神世界

劳动价值观能够丰富大学生的精神世界。热爱劳动的大学生会在劳动中感受到创造的乐趣和价值，从而获得精神上的满足。例如，参与艺术创作、文学写作等创造性劳动，能够让大学生表达自己的情感和思想，丰富自己的精神内涵。同时，通过参与公益劳动，如志愿者服务等，大学生能够关爱他人、服务社会，培养自己的社会责任感和奉献精神，进一步丰富自己的精神世界。

（三）助力大学生实现人生价值

劳动实践是实现人生价值的重要途径。大学生通过树立正确的劳动价值观，积极参与各种劳动实践，能够将自己的个人发展与社会需求相结合，为社会作出贡献，从而实现自己的人生价值。例如，一些大学生毕业后选择到基层工作，投身于乡村振兴、教育扶贫等事业中，他们通过自己的劳动和努力，改善了当地的生活条件，促进了社会的发展，同时也实现了自己的人生价值。

第六节　大学生践行劳动价值观的行动指南与实践路径

一、大学生践行劳动价值观的行动指南

（一）树立正确的劳动观念

大学生要树立正确的劳动观念，认识到劳动的重要性和价值。他们应该摒弃传统的偏见，尊重每一位劳动者的付出，无论是体力劳动者还是脑力劳动者。在学习和生活中，大学生要培养自己对劳动的热爱之情，将劳动视为一种乐趣和自我提升的方式。例如，在日常生活中，主动承担家务劳动，通过劳动培养自己的生活自理能力和责任感；在学校里，积极参与班级和学校的劳动活动，为营造良好的学习和生活环境贡献自己的力量。

（二）培养良好的劳动习惯

良好的劳动习惯是践行劳动价值观的基础。大学生要从日常生活的点滴做起，养成勤劳、整洁、有条理的习惯。例如，保持自己的学习和生活环境整洁，定期整理书桌、衣柜等；合理安排时间，按时完成学习任务和工作任务，不拖延、不懒惰。同时，要培

养自己的动手能力，学会自己解决生活中的一些小问题，如修理简单的电器、更换灯泡等。通过这些日常的劳动实践，逐渐养成良好的劳动习惯，为今后的工作和生活打下坚实的基础。

（三）弘扬劳动精神

大学生要弘扬劳动精神，包括崇尚劳动、辛勤劳动、诚实劳动、创造性劳动等精神品质。在学习和科研中，要发扬辛勤劳动的精神，刻苦钻研，努力学习专业知识，不断提高自己的学术水平。在社会实践中，要秉持诚实劳动的原则，遵守职业道德规范，诚实守信地完成各项任务。同时，要勇于创新，培养自己的创造性劳动能力，为解决实际问题提供新的思路和方法。例如，在参加科研项目时，要敢于突破传统思维，提出创新性的研究方案，为推动学科发展作出贡献。

二、大学生践行劳动价值观的校内实践路径

（一）参与校园劳动实践活动

校园是大学生学习和生活的重要场所，参与校园劳动实践活动是大学生践行劳动价值观的重要途径。学校可以组织各种形式的校园劳动实践活动，如校园清洁、图书整理、实验室协助等。通过参与这些活动，大学生能够亲身体验劳动的过程，感受劳动的价值。例如，在校园清洁活动中，大学生能够体会到清洁工人的辛苦，从而更加珍惜校园的环境卫生；在图书整理活动中，大学生能够了解图书馆的工作流程，提高自己的信息管理能力。同时，校园劳动实践活动还能够培养大学生的团队合作精神和责任感。

（二）参加学科竞赛和科研项目

学科竞赛和科研项目是大学生提升专业能力和创新能力的重要平台，也是践行创造性劳动价值观的有效途径。大学生可以积极参加各类学科竞赛，如数学建模竞赛、电子设计竞赛、创新创业大赛等。在竞赛中，大学生运用所学的知识和技能，可以创造性地解决问题，以提高自己的创新思维和实践能力。同时，参与科研项目能够让大学生深入了解学科前沿知识，培养自己的科研能力和团队协作能力。例如，在科研项目中，大学生可以与导师和同学密切合作，共同开展研究工作，通过不断地探索和实践，以取得科研成果。

（三）参与学生社团活动

学生社团是大学生拓展兴趣爱好、锻炼综合素质的重要组织。大学生可以选择参加与劳动相关的社团活动，如志愿者协会、手工艺社团、环保社团等。在这些社团活动中，大学生能够发挥自己的特长，为社团的发展和社会的进步贡献自己的力量。例如，在志愿者协会中，大学生可以参与各种志愿服务活动，关爱弱势群体，服务社会；在手工艺社团中，大学生可以通过手工制作，培养自己的动手能力和创新能力；在环保社团

中，大学生可以参与环保宣传和实践活动，为保护环境贡献自己的一份力量。

三、大学生践行劳动价值观的校外实践路径

（一）参加社会实践调查

社会实践调查是大学生了解社会、增长见识的重要方式。大学生可以利用假期时间，深入社会基层，开展各种形式的社会实践调查。例如，调查农村的产业发展情况、城市的社区建设情况、企业的生产经营情况等。通过调查，大学生能够了解社会的需求和问题，增强社会责任感。同时，在调查过程中，大学生只有与不同的人群进行沟通和交流，才能提高他们的沟通能力和人际交往能力。此外，社会实践调查还能够让大学生将所学的理论知识与实际相结合，提高自己的分析问题和解决问题的能力。

（二）开展志愿服务活动

志愿服务活动是大学生践行劳动价值观、服务社会的重要途径。大学生可以参加各种志愿服务活动，如关爱孤寡老人、帮助贫困儿童、参与环保公益活动等。在志愿服务活动中，大学生能够奉献自己的爱心和力量，为他人带来温暖和帮助。例如，在关爱孤寡老人的活动中，大学生可以陪伴老人聊天、帮助老人打扫房间、为老人表演节目等，让老人感受到社会的关爱；在帮助贫困儿童的活动中，大学生可以为儿童辅导功课、捐赠学习用品、组织趣味活动等，帮助儿童健康成长；在环保公益活动中，大学生可以参与垃圾分类宣传、植树造林、清理河流等活动，为保护环境贡献自己的力量。

（三）选择兼职和实习工作

兼职和实习工作是大学生积累工作经验、提高职业素养的重要方式。大学生可以利用课余时间或假期，选择与自己专业相关或感兴趣的兼职和实习工作。在工作中，大学生能够将所学的知识应用到实际中，提高自己的实践能力和解决问题的能力。同时，兼职和实习工作还能够让大学生了解职场的规则和文化，培养自己的职业意识和职业精神。例如，在企业实习中，大学生能够了解企业的运营管理模式、工作流程和团队协作方式，为今后的职业发展做好准备；在兼职工作中，大学生能够锻炼自己的沟通能力、协调能力和应变能力，提高自己的综合素质。

通过以上行动指南和实践路径，大学生能够更好地树立和践行劳动价值观，在劳动中成长成才，为个人的发展、社会的进步和国家的繁荣作出贡献。同时，大学生的劳动实践也能够带动更多的人树立正确的劳动价值观，营造良好的社会氛围，推动社会的文明进步。

四、家庭与学校协同助力大学生践行劳动价值观

（一）家庭营造劳动教育氛围

家庭是大学生成长的第一课堂，对其劳动价值观的形成起着基础性作用。家长应重

视劳动教育，在日常生活中为大学生树立良好的劳动榜样。比如，家长自身积极参与家务劳动，不将家务视为负担，而是以愉悦的态度对待，让大学生在潜移默化中认识到劳动的价值和意义。同时，家长要鼓励大学生参与家庭事务，根据其年龄和能力合理分配家务任务，如让大学生负责打扫自己的房间、帮忙洗碗做饭、参与家庭采购等。通过这些具体的劳动实践，培养大学生的责任感和自理能力，让他们明白劳动是家庭生活不可或缺的一部分。

此外，家长还可以引导大学生关注家庭经济来源，了解父母的工作辛苦，让他们明白劳动是获取生活所需的途径，从而珍惜劳动成果。例如，家长可以在适当的时候与大学生分享自己的工作经历，讲述工作中的挑战和收获，让大学生体会到每一份劳动都值得尊重。在家庭中，还可以通过组织家庭劳动竞赛等活动，增添劳动的趣味性，提高大学生参与劳动的积极性。

（二）学校完善劳动教育体系

学校作为大学生接受系统教育的场所，应构建完善的劳动教育体系，将劳动价值观教育融入日常教学和管理。在课程设置方面，学校可以开设专门的劳动教育课程，系统地向大学生传授劳动知识和技能，包括劳动伦理、劳动法规、职业规划等内容。同时，将劳动教育与专业教育相结合，在专业课程中融入劳动实践环节，让大学生在学习专业知识的过程中，提高动手能力和解决实际问题的能力。

学校还应丰富劳动实践活动形式，除了校园劳动实践、学科竞赛和科研项目外，还可以组织大学生参与校园文化建设、社区服务等活动。例如，让大学生参与校园文化艺术节的筹备工作，从活动策划、组织实施到现场服务，都让他们亲力亲为，培养他们的创新能力和团队协作精神。此外，学校要加强与企业、社区等校外单位的合作，为大学生提供更多的实习和实践机会，让他们在真实的社会环境中锻炼和成长。

学校还应建立健全劳动教育评价机制，对大学生的劳动表现进行全面、客观的评价。评价内容不仅包括劳动技能的掌握程度，还应包括劳动态度、劳动习惯、劳动成果等方面。

（三）家庭与学校加强沟通协作

家庭和学校应加强沟通协作，形成教育合力，共同助力大学生践行劳动价值观。学校可以通过家长会、家访、家长学校等形式，向家长宣传劳动教育的重要性和方法，让家长了解大学生在学校的劳动表现和成长需求。同时，家长也应及时向学校反馈大学生在家庭中的劳动情况，与学校共同探讨教育策略。

例如，学校可以定期组织家长开放日活动，邀请家长走进校园，参与大学生的劳动实践活动，让家长亲身感受学校劳动教育的成果。家长也可以在家庭中鼓励大学生将在学校学到的劳动技能应用到实际生活中，如让大学生利用在学校学到的环保知识，在家中开展垃圾分类活动。此外，家庭和学校还可以共同组织一些校外劳动实践活动，如亲子志愿者活动、社区共建活动等，让大学生在家庭和学校的共同引导下，更好地践行劳动价值观。

五、社会环境对大学生践行劳动价值观的影响与引导

（一）社会舆论营造劳动光荣氛围

社会舆论在大学生劳动价值观的形成和践行过程中具有重要的引导作用。媒体应积极宣传劳动模范、先进工作者的事迹，弘扬劳动精神，营造劳动光荣的社会氛围。通过报道各行各业劳动者的辛勤付出和杰出贡献，让大学生了解到劳动的多样性和价值，激发他们对劳动的尊重和向往。例如，通过电视、网络、报纸等媒体平台，广泛宣传大国工匠的精湛技艺和敬业精神，让大学生认识到即使在平凡的岗位上，也能通过辛勤劳动和不懈努力创造出不平凡的业绩。

同时，社会舆论应摒弃对体力劳动和基层工作的偏见，倡导职业平等观念。强调每一种职业都是社会发展不可或缺的一部分，无论从事何种职业，只要努力奋斗，都能实现自己的人生价值。通过正面的舆论引导，让大学生树立正确的职业观，敢于选择适合自己的职业道路，积极投身到各种劳动中去。

（二）企业提供劳动实践与职业发展机会

企业是大学生未来就业的主要场所，也是他们践行劳动价值观的重要平台。企业应积极为大学生提供实习、实训和就业机会，让他们在实际工作中锻炼和成长。在实习和实训过程中，企业要为大学生安排经验丰富的导师，对他们进行指导和培训，帮助他们尽快适应工作环境，提高职业技能。

企业还应注重培养大学生的劳动精神和职业素养，通过企业文化建设和员工培训，向大学生传递崇尚劳动、敬业奉献的价值观。例如，企业可以开展新员工入职培训，将劳动精神和职业道德作为重要内容进行讲解和培训；在企业内部设立劳动模范、优秀员工等荣誉称号，对表现突出的员工进行表彰和奖励，激励大学生向他们学习。

此外，企业要关注大学生的职业发展，为他们提供广阔的晋升空间和发展机会。通过合理的职业规划和培训体系，帮助大学生实现自身价值，让他们在劳动中获得成就感和满足感，从而更加坚定地践行劳动价值观。

（三）社会组织开展劳动教育与实践活动

社会组织在大学生劳动价值观的教育和实践中具有独特的优势。各类社会组织，如公益组织、行业协会、学术团体等，可以开展形式多样的劳动教育和实践活动。公益组织可以组织大学生参与志愿服务活动，如关爱自闭症儿童、助力残疾人就业等，让大学生在服务他人的过程中，体会劳动的意义和价值，培养社会责任感和奉献精神。

行业协会可以举办职业技能竞赛、行业论坛等活动，为大学生提供展示才华和交流学习的平台。通过参与这些活动，大学生能够了解行业动态和发展趋势，提高自己的职业技能和竞争力。学术团体可以组织学术研究和实践活动，鼓励大学生参与科研项目和

学术创新，培养他们的创造性劳动能力。

社会组织还可以与学校、企业合作，共同开展劳动教育和实践活动，形成多元化的教育和实践体系。例如，社会组织可以与学校合作开展社会实践项目，为大学生提供更多的实践机会；与企业合作开展职业培训和就业指导活动，帮助大学生更好地适应职场需求。

六、大学生自身持续提升劳动价值观的素养

（一）自我反思与总结劳动经验

大学生要不断提升劳动价值观的素养，需要学会自我反思与总结劳动经验。在参与各种劳动实践活动后，大学生应认真回顾自己的劳动过程，思考自己在劳动中的表现、收获和不足。例如，在完成一次志愿服务活动后，大学生可以反思自己在与服务对象沟通中的表现，是否有效地满足了他们的需求；在参与科研项目后，思考自己在团队协作中的作用，以及在研究方法和创新思维方面的不足。

通过自我反思，大学生能够发现自己的优点和不足，从而有针对性地进行改进和提升。同时，大学生要善于总结劳动经验，将成功的经验和失败的教训记录下来，形成自己的劳动智慧。这些经验和智慧将成为大学生未来劳动实践的宝贵财富，帮助他们在面对类似问题时能够更加从容地应对，提高劳动效率和质量。

（二）持续学习与更新劳动知识和技能

随着社会的发展和科技的进步，劳动的形式和内容也在不断变化。大学生要适应这种变化，就需要持续学习与更新劳动知识和技能。大学生可以通过课堂学习、自主学习、参加培训等方式，不断拓宽自己的知识面，提高自己的专业技能。例如，关注行业前沿动态，学习新的理论和技术，参加相关的培训课程和学术讲座，与同行进行交流和学习。

此外，大学生还应注重培养自己的综合素质，如沟通能力、团队协作能力、创新能力等。这些能力不仅有助于提高大学生的劳动效率和质量，还能增强他们的职业竞争力。例如，通过参加社团活动、社会实践等方式，锻炼自己的沟通和团队协作能力；通过参与科研项目和创新竞赛，培养自己的创新能力。

（三）树立终身劳动与学习的观念

大学生要树立终身劳动与学习的观念，认识到劳动是贯穿一生的活动，学习是不断提升劳动能力的重要途径。在未来的职业生涯中，大学生会面临各种挑战和变化，只有保持终身学习的态度，不断更新自己的知识和技能，才能适应不同的工作需求，实现自己的职业发展目标。

同时，大学生要将劳动视为一种生活方式，不仅仅是为了获取物质报酬，更是为了实现自我价值和社会价值。在日常生活中，积极参与各种劳动活动，如家务劳动、社区

服务、公益活动等，不断丰富自己的劳动体验，提升自己的劳动素养。通过树立终身劳动与学习的观念，大学生能够在不断的劳动与学习中，持续提升自己的劳动价值观素养，为自己的人生发展和社会的进步作出更大的贡献。

总之，大学生践行劳动价值观是一项系统工程，需要家庭、学校、社会和大学生自身的共同努力。通过营造良好的家庭氛围、完善学校劳动教育体系、优化社会环境以及大学生自身的持续提升，大学生能够更好地树立和践行劳动价值观，成为有理想、有道德、有文化、有纪律的社会主义建设者和接班人，为实现中华民族伟大复兴的中国梦贡献自己的力量。

榜样力量

支月英——最美奋斗者

在江西省奉新县澡下镇白洋教学点，一位两鬓斑白的女教师正在破旧的教室里教孩子们朗读课文。她叫支月英，今年63岁，是这所海拔近千米的深山小学唯一的老师。39年来，她像一棵扎根悬崖的翠竹，以三尺讲台为土壤，托起两代山里娃的求学梦，从青丝少女到“白发奶奶”，用坚守书写了一名共产党员的初心。

1980年，19岁的支月英从师范毕业，放弃县城工作机会，只身来到泥洋村小学。这里离乡镇45千米，教室门窗漏风、黑板斑驳，老师走了一茬又一茬。村民看着这个城里姑娘，暗自摇头：“不出半年准得跑。”

可支月英留下了。开学时，她肩挑30斤课本，徒步10千米山路运到学校；寒冬里，她捡来木板钉窗，让孩子们不再冻得发抖；为劝辍学女孩返校，她翻山越岭挨家敲门，把工资垫给交不起学费的家庭，自己却啃咸菜度日。村民从怀疑到心疼：“这姑娘把心都掏给娃了！”

泥洋村重男轻女，许多女孩儿被迫辍学。支月英白天上课，晚上举着火把家访。村民李婶记得：“她在我家门槛上坐了三晚，说‘女娃读书才能走出大山’，最后把自家买米的钱塞给我女儿当学费。”39年里，她累计垫付学费超5万元，却从未催还。

2003年，正在讲课的支月英突然晕倒，被诊断为胆囊总管结石，急需手术。术后第7天，她瞒着医生溜回学校：“孩子们等不起！”常年操劳让她的视网膜出血，只剩左眼能视物，血压一度飙升到180，但她始终站在讲台上。

2012年，组织心疼52岁的支月英，安排她前往镇中心小学。消息传开，更偏远的白洋村村民连夜按满了红手印：“支老师，我们的娃不能没书念！”支月英抹掉眼泪，说服了丈夫：“山里不能没有老师。”

白洋教学点的土坯房漏雨，她用塑料布遮顶；山路塌方，她背着学生蹚过泥石流；为建新校舍，她白天上课，晚上帮工队煮饭，甚至拉来丈夫搬砖。如今的白洋小学，明亮的教室配有图书室和运动场，墙上“知识改变命运”六个大字，是她用毛笔一笔一画写的。

39年光阴，支月英从“支姐姐”变成了“支奶奶”，在教过的1000多名学生中，78人考上大学，43人成为教师。当年被她劝回课堂的女孩陈春花，如今是县中学副校长；孤儿张强考上军校后，每年寄来军装照：“没有您，我早成放牛娃了。”

有人问她图什么？她指着满墙的奖状——全国模范教师、感动中国人物、全国优秀共产党员……笑道：“这些是乡亲们帮我收的快递，其实我要的，就是孩子们喊一声‘支老师好’。”

2018年当选全国人大代表后，她带着一摞摞调研笔记进京：关于改善乡村教师待遇、加强山区校舍建设……2023年，白洋教学点通了网络课堂，她戴着老花镜学直播教学：“只要还能教，我就守着这群山娃娃。”

暮色中的白洋村，支月英打着手电护送最后一名学生回家。山风拂过她花白的麻花辫，正如39年前那个扎着双辫的姑娘，在星光下坚定地走向大山的褶皱深处。

资料来源：《支月英——最美奋斗者》，中国文明网，http：//zmfdz.news.cn/384/index.html，有改动。

第六章 职业道德与素养

职业道德与素养是个人职业发展与社会和谐的核心基石。本章系统阐释了职业道德的基本原则与规范，强调诚实守信、敬业奉献、公平公正及服务群众等核心准则在不同行业的实践价值。教育行业的“为人师表”、医疗行业的“救死扶伤”、金融行业的“诚实守信”等规范，既是行业秩序的保障，也是职业伦理的具象化表达。通过于漪、周承钰等榜样案例，揭示职业道德在维护行业声誉、树立职业标杆中的关键作用。面对医患矛盾、利益诱惑等现实挑战，本章提出强化行业监管、伦理教育与心理健康支持等策略，旨在构建职业行为的道德防线。

大学生作为未来职业主体，其职业道德素养的培养需多方协同。高校需完善课程体系，强化实践教学，将职业道德教育融入专业学习与校园文化；学生自身需通过社会实践、自我反思与技能培训，内化职业责任感与创新精神。社会环境与家庭引导同样不可或缺，社会舆论应倡导劳动尊重，企业需明确职业伦理期待，形成“劳动创造幸福”的价值共识。潘鲁生对非遗保护的实践探索与苏翊鸣的追梦故事，诠释了职业使命感与个人理想的融合路径。①

劳动审美与人文素养的深度融合，为职业道德赋予了更深层的文化内涵。劳动不仅是物质创造，更是精神价值的载体，工匠精神、创新意识与审美追求共同提升了劳动品质。樊锦诗守护敦煌文化遗产、蔡国强以火药艺术对话世界，展现了人文素养对职业坚守与创新的推动力。通过教育实践、企业管理及社会活动的多维探索，劳动审美与人文精神的协同发展将持续激发职业活力，为新时代劳动者的全面发展注入持久动力。

---

① 檀传宝．劳动教育论［M］．北京：北京师范大学出版社，2020：72.

第一节　职业道德的主要内容

一、职业道德的概念与特点

（一）职业道德的概念

职业道德是指从事一定职业的人们在职业活动中应该遵循的行为准则和道德规范。它既是社会道德在职业生活中的具体体现，也是职业品德、职业纪律、专业胜任能力及职业责任等的总称。职业道德涵盖职业活动的各个方面，包括职业理想、职业态度、职业责任、职业技能、职业纪律、职业良心、职业荣誉、职业作风等。它不仅调节着职业内部、职业之间、职业与社会之间的关系，还影响着从业人员的思想和行为，对个人职业发展和社会的和谐稳定都具有重要意义。①

（二）职业道德的特点

1. 行业性

不同的行业具有不同的职业特点和工作要求，因此职业道德也具有明显的行业性。例如，医疗行业的职业道德强调救死扶伤、关爱患者；教育行业的职业道德注重教书育人、为人师表；金融行业的职业道德突出诚实守信、保守机密。每个行业的职业道德都是根据自身的行业特点和职业需求制定的，以确保行业的正常运转和健康发展。

2. 实践性

职业道德不是抽象的理论，而是与职业实践紧密相连的。它来源于职业活动，又在职业活动中得到体现和检验。从业人员在日常工作中，通过具体的行为和操作，将职业道德规范付诸实践。例如，一名厨师在烹饪过程中，严格遵守食品卫生安全规范，注重食材的新鲜和质量，精心烹制每一道菜肴，这就是职业道德在实践中的体现。

3. 继承性

职业道德具有一定的历史继承性，许多职业道德规范是在长期的职业实践中逐渐形成和传承下来的。例如，中国古代的工匠们就秉持着“精益求精”“敬业乐群”的职业道德，这种精神在现代制造业中依然被传承和发扬。同时，一些传统行业的职业道德规范也在不断适应时代的发展和变化，融入新的元素和要求，以保持其生命力和适应性。

4. 多样性

由于职业的多样性，职业道德的表现形式也多种多样。它可以是成文的规章制度，如企业的员工手册、行业的操作规程等；也可以是不成文的传统习惯和职业良心。此外，职业道德还可以通过职业培训、职业道德教育、职业荣誉表彰等方式进行传播和弘扬。

---

① 张华．职业伦理学导论［M］．上海：上海教育出版社，2018：78.

二、职业道德规范的主要内容

（一）爱岗敬业

爱岗敬业是职业道德的基础规范，要求从业人员热爱自己的工作岗位，敬重自己所从事的职业，对工作充满热情和责任感。具体来说，爱岗敬业包括以下几个方面：

职业无高低贵贱之分，每一个职业都有其存在的价值和意义，都是为社会作贡献的途径。这就要求做到：

（1）对工作认真负责，尽职尽责，努力完成工作任务，不敷衍塞责，不推诿扯皮。

（2）不断提高自己的工作能力和业务水平，通过学习和实践，掌握专业知识和技能，适应工作的需要。

（3）遵守工作纪律，按时上下班，不迟到、不早退，严格遵守工作制度和操作规程。

例如，一名快递员每天按时接收和派送快递，无论风雨，都能及时将包裹送到客户手中，并且在工作中不断熟悉派送区域，提高派送效率，这就是爱岗敬业的表现。

（二）诚实守信

诚实守信是职业道德的重要规范，要求从业人员在职业活动中保持诚实、守信的品质。具体表现为：

（1）诚实劳动，不弄虚作假，不偷工减料，确保工作成果的真实性和可靠性。

（2）信守合同，严格履行自己的承诺，不随意违约，维护合同的严肃性和权威性。

（3）保守机密，对工作中涉及的商业机密、技术秘密、个人隐私等信息严格保密，不泄露给无关人员。

（4）言行一致，言出必行，做到表里如一，树立良好的职业形象。

比如，一名会计人员在处理财务数据时，如实记录每一笔收支，不做假账，对企业的财务信息严格保密，这就是诚实守信的体现。

（三）办事公道

办事公道是职业道德的重要要求，要求从业人员在处理事情和解决问题时，坚持公平、公正、公开的原则。具体要求如下：

（1）坚持原则，不偏袒任何一方，不因为个人关系、利益等因素而影响自己的判断和决策。

（2）公正无私，不谋取私利，不接受贿赂，不利用职权为自己或他人谋取不正当利益。

（3）一视同仁，对待不同的人或事，要做到公平对待，不歧视、不偏见。

（4）公开透明，在处理事务时，要将相关信息及时、准确地公开，接受监督。

例如，一名人力资源管理者在招聘过程中，严格按照招聘标准和程序进行筛选，不因为应聘者的家庭背景、人际关系等因素而偏袒或排斥，确保招聘的公平公正，这就是办事公道的表现。

（四）服务群众

服务群众是职业道德的核心规范之一，要求从业人员以群众的需求为导向，为群众提供优质的服务。具体内容包括：

（1）增强服务意识，把服务群众作为自己的职责和使命，主动关心群众的需求，积极为群众解决问题。

（2）提高服务质量，不断提升自己的服务技能和水平，为群众提供高效、便捷、优质的服务。

（3）热情周到，对待群众要态度热情、耐心细致，使用文明用语，营造良好的服务氛围。

（4）倾听群众意见，接受群众监督，不断改进自己的服务工作，提高群众的满意度。

比如，一名客服人员在接听客户电话时，始终保持热情的态度，认真倾听客户的诉求，及时为客户解决问题，并对客户的意见和建议进行记录和反馈，这就是服务群众的体现。

（五）奉献社会

奉献社会是职业道德的最高境界，要求从业人员在职业活动中，将个人利益与社会利益相结合，为社会作出贡献。具体表现为：

（1）具有社会责任感，关注社会问题，积极参与社会公益活动，为社会的发展和进步贡献自己的力量。

（2）在工作中，以社会需求为导向，努力创造社会价值，为社会提供优质的产品或服务。

（3）勇于担当，在面对困难和挑战时，不退缩、不逃避，积极承担责任，为社会的稳定和发展作出贡献。

（4）发扬奉献精神，不计较个人得失，为了社会的利益，愿意付出自己的时间、精力和心血。

例如，一名科研人员致力于研发环保技术，虽然研发过程充满艰辛，但他始终坚持，希望通过自己的研究成果，为改善环境质量作出贡献，这就是奉献社会的表现。

三、职业道德的重要性

（一）对个人职业发展的影响

职业道德是个人职业发展的基石。一个具有良好职业道德的人，能够赢得同事、领导和客户的信任和尊重，为自己的职业发展创造良好的人际关系和工作环境。例如，一个诚实守信的员工，在工作中能够得到同事的信任，在与客户交往中能够树立良好的形象，从而获得更多的工作机会和晋升空间。

职业道德有助于提高个人的职业素养和竞争力。遵守职业道德规范，如敬业奉献、不断学习、提高技能等，能够使个人在职业领域中不断进步，提升自己的专业能力和综合素质，从而在激烈的职业竞争中脱颖而出。

职业道德能够引导个人树立正确的职业价值观，明确自己的职业目标和方向。一个具有奉献精神的人，会将自己的职业与社会的发展紧密联系起来，在实现个人价值的同时，为社会作出更大的贡献，从而获得更高的职业成就感和满足感。

（二）对企业形象和竞争力的作用

良好的职业道德是企业形象的重要组成部分。企业员工的职业道德水平直接影响着企业的声誉和形象。一个注重职业道德建设的企业，能够赢得客户的信任和市场的认可，提高企业的知名度和美誉度。例如，一家以诚实守信为核心价值观的企业，在与客户合作中能够严格履行合同，提供优质的产品和服务，从而树立起良好的企业形象，吸引更多的客户。

职业道德能够增强企业的凝聚力和战斗力。当企业员工都具备良好的职业道德时，他们会更加团结协作，为实现企业的目标共同努力。员工之间的相互信任、相互支持，能够提高企业的工作效率和执行力，增强企业的竞争力。

职业道德有助于企业培养和留住优秀人才。一个具有良好职业道德氛围的企业，能够吸引和留住那些具有高尚道德品质和专业能力的人才。这些人才在良好的职业道德环境中，能够更好地发挥自己的才能，为企业的发展作出更大的贡献。

（三）对社会道德风尚的引领

职业道德是社会道德的重要组成部分，其直接影响着社会道德水平的高低。当各个行业的从业人员都能够遵守职业道德规范时，整个社会的道德水平就会得到提升，社会风气就会更加良好。例如，医疗行业的医护人员秉持救死扶伤的职业道德，教育行业的教师坚守教书育人的职业道德，这些都能够为社会树立良好的道德榜样，引导社会形成积极向上的道德风尚。

职业道德建设能够促进社会的和谐稳定发展。在职业活动中，遵守职业道德规范能够减少矛盾和纠纷的产生，促进职业关系的和谐稳定发展。例如，企业与员工之间、企业与客户之间、不同行业之间都能够遵守职业道德，就能够建立起良好的合作关系，维护社会的和谐稳定。

职业道德的弘扬和践行，能够推动社会的文明进步。良好的职业道德能够激发人们的社会责任感和使命感，促使人们积极参与社会公益活动，关心他人，关爱社会，从而推动社会的文明进步。

榜样力量

“人民教育家”于漪：一辈子做教师　一辈子学做教师

于漪，女，汉族，1929年2月出生，中共党员，大学学历，上海人，上海市杨浦高级中学名誉校长，全国语言学会理事，上海市教师学研究会会长。67年来，扎根上海基础教育最前沿，致力于推进教育教学改革与创新，推动全国语文课程教学综合性改革，主编出版《现代教师学概论》等，参与制定《上海市学生民族精神教育指导纲要》，带动了大批青年教师，被誉为“精心育人的一代师表，潜心教改的一面旗帜”，在基础教育改革发展史上有重要影响。1978年，获全国首批特级教师称号，后又荣获“上海市劳动模范”“全国先进工作者”“全国教书育人楷模”等称号。2018年获上海市教育事业杰出贡献奖，被授予“改革先锋”称号。

“我觉得一辈子肩上都挑着千斤重担，一个肩膀挑着学生的现在，一个肩膀挑着国家的未来。因为今天的教育质量就是明天的国民素质，所以我不敢有丝毫懈怠。”这是一位67年来扎根上海基础教育最前沿，致力于推进教育教学改革与创新的耄耋老人的切身之言。

“做一辈子教师，一辈子学做教师。”这是于漪三尺讲台、60余载，致力于教文育人、弘扬人文，永不停步、执著追求的内在驱动力。“我没有上过一堂十全十美的课。”1959年，已当了7年历史教师的她改教语文，从此就一直探寻有效教文育人之道。60余载，她以格物致知的精神，用“量自己不足，量别人长处”的两把尺子，撰写“教后记”反思每节课不足，让每节课“都没有任何重复”，力求不断精进，将文道输入学生心中。“每节课的质量直接影响学生生命的质量。”她坚持以学生为本，用“宗教般的虔诚”教学、实践、累积，厚积薄发出对语文教学改革的深层思考。从80年代提出“全面育人”，到90年代初提出培养“现代人素质”，再到90年代中后期旗帜鲜明主张“弘扬人文、改革弊端”，提出“工具性与人文性的统一是语文教学基本特点”，推动“人文性”写入全国《语文课程标准》，她的教育思想、教学实践创新始终同步。其间，她主持过三轮初中语文教改实验，开过近2000堂探索性、示范性公开课，有50多堂课被公认为语文教改标志性课例，为推动语文教改观点深入讨论、实践全面铺开作出了重要贡献。

“行可为表仪者人师也。”这是于漪的座右铭，也是1975年她做全校最乱年级的年级组长、最乱班班主任时的深切感悟。通过用爱激励作师表、用心滴灌筑德性，她带着学生走过当年“文革”阴影，在1977年恢复高考时创造两个班高考录取率100%的奇迹。“国有国魂、民族有民族魂，教师要有师魂。”1985年，她自担任上海市第二师范学校校长以来，更是把强化“一身正气、为人师表”作为树立师范学校的“魂”来抓，着眼整顿涣散教风、学风，实施了一系列令当时社会震惊的学校管理改革举措：教师实行坐班制，学生剪发穿校服；着手开展教师、师范生“两代师表一起抓”的师德教育，引导“两代师表”“有一颗红亮的心”来“装国运、装教育、装学生、装责任、装追求”，使学校复校几年就荣获“全国五一劳动奖章”。如今活跃在上海基础教育改革最前沿的名校长、名教师有不少是当年的毕业生。“教育是接力棒，一棒一棒地接下来。”为促进教育事业人才辈出、创新精神薪火相传，她不断改进培育方法，首创“师徒带教”，组建培养三级网络——师傅带教、教研组集体培养、组长负责，通过研学一体化促进教师成长。从20世纪80年代至今，先后培养三代特级教师，带教100多名全国各地青年教师，涌现出程红兵、陈军等一批知名教学能手。如今已逾90岁高龄的她依然奔波全国各地、偏远地区，鼓励和指导年轻教师投入教学改革创新实践，被誉为“中国教师群体心中的偶像”。

“社会在前进，教育必须具有时代性。”60年韶华流逝，于漪始终不忘深化教育改革的初心和使命，她的名字已经和教育改革创新紧紧地联系在一起。“教育就是要树魂立根，在学生心田植爱国主义的根，植民族精神的根。”她致力于改变基础教育重智轻德、分数决定一切的现象。从20世纪90年代开始，参与全国及上海语文课程标准制定、上海中小学二期课改所有年级语文教材审查，到21世纪初参与制定《上海市学生民族精神教育指导纲要》，再到提出构建以爱国主义为核心，以国家意识、文化认同、公民人格教育为重点的民族精神教育的实施体系，她在基础教育改革发展史上产生了重要影响。“让中国的教育在世界上有话语权，要有中国教师自己的教师学。”从教67年，她撰写了数百万字教育著述，在基础教育教学改革中发挥了引领作用。不仅如此，她还主动揽下系统完整研究中国教师学的历史课题，成立全国第一个教师学研究会并担任会长，撰写了中国第一部研究现代教师学著作《现代教师学概论》以及《现代教师发展丛书》等图书，为推动教师队伍专业化发展、深化国家教育战略发展研究作出了突出贡献。“教在今天、想在明天，教育教学改革永远在路上。”探索60余载，她始终如一，致力于推动未来教育理念发展，提出站好“三个制高点”、做好“三个瞄准”的教育改革观，就是站在时代的制高点上、站在“科教兴国、人才强国”战略的制高点上、站在与基础教育先进国家竞争的制高点上，瞄准培养21世纪的有用之才，瞄准国外基础教育先进国家的教育，瞄准国内、市内兄弟学校的教育经验推进基础教育改革，为广大教师以更大视角和格局深度思考新挑战提供了观点平台。

资料来源：《最美奋斗者——于漪简介》，http：//zmfdz. news. cn/321/index. html，有改动。

第二节　大学生职业道德素养的培养策略

一、高校职业道德教育的现状与问题

（一）职业道德教育的重视程度不足

部分高校对职业道德教育的重视程度不够，没有将职业道德教育纳入人才培养的重要内容。在课程设置上，职业道德教育课程往往作为公共选修课开设，课时较少，教学内容和方法也相对单一，难以满足学生对职业道德知识的需求。同时，一些高校的教师对职业道德教育的认识也存在偏差，认为职业道德教育是思想政治教育的一部分，没有充分认识到职业道德教育在学生职业发展中的重要作用。

（二）教育内容和方法缺乏针对性

目前高校的职业道德教育内容往往过于理论化，与学生的专业和实际职业需求脱节。教学内容主要侧重于职业道德的基本概念、原则和规范的讲解，缺乏具体的案例分析和实践指导，学生难以将所学的职业道德知识应用到实际工作中。在教学方法上，大多采用传统的讲授式教学，缺乏互动性和实践性，难以激发学生的学习兴趣和积极性。

（三）实践教学环节薄弱

职业道德教育是一种实践性很强的教育，需要通过实践教学环节来培养学生的职业道德意识和行为习惯。然而，目前高校的职业道德教育实践教学环节相对薄弱，缺乏有效的实践教学基地和实践教学活动。学生在课堂上学习的职业道德知识难以在实践中得到检验和应用，导致学生的职业道德素养难以得到有效提升。

（四）师资队伍建设滞后

高校职业道德教育师资队伍建设滞后，缺乏专业的职业道德教育教师。目前，高校的职业道德教育主要由思想政治理论课教师或辅导员承担，这些教师虽然具有一定的思想政治教育理论基础，但缺乏相关的职业背景和实践经验，难以深入地讲解职业道德教育的内容。同时，教师的培训和进修机会较少，难以跟上职业道德教育的发展趋势和要求。

二、高校加强职业道德教育的途径

（一）完善职业道德教育课程体系

高校应将职业道德教育纳入人才培养方案，构建完善的职业道德教育课程体系。在课程设置上，应根据不同专业的特点和职业需求，开设具有针对性的职业道德教育课程，如“教师职业道德”“医生职业道德”“金融职业道德”等。同时，要增加职业道德教育课程的课时，以确保学生能够系统地学习职业道德知识。在教学内容上，要注重理论与实践相结合，增加案例分析、实践教学等内容，提高学生的学习兴趣和实际应用能力。

（二）丰富职业道德教育教学方法

高校应采用多样化的教学方法，提高职业道德教育的教学效果。除了传统的讲授式教学，还可以采用案例教学、小组讨论、角色扮演、情景模拟等教学方法，以激发学生的学习兴趣和主动性。例如，通过案例教学，让学生分析实际工作中的职业道德案例，引导学生思考和讨论，提高学生的职业道德判断能力和解决问题的能力；通过角色扮演和情景模拟，让学生在模拟的职业场景中体验职业道德的要求，增强学生的职业道德意识和行为习惯。

（三）加强实践教学环节

高校应加强职业道德教育的实践教学环节，建立稳定的实践教学基地，为学生提供实践机会。可以与企业、行业协会等合作，建立校外实践教学基地，让学生在实际工作环境中学习和体验职业道德的要求。同时，高校应组织学生参加各种社会实践活动，如志愿服务、实习实训、社会调查等，让学生在实践中锻炼自己的职业道德素养。例如，组织学生参加社区志愿服务活动，让学生在服务他人的过程中培养奉献精神和社会责任感；组织学生参加实习实训，让学生在实际工作中了解职业道德的重要性，提高自己的职业道德水平。

（四）加强师资队伍建设

高校应加强职业道德教育师资队伍建设，提高教师的专业素质和教学水平。一方面，高校应引进具有相关职业背景和丰富实践经验的教师，充实职业道德教育师资队伍。这些教师能够将实际工作中的案例和经验融入教学中，使教学内容更加生动、具体，增强教学的实用性和针对性。另一方面，要加强对现有教师的培训和进修，鼓励教师参加相关的学术研讨会、培训课程和企业实践活动，提高教师的职业道德教育教学能力和专业素养。同时，建立教师之间的交流与合作机制，促进教师之间的经验分享和教学方法的改进，共同提升职业道德教育的质量。

（五）营造良好的校园文化氛围

校园文化对学生的职业道德素养培养具有潜移默化的影响。高校应营造积极向上、注重职业道德的校园文化氛围，通过校园文化活动、宣传橱窗、校园广播等多种渠道，传播职业道德知识和理念。例如，举办职业道德主题的演讲比赛、征文活动、案例分析竞赛等，激发学生对职业道德的关注和思考；在校园宣传橱窗展示优秀毕业生的职业道德事迹和企业对人才职业道德的要求，引导学生树立正确的职业道德观念；利用校园广播定期播放职业道德相关的新闻和故事，营造浓厚的职业道德教育氛围。此外，高校的教师和管理人员要以身作则，在日常工作中展现出良好的职业道德风貌，为学生树立榜样，引导学生养成良好的职业道德习惯。

（六）加强与企业的合作与交流

高校与企业的合作与交流是培养学生职业道德素养的重要途径。高校应加强与企业的联系，了解企业对人才职业道德的需求和标准，将企业的要求融入职业道德教育。可以邀请企业的管理人员、技术骨干和优秀员工到学校举办讲座和报告，分享他们在实际工作中的职业道德经验和体会，让学生了解企业对员工职业道德的期望和要求。同时，高校可以与企业合作开展订单式培养，根据企业的需求制定人才培养方案，在培养过程中注重学生职业道德的培养和实践能力的提升。此外，高校还可以与企业合作建立职业道德教育实践基地，为学生提供更多的实践机会，让学生在真实的工作环境中感受职业道德的重要性，提高职业道德素养。

三、大学生自我提升职业道德素养的方法

大学生要树立正确的职业观，认识到职业没有高低贵贱之分，每一种职业都有其存在的价值和意义，都是为社会作贡献的方式。因此应摒弃传统的职业偏见，尊重每一个职业和劳动者。同时，要树立正确的价值观，将个人的职业发展与社会的需求相结合，追求个人价值与社会价值的统一。在选择职业时，不仅要考虑职业的待遇和发展前景，还要考虑职业对社会的贡献和自身的兴趣爱好，以积极的心态对待自己未来的职业。例如，有些大学生可能认为从事体力劳动的职业不如从事脑力劳动的职业体面，但实际上，无论是建筑工人、农民还是科研人员、教师，都在各自的岗位上为社会的发展贡献着力量，应该受到认可和尊重。

（一）培养良好的职业习惯和职业态度

在大学期间，大学生要注重培养良好的职业习惯和职业态度。例如，养成按时作息、遵守纪律、认真负责、勤奋努力等习惯，这些习惯将有助于他们在未来的工作中更好地适应职业环境。在学习和实践中，要保持积极主动的态度，勇于承担责任，遇到问题不推诿、不逃避，努力克服困难。例如，按时完成作业、遵守课堂纪律、积极参与小组讨论和实践活动等，这些是培养良好职业习惯和态度的具体体现。同时，要培养团队合作精神，学会与他人沟通和协作，在团队中发挥自己的优势，共同完成任务。

（二）积极参与社会实践和实习活动

社会实践和实习活动是大学生提升职业道德素养的重要途径。通过参加社会实践，如志愿者服务、社区调研、社会公益活动等，大学生可以了解社会的需求和问题，增强社会责任感和奉献精神。在实习过程中，大学生可以亲身体验职业环境，了解企业的文化和职业道德要求，学习实际工作中的职业道德规范和行为准则。例如，在企业实习

时，要遵守企业的规章制度，尊重同事和上级，认真完成工作任务，注重工作质量和效率。同时，要虚心向企业的员工学习，了解他们的工作经验和职业道德经验，不断提升自己的职业道德素养。

（三）加强自我学习和反思

大学生要加强自我学习，不断丰富自己的职业道德知识。可以通过阅读相关的书籍、文章、法律法规，了解不同行业的职业道德规范和要求。同时，要关注社会热点问题和职业道德案例，分析其中的道德问题和解决方法，提高自己的道德判断能力和分析能力。此外，大学生要定期进行自我反思，回顾自己在学习、生活和实践中的行为，检查自己是否遵守了职业道德规范，是否存在不足之处。通过反思，及时发现问题并加以改进，不断提升自己的职业道德水平。例如，在参加一次志愿者活动后，反思自己在活动中的表现，是否做到了热情服务、耐心帮助他人，是否存在不当言行等，从而不断提高自己的职业道德素养。

（四）参加职业技能培训和考证

职业技能培训和考证不仅可以提高大学生的专业技能水平，还可以培养他们的职业道德素养。在参加职业技能培训的过程中，大学生要学习行业的规范和标准，了解行业对从业人员的职业道德要求。例如，在参加会计从业资格培训时，要学习会计行业的职业道德规范，如诚实守信、客观公正、保守机密等。同时，考证的过程也是对自己职业道德的一种考验，要遵守考试纪律，诚信应考。通过获得相关的职业资格证书，大学生可以证明自己具备了一定的专业能力和职业道德素养，提升自己在就业市场上的竞争力。

四、社会环境对大学生职业道德素养的影响与引导

（一）社会舆论对职业道德的宣传和引导

社会舆论在大学生职业道德素养的培养中起着重要的作用。媒体应加强对职业道德的宣传，弘扬正能量，传播优秀的职业道德事迹和榜样。通过报道各行各业的先进人物和事迹，展示他们的职业道德精神和品质，引导大学生树立正确的职业道德观念。例如，媒体可以报道一些在平凡岗位上作出突出贡献的劳动者，如“大国工匠”“道德模范”等，让大学生了解他们的故事，激发大学生对职业道德的敬仰和追求。同时，媒体也要对违反职业道德的行为进行曝光和批判，让大学生认识到违反职业道德的危害，增强他们的职业道德意识。例如，对一些企业的不诚信行为、学术造假事件等进行曝光，引导大学生树立正确的价值观和职业道德观。

（二）企业对大学生职业道德素养的期望和要求

企业是大学生就业的主要场所，企业对大学生职业道德素养的期望和要求直接影

响着大学生的职业发展。企业通常希望大学生具备诚实守信、敬业奉献、团队合作、创新进取等职业道德素养。在招聘过程中，企业会注重考察大学生的职业道德品质，如是否有责任心、是否能遵守企业的规章制度、是否具有团队合作精神等。因此，大学生要了解企业对职业道德素养的期望和要求，在大学期间努力培养自己的职业道德素养，以满足企业的需求。同时，企业也应该为大学生提供良好的职业发展环境和职业道德培训，帮助大学生更好地适应企业的文化和工作要求，提升他们的职业道德素养。

（三）营造有利于大学生职业道德素养培养的社会氛围

社会各界应共同努力，营造有利于大学生职业道德素养培养的社会氛围。政府部门要加强对职业道德建设的引导和管理，制定相关的政策和法规，鼓励和支持企业和社会组织开展职业道德教育活动。行业协会要发挥自身的作用，制定行业职业道德规范，加强行业自律，引导行业内的企业和从业人员遵守职业道德。企业要注重企业文化建设，将职业道德融入企业文化，为员工树立良好的职业道德榜样。同时，社会要加强对大学生的关心和支持，为大学生提供更多的实践机会和职业指导，帮助大学生更好地成长和发展。例如，政府可以设立职业道德建设专项资金，支持企业和社会组织开展职业道德教育活动；行业协会可以组织开展行业内的职业道德培训和竞赛活动，提高从业人员的职业道德水平；企业可以为大学生提供实习岗位和职业培训，帮助大学生了解企业的文化和职业道德要求。

（四）家庭对大学生职业道德素养的影响和教育

家庭是大学生成长的第一课堂，其对大学生职业道德素养的影响是深远的。因此，家长要注重自身的言传身教，在日常生活中展现出良好的职业道德风貌，为大学生树立榜样。例如，家长在工作中要认真负责、诚实守信、敬业奉献，这些行为会潜移默化地影响大学生的职业道德观念。同时，家长要关注大学生的职业发展，引导大学生树立正确的职业观和价值观，培养大学生的职业道德素养。例如，家长可以与大学生一起讨论职业选择和职业道德问题，帮助大学生了解不同职业的特点和要求，引导大学生在大学期间努力学习和实践，为未来的职业发展做好准备。此外，家长还可以鼓励大学生参加社会实践和志愿者活动，培养大学生的社会责任感和奉献精神。

总之，大学生职业道德素养的培养是一项系统工程，需要高校、大学生自身、社会和家庭的共同努力。高校要完善职业道德教育课程体系，丰富教学方法，加强实践教学和师资队伍建设；大学生要树立正确的职业观和价值观，培养良好的职业习惯和态度，积极参与社会实践和自我学习；社会要加强舆论宣传，营造良好的社会氛围，企业要明确对大学生职业道德素养的期望和要求；家庭要注重言传身教，加强对大学生的职业引导和教育。只有各方共同努力，才能培养出具有良好职业道德素养的大学生，为社会的发展和进步作出贡献。

第三节　劳动中的审美价值与表现形式

一、劳动审美价值的内涵

劳动审美价值是指劳动过程、劳动成果以及劳动主体在劳动中所展现出的能够引发审美感受、具有审美意义的特质。它不仅体现在物质层面，更深入精神层面，是人类对劳动本质和意义的一种高层次认知与体验。

从物质层面来看，劳动创造了丰富多样的物质产品，这些产品以其独特的形态、功能和品质展现出审美价值。例如，精美的陶瓷制品，从泥土到成形，再经过烧制，每一个环节都凝聚了工匠的智慧和技艺。陶瓷的造型、色彩、纹理，以及其在日常生活中的实用功能，都给人带来美的享受。再如，现代建筑不仅是居住和工作的场所，更是艺术的体现。建筑的外观设计、空间布局、材料运用等方面，都能展现出独特的美感，如悉尼歌剧院那宛如贝壳般的造型，成为世界建筑史上的经典之作，其独特的外观和内部空间的巧妙设计，吸引着无数人前去观赏，体现了劳动在物质创造中的审美价值。

就精神层面而言，劳动过程中的专注、坚持、创新等精神品质，以及劳动主体之间的协作、互助等情感交流，都具有深刻的审美意义。劳动者在劳动中所展现出的坚韧不拔的毅力、对技艺的精益求精，都能激发人们内心的敬佩与赞赏之情。比如，传统的手工刺绣艺人，他们花费大量的时间和精力，一针一线地绣出精美的图案，这种专注和执着的精神，本身就是一种美的体现。同时，在集体劳动中，成员之间的默契配合、相互支持，营造出一种和谐的氛围，这种人与人之间的情感互动也具有独特的审美价值。①

二、劳动审美价值的重要性

（一）提升劳动者的幸福感

当劳动者在劳动中发现美、创造美时，能够获得一种精神上的满足和愉悦，从而提升自身的幸福感。例如，一位园林设计师通过精心规划和设计园林景观，看到自己的创意和努力使一片荒地变成了美丽的花园，他会因为自己的劳动成果而感到自豪和满足。这种审美体验不仅让劳动者在工作中获得乐趣，还能增强他们对工作的认同感和归属感，使他们更加热爱自己的劳动。

（二）促进劳动创新

审美意识能够激发劳动者的创造力，促使他们在劳动中不断追求创新。当劳动者以审美的眼光看待劳动时，会更加注重产品的品质和形式，努力创造出更具美感和独特性

① 朱光潜．谈美［M］．北京：生活·读书·新知三联书店，2019：56.

的劳动成果。例如，在服装设计领域，设计师们不断从艺术、文化等领域汲取灵感，将时尚与审美相结合，设计出新颖独特的服装款式。这种对美的追求推动了服装行业的创新发展，也满足了人们日益多样化的审美需求。

（三）丰富社会文化内涵

劳动审美价值是社会文化的重要组成部分，反映了一个时代、一个民族的审美观念和文化特色。不同地区、不同民族的劳动方式和劳动成果蕴含着独特的审美价值，这些审美价值共同构成了丰富多彩的社会文化。例如，中国传统的剪纸艺术，以其独特的造型和寓意，展现了中华民族的审美情趣和文化传统。劳动审美价值的传承和发展，有助于丰富社会文化内涵，增强民族文化的认同感和凝聚力。

三、劳动审美价值的表现形式

（一）产品外观的审美

劳动产品的外观是劳动审美价值最直观的表现形式，包括产品的形状、色彩、材质等方面。例如，苹果公司的电子产品以其简洁、流畅的外观设计而备受赞誉。苹果手机的外观造型简约大方，线条流畅，色彩搭配和谐，给人一种现代感和科技美感。同时，产品的材质选择也十分讲究，高品质的材料不仅提升了产品的质感，还增强了其审美价值。此外，一些传统手工艺品，如木雕、玉雕等，工匠们通过精湛的技艺，将原材料雕刻成各种精美的造型，展现出独特的艺术魅力。

（二）劳动过程的审美

劳动过程本身也具有审美价值。劳动者在劳动过程中的动作、姿态、节奏等方面都可以成为审美的对象。例如，芭蕾舞演员在舞台上的表演，她们优美的舞姿、轻盈的动作，展现出一种动态的美感。同样，在传统的手工制作过程中，工匠们熟练的操作技巧、专注的神情，也给人一种美的享受。劳动过程中的审美还体现在劳动的节奏和韵律上，如纺织工人在织布时，手脚的配合形成了一种有节奏的动作，宛如一首优美的劳动之歌。

（三）劳动环境的审美

劳动环境的整洁、舒适、美观对于提升劳动审美价值也具有重要意义。良好的劳动环境能够激发劳动者的工作热情和创造力。例如，现代化的工厂注重环境的美化和优化，即合理的空间布局、明亮的照明、清新的空气，能让劳动者在工作中感受到舒适和愉悦。同时，一些创意工作室、艺术工坊等场所，通过独特的装修风格和艺术氛围的营造，使劳动环境充满了艺术气息，进一步提升了劳动的审美价值。

（四）劳动成果的功能与审美统一

优秀的劳动成果不仅要具有实用功能，还要具备审美价值，实现功能与审美的统一。例如，家具设计既要满足人们的使用需求，如舒适的坐卧体验、合理的储物空间等，又要在外观设计上具有美感，能够与室内环境相协调。现代的家居设计越来越注重这一点，将功能性与审美性完美结合，创造出既实用又美观的家具产品。再如，交通工具的设计，在保证安全和性能的前提下，不断追求外观的时尚和个性化，以满足人们对美的追求。

第四节　人文素养对劳动品质的提升作用

一、人文素养的内涵

人文素养是指一个人在人文方面所具有的综合品质和修养，包括对人类文化、历史、哲学、艺术等方面的了解和认识，以及在此基础上形成的价值观、道德观、审美情趣、思维方式等。人文素养是人类精神文明的重要体现，反映了一个人的内在精神世界和文化底蕴。

人文素养涵盖多个方面的内容。首先是文化知识素养，包括对文学、历史、哲学、艺术等领域的基本知识的掌握。例如，了解不同国家和民族的文学作品，能够拓宽视野，丰富内心世界；学习历史知识，能够了解人类社会的发展历程，从中汲取经验教训。其次是价值观和道德观素养，这是人文素养的核心内容。一个具有良好人文素养的人，应该具备正确的价值观和道德观，尊重他人、关爱社会、勇于担当。再者是审美情趣素养，能够欣赏和创造美，对艺术作品、自然景观等具有敏锐的审美感知能力。最后是思维方式素养，具备批判性思维、创造性思维等，能够从不同的角度看待问题，提出独特的见解。

二、人文素养对劳动品质的具体提升作用

（一）提升劳动的创造力

人文素养能够为劳动者提供丰富的灵感和广阔的思维空间，从而提升劳动者的创造力。文学、艺术、哲学等领域的知识和思想，能够激发劳动者的想象力和创新思维。例如，许多设计师从艺术作品中汲取灵感，将艺术元素融入产品设计，创造出具有独特魅力的产品。画家的色彩运用、雕塑家的造型技巧，都可以为工业设计、服装设计等提供创意源泉。同时，哲学中的辩证思维和批判性思维，能够帮助劳动者打破传统思维的束缚，从不同的角度思考问题，提出新颖的解决方案。例如，在科技创新领域，科学家们通过对哲学思想的借鉴，能够更好地理解科学研究的本质和方法，推动科学技术的创新发展。

（二）增强劳动的责任感和敬业精神

人文素养中的价值观和道德观能够引导劳动者树立正确的劳动态度，增强劳动的责

任感和敬业精神。一个具有良好人文素养的人，会将劳动视为实现自我价值和为社会作贡献的途径，而不仅仅是获取物质报酬的手段。他们会对自己的工作充满热情，认真负责地对待每一个工作环节。例如，教师这个职业，具有人文素养的教师会将教育视为一项神圣的事业，关爱学生的成长，努力提高教学质量，为培养社会的栋梁之材而努力。医生也同样如此，良好的人文素养使他们能够尊重患者的生命和尊严，尽心尽力地为患者治疗疾病，体现出高度的责任感和敬业精神。①

（三）改善劳动中的人际关系

人文素养有助于劳动者更好地理解他人、尊重他人，从而改善劳动中的人际关系。在劳动过程中，劳动者需要与同事、上级、客户等进行沟通和协作。具有人文素养的劳动者能够倾听他人的意见和需求，理解他人的情感和立场，以平和、包容的心态与他人相处。例如，在团队合作中，成员之间通过良好的沟通和协作，能够形成和谐的工作氛围，提高工作效率。同时，人文素养还能够帮助劳动者更好地处理与客户的关系，提供优质的服务，满足客户的需求，提高客户的满意度。

（四）提升劳动成果的文化内涵

人文素养能够使劳动者在劳动中融入文化元素，提升劳动成果的文化内涵。无论是物质产品还是精神产品，都可以通过劳动者的人文素养赋予其独特的文化价值。例如，传统的手工艺品往往蕴含着丰富的文化内涵，工匠们通过传承和创新，将地域文化、民族文化等融入作品，使手工艺品不仅具有实用价值，还成为文化的载体。在文学、艺术创作中，作者的人文素养直接决定了作品的文化深度和艺术价值。一部优秀的文学作品，能够反映出作者对社会、人生的深刻思考，传递出积极的价值观和文化精神。

三、缺乏人文素养对劳动的负面影响

（一）劳动创造力受限

如果劳动者缺乏人文素养，其思维往往会受到局限，难以从更广阔的领域获取灵感，导致劳动创造力不足。例如，在设计行业中，缺乏艺术修养和文化底蕴的设计师，可能只能模仿现有的设计风格，难以创造出具有独特创意和个性的作品。在科技创新领域，缺乏哲学思维和批判性思维的科研人员，可能会陷入传统的研究模式，难以取得突破性的科研成果。

（二）劳动态度不端正

缺乏人文素养可能导致劳动者劳动态度不端正，对工作缺乏责任感和敬业精神。他

① 费孝通．乡土中国［M］．北京：北京大学出版社，2018：89.

们可能将工作仅仅视为获取报酬的手段，对待工作敷衍了事，缺乏工作热情和积极性。例如，一些员工在工作中经常迟到早退、消极怠工，对工作质量不重视，这种态度不仅影响了个人的职业发展，也对企业的整体形象和效益产生了负面影响。

（三）人际关系紧张

在劳动中，缺乏人文素养的劳动者往往难以理解和尊重他人，容易引发人际关系紧张。他们可能不善于倾听他人的意见，以自我为中心，导致团队合作不畅。例如，在团队项目中，个别成员不考虑团队整体利益，只追求个人表现，不与其他成员沟通协作，从而影响了团队的凝聚力和工作效率。同时，在与客户的交往中，缺乏人文素养的员工可能无法理解客户的需求和感受，导致客户满意度下降。

（四）劳动成果文化缺失

缺乏人文素养的劳动者在劳动中往往忽视文化内涵的融入，使得劳动成果缺乏文化价值。例如，一些制造业企业生产的产品，只注重功能和价格，而忽视了产品的设计和文化内涵，导致产品缺乏市场竞争力。在文化产业中，一些创作者由于缺乏文化底蕴，创作的作品内容空洞、缺乏思想深度，难以满足人们日益增长的精神文化需求。

榜样力量

樊锦诗——一生择一事　根入莫高窟①

在敦煌研究院陈列中心的一面墙上，写着这样一句话：“历史是脆弱的，因为她被写在了纸上，画在了墙上；历史又是坚强的，因为总有一批人愿意守护历史的真实，希望她永不磨灭。”几代莫高窟人以对敦煌文化艺术的热爱和敬仰之心，扎根大漠，在黄沙飞扬、无电无水、物资匮乏、交通不便、枯燥孤寂的条件下筚路蓝缕，开创了莫高窟保护和研究的基业。樊锦诗正是这样痴心的守护者。

樊锦诗，女，汉族，浙江杭州人，1938 年 7 月出生于北平，中共党员，曾任敦煌研究院院长，现任敦煌研究院名誉院长。自 1963 年从北京大学毕业，她已在敦煌坚持工作了 50 余年，主要致力于石窟考古、石窟科学保护和管理工作。作为我国文物保护领域国际合作的领军人物之一，樊锦诗被誉为“敦煌的女儿”。

樊锦诗曾获全国优秀共产党员、全国先进工作者、“感动中国 2019 年度人物”“最美奋斗者”、何梁何利基金科学与技术成就奖等称号与荣誉。2018 年 12 月 18

---

① 樊锦诗——一生择一事 根入莫高窟［EB/OL］.［2024-03-01］. https://www.sohu.com/a/469106622_120116137.

日，党中央、国务院授予樊锦诗“改革先锋”称号，颁授改革先锋奖章，并把她评为“文物有效保护的探索者”。2019年9月17日，国家授予樊锦诗同志“文物保护杰出贡献者”国家荣誉称号。

1962年，按照北京大学历史系考古学专业的惯例，作为毕业班的学生，樊锦诗可以选择到山西、洛阳、敦煌等地参加毕业实习。出于年少时期对敦煌的憧憬与向往，她义无反顾地选择了前往敦煌进行毕业实习。莫高窟似一座华美的圣殿，但当地食物紧缺，研究所的生活也十分窘迫，很多人只能打草籽充饥。这样的生活条件对于出生于北京、生长在上海、求学于北大的她来说，其艰苦程度是无法预料的。在这种生活环境下，樊锦诗在敦煌出现了严重水土不服、经常性失眠的情况。最终，因无法适应敦煌的气候，樊锦诗被迫提前离开。在石窟中看到的一切在她的心中埋下了一颗种子，提前离开的遗憾也为她后来接受任务、坚定前往敦煌埋下了伏笔。

由于敦煌急需专业的考古人才，1963年，樊锦诗从北京大学毕业后被分配到千里之外的西部小镇敦煌从事文物保护研究工作。虽然有之前实习时严重水土不服的经历，但在了解到敦煌的文物保护工作十分需要自己后，樊锦诗接受了这次分配并暗下决心：绝不中途折返。得知女儿的决定之后，樊锦诗的父亲对她说：“既然是自己的选择，那就好好干。”工作后的一段时间里，她经常在黄昏时分去爬三危山，在这座山上可以望见整个莫高窟。樊锦诗凝视着充满神秘与沧桑的洞窟，仿佛与深渊对望。敦煌的天也与北京不太一样，蓝得更加纯粹、更加辽阔、更加浓烈，这也使樊锦诗萌生了定居在这里的想法。

樊锦诗被分配至敦煌时，她的恩师、北京大学教授宿白提出让她整理出一本莫高窟的考古报告。她在大漠深处一待就是50余年，为敦煌石窟的保护、研究和宣传事业奉献了一生的心血和精力。她理想中的莫高窟考古报告，不仅能让考古学家点头，也要使美术家满意；不仅要符合科学性，也要符合审美。她曾说过：“好多事情就差一步，你迈不过去那一步，就到不了。”她交出答卷时已是近半个世纪之后。2011年，《莫高窟第266—275窟考古报告》完成，这是莫高窟考古报告的第一卷。根据计划，这样的报告一共要出100卷，工程十分浩大。

莫高窟自1979年正式向社会开放以来，游客人数逐年增加。大量游客进入洞窟参观，使洞窟内的温湿度波动剧烈，相对湿度和二氧化碳浓度增加，这对洞窟的长期保存和游客健康均十分不利。于是从2002年开始，樊锦诗积极推动敦煌研究院与美国盖蒂保护研究所合作开展了“莫高窟游客承载量研究”项目，测算出开放洞窟面积不能小于13平方米、洞窟湿度不能超过62%、二氧化碳含量不能超过15000ppm、每批进洞游客不能超过25人等一系列指标，兼顾壁画保护与游客舒适度。“如果有什么闪失，我这个守护人就成了罪人。”樊锦诗回忆世纪之交时，有关部门提出要将莫高窟与旅游公司捆绑上市的想法，她坚决拒绝了这一方案。在当时大力发展产业的情况下，洞窟保护与旅游开发必然会存在矛盾，每逢矛盾激化成事件，她都会为了保卫文物的健康而寸步不让。樊锦诗表示："旅游部门对我有看法，认为老太婆就知道保护。我觉得必须正视矛盾，坚持在保护的前提下合理进行旅游开发。"

樊锦诗一直在思考，敦煌壁画中这些彩塑的辉煌如何才能永久留给后人，毕竟照片、磁带等方式终究会暗淡、消磁。直到20世纪80年代末，她前往北京出差，朋友带她去观看当时的计算机，说信息存在计算机里可以永远不变，这句话启发了她。她回忆道："像现在年轻人说的一个词，我当时立刻'脑洞大开'，马上产生了数字档案的念头。"她返回敦煌之后立刻向甘肃省科委报告了这一想法，并得到了科委负责人的支持。于是从20世纪80年代末开始，敦煌开始使用国内外合作开发的一套先进的数字化采集、图像拼接技术。例如莫高窟61窟的《五台山图》，由于其长13.6米、高3.8米、面积40多平方米，所以一张照片无法拍出全貌。而用数字化技术可以把它拼接起来，还可以将局部放大，得到高清的效果。敦煌的数字化采集工作已经进行了20年，完成了200多个洞窟的数字化采集。樊锦诗通过数字化的技术将敦煌文化传向整个世界。如今的人们可以在网站上免费浏览30多个洞窟的高清影像。

樊锦诗曾在自传《我心归处是敦煌——樊锦诗自述》中写道："此生命定，我就是莫高窟的守护者。"她为了这份守护，顶住各方压力；她为了这份守护，与丈夫彭金章两地分居19年；丈夫为了她的这份守护，放弃自己的事业跟随她定居敦煌。他们相识未名湖，相爱珞珈山，最终相守莫高窟。

"舍半生，给茫茫大漠。从未名湖到莫高窟，守住前辈的火，开辟明天的路。半个世纪的风沙，不是谁都经得起吹打。一腔爱，一洞画，一场文化苦旅，从青春到白发。心归处，是敦煌。"

在2019年的感动中国人物颁奖典礼上，当主持人念起这段颁奖词，81岁高龄的樊锦诗在众人的掌声和注目中缓缓走上舞台，讲述自己41年致力于保护敦煌的漫长岁月。"出生在北京，上海长大，北大求学，到敦煌工作。"这是樊锦诗81岁生命最简单的概括，但是简单的背后却是无数个日夜的艰苦付出。

2019年，中华人民共和国成立70周年之际，樊锦诗用娟秀的小楷写下给北京大学2019级新生们的亲笔信，她用温厚的声音读响了信里情深意切的字字句句，号召青年学生"努力使自己成为国家需要的人才"，鼓励大家"用学到的知识，报效祖国、建设祖国"。樊锦诗用她的坚守，也为我们当代青年上了一堂关于人生选择和家国命运的课。

资料来源：《樊锦诗——一生择一事　根入莫高窟》，https://www.sohu.com/a/469106622_120116137，有改动。

第五节 劳动审美与人文素养的融合实践探索

一、教育领域的融合实践

(一) 学校课程设置中的融合

在学校教育中，将劳动审美与人文素养的培养融入课程设置是实现融合的重要途径。例如，在美术课程中，不仅要教授绘画技巧，还要引导学生了解不同艺术流派的文化背景和审美观念，培养学生的审美能力和文化素养。同时，可以结合手工制作课程，让学生亲自动手制作手工艺品，在实践中感受劳动的乐趣和审美价值。在语文课程中，通过学习文学作品，培养学生的语言表达能力和人文情怀，同时引导学生关注文学作品中对劳动的描写，体会劳动的意义和价值。此外，还可以开设专门的劳动教育课程，将劳动技能培训与审美教育、人文素养培养相结合，让学生在学习劳动技能的过程中，提升审美水平和人文素养。

(二) 校园文化建设中的融合

校园文化建设是培养学生劳动审美与人文素养的重要载体。学校可以通过营造具有审美氛围的校园环境，如建设美丽的花园、艺术长廊、文化雕塑等，让学生在潜移默化中受到美的熏陶。同时，开展丰富多彩的校园文化活动，如校园艺术节、劳动技能大赛、文化讲座等，将劳动审美与人文素养的培养融入其中。例如，在校园艺术节中，组织学生进行绘画、书法、手工制作等艺术作品展示，让学生在创作和欣赏作品的过程中，提高审美能力和艺术修养。在劳动技能大赛中，不仅要注重学生劳动技能的比拼，还要引导学生关注劳动过程中的美感和文化内涵，培养学生的创新精神和实践能力。

(三) 师资队伍建设中的融合

教师是实现劳动审美与人文素养融合教育的关键。学校要加强师资队伍建设，提高教师的劳动审美和人文素养水平。一方面，组织教师参加相关的培训和学习活动，让教师了解最新的教育理念和方法，提升教师的审美教育和人文素养教育能力。另一方面，鼓励教师在教学中积极探索劳动审美与人文素养融合的教学模式和方法，将审美教育和人文素养培养贯穿于学科教学的全过程。例如，教师在科学课程中，可以引导学生关注科学技术对社会和人类生活的影响，培养学生的科学精神和人文关怀；在历史课程中，通过讲述历史人物的劳动事迹，激发学生对劳动的尊重和热爱。

二、企业管理中的融合实践

(一) 企业文化建设中的融合

企业文化是企业的灵魂，将劳动审美与人文素养融入企业文化建设，能够提升企业的凝聚力和竞争力。企业可以通过制定体现劳动审美和人文素养的企业价值观和经营理念，引导员工树立正确的劳动观念和审美观念。例如，一些企业将“创新、品质、人文”作为企业价值观，强调在追求创新和品质的同时，注重员工的人文素养和审美体验。在企业内部，营造良好的工作环境，注重办公空间的设计和美化，让员工在舒适、美观的环境中工作。同时，开展丰富多彩的企业文化活动，如员工艺术作品展览、劳动技能竞赛、文化交流活动等，增强员工的审美意识和文化素养，促进员工之间的交流和合作。

（二）员工培训与发展中的融合

在员工培训与发展中，将劳动审美与人文素养的培养纳入培训内容，能够提高员工的综合素质和工作能力。企业可以组织员工参加审美培训课程，如艺术欣赏、设计美学等，提高员工的审美水平。同时，加强员工的人文素养培训，如道德伦理、文化历史、人际交往等方面的培训，增强员工的人文关怀和团队合作精神。此外，在员工的职业发展规划中，鼓励员工将劳动审美和人文素养融入工作，通过创新和实践，提升工作质量和效率。例如，企业可以设立创新奖励机制，对在工作中能够将审美和人文元素融入劳动成果的员工给予奖励和表彰。

（三）产品设计与生产中的融合

在产品设计与生产过程中，将劳动审美与人文素养相结合，能够提升产品的附加值和市场竞争力。企业的设计师和生产者要注重产品的外观设计和文化内涵，将审美理念和人文精神融入产品。例如，在家具设计中，不仅要考虑产品的实用性和舒适性，还要注重产品的外观造型和文化元素的运用，使家具产品既具有现代感，又蕴含着传统文化的韵味。在食品生产中，注重食品的包装设计和品牌文化建设，通过精美的包装和独特的品牌故事，提升食品的审美价值和文化内涵。同时，在生产过程中，注重劳动者的审美体验和人文关怀，提高劳动者的工作积极性和创造力。

三、社会文化活动中的融合实践

（一）文化节庆活动中的融合

文化节庆活动是社会文化的重要组成部分，将劳动审美与人文素养融入文化节庆活动，能够丰富活动的内涵和形式。例如，在传统的手工艺文化节中，展示各种精美的手工艺品，同时组织手工艺人现场表演制作过程，让观众在欣赏手工艺品的同时，了解手工艺的历史和文化，感受劳动的魅力和审美价值。在文化艺术节中，开展与劳动相关的艺术作品展览、文艺演出等活动，如以劳动为主题的绘画、摄影、诗歌朗诵等，通过艺术的形式展现劳动的美和人文精神。此外，在文化节庆活动中，还可以组织劳动技能竞赛和体验活动，让参与者亲身体验劳动的乐趣和挑战，提高他们对劳动的认识和尊重。

（二）社区文化建设中的融合

社区是社会的基本单元，加强社区文化建设，将劳动审美与人文素养融入其中，能够营造良好的社区氛围，促进社区居民的和谐发展。社区可以组织开展劳动美化社区活动，如社区花园的种植和维护、社区环境的清洁和整治等，让居民在劳动中感受社区的变化和美好，提高居民的审美意识和环保意识。同时，举办社区文化展览和讲座，展示社区居民的手工艺品、文学作品等，邀请专家学者进行文化和审美方面的讲座，提升居民的文化素养和审美水平。此外，社区还可以组织志愿者服务活动，鼓励居民参与社区服务，培养居民的社会责任感和奉献精神，体现劳动的人文价值。

（三）媒体宣传与引导中的融合

媒体在社会文化传播中具有重要作用，通过媒体的宣传与引导，能够促进劳动审美与人文素养的融合。媒体可以制作和播放与劳动审美和人文素养相关的节目和报道，如介绍传统手工艺人的故事、展示创新的劳动成果、宣传劳动模范的先进事迹等，弘扬劳动精神和人文精神。同时，媒体可以开展公益广告宣传活动，倡导尊重劳动、崇尚审美、提升人文素养的社会风尚。此外，媒体还可以利用网络平台，开展线上文化活动和互动交流，如举办劳动审美主题的网络摄影比赛、文学创作比赛等，吸引广大民众参与，扩大劳动审美和人文素养的传播范围，形成全社会共同关注和参与的良好氛围。

四、劳动审美与人文素养融合的案例分析

（一）日本传统手工艺的传承与创新案例

日本的传统手工艺如茶道、花道、木工、陶艺等，在传承与发展过程中，充分体现了劳动审美与人文素养的融合。以茶道为例，茶道不仅仅是一种饮茶的仪式，更是一种对生活美学和人文精神的追求。从茶具的选择、茶室的布置，到泡茶的动作、顺序，都蕴含着深刻的审美和人文内涵。

茶具的制作工艺精湛，无论是古朴的陶制茶壶，还是精致的瓷器茶杯，都展现了工匠们对美的追求和对技艺的执着。木工制作的茶桌、茶柜等，注重木材的纹理、色泽和质感，通过巧妙的设计和精细的加工，营造出一种自然、和谐的氛围。插花师根据不同的季节、场合，选择合适的花卉和枝叶，进行精心的搭配和造型，体现了对自然的尊重和对美的敏锐感知。

在茶道的传承过程中，师傅不仅传授茶艺技巧，还注重培养弟子的人文素养。弟子们需要学习日本的传统文化、哲学思想，理解茶道所蕴含的“和、敬、清、寂”的精神内涵。通过长期的学习和实践，弟子们不仅掌握了精湛的茶艺，还培养了内心的宁静、对他人的尊重以及对生活的热爱。这种劳动审美与人文素养的融合，使

得日本茶道能够传承千年，并在现代社会中依然保持着独特的魅力，成为日本文化的重要象征。①

（二）德国制造业的工匠精神与审美体现案例

德国制造业以其高品质、高精度和创新能力闻名于世，而这背后离不开工匠精神与劳动审美的深度融合，以及对人文素养的重视。德国的汽车制造、机械加工、精密仪器等行业，将严谨、细致、追求卓越的工匠精神贯穿于生产的每一个环节。

以汽车制造为例，德国汽车品牌如奔驰、宝马、奥迪等，在设计和生产过程中，既注重汽车的性能和安全性，又追求外观的美感和独特性。汽车的线条设计流畅而富有动感，车身的比例协调，每一个细节都经过精心雕琢。汽车内饰的选材和工艺同样讲究，高品质的皮革、精致的缝线、人性化的布局，体现了对驾驶者和乘客的关怀。

在德国的制造业企业中，员工不仅需要具备扎实的专业技能，还需要有良好的人文素养。企业注重培养员工的责任感、团队合作精神和创新意识。员工们对自己的工作充满自豪感，视每一件产品为自己的作品，力求做到尽善尽美。同时，德国的职业教育体系也为培养高素质的制造业人才提供了有力支持，在职业培训中，不仅教授专业知识和技能，还融入艺术、历史、哲学等人文课程，使学生在掌握劳动技能的同时，提升审美水平和人文素养。这种劳动审美与人文素养的融合，使得德国制造业能够不断创新发展，保持在全球的领先地位。

（三）中国传统手工艺与现代设计相结合的案例

在中国，一些传统手工艺如苏绣、剪纸、木雕等，在现代社会中通过与现代设计的结合，实现了劳动审美与人文素养的新融合。以苏绣为例，传统的苏绣以其细腻的针法、丰富的色彩和精美的图案著称。如今，一些设计师将苏绣与现代时尚元素相结合，推出了一系列具有创新性的产品。

在服装设计方面，将苏绣图案绣在现代风格的服装上，使传统的刺绣艺术焕发出新的活力。苏绣的花鸟、山水等图案与简洁的现代服装款式相结合，既保留了苏绣的艺术魅力，又符合现代消费者的审美需求。在室内装饰领域，苏绣作品被应用于抱枕、窗帘、屏风等家居用品的设计中，为家居环境增添了一份典雅和艺术气息。

在这个过程中，手工艺人不仅需要传承和发扬苏绣的传统技艺，还需要学习现代设计理念和审美观念，提高自己的人文素养。设计师们也深入研究苏绣的文化内涵和艺术特色，将其与现代设计手法相结合，创造出具有独特魅力的作品。这种传统手工艺与现代设计的结合，不仅促进了传统手工艺的传承和发展，还实现了劳动审美与人文素养在现代社会中的创新融合，满足了人们对美好生活的追求。

---

① 千宗室．茶道的美学［M］．东京：岩波书店，2015：112.

五、劳动审美与人文素养融合面临的挑战及应对策略

（一）面临的挑战

1. 观念认知不足

在现代社会，部分人对劳动审美和人文素养的重要性认识不足。一些劳动者将劳动仅仅视为获取经济报酬的手段，忽视了劳动过程中的审美体验和人文价值。同时，社会上存在一种重物质、轻精神的倾向，对劳动成果的评价往往只注重其功能性和实用性，而忽略了其审美和文化内涵。这种观念认知的不足，阻碍了劳动审美与人文素养的融合。

2. 教育体系不完善

目前的教育体系在劳动审美与人文素养培养方面存在一定的缺陷。在学校教育中，虽然素质教育被大力提倡，但在实际教学中，仍然存在重知识传授、轻素养培养的现象。劳动教育、审美教育和人文教育往往缺乏系统性和连贯性，各学科之间缺乏有效的融合。同时，职业教育中对劳动者的审美和人文素养培养也不够重视，导致劳动者在技能提升的同时，审美和人文素养没有得到相应的提高。

3. 市场需求导向偏差

在市场经济环境下，市场需求对劳动生产具有重要的导向作用。然而，当前市场存在一些短视行为，过于追求经济效益，忽视了产品的审美和文化价值。一些企业为了降低成本、提高生产效率，在产品设计和生产过程中，忽略了对审美和人文元素的融入。消费者在购买产品时，也往往更注重价格和实用性，对产品的审美和文化内涵关注度不够。这种市场需求导向的偏差，使得企业在劳动生产中缺乏将劳动审美与人文素养融合的动力。

4. 传统文化传承困难

劳动审美与人文素养的融合离不开对传统文化的传承和发展。然而，在现代社会，传统文化的传承面临着诸多困难。随着城市化进程的加快和现代化生活方式的改变，一些传统手工艺和文化习俗逐渐被人们遗忘。同时，传统文化的传承方式相对单一，缺乏创新和活力，难以吸引年轻人的关注和参与。这使得传统文化中蕴含的劳动审美和人文精神难以得到有效的传承和发扬。

（二）应对策略

1. 加强宣传教育，提高观念认知

通过各种媒体渠道，加强对劳动审美和人文素养重要性的宣传教育。可以制作相关的纪录片、公益广告、文化节目等，向社会大众普及劳动审美和人文素养的知识，展示劳动审美与人文素养融合的优秀案例，引导人们树立正确的劳动观念和审美观念。在学校、企业和社区开展相关的讲座、培训和文化活动，提高人们对劳动审美和人文素养的认识和理解，增强人们在劳动中追求美和人文价值的意识。

2. 完善教育体系，促进素养培养

改革现有的教育体系，将劳动审美与人文素养的培养纳入教育的全过程。在基础教育阶段，加强劳动教育、审美教育和人文教育的课程设置，注重各学科之间的融合。例如，在语文、历史、美术等课程中，渗透劳动审美和人文精神的教育内容。在职业教育中，增加审美和人文素养方面的课程和培训，提高劳动者的综合素质。同时，鼓励学校开展丰富多彩的课外实践活动，如艺术创作、手工制作、文化体验等，培养学生的创新精神和实践能力，促进劳动审美与人文素养的融合。

3. 引导市场需求，推动融合发展

政府和行业协会应加强对市场的引导，鼓励企业生产具有审美和文化内涵的产品。通过制定相关的政策和标准，提高产品的审美和文化要求，对在产品设计和生产中注重劳动审美与人文素养融合的企业给予政策支持和奖励。同时，加强对消费者的教育和引导，提高消费者的审美水平和文化素养，培养消费者对具有审美和文化内涵的产品的需求。通过市场需求的引导，推动企业在劳动生产中积极将劳动审美与人文素养相融合，提高产品的附加值和市场竞争力。

4. 创新传统文化传承方式，弘扬人文精神

加强对传统文化的保护和传承，创新传统文化的传承方式。利用现代科技手段，如互联网、虚拟现实、人工智能等，对传统文化进行数字化保护和传播。开发与传统文化相关的 App、游戏、在线课程等，吸引年轻人的关注和参与。同时，鼓励传统文化与现代艺术、设计、科技等领域的融合，创造出具有时代特色的文化产品和艺术作品。在传承传统文化的过程中，注重挖掘传统文化中蕴含的劳动审美和人文精神，将其融入现代劳动生产和生活，实现传统文化的创造性转化和创新性发展。

总之，劳动审美与人文素养的融合是一个长期而复杂的过程，需要全社会的共同努力。通过应对各种挑战，采取有效的策略，实现劳动审美与人文素养的深度融合，将有助于提高劳动者的幸福感和创造力，丰富社会文化内涵，推动社会的进步和发展。

榜样力量

潘鲁生——民间手工艺的传承与创新

2024 年 12 月 5 日，联合国教科文组织保护非物质文化遗产委员会审议并通过将“黎族传统纺染织绣技艺”“羌年”“中国木拱桥传统营造技艺”从“急需保护的非物质文化遗产名录”转入“人类非物质文化遗产代表作名录”。光明网第一时间采访了中国文联副主席、中国民间文艺家协会主席、2023“中国非遗年度人物”潘鲁生，解读背后的文化密码。

2023 年，我国向联合国教科文组织提交了羌年、中国木拱桥传统营造技艺、黎族传统纺染织绣技艺等项目的申请材料，申请从急需保护名录转入代表作名录。上述 3 个遗产项目自列入急需保护名录以来，保护成效显著，存续力持续提升，委员会经评审，决定将黎族传统纺染织绣技艺、羌年、中国木拱桥传统营造技艺转入

代表作名录。

潘鲁生认为，这反映出我国兑现非物质文化遗产的保护承诺取得了显著进展和成效，同时也积累了宝贵的实践经验。2009年，黎族传统纺染织绣技艺、羌年、中国木拱桥传统营造技艺被列入首批《急需保护的非物质文化遗产名录》，不仅因为这一系列项目具有非常重要的文化价值，也意味着当时面临持续发展的某种困境。以黎族传统纺染织绣技艺为例，由于历史上黎族人民没有文字，纺织活动是记录其文化历史的主要方式，其以口传身授的方法代代相传，是生活方式、生产经验、审美观念和社会历史的重要载体。保护的核心是传承。近年来，海南省把握传承的关键，投入大量资金开办黎锦技艺传习馆，并建设培训基地，建立传承村、鼓励家庭保持或恢复母女传承方式，培养了一批批黎锦传承人。同时建立纺染原料基地、建设黎族传统纺染织绣技艺档案和数据库，为该项目的保护、传承和利用提供服务。2019年，黎族传统纺染织绣技艺成为我国首个进入联合国教科文组织总部展览的非物质文化遗产项目。近几年来，海南黎锦亮相博鳌亚洲论坛年会，并作为“国礼”被赠予海内外嘉宾。海南五指山市建起了黎锦技艺传习场馆，还开办了黎锦技艺项目培训班和国际化人才培养班，一方面促进黎锦的国际化，另一方面当地组织黎族传统纺染织绣技艺技能交流大赛，促进技艺传承的发展。在发展中仍然需要注意过度商业化对遗产保护的影响，从而以防止其可能的去语境化，关注保护计划中因市场需求而增加的风险，这也离不开传承人自身对文化使命的坚守。十几年来，保护工作取得显著进展，使我国非物质文化遗产保护在能力建设、生态化系统化发展方面积累了中国经验、贡献出中国方案。

潘鲁生表示，从整体上看，我们的保护行动和传承方式是及时而且必要的。从急需保护到转入代表作名录，意味着我们在传统技艺保护方面已经取得一定成效，传承人群形成了一定的规模，曾经几近消失的非物质文化遗产技艺已经能够自然地传续和发展。这种转变也给非物质文化遗产保护带来了可参考的经验。对作为地域文化鲜明象征、展现传统文化特性、蕴藏着中国传统造物智慧的文化遗产，我们要进行全方位的关注和保护。现在的各个层级的文化遗产名录每年都在更新，保护制度和相关的条例也在不断完善，社会整体的保护环境已经形成，非物质文化遗产的生态也越来越好。保护的核心是传承，技艺有人传承和使用就能不断层，在这种口传心授的传习中，传统工艺的精神和文化价值就有了后继人，这样才能够活跃在现代生活之中。在此基础上要做好创新，带有时代和历史特色的非物质文化遗产要与现代的科学技术、人文环境、生活需求相适应才能有生存的空间，才能适合现代社会的审美和精神需求，才能更好地回归生活。

潘鲁生认为，对于相关技艺的传承人来说，非遗项目从急需保护名录转入代表作名录有助于进一步建设非物质文化遗产项目和传承人的发展环境；同时，也有助于进一步提升传承人的文化使命感和自觉意识。以羌年为例，2008年6月7日，四川省茂县、汶川县、理县、北川羌族自治县申报的羌年经国务院批准列入第二批国家级非物质文化遗产名录。羌年是羌族人民宝贵的文化遗产，它集历史、歌舞、饮食于一体，从节庆活动中体现出羌族人民崇拜自然和先祖的民族个性，具有民族学、民俗学、社会学、历史学、文化学等多方面的研究价值。国家级羌族文化生态保护区成果展暨2024羌年庆祝活动已经成功举办了7届，过羌年已经成为一种潮流，要继续致力于保护这一遗产项目，需要鼓励当地居民共同振兴传统节日活动，培育和繁荣其生活的氛围和广泛的心理文化基础。作为代表性项目，在已有的经验和成果的基础上，这类项目的培育和发展还将更繁荣、更有生命力。

总之，列入非物质文化遗产代表作名录，项目本身获得更多的社会认可与关注，有益于技艺的传承保护。从濒临失传到再次回归人们的生活视野，传统工艺本身的工艺属性与文化意义再次被人们关注。一代代传承人的培养和他们自身的专业能力都得到了提升，社会组织力量对项目发展进行帮扶，支持和帮助传承人培养，由此形成了传承的良性循环。传承人的技艺更易被社会认可，随着其社会地位与影响力的提升，形成了一定的传承人带动效应。由此，传承方式变得更加多元，如传承人进校园已经形成一种传统，大众开始了解和喜欢非物质文化遗产，主动欣赏和喜爱这种独具地方特色的传统工艺。在这些举措的推进下，传承人的传承热情和积极性得到激发，积极参与相关展示和表演活动，主动成为非物质文化遗产的推广者。非物质文化遗产正以多样化的姿态回归现代生活，传统工艺的影响力、传统文化的力量也随之体现。

资料来源：《潘鲁生：由急需保护到代表作名录的中国经验——中国三个项目由急需保护名录转入人类非物质文化遗产代表作名录的启示》，https：//culture. gmw. cn/2024-12/06/content_37722824. htm，有改动。

第七章
劳动能力与创新

在当代社会，劳动能力的提升与创新素养的培育已成为个人与组织发展的核心驱动力。本章围绕“劳动能力与创新”主题，系统阐述了团队协作与有效沟通在现代劳动中的关键作用。团队协作通过分工互补、思维碰撞与信任构建，显著提升了工作效率与组织竞争力；而有效沟通则借助倾听、表达与情绪管理等技巧，成为化解矛盾、凝聚共识的纽带。无论是“嫦娥”“神舟”团队的航天壮举，还是谷歌高信任文化的实践，均印证了协作与沟通对劳动效能的核心价值。

创新思维是推动劳动变革的核心动力。本章从独特性、灵活性、批判性等维度剖析了创新思维的特点，强调其通过技术革新与跨界融合，持续优化劳动质量并拓展劳动边界。同时，劳动创新素养的构成要素——创新意识、知识、技能与品质，为劳动者提供了系统性指引。比亚迪坚守新能源路线、王燕团队变废为宝的案例表明，创新不仅需要技术突破，更需环境支持与价值观引领。通过“理论+实训+反思”的培养模式，劳动创新得以转化为实际成果，助力可持续发展。

第一节　劳动中的团队协作重要性与原则

一、团队协作在现代劳动中的地位和作用

在当今高度专业化和分工精细化的现代社会，劳动不再是孤立的个体行为，团队协作已成为推动各项工作顺利开展的核心力量，在现代劳动中占据着举足轻重的地位，发挥着不可替代的作用。

（一）提高工作效率和质量

团队协作能够将不同成员的专业技能、知识和经验进行整合，实现优势互补。以软件开发项目为例，一个完整的软件产品需要程序员负责代码编写、设计师进行界面设

计、测试人员开展功能测试等。程序员凭借其对编程语言的熟练掌握和算法设计能力，能够高效地实现软件的各项功能；设计师则运用其美学知识和创意，打造出用户友好、界面美观的软件界面；测试人员通过专业的测试方法和敏锐的问题发现能力，找出软件中的漏洞和缺陷。不同专业背景的团队成员相互协作，能够在各自擅长的领域发挥最大效能，避免了个体因知识和技能局限而导致的效率低下和质量问题。

团队成员之间的分工协作可以使复杂的任务得以分解，化整为零，从而更高效地完成工作。例如在大型建筑项目中，从项目规划、基础建设、主体施工到装修装饰等环节，涉及众多专业领域和大量工作任务。通过合理的团队分工，工程师负责项目的技术指导和质量把控，施工人员专注于具体的施工操作，物资管理人员保障建筑材料的及时供应。各成员各司其职，协同作业，大大提高了工作效率，确保项目能够按时、按质完成。

（二）增强组织的创新能力和竞争力

团队协作能够激发成员之间的思维碰撞，促进创新想法的产生。在一个多元化的团队中，不同成员由于教育背景、工作经验和个人思维方式的差异，会对同一问题产生不同的见解和解决方案。例如在广告创意团队中，文案策划人员擅长用文字表达产品特点和情感诉求，美术设计人员善于通过视觉元素传达创意理念，市场营销人员则熟悉市场需求和消费者心理。当他们围绕一个广告项目展开讨论时，不同的观点相互交流、融合，往往能够激发出新颖独特的创意，为广告作品注入新的活力，使其在市场竞争中脱颖而出。

在快速变化的市场环境中，团队协作能够使组织更迅速地应对各种挑战和机遇，增强组织的竞争力。团队成员可以根据市场动态和客户需求，及时调整工作策略和方法。例如在电商行业，面对激烈的市场竞争和消费者需求的不断变化，运营团队、技术团队和客服团队紧密协作，运营团队及时调整营销策略，技术团队快速优化网站或应用程序的功能，客服团队积极收集客户反馈并及时传达给相关部门。这种高效的团队协作能够使企业更好地满足客户需求，提升客户满意度，从而在市场竞争中占据优势地位。

（三）促进员工的个人成长和发展

团队协作提供了一个良好的学习平台，成员之间可以相互学习、相互借鉴。在团队中，经验丰富的成员可以分享自己的专业知识和工作经验，帮助新成员快速成长；新成员则可以带来新的思维方式和观点，为团队注入新的活力。例如，在一个科研团队中，资深研究员可以指导年轻科研人员进行实验设计、数据分析和论文撰写，年轻科研人员则可以运用自己在新技术、新方法方面的知识，为科研项目带来新的思路和突破。通过这种相互学习和交流，团队成员的专业技能和综合素质都能够得到有效提升。

参与团队协作能够培养员工的团队合作精神、沟通能力和领导能力等综合素质。在团队工作中，成员需要与他人合作完成任务，这就要求他们学会倾听他人意见、理解他人需求、协调各方利益，从而提高沟通能力和团队合作能力。同时，在团队中担任一定的角色和职责，也为员工提供了锻炼领导能力的机会。例如，项目负责人需要组织和协调团队成员，制订工作计划，确立工作目标，以推动项目顺利进行。

二、团队协作的基本原则

（一）目标一致

明确共同的目标和愿景是团队协作的基础。一个团队只有拥有清晰、明确的目标，成员们才能清楚地知道自己的工作方向和努力的目的。例如，在一个创业团队中，团队的目标可能是开发一款具有创新性的产品，并在市场上获得一定的份额。这个目标为团队成员提供了共同的努力方向，无论是产品研发人员、市场营销人员还是运营人员，都围绕这个目标开展工作。

团队目标应该具体、可衡量、可实现、相关联且有时限（SMART 原则）。以一个销售团队为例，其目标可以设定为在一个季度内将销售额提高 20%，这个目标明确具体，可通过实际的销售数据进行衡量，并且在合理的资源和努力下是可实现的，与团队的整体业务相关联，同时设定了明确的时间期限。这样的目标能够使团队成员更加清晰地了解自己的工作任务和要求，提高工作的针对性和效率。

（二）分工明确

合理分配任务和职责是团队协作高效运行的关键。在团队中，每个成员都应该有明确的分工，清楚自己的工作职责和任务目标。例如，在一个电影制作团队中，导演负责整体的艺术创作和拍摄指导，摄影师负责画面的拍摄和构图，剪辑师负责影片的后期剪辑和制作，演员负责角色的表演。明确的分工能够避免职责不清、相互推诿的现象，提高工作效率。

分工要根据成员的专业技能、兴趣和能力进行合理安排，充分发挥每个成员的优势。例如在一个数据分析团队中，擅长统计学的成员可以负责数据的分析和建模工作，对数据可视化有经验的成员可以负责将分析结果以直观的图表形式展示出来。这样的分工能够使团队成员在自己擅长的领域发挥最大效能，提高团队的整体绩效。

（三）相互信任

建立信任关系是团队协作的重要保障，团队成员之间的相互信任能够增强团队的凝聚力和战斗力。当成员之间相互信任时，他们会更加愿意分享自己的想法和经验，互相支持和帮助，共同解决问题。例如在一个救援团队中，队员们在执行危险任务时，必须相互信任，才能放心地将自己的后背交给队友，共同完成救援任务。

信任需要通过长期的沟通、合作和相互尊重来建立。团队成员要遵守承诺，言行一致，对自己的工作负责，同时要尊重他人的意见和建议，包容不同的观点和做法。例如在团队会议中，成员们要认真倾听他人的发言，尊重他人的想法，即使存在分歧，也应该以理性和建设性的方式进行讨论，而不是相互指责和批评。

（四）有效沟通

及时、准确地传递信息是团队协作的重要环节。在团队工作中，信息的传递是否及时、准确直接影响到工作的进展和决策的正确性。例如在一个项目团队中，项目负责人需要及时向成员传达项目的目标、任务和进度要求，成员之间也需要及时沟通工作中遇到的问题和解决方案。只有确保信息的畅通无阻，团队成员才能协调一致地开展工作。

沟通要采用合适的方式和渠道，根据不同的情况选择面对面沟通、电话沟通、电子邮件沟通或即时通信工具沟通等。例如对于重要的决策和复杂的问题，面对面沟通能够更好地传达信息和理解对方的意图；对于一些简单的信息传递，可以采用电子邮件或即时通信工具进行沟通。同时，沟通要注重反馈，确保信息被正确理解和执行。

（五）协同合作

协同合作是团队协作的核心要求。团队成员要相互支持，密切配合，共同完成任务。在一个跨部门项目中，不同部门的成员需要协同合作，才能确保项目的顺利进行。例如在一个新产品研发项目中，研发部门、生产部门、销售部门和市场部门需要密切配合，研发部门负责产品的设计和开发，生产部门负责产品的生产制造，销售部门负责产品的市场推广和销售，市场部门负责市场调研和需求分析。各部门之间需要相互协作，及时沟通，共同解决项目中出现的问题。

协同合作需要建立有效的协调机制，明确各成员之间的工作流程和协作方式。例如在一个大型活动策划团队中，需要制订详细的活动策划方案，明确各成员在活动筹备、组织和执行过程中的职责和工作流程，确保活动能够顺利进行。同时，团队成员要具备大局意识，当个人利益与团队利益发生冲突时，要以团队利益为重，积极主动地与他人合作，共同实现团队目标。

三、团队协作对个人和组织的影响

（一）对个人的职业发展和人际关系的促进

在职业发展方面，团队协作能够为个人提供更多的学习和成长机会。通过与不同背景的团队成员合作，个人可以接触新的知识、技能和思维方式，拓宽自己的视野，提升自己的综合素质。例如在一个国际化的项目团队中，成员来自不同的国家和地区，具有不同的文化背景和专业知识。个人在与他们合作的过程中，可以学习到不同的工作方法和管理经验，提高自己的跨文化沟通和协作能力，这些都对个人的职业发展具有重要的推动作用。

良好的团队协作能够促进个人人际关系的发展。在团队中，成员之间通过共同的工作目标和任务，相互交流、相互支持，建立起深厚的友谊和信任关系。这种良好的人际关系不仅能够提高工作的满意度和幸福感，还能够为个人的职业发展提供有力的支持。例如在团队中与同事建立良好的关系，当个人遇到职业发展中的问题或需要寻求帮助时，可以得到同事的支持和建议，有助于个人更好地应对挑战，实现职业目标。

（二）对组织的绩效和文化建设的推动

团队协作能够显著提高组织的绩效。通过团队成员的分工协作和优势互补，组织能够更高效地完成工作任务，提高工作质量和效率。例如在一个生产型企业中，生产团队、研发团队和销售团队的紧密协作能够确保产品的研发、生产和销售环节的顺利进行，提高企业的市场竞争力和盈利能力。同时，团队协作能够促进创新，为组织带来新的发展机遇，进一步提升组织的绩效。

团队协作对组织文化建设具有重要的推动作用。一个注重团队协作的组织能够营造出积极向上、团结协作的文化氛围，增强员工的归属感和凝聚力。例如在一些互联网企业中，强调团队合作、创新和开放的文化理念，员工之间相互协作、相互支持，形成了良好的工作氛围。这种积极的组织文化能够吸引和留住优秀人才，提高员工的工作积极性和创造力，促进组织的持续发展。

四、团队协作面临的挑战与应对策略

（一）团队成员的个性差异和冲突解决

团队成员的个性差异是团队协作中不可避免的问题。不同的性格、价值观和工作风格可能导致团队成员之间的沟通障碍和冲突。例如，性格外向的成员可能更倾向于积极表达自己的观点，而性格内向的成员可能更善于倾听和思考，这种差异可能导致在团队讨论中，外向的成员发言较多，而内向的成员的意见得不到充分表达。

应对个性差异和冲突，首先要加强团队成员之间的了解和沟通。可以通过团队建设活动、小组讨论等方式，让成员们更好地了解彼此的性格特点、工作风格和价值观，增进相互之间的理解和信任。其次，要建立有效的冲突解决机制，当冲突发生时，团队成员要以开放、理性的态度进行沟通，找出冲突的根源，寻求双方都能接受的解决方案。例如，在团队中可以设立专门的沟通渠道，让成员们能够及时表达自己的意见和感受，避免冲突的积累和恶化。

（二）团队目标的调整和共识达成

在团队工作过程中，由于市场环境的变化、客户需求的调整或其他因素的影响，团队目标可能需要进行调整。然而，目标的调整可能会导致团队成员的困惑和分歧，影响团队的协作和工作进展。例如，一个营销团队原本的目标是在某一地区推广一款产品，但由于市场竞争加剧，需要调整目标为开拓新的市场区域，这可能会引起团队成员对新目标的可行性和实施难度的担忧。

为了达成团队目标的共识，团队领导者要及时与成员进行沟通，解释目标调整的原因和必要性，倾听成员的意见和建议。同时，可以组织团队成员进行讨论和分析，共同制定新的工作目标，让成员们参与到目标的制定过程中，增强他们对目标的认同感和责任感。此外，在目标调整后，要及时对团队的分工和资源分配进行相应的调整，确保团队能够顺利实现新的目标。

（三）团队协作中的责任分担和激励机制

在团队协作中，责任分担不明确可能导致成员之间的推诿和扯皮现象，影响团队的工作效率和绩效。例如，在一个项目团队中，如果对项目的各个环节的责任没有明确划分，当出现问题时，成员们可能会相互指责，而不是积极解决问题。

建立合理的责任分担机制是解决这一问题的关键。在项目开始前，要明确每个成员的工作职责和任务目标，制定详细的工作流程和责任清单。同时，要建立有效的激励机制，对在团队协作中表现出色的成员进行奖励和表彰，激励成员们积极履行自己的职责，为团队的成功贡献力量。例如，可以设立团队绩效奖金、优秀员工评选等激励措施，以激发团队成员的工作积极性和创造力。此外，要建立有效的监督和考核机制，对成员的工作表现进行定期评估和反馈，及时发现和解决责任分担中存在的问题。

榜样力量

航天报国的“嫦娥”“神舟”“北斗”团队——同心共圆飞天梦

离地390公里的轨道上，神舟十二号飞船与天和核心舱成功交会对接，中国人首次进入自己的空间站。

36000公里，这个轨道高度上，北斗卫星遥看地球，指引着前进的方向。

距离地球38万公里之遥，嫦娥三号、嫦娥四号分别在月球的正面和背面留下中国印迹，嫦娥五号更成功将1731克月壤带回地球，上演了“月宫取宝、月轨对接、太空投递”的壮举……

所谓壮举，皆因奋斗。成就的背后，离不开航天报国的“嫦娥”“神舟”“北斗”团队，他们自主创新、不断突破，在我国航天史上书写了一页页绚丽篇章。

2020年12月17日凌晨，如同茫茫草原上的一颗流星，嫦娥五号划破天际，以百米冲刺的姿态回到地球，惊起一团烟云。

作为21世纪人类首次月球采样返回任务，嫦娥五号任务的成功实施标志着中国航天向前迈出一大步。

从嫦娥一号到嫦娥五号，中国探月工程取得优异成绩，不超预算、不降指标、不拖时间，如期完成“绕、落、回”三步走规划，在月球探测领域向全世界交出了一份亮丽的答卷。

回首“嫦娥”团队所走过的艰难探索之路，嫦娥一号、嫦娥二号绕月探测的圆满成功，让中国人“到月宫一探究竟”的梦想有了成真的可能。

“我们飞向月球的大门一经打开，深空探测的脚步就不会停止。”探月工程首任总设计师孙家栋院士说。

一次次闯关夺隘，一场场拼搏会战，开拓进取的“嫦娥”团队，秉承着“以国家任务为己任”的誓言，以自主创新为团队成长的驱动力，又为嫦娥三号、嫦娥四号铺就了一条完美的落月之路，让“中国探月”的“金字招牌”闪耀在茫茫太空。

“一个人没有想象力、没有好奇心是没有动力的。”从力主嫦娥四号到月球背面去，到嫦娥五号获取最年轻的月壤，嫦娥一号卫星系统总指挥兼总设计师、“人民科学家”叶培建院士始终认为，“要想得更远一点”。

从嫦娥三号、玉兔号到嫦娥四号、玉兔二号，再到嫦娥五号，一个个中国探测器成功到访月球所勾勒描绘的，是中华民族走向伟大复兴的逐梦足迹。

“心至苍穹外，目尽星河远。”这是中国航天人最真实的内心写照。此刻，举目仰望，3 名中国航天员正遨游太空，中国逐梦空间站迈出新步伐。

2021 年 6 月 17 日，航天员聂海胜、刘伯明、汤洪波乘神舟十二号飞船成功飞天，成为中国空间站天和核心舱首批入驻人员，开启了中国载人航天工程空间站阶段的首次载人飞行任务。

从女娲补天、夸父逐日的神话传说，到屈原《天问》、李白“举杯邀明月”的文学想象，自古以来，飞离地球、遨游太空就是中华民族的梦想之一。为了圆梦，一代代中华儿女在实践中探索着飞天之路。

当神舟十二号成功发射，卸任神舟飞船总设计师多年的戚发轫院士第一次有机会在现场看飞船发射，他的眼眶一度湿润了，但面对记者，他却退到一边，把接受采访的机会留给了长征二号 F 运载火箭年轻的女总设计师容易，还笑着说：“看见她，就容易了！”

事非经过不知难，面对载人飞天的巨大挑战，谈何容易！“神舟”团队就是这样顶住压力，把困难变得容易，把不可能变成了可能。

从神舟一号到神舟十二号，几代“神舟”团队怀着强烈的爱国情怀，像拧螺丝一样把自己拧在工作岗位上、拧在祖国的航天事业中，在平凡的岗位上追逐着不平凡的人生理想，以实际行动兑现了“用成功报效祖国、用卓越铸就辉煌”的庄严承诺。

2020 年 7 月 31 日，北斗三号全球卫星导航系统建成暨开通仪式在京举行，北斗三号全球卫星导航系统全面建成并开通服务，标志着我国成为世界上第三个独立拥有全球卫星导航系统的国家。

26 年间，参与北斗系统研制建设的全体人员迎难而上、敢打硬仗、接续奋斗，发扬“两弹一星”精神，培育了新时代北斗精神。

“关键核心技术一定牢牢掌握在自己手中”“这是一项团队工程，没有个人英雄”“中国的北斗、世界的北斗、一流的北斗”……“北斗”团队正是秉持着这样的信念，让中国北斗星耀苍穹。

从北斗一号、北斗二号、北斗三号分步实施的战略决策，到中国特色北斗卫星导航体制的设计，再到星间链路、高精度原子钟等 160 余项关键核心技术攻关和 500 余种器部件国产化研制的突破，无不彰显着北斗团队创新的志气和追求。

“这是中国人艰苦奋斗、自力更生发展大国重器的又一次胜利。”令北斗三号卫星首席总设计师谢军倍感自豪的是，“北斗已成为中国享誉世界的一张名片”。

“我们的卫星除了上天之外，更需要‘落地’，需要跟经济建设更好地结合起来，发挥更大的效益。一句话，航天最终要造福老百姓。”孙家栋说。

到2035年，中国将建成更加泛在、更加融合、更加智能的国家综合定位导航授时体系，进一步提升时空信息服务能力。北斗将以更强的功能、更优的性能，服务全球，造福人类。

资料来源：胡喆：《奋斗百年路　启航新征程·数风流人物丨同心共圆飞天梦——记航天报国的“嫦娥”“神舟”“北斗”团队》，新华社2021年6月23日电。

第二节　有效沟通技巧在劳动实践中的应用

一、沟通的基本概念和类型

（一）沟通的定义和要素

沟通是指信息在发送者和接收者之间传递的过程，包括信息的编码、传输、解码和反馈等环节。沟通的要素包括发送者、信息、渠道、接收者和反馈。发送者是信息的源头，负责将信息进行编码，通过一定的渠道（如语言、文字、图像等）传输给接收者；接收者对信息进行解码，理解信息的含义，并通过反馈向发送者表明自己对信息的理解和态度。例如，在一次商务会议中，会议主持人作为发送者，将会议的议程、决策等信息通过口头语言的形式传达给参会人员（接收者），参会人员在理解信息后，可以通过提问、发言等方式进行反馈。

（二）正式沟通与非正式沟通

正式沟通是指通过组织正式的渠道进行的沟通，如会议、报告、文件等。正式沟通具有规范性、权威性和严肃性的特点，通常用于传达重要的信息、决策和指令。例如，公司的年度总结会议、部门的工作汇报等属于正式沟通。正式沟通能够确保信息的准确性和完整性，但可能会因为流程繁琐、形式主义等问题影响沟通效率。

非正式沟通是指在正式组织之外进行的沟通，如员工之间的闲聊、聚会等。非正式沟通具有灵活性、及时性和情感性的特点，能够传递一些正式沟通中难以表达的信息和情感。例如，员工在午餐时间的交流中可能会分享一些工作中的经验和感受，或者对公司的一些决策提出自己的看法。非正式沟通虽然能够增强团队成员之间的感情和凝聚力，但也可能会导致信息的失真和传播不当。

（三）语言沟通与非语言沟通

语言沟通是指通过语言符号进行的沟通，包括口头语言和书面语言。口头语言沟通具有及时性、互动性和灵活性的特点，能够及时反馈和调整沟通内容。例如，面对面的交谈、电话沟通等属于口头语言沟通。书面语言沟通具有准确性、规范性和可追溯性的特点，常用于传达重要的信息和文件。例如，电子邮件、报告、合同等属于书面语言沟通。

非语言沟通是指通过非语言符号进行的沟通，如肢体语言、面部表情、语气语调等。非语言沟通能够传达丰富的情感和态度信息，对语言沟通起到补充和强化的作用。例如，一个人微笑的表情、自信的姿势等能够传递出积极的信息，而皱眉、双臂交叉等姿势可能表示不满或防御。在沟通中，要注意非语言沟通与语言沟通的一致性，避免出现信息传递的矛盾。

二、有效沟通的原则和技巧

（一）倾听技巧

倾听是有效沟通的重要环节，能够帮助我们更好地理解对方的意图和需求。倾听时要专注，给予对方充分的关注，不打断对方的发言，保持眼神交流。例如，在与客户沟通时，要认真倾听客户的需求和意见，让客户感受到被尊重和重视。同时，要理解对方的观点，尝试从对方的角度去思考问题，而不是急于表达自己的观点。在倾听过程中，要及时给予反馈，可以通过点头、微笑、回应等方式表示自己在认真倾听和理解对方的发言。

（二）表达技巧

表达技巧包括清晰、准确、简洁地传达信息。在表达时，要明确自己的目的和重点，避免模糊不清和冗长复杂的表达。例如，在撰写工作报告时，要突出重点，用简洁明了的语言阐述工作的进展、成果和问题。同时，要注意语言的准确性，避免使用模糊的词汇和概念，确保信息能够被准确理解。此外，表达要生动有趣，可以运用适当的例子、比喻等方式增强表达的吸引力和感染力。

（三）非语言沟通技巧

非语言沟通技巧在沟通中起着重要的作用。肢体语言要自然、得体，避免过于夸张或不适当的动作。例如，在演讲时，要保持良好的姿势，挺胸抬头，双手自然摆放，避免频繁的小动作。面部表情要与语言表达相匹配，传递积极的情感和态度。语气语调要根据沟通的内容和情境进行调整，例如在表达重要观点时，可以适当提高音量和语速，增强感染力。

（四）沟通中的情绪管理

沟通中情绪管理至关重要。要控制自己的情绪，保持冷静和理智，避免情绪化的表达和反应。例如，在与同事发生分歧时，要保持冷静，以理性的方式进行沟通，避免争吵和冲突。同时，要理解和接纳对方的情绪，当对方情绪激动时，要给予理解和安抚，待对方情绪稳定后再进行沟通。可以通过深呼吸、暂停片刻等方式来调节自己的情绪，确保沟通能够在平和的氛围中进行。此外，要学会用恰当的方式表达自己的情绪，让对方了解自己的感受，同时也避免因情绪表达不当而影响沟通效果。

（五）反馈技巧

反馈是沟通中不可或缺的部分，能让发送者了解信息是否被正确接收和理解。积极的反馈可以增强对方的信心和积极性，如对对方的观点表示认同并给予肯定，“你这个想法非常有创意，对我们的工作很有帮助”。建设性的反馈则有助于改进工作，在指出问题时要注意方式方法，先肯定对方的努力和优点，再提出具体的改进建议，例如：“你这次的报告整体思路很清晰，要是在数据部分再补充一些最新的案例，效果会更好。”同时，要确保反馈的及时性，让对方能够及时了解自己的表现和需要改进的地方。

三、有效沟通在不同劳动场景中的应用

（一）团队会议中的沟通

在团队会议中，沟通的有效性直接影响会议的效率和决策的质量。会议主持人要明确会议的目的和议程，提前通知参会人员，确保大家做好充分准备。在会议过程中，要引导大家有序发言，鼓励每个人表达自己的观点和想法，同时控制好会议的节奏，避免讨论偏离主题。例如，在项目进度会议中，主持人可以先让各小组负责人汇报工作进展，然后组织大家讨论遇到的问题和解决方案。参会人员要认真倾听他人的发言，尊重不同的意见，积极参与讨论，提出有建设性的建议。在表达自己的观点时，要清晰明了，有理有据，避免冗长和模糊的表述。会议结束后，要及时总结会议内容，明确下一步的工作任务和责任分工，并将会议记录及时分发给相关人员。

（二）项目协作中的沟通

项目协作涉及多个团队成员和部门之间的合作，有效的沟通是项目成功的关键。在项目启动阶段，项目负责人要与团队成员进行充分的沟通，明确项目的目标、任务、时间表和质量标准，确保大家对项目有清晰的认识。在项目执行过程中，要建立定期的沟通机制，如每日的站会、每周的进度汇报等，及时了解项目的进展情况，发现并解决问题。例如，在软件开发项目中，开发团队、测试团队和产品团队之间要密切沟通，开发团队及时向测试团队提交代码进行测试，测试团队将发现的问题反馈给开发团队进行修复，产品团队则根据市场需求和用户反馈提出功能改进建议。在沟通中，要注意信息的准确性和完整性，避免因信息传递不畅而导致项目延误或出现质量问题。同时，要建立有效的问题解决机制，当遇到问题时，各团队成员要共同协作，积极寻找解决方案。

（三）客户服务中的沟通

客户服务中的沟通直接关系到客户的满意度和忠诚度。客服人员要以热情、专业的态度与客户沟通，认真倾听客户的需求和问题，给予及时、准确的回应。在倾听客户讲话时，要表现出充分的关注和理解，使用礼貌用语，如“您好”“请”“谢谢”等。当客户表达不满或投诉时，要保持冷静，先安抚客户的情绪，然后了解问题的详细情况，提出合理的解决方案。例如，客户对产品质量提出投诉，客服人员要向客户道歉，详细记录问题，及时反馈给相关部门进行处理，并在规定的时间内给客户回复处理结果。在与客户沟通时，要注意语言的亲和力和感染力，让客户感受到被关心和重视。同时，要不断提高自己的专业知识和服务技能，以便更好地为客户提供服务。

（四）跨部门合作中的沟通

跨部门合作需要不同部门之间的密切协作和有效沟通。由于各部门的工作重点和目标可能不同，因此在沟通中要充分理解和尊重对方的立场和需求，寻找共同的利益点。在合作项目开始前，要召开跨部门沟通会议，明确各部门的职责和任务，制定详细的合作计划和时间表。在合作过程中，要建立定期的沟通渠道，如跨部门协调会、工作群等，及时解决合作中出现的问题。例如，在企业举办大型活动时，市场部门负责活动的策划和推广，行政部门负责场地的安排和物资的采购，人力资源部门负责人员的调配和培训，各部门之间要密切沟通，确保活动的顺利进行。在沟通中，要注意避免部门之间的冲突和矛盾，当出现分歧时，要以合作的态度进行协商，寻求最佳的解决方案。同时，要加强部门之间的信息共享，提高工作效率。

四、沟通障碍的识别与克服

（一）沟通障碍的类型

沟通障碍主要包括语言障碍、文化障碍、心理障碍和环境障碍等。语言障碍是指双方语言表达能力、专业术语理解等方面的差异导致信息传递不畅。例如，在跨国项目中，不同国家的团队成员可能因为语言习惯和表达方式的不同，导致沟通出现误解。文化障碍则是由于不同文化背景下的价值观、信仰、习俗等差异引起的。比如，在与国外客户沟通时，不了解对方的文化习俗，可能会引起对方的不满。心理障碍包括个人的性格、情绪、偏见等因素对沟通的影响。例如，性格内向的人可能在沟通中不愿意表达自己的观点，情绪不稳定的人可能会在沟通中出现过激的反应。环境障碍则是指沟通所处的物理环境、时间压力等因素对沟通的干扰。例如，在嘈杂的环境中，沟通双方可能无法清晰地听到对方的讲话。

（二）识别沟通障碍的方法

识别沟通障碍需要关注沟通的各个环节和对方的反应。在沟通中，要注意观察对方的表情、语气和肢体语言，判断对方是否理解了自己的意思。如果对方出现困惑、惊讶或不耐烦的表情，可能意味着存在沟通障碍。同时，要注意倾听对方的反馈，当对方提出疑问或重复询问时，可能是信息传递不清晰。此外，要反思自己的表达是否准确、清晰，是否使用了对方不理解的专业术语或词汇。通过这些方法，可以及时发现沟通中存在的障碍。

(三) 克服沟通障碍的策略

克服语言障碍可以通过提高语言表达能力、避免使用过于生僻的专业术语、进行语言培训等方式。对于文化障碍，要加强对不同文化的了解和尊重，学习对方的文化习俗和沟通方式，避免因文化差异而引起的误解。在克服心理障碍方面，要调整自己的心态，保持积极、开放的态度，尊重他人的意见和观点，避免偏见和主观臆断。对于环境障碍，可以选择合适的沟通环境，减少外界干扰，合理安排沟通时间，避免在时间紧迫的情况下进行重要的沟通。当遇到沟通障碍时，要及时调整沟通方式和策略，如换一种表达方式、选择更合适的沟通渠道等，确保沟通的顺利进行。

榜样力量

张一鸣——如何逆袭？自观、识人、沟通的艺术

2009 年，27 岁的张一鸣离开酷讯创立九九房。这位日后字节跳动的创始人，在创业初期便展现出对“有效沟通”的极致追求——从团队协作规则到人才筛选标准，他将理性沟通视为企业成长的底层密码。

沟通理念：用逻辑替代激情

“公司不需要煽情的演讲，只需要清晰的目标。”张一鸣在董事会汇报时，总以数据拆解业务，用逻辑代替激情。这种风格源于他对乔布斯管理失误的反思：曾沉迷于产品灵感的乔布斯因忽视团队沟通，导致苹果内部矛盾重重。

在九九房，张一鸣推行“邮件同步工作法”：任何任务必须书面定义目标、拆解步骤并全员共享。这一规则让跨部门协作效率提升 40%，更成为字节跳动 OKR 制度的雏形。“含糊其词是团队毒药，精确表达才是生产力。”他在 2011 年的内部邮件中强调。

沟通流程：规则大于人情

为杜绝“大公司病”，张一鸣设计了一套反直觉的沟通机制：

目标透明化：所有项目目标必须通过邮件公示，接受全团队质询。

反馈即时化：发现问题需在 24 小时内提出，禁止私下抱怨。

决策数据化：争议事项以 A/B 测试结果裁决，而非职位高低。

这套“冰冷”的流程，曾在九九房引发争议。在某次产品迭代会上，一位工

程师当面质疑张一鸣的技术方案，他在白板前演算两小时后承认错误：“你是对的，我们按你的思路推进。”

识人标准：真实高于完美

“面试50人才能招到1人。”2010年的张一鸣，将70%的时间投入招聘工作。他独创“三板斧”筛选法：

破除伪装：刻意制造压力场景，观察候选人的本能反应。

检验逻辑：要求用数学公式解释产品设计思路。

测试延迟满足：询问“如果项目三年无成果怎么办”。

一位应聘者因坦言“更看重长期成长而非短期高薪”被破格录用，后来成为抖音初期的核心架构师之一。“优秀人才往往有‘可容忍的缺陷’。”张一鸣在微博中写道。

团队沟通：系统大于个体

面对早期团队摩擦，张一鸣发明了“问题归因三步法”：

将冲突抽象为流程问题。

设计系统性解决方案。

通过OKR追踪改进效果。

当技术部与市场部因需求优先级争执不下时，他引入“需求价值公式”：（用户覆盖量×使用频率）÷开发成本=优先级系数。这套公式让争吵率下降了60%，跨部门会议时间缩短至原先的1/3。

沟通中的自我修炼

“涵蓄情绪，静止沟通。”这是张一鸣2011年的微博箴言。他要求高管在重要谈判前进行“木头人训练”：端坐90分钟不调整姿势，以培养情绪控制力。在某次融资洽谈中，投资方突然压价30%，他静默3分钟后逐条反驳数据漏洞，最终守住了估值底线。

理性沟通的蝴蝶效应

2012年，当九九房做到房产类App榜首时，张一鸣却毅然转型。“房产搜索的天花板触手可及，信息分发的海洋才刚开始。”他在董事会上用10页数据模型说服投资人，为字节跳动赢得关键支持。如今，字节跳动“Context not Control”（情境透明而非控制）的管理哲学，正是九九房时期沟通理念的延续——用系统化的信息流通，替代传统科层制管控。

从酷讯的技术极客到万亿商业帝国的缔造者，张一鸣证明：理性沟通不是冰冷的工具，而是激发组织创造力的熔炉。正如他在字节跳动成立8周年信中所述：“构建让信息如‘水银泻地’般流动的机制，比追逐某个天才创意更重要。”

资料来源：《张一鸣——如何逆袭？自观、识人、沟通的艺术》，https：//www.163.com/dy/article/H961K2BS05199GN.html，有改动。

第三节 团队协作与沟通能力的训练方法与实践活动

一、团队协作能力的训练方法

(一) 拓展训练

拓展训练是一种通过模拟各种团队任务和挑战来提升团队协作能力的有效方法。常见的拓展项目如“毕业墙”，要求团队成员在规定时间内，不借助任何工具，通过相互协作，让所有人翻越一面高墙。在这个过程中，团队成员需要明确分工：有人负责搭建人梯，有人负责保护安全，有人负责指挥协调。通过这样的项目，团队成员能够深刻体会到团队协作的重要性，增强彼此之间的信任和默契。又如“盲人方阵”，团队成员在蒙上眼睛的情况下，依靠团队的沟通和协作，将一根绳子围成一个最大的正方形。这个项目锻炼了团队成员的沟通能力、领导能力和解决问题的能力，让成员们明白在团队中如何有效地传达信息、倾听他人的意见以及共同解决困难。

(二) 团队游戏

团队游戏是一种轻松有趣的团队协作训练方式。例如“信任背摔”，一名队员站在高处，背向队友倒下，其他队友在下方接住他。这个游戏能够增强团队成员之间的信任，让队员们感受到团队的支持和保护。“无敌风火轮”游戏，团队成员需要共同制作一个大的履带式“风火轮”，然后全体成员站在“风火轮”上，通过协调配合向前行进。在这个过程中，团队成员需要相互协作，保持步伐一致，以提高团队的协同能力。此外，“七巧板”游戏也是一个很好的团队协作训练项目，团队被分成若干小组，每个小组都有不同的任务和资源，只有通过小组之间的协作和资源共享，才能完成整体任务。通过这些团队游戏，团队成员能够在轻松愉快的氛围中提高团队协作能力，增强团队的凝聚力。

(三) 案例分析与讨论

通过分析实际的团队协作案例，引导团队成员思考和讨论，是提升团队协作能力的重要方法。可以选取一些成功的团队协作案例，如苹果公司在产品研发过程中，设计团队、工程团队和市场营销团队的紧密协作，打造出具有创新性和市场竞争力的产品。让团队成员分析这些案例中团队协作的优势和成功经验，学习如何明确目标、合理分工、有效沟通和协同合作。同时，也可以选取一些失败的案例，如一些项目由于团队成员之间的沟通不畅、分工不明导致项目失败。通过分析这些案例，让团队成员认识到团队协作中可能存在的问题和风险，以及如何避免这些问题。在案例分析和讨论过程中，鼓励团队成员积极发言，分享自己的观点和看法，促进团队成员之间的思想碰撞和交流。

（四）角色扮演

角色扮演是一种让团队成员模拟不同角色和情境，进行团队协作训练的方法。例如，模拟一个项目团队在面临紧急任务时的场景，让团队成员分别扮演项目负责人、技术人员、销售人员等角色。在这个过程中，成员们需要根据自己的角色职责，与其他成员进行沟通和协作，共同解决问题。通过角色扮演，团队成员能够更好地理解不同角色的需求和压力，提高团队协作的效率和质量。同时，角色扮演还可以帮助团队成员提高沟通能力和解决问题的能力，增强团队成员之间的相互理解和信任。

二、沟通能力的训练方法

（一）演讲与口才训练

演讲与口才训练是提高沟通能力的重要途径。可以通过参加演讲培训课程、阅读相关书籍和文章、观看优秀演讲视频等方式，学习演讲的技巧和方法，如如何组织演讲内容、如何运用语言表达情感、如何与听众进行互动等。同时，要多进行实践练习，如参加演讲比赛、在团队会议中发言等，不断提高自己的演讲水平和口才表达能力。在演讲过程中，要注意语言的准确性、流畅性和感染力，运用适当的肢体语言和表情来增强演讲的效果。

（二）模拟沟通场景训练

模拟沟通场景训练可以让训练者在接近真实的情境中提高沟通能力。例如，模拟客户投诉场景，训练者扮演客服人员，与扮演客户的人员进行沟通，处理客户的投诉。在这个过程中，训练者需要运用倾听、表达、情绪管理等沟通技巧，解决客户的问题，提高客户的满意度。又如，模拟团队会议场景，训练者在会议中进行发言，与其他成员进行讨论和交流。通过模拟不同的沟通场景，训练者能够熟悉各种沟通情境，提高应对不同沟通问题的能力。

（三）反馈与评价训练

反馈与评价训练可以帮助训练者提高沟通中的反馈和评价能力。可以组织小组讨论，让成员们相互分享自己的工作成果或观点，然后其他成员进行反馈和评价。在反馈和评价过程中，要注意语言的客观性和建设性，先肯定对方的优点和成绩，再提出具体的改进建议。同时，训练者要学会接受他人的反馈和评价，认真思考自己的不足之处，不断改进和提高自己的沟通能力。通过这种训练，能够提高团队成员之间的沟通效率和质量，促进团队成员的共同成长。

（四）跨文化沟通训练

随着全球化的发展，跨文化沟通能力变得越来越重要。跨文化沟通训练可以通过学习不同文化的知识、参加跨文化交流活动等方式进行。例如，学习不同国家和地区的文化习俗、价值观、语言习惯等，了解不同文化背景下的沟通方式和注意事项。同时，可以参加国际交流项目、与不同文化背景的人进行交流合作等，在实践中提高跨文化沟通能力。在跨文化沟通中，要尊重不同文化的差异，避免因文化误解而导致沟通障碍。

三、团队协作与沟通能力的实践活动设计

（一）团队项目实践

设计一个具体的团队项目，如策划和组织一场公益活动。在这个项目中，团队成员需要共同完成活动的策划、宣传、执行等各个环节。首先，团队成员要明确活动的目标和主题，进行合理的分工，如有人负责活动策划，有人负责宣传推广，有人负责物资采购，有人负责现场组织等。在项目执行过程中，团队成员要密切协作，及时沟通，共同解决遇到的问题。例如，在宣传推广过程中，负责宣传的成员可能需要与负责策划的成员沟通，了解活动的亮点和重点，以便更好地进行宣传。通过这样的团队项目实践，能够全面提升团队成员的团队协作和沟通能力。

（二）团队建设活动

组织一次团队建设活动，如户外拓展训练、团队聚餐、文化体验活动等。在户外拓展训练中，通过各种拓展项目，如高空挑战、团队协作游戏等，增强团队成员之间的信任和默契。在团队聚餐中，团队成员可以在轻松的氛围中进行交流和沟通，增进彼此之间的感情。在文化体验活动中，如参观博物馆、参加艺术展览等，团队成员可以共同学习和体验文化，拓宽视野，同时也为团队成员提供了更多的交流话题。通过这些团队建设活动，能够营造良好的团队氛围，提高团队的凝聚力和协作能力。

（三）小组讨论与汇报

组织小组讨论活动，给定一个主题，如“如何提高团队的创新能力”，让团队成员分成小组进行讨论。在讨论过程中，成员们要充分发挥自己的思维能力，提出自己的观点和建议，同时要倾听他人的意见，进行有效的沟通和交流。讨论结束后，每个小组推选一名代表进行汇报，向其他小组介绍本小组的讨论成果。通过小组讨论与汇报活动，能够提高团队成员的沟通能力、思维能力和团队协作能力，同时也能够促进团队成员之间的知识共享和经验交流。

（四）模拟商务谈判

设计模拟商务谈判场景，让团队成员分别扮演不同的角色，如供应商、采购商、谈判代表等。在谈判过程中，团队成员需要运用沟通技巧，如倾听、表达、协商、妥协等，与对方进行沟通和谈判，争取达成双方都满意的合作协议。在模拟商务谈判前，团队成员需要进行充分的准备，了解谈判的背景和目标，制定谈判策略。在谈判过程中，

要注意观察对方的反应，及时调整谈判策略。通过模拟商务谈判，能够提高团队成员的沟通能力、谈判能力和团队协作能力，增强团队成员在实际商务活动中的应对能力。

总之，团队协作与沟通能力是现代劳动中不可或缺的重要能力。通过明确团队协作的重要性和原则，掌握有效的沟通技巧，运用各种训练方法和开展实践活动，能够不断提升团队成员的团队协作与沟通能力，从而提高团队的工作效率和绩效，促进个人的职业发展和组织的持续进步。在实际工作中，要不断地实践和总结经验，持续改进和提高团队协作与沟通能力，以适应不断变化的工作环境和挑战。

第四节　创新思维在劳动中的重要性与特点

一、创新思维对劳动的推动作用

在当今快速发展的时代，创新思维已成为推动劳动进步的核心动力，对各类劳动活动产生着深远且关键的影响。

（一）提升劳动效率

创新思维能够打破传统劳动模式的束缚，通过引入新的技术、方法和流程，显著提升劳动效率。以制造业为例，在传统的生产线上，工人重复着单一的操作，效率提升空间有限。然而，随着创新思维的融入，自动化生产技术应运而生。智能机器人的使用，能够精准、快速地完成复杂的装配任务，大大减少了人工操作的时间并明显降低了错误率。例如，汽车制造企业引入自动化焊接机器人，相比于人工焊接，不仅速度大幅提高，而且焊接质量更加稳定，生产效率提升了数倍。在农业领域，创新的农业机械和种植技术也极大地提高了劳动效率。精准农业利用卫星遥感、无人机和传感器技术，实现了对农作物生长环境的精准监测和管理，农民能够更科学地施肥、灌溉和防治病虫害，减少了人力投入，提高了农作物的产量和质量。

（二）优化劳动质量

创新思维有助于提升劳动的质量，满足不断升级的市场需求和消费者期望。在产品设计和研发过程中，创新思维促使企业关注消费者的个性化需求和潜在期望，开发出更具品质和竞争力的产品。例如，智能手机行业不断创新，从最初的基本通话功能，发展到如今集高清拍照、人脸识别、人工智能等多种功能于一体。手机制造商通过创新思维，不断优化手机的硬件配置和软件系统，提升用户体验。在服务行业，创新思维同样发挥着重要作用。以酒店服务为例，一些酒店引入了智能化服务系统，客人可以通过手机 App 自助办理入住、控制房间设备等，提升了服务的便捷性和个性化，优化了服务质量，提高了客户满意度。

（三）拓展劳动领域

创新思维能够开拓全新的劳动领域和职业机会，为社会创造更多的价值。随着科技的不断进步，创新思维催生了许多新兴行业，如人工智能、大数据、云计算、新能源等。这些新兴领域不仅吸引了大量的人才，也为社会带来了新的经济增长点。例如，人工智能领域的发展，创造了算法工程师、数据标注员、机器人操作员等新的职业。同时，创新思维也促使传统行业不断转型升级，拓展了其业务范围和劳动领域。传统制造业通过引入智能制造技术，实现了从单纯的产品制造向产品研发、售后服务等全产业链的拓展，创造了更多的就业岗位和经济价值。

（四）增强劳动竞争力

在激烈的市场竞争中，创新思维是企业和劳动者提升竞争力的关键因素。具备创新思维的企业能够不断推出新颖的产品和服务，满足市场的变化需求，从而在市场中占据优势地位。例如，苹果公司凭借其创新的设计理念和技术，不断推出具有划时代意义的产品，如 iPhone 手机、iPad 平板电脑等，引领了全球消费电子市场的潮流，使其在竞争激烈的科技行业中始终保持领先地位。对于劳动者来说，创新思维能够使他们在工作中脱颖而出，获得更多的发展机会。具备创新能力的员工能够提出独特的解决方案，为企业创造更大的价值，因此更受企业的青睐，在职业发展中也更具竞争力。

二、创新思维的特点

（一）独特性

创新思维的独特性体现在能够突破常规思维的局限，提出与众不同的观点和解决方案。创新者往往能够从独特的视角看待问题，发现别人未曾注意到的细节和机会。例如，史蒂夫·乔布斯对科技与美学的独特理解，使得苹果产品在外观设计和用户体验上独具一格。苹果的产品以简洁、优雅的设计风格著称，摒弃了繁杂的功能堆砌，注重用户与产品之间的情感连接。这种独特的设计理念，不仅满足了消费者对美的追求，还提升了产品的易用性和品牌价值。在艺术领域，毕加索的立体主义绘画风格，打破了传统绘画的透视法则和表现形式，以独特的视角和手法展现物体的形态和空间，开创了绘画艺术的新流派。

（二）灵活性

创新思维具有高度的灵活性，能够根据不同的情境和问题，迅速调整思维方式和策略。创新者不拘泥于固定的模式和方法，能够灵活运用各种知识和技能，寻找最佳的解决方案。例如，在互联网创业领域，许多成功的企业根据市场的变化和用户的需求，及时调整产品和商业模式。美团最初以团购业务起家，随着市场的发展和用户需求的多样化，美团灵活调整战略，拓展了外卖、酒店预订、旅游等多种业务，实现了从单一团购平台向综合性生活服务平台的转型。在科学研究中，科学家们也需要具备灵活的思维，当实验结果与预期不符时，能够及时调整研究思路和方法，重新设计实验，以获得新的发现和突破。

（三）批判性

创新思维具有批判性，能够对现有的观念、方法和制度提出质疑和反思。创新者不盲目接受传统的观点和做法，而是通过批判性思维，发现其中的不足之处，并提出改进和创新的方向。例如，在管理学领域，彼得·德鲁克对传统的管理理论和实践进行了深入的批判性思考，提出了目标管理、知识工作者等新的管理理念，为现代管理学的发展奠定了基础。在教育领域，批判性思维也被广泛倡导，鼓励学生对所学知识进行质疑和思考，培养学生的创新能力和独立思考能力。通过批判性思维，学生能够发现知识中的问题和矛盾，提出自己的见解和解决方案，促进知识的创新和发展。

（四）关联性

创新思维注重事物之间的关联性，能够从看似不相关的事物中发现联系和规律，从而产生创新的灵感。创新者善于整合不同领域的知识和信息，将其应用到新的情境中。例如，跨界创新在当今社会越来越普遍，许多创新成果是不同领域知识和技术融合的产物。智能穿戴设备就是电子技术、材料科学、生物医学等多个领域知识融合的结果。通过将传感器技术与可穿戴材料相结合，智能穿戴设备能够实时监测人体的健康数据，为人们的健康管理提供了新的方式。在艺术创作中，艺术家们也常常从不同的艺术形式和文化元素中汲取灵感，创造出独特的艺术作品。例如，现代舞蹈融合了芭蕾舞、爵士乐等多种艺术形式的元素，形成了独特的舞蹈风格。

三、劳动中创新思维的培养环境

（一）鼓励创新的企业文化

企业文化对员工创新思维的培养起着至关重要的作用。鼓励创新的企业文化能够营造一种开放、包容、支持创新的工作环境，激发员工的创新热情和创造力。在这样的企业中，员工敢于尝试新的想法和方法，不怕失败。例如，谷歌公司以其独特的企业文化而闻名，公司鼓励员工花20%的时间从事自己感兴趣的项目，这种宽松的工作环境为员工提供了创新的空间和机会。谷歌的许多重要产品，如Gmail、谷歌地图等，就是员工在自由探索的过程中产生的创意。此外，鼓励创新的企业文化还体现在对创新成果的认可和奖励上，企业通过设立创新奖项、提供晋升机会等方式，激励员工不断创新。

（二）宽松的学术氛围

在学术领域，宽松的学术氛围是培养创新思维的重要条件。学者们在自由的学术环境中，能够自由地表达自己的观点和想法，进行深入的学术探讨和研究。大学和科研机构应该鼓励学术交流和合作，为学者提供广阔的学术平台。例如，学术会议、研讨会等活动，能够促进不同学者之间的思想碰撞和交流，激发创新的灵感。同时，宽松的学术氛围还体现在对学术自由的尊重上，学者可以自由地选择研究课题，不受过多的限制和干扰，从而能够深入地开展研究工作，取得创新性的成果。

（三）良好的教育体系

教育是培养创新思维的基础，良好的教育体系能够为学生提供系统的创新思维训练和培养。在基础教育阶段，学校应该注重培养学生的好奇心、想象力和创造力，鼓励学生提问、探索和尝试。通过开展科学实验、艺术创作等活动，激发学生的创新兴趣和潜能。在高等教育阶段，高校应该加强创新创业教育，为学生提供创业指导、实践机会等支持，培养学生的创新精神和创业能力。例如，一些高校开设了创新创业课程，组织学生参加创业竞赛、创业实践等活动，让学生在实践中锻炼创新思维和创业能力。此外，良好的教育体系还应该注重培养学生的跨学科知识和能力，鼓励学生学习不同领域的知识，拓宽视野，为创新思维的培养提供丰富的知识储备。

榜样力量

王燕——勇做创新路上“领头雁”

“创新不仅是技术的创新，更是思维的创新。”近日，在中国煤炭工业协会举办的2024年度煤炭行业全面质量管理候选项目遴选交流会上，来自山东能源鲍店煤矿的《废旧皮带切割机的研制》成果荣获2024年煤炭行业优秀质量管理小组一级成果。该成果由王燕劳模创新工作室QC小组完成，作为领衔主创，全国煤炭工业劳动模范王燕得知获奖消息后如是说。

王燕自1999年于哈尔滨工业大学机械制造专业毕业后，一直在该矿生产服务中心工作，现为中心主任。25年来，她立足岗位，苦心钻研设备维修与改造，用青春书写对技术革新的热爱，用创新激扬工匠精神，逐步成长为济宁市劳动模范、济宁市职工创新能手、煤炭行业技能大师、全国煤炭工业劳动模范。

2015年，该矿创建了以王燕名字命名的劳模创新工作室，这个高职称技术型团队目前有QC小组成员12人，全部都是生产、技术、管理骨干，人员结构合理。王燕立足服务矿井生产，带领工作室成员深入生产一线，大力开展技能攻关、技术革新和现场生产难题攻关等活动，先后完成钢丝绳收绳装置等3项国家专利项目、30多项技术改造项目，为矿井节约各类费用300余万元，增创产值1500余万元。

在矿井生产工作中，会淘汰大量废旧皮带。王燕把这些废旧皮带当成“宝贝”，把它们加工成封车皮子、挡车器、清扫器皮子、防滑皮子等各类井下常用材料，使废旧皮带变废为宝，再次循环利用，深受井下一线职工喜欢。随着加工废皮带数量的增大，对皮带切割工艺及使用的切割工器具提出了很高的要求。为此，在王燕的领衔下，QC小组成员开动脑筋，决定自己设计一款废旧皮带切割机。为实现最佳效果，仅利用CAD绘图，就绘制了650余张图纸。经过不断探索，一款能自动上料、自动切割的皮带切割机研制成功。据统计，单个皮带产品的加工时间由9.7分钟降至1.05分钟，每班可减少作业人员2人，效率提升60%以上，半年皮带产品加工量从2500余件提升至8200余件，每年可为矿井创新创效226万元。

“改善就是创新，创新创效没有止境。针对从井下回收上来的皮带满是煤泥的问题，我们团队正在攻关，给废旧皮带切割机配套安装一个皮带清洗机，如果研制成功，工人们的双手就不会像淘炭一样脏了。”谈及正在进行的创新项目，王燕如数家珍地说。

（资料来源：庞玉强：《王燕：勇做创新路上“领头雁”》），《山东工人报》，2024年11月18日）

第五节　创新素养的构成要素与培养

一、创新素养的构成要素

（一）创新意识

创新意识是劳动创新素养的核心要素之一，是指个体对创新的敏感程度和主动追求创新的意愿。具有创新意识的劳动者能够敏锐地感知到市场需求的变化、技术发展的趋势以及工作中存在的问题，并积极主动地寻求创新的解决方案。例如，在互联网金融领域，一些创业者敏锐地察觉到传统金融服务的不足和人们对便捷金融服务的需求，从而产生了创新的意识，推动了互联网金融产品和服务的创新，如移动支付、网络借贷等。创新意识还体现在对新事物的开放态度和勇于尝试的精神上，如劳动者不满足于现状，敢于突破传统思维的束缚，尝试新的方法和技术。

（二）创新知识

创新知识是劳动创新的基础，包括专业知识和跨学科知识。专业知识是指劳动者在自己所从事的领域内所掌握的深入、系统的知识，是进行创新的必要条件。例如，在生物制药领域，科研人员需要具备扎实的生物学、化学、医学等专业知识，才能进行药物的研发和创新。跨学科知识则是指不同领域知识的融合，能够为创新提供更广阔的视野和更多的思路。随着科技的发展，出现了越来越多的跨学科知识融合的创新成果。例如，人工智能与医疗领域的结合，需要科研人员既具备人工智能的算法、数据处理等知识，又要了解医学的诊断、治疗等知识，才能开发出智能医疗诊断系统等创新产品。

（三）创新技能

创新技能是将创新想法转化为实际成果的能力，包括创新思维能力、问题解决能力、实践操作能力等。创新思维能力是指能够运用创新思维方法，如发散思维、逆向思维、联想思维等，提出新颖的解决方案。问题解决能力是指在面对各种问题时，能够分析问题的本质，寻找解决问题的途径和方法。实践操作能力则是指能够将创新想法付诸实践，通过实际操作实现创新成果。例如，在产品研发过程中，工程师需要运用创新思维能力提出产品的创新设计方案，通过问题解决能力解决设计和生产过程中遇到的各种问题，最后通过实践操作能力将产品制造出来。

（四）创新品质

创新品质是指个体在创新过程中所表现出的品质和素养，如好奇心、毅力、团队合作精神等。好奇心是创新的动力源泉，能够激发个体对未知事物的探索欲望，促使个体不断地寻找新的知识和方法。毅力是创新过程中不可或缺的品质，创新往往伴随着失败和挫折，只有具备坚韧不拔的毅力，才能在困难面前坚持不懈，最终取得成功。团队合作精神也是创新品质的重要组成部分，在现代社会，许多创新项目需要团队成员的共同努力，只有具备良好的团队合作精神，才能有效地整合团队成员的智慧和力量，实现创新目标。例如，在大型科研项目中，科研团队成员需要相互协作，共同攻克技术难题，才能取得创新性的科研成果。

二、创新意识的培养途径

（一）激发好奇心和求知欲

好奇心和求知欲是创新意识的源泉，培养创新意识首先要激发个体的好奇心和求知欲。在教育过程中，教师可以通过设置有趣的问题、开展探究性学习等方式，激发学生的好奇心和求知欲。例如，在科学课上，教师可以通过演示有趣的科学实验，引导学生观察和思考，激发学生对科学知识的好奇心和探索欲望。在工作中，企业可以鼓励员工提出问题、探索新的领域，为员工提供学习和成长的机会，激发员工的求知欲和创新意识。此外，社会也应该营造鼓励探索和创新的氛围，为个体提供丰富的学习资源和信息，满足个体的求知需求。

（二）培养问题意识

问题意识是创新意识的重要体现，培养创新意识需要引导个体关注问题、发现问题和提出问题。在教育过程中，教师可以通过引导学生观察生活、分析现象，培养学生的问题意识。例如，在语文教学中，教师可以引导学生阅读文学作品，分析作品中存在的问题和矛盾，培养学生的批判性思维和问题意识。在工作中，企业可以鼓励员工关注工作中存在的问题，为员工提供反馈和建议的渠道，让员工能够及时发现问题并提出改进的建议。同时，企业还可以通过开展问题解决竞赛等活动，激发员工的问题意识和创新意识。

（三）营造创新氛围

营造创新氛围是培养创新意识的重要条件，良好的创新氛围能够激发个体的创新热情和创造力。学校和企业，应该营造鼓励创新、宽容失败的氛围，让个体敢于尝试新的想法和方法。例如，学校可以设立创新奖励制度，对学生的创新成果进行表彰和奖励；企业可以建立创新实验室、创新工作室等平台，为员工提供创新的空间和资源。此外，社会也应该加强对创新的宣传和推广，加深公众对创新的认识和理解，营造全社会鼓励创新的氛围。

三、创新知识的积累与拓展

（一）系统学习专业知识

系统学习专业知识是积累创新知识的基础，个体需要通过正规的教育和培训，掌握自己所从事领域的专业知识。在学校教育中，学生应该认真学习专业课程，深入理解专业知识的内涵和原理，建立起系统的专业知识体系。例如，在工程专业的学习中，学生需要学习工程力学、材料科学、机械设计等专业课程，掌握工程领域的基本理论和方法。在工作中，员工也应该不断学习和更新自己的专业知识，通过参加培训课程、阅读专业书籍和文献等方式，提高自己的专业水平。同时，企业也应该为员工提供专业培训和学习的机会，帮助员工不断提升专业知识和技能。

（二）跨学科知识的学习与融合

随着科技的发展和社会的进步，跨学科知识的学习与融合变得越来越重要。个体应该主动学习不同领域的知识，拓宽自己的知识面，促进不同领域知识的融合。例如，在人工智能领域，科研人员需要学习计算机科学、数学、统计学、生物学等多个领域的知识，才能进行人工智能算法的研究和开发。而企业则应该鼓励员工跨部门、跨领域学习，促进不同部门之间的知识交流和融合。例如，一些企业开展跨部门项目，让不同部门的员工共同参与，通过合作学习，实现知识的共享和融合，为创新提供更多的思路和方法。

（三）实践经验的积累

实践经验是创新知识的重要来源，个体通过实践操作，能够将理论知识与实际相结合，积累丰富的实践经验。在学校教育中，应该加强实践教学环节，为学生提供更多的实践机会，如实验、实习、毕业设计等。通过实践，学生能够更好地理解和掌握专业知识，提高自己的实践能力和创新能力。在工作中，员工也应该积极参与实际工作项目，通过实践积累经验，发现问题并解决问题。同时，企业也应该鼓励员工在实践中创新，为员工提供实践创新的平台和支持。

四、创新技能的提升方法

（一）创新思维训练

创新思维训练是提升创新技能的关键，个体可以通过参加创新思维培训课程、进行创新思维练习等方式，提高自己的创新思维能力。创新思维培训课程可以教授个体各种创新思维方法，如头脑风暴法、思维导图法、“六顶思考帽法”等，帮助个体掌握创新思维的技巧和方法。个体也可以通过进行创新思维练习，如每天提出一个新的想法、对一个问题进行多角度思考等，锻炼自己的创新思维能力。此外，阅读与创新思维相关的书籍和文章，观看创新案例分析视频等，也能够拓宽个体的创新思维视野，提高创新思维能力。

（二）问题解决能力的培养

问题解决能力是创新技能的重要组成部分，培养问题解决能力需要个体掌握科学的问题解决方法和策略。个体可以通过学习问题解决的理论和方法，如问题分析、方案设计、方案评估等，提高自己的问题解决能力。同时，个体还应该通过实际问题的解决，积累经验，提高自己的问题解决能力。例如，在工作中，遇到问题时，个体可以按照问题分析、方案设计、方案实施、效果评估的流程，逐步解决问题。此外，参加问题解决竞赛、模拟问题解决活动等，也能够锻炼个体的问题解决能力。

（三）实践操作能力的锻炼

实践操作能力是将创新想法转化为实际成果的关键，个体需要通过实践操作，提高自己的实践操作能力。在学校教育中，应该加强实践教学环节，为学生提供实践操作的机会，如实验室实验、实习实训等。在工作中，企业也应该为员工提供实践操作的平台和机会，让员工能够将创新想法付诸实践。例如，企业可以设立创新实践基地，鼓励员工进行创新实践活动。同时，个体也应该主动参与实践操作，不断积累实践经验，提高自己的实践操作能力。

五、创新品质的塑造与强化

（一）培养好奇心和探索精神

好奇心和探索精神是创新品质的重要组成部分，培养好奇心和探索精神需要个体保持对世界的好奇心和求知欲，不断探索未知领域。在教育中，教师可以通过引导学生进行科学探究、开展实践活动等方式，培养学生的好奇心和探索精神。例如，组织学生进行野外考察、科学实验等活动，让学生亲身体验科学探究的过程，激发学生的好奇心和探索欲望。在工作中，企业也应该鼓励员工探索新的领域和方法，为员工提供创新的空间和资源。例如，企业可以设立创新基金，支持员工开展创新项目，鼓励员工勇于尝试新的想法和方法。

（二）增强毅力和坚韧精神

创新过程往往充满挑战和挫折，增强毅力和坚韧精神对于实现创新至关重要。在教育方面，学校可以通过体育锻炼、户外拓展等活动，培养学生的毅力和坚韧精神。比如开展长跑运动时，学生需要克服身体的疲劳和心理的懈怠，坚持完成规定的距离，以促使他们在面对困难时保持坚定的信念和不屈的精神。在工作场景中，企业可以营造鼓励坚持和克服困难的氛围。当员工在创新项目中遇到难题时，给予他们充分的支持和鼓励，帮助他们分析问题、调整策略，而不是轻易放弃。例如，谷歌公司允许员工在创新项目中经历多次失败，鼓励他们从失败中吸取教训，不断尝试。这种文化培养了员工的坚韧精神，使得谷歌能够不断推出创新性的产品和服务。

（三）强化团队合作精神

现代社会的创新往往需要团队的共同努力，强化团队合作精神是塑造创新品质的关键环节。在学校里，可以通过组织团队项目、小组讨论等活动，让学生学会与他人合作。例如，在小组作业中，每个学生都有不同的任务和角色，需要相互协作、相互支持才能完成项目。学生们在这个过程中学会倾听他人的意见，发挥自己的优势，同时包容他人的不足，共同朝着目标努力。在企业中，要注重团队建设，营造良好的团队氛围。定期组织团队建设活动，如户外拓展、团队聚餐等，增进团队成员之间的感情和信任。在项目执行过程中，明确各成员的职责和分工，建立有效的沟通机制，确保信息的及时传递和问题的快速解决。例如，苹果公司的产品研发团队，包括设计师、工程师、市场营销人员等，各成员紧密合作，共同打造出具有创新性和市场竞争力的产品。

（四）树立正确的创新价值观

树立正确的创新价值观是创新品质塑造的核心内容。正确的创新价值观包括以造福社会为目标、遵守道德和法律规范等。在教育中，要引导学生认识到创新的真正意义在于为社会创造价值，而不是仅仅追求个人利益。例如，在科技教育中，强调科技创新对解决社会问题，如环境保护、医疗健康等方面的重要作用，激发学生的社会责任感和使命感。在企业层面，要将创新与社会责任相结合，鼓励员工开发对社会有益的产品和服务。同时，企业要严格遵守道德和法律规范，杜绝不正当的创新行为。比如，在医药研发领域，企业必须遵守严格的临床试验规范和道德准则，确保研发的药物安全有效，保障患者的权益。

第八章
劳动安全、劳动自律与自我管理

劳动安全、劳动自律与自我管理是现代社会职业发展的核心议题。本章系统阐述了劳动安全的基础知识、风险防范及应急处理技能，强调了“预防为主、教育先行”的理念。从物理、化学、生物到心理性风险因素，全面分析了不同劳动场景下的潜在危害，并提出加强安全培训、完善管理制度、优化工作环境等具体措施。通过陶建良等榜样的实践案例，展现了技术创新与规范操作在保障安全生产中的重要作用，为劳动者构筑了一道坚实的生命防线。

劳动自律与自我管理能力是个人职业发展的核心驱动力。本章从时间管理、任务规划到情绪调节等方面，总结了提升效率的具体方法，并探讨了学校、企业及个人在培养机制中的协同作用。刘静的严谨治税、薛慧的匠心纺纱、苏炳添的极致自律等案例，生动诠释了自律精神对个人成长与团队发展的深远影响。通过制度约束、习惯养成与榜样激励，劳动者得以在复杂环境中实现自我突破，为构建安全、高效、和谐的劳动生态注入持续动力。

针对工业、建筑、服务等多元劳动场景，本章详述了安全操作规程与应急处理方法。从机械制造到电力生产，从高空作业到化学品管理，强调标准化流程与科学救援原则的重要性。通过龙福刚研发的“外骨骼”装备、侯子龙的矿山救援案例，凸显了科技赋能与实战训练在提升救援效率中的关键价值，为不同行业提供了可借鉴的安全实践范本。

第一节　劳动安全基础知识与风险防范

一、劳动安全的基本概念与重要性

劳动安全，是指在各类劳动活动过程中，为了有效避免人员伤亡、职业病发生以及财产损失等情况，所采取的一系列预防和控制措施的总和。它涵盖从工作环境的安全性、劳动设备的可靠性，到劳动者自身的操作规范和健康保障等多个方面。

从劳动者个人角度来看，劳动安全是其生命健康的重要保障。在不同的劳动场景中，无论是建筑工人面临的高空作业风险、机械制造工人遭遇的设备操作危险，还是化工行业从业者接触的有毒有害物质，都对劳动者的生命安全构成潜在威胁。确保劳动安全，能够让劳动者在工作时安心，减少因安全隐患带来的心理压力，从而提高工作效率和质量。同时，良好的劳动安全条件有助于预防职业病的发生，保障劳动者的身体健康，使其能够长期、稳定地从事劳动活动，享受健康的生活。

对于企业而言，劳动安全是企业稳定发展的基石。一方面，安全事故的发生往往会导致企业承担巨额的经济赔偿，包括员工的医疗费用、工伤赔偿、设备损坏维修费用以及因生产停滞造成的经济损失等，这对企业的财务状况会造成严重的冲击。另一方面，劳动安全事故还可能引发企业的声誉危机，导致客户流失、合作伙伴信任度下降，进而影响企业的市场竞争力。相反，注重劳动安全的企业能够吸引和留住优秀人才，提升员工的满意度和忠诚度，形成良好的企业形象，为企业的可持续发展奠定坚实基础。

从社会层面来讲，劳动安全是社会和谐稳定的重要组成部分。大量劳动安全事故的发生不仅会给受害者及其家庭带来巨大的痛苦，还会引发社会的广泛关注和不安。保障劳动安全，有助于减少社会矛盾，维护社会秩序，促进社会的经济发展和进步。只有当劳动者在安全的环境中工作时，社会才能保持稳定，经济才能持续繁荣。

二、常见劳动安全风险因素分析

（一）物理性风险因素

物理性风险因素在劳动场景中广泛存在。噪声污染是常见的物理性危害之一，例如在纺织厂、钢铁厂等企业，机器设备运转产生的高强度噪声，长期暴露其中会对劳动者的听力造成不可逆的损害，导致听力下降甚至耳聋。振动危害也不容忽视，像操作风动工具、驾驶重型车辆等工作，长期的振动会引发手臂振动病等职业病，影响劳动者的肢体功能。

高温和低温环境同样对劳动者的健康构成威胁。在钢铁冶炼、玻璃制造等高温作业场所，劳动者容易出现中暑、热衰竭、热痉挛等症状，严重时甚至会危及生命。而在冷库、寒冷地区户外作业等低温环境中，劳动者可能会遭受冻伤、低温综合征等伤害，影响身体的正常机能。

此外，辐射也是重要的物理性风险因素，包括电离辐射和非电离辐射。在医疗放射科室、核工业等领域，工作人员若防护不当，长期接触电离辐射，可能会引发癌症、基因突变等严重疾病。而在电子设备制造、通信行业等，非电离辐射如微波、射频辐射等，也可能对劳动者的神经系统、心血管系统等产生不良影响。

（二）化学性风险因素

化学性风险因素主要源于各种有毒有害化学物质。在化工企业、制药厂、涂料生产等行业，劳动者经常会接触苯、铅、汞、一氧化碳、硫化氢等有毒物质。苯作为一种常见的有机溶剂，具有较强的毒性，长期接触可能导致白血病、再生障碍性贫血等严重血液系统疾病。铅进入人体后，会在体内蓄积，对神经系统、血液系统、消化系统等造成损害，尤其对儿童的智力发育影响极大。

一氧化碳是一种无色无味的气体，极易与人体血液中的血红蛋白结合，导致人体缺氧窒息，严重时可致人死亡。硫化氢则具有强烈的刺激性气味，低浓度接触会引起呼吸道刺激症状，高浓度时可导致昏迷、呼吸麻痹甚至猝死。此外，一些具有腐蚀性的化学物质，如硫酸、盐酸、氢氧化钠等，会对皮肤、眼睛等造成严重的灼伤，对劳动者的身体造成极大伤害。

（三）生物性风险因素

生物性风险因素在医疗、养殖、食品加工等行业较为突出。在医疗行业，医护人员在诊治患者过程中，不可避免地会接触到各种病原体，如细菌、病毒、真菌等。在传染病疫情暴发期间，医护人员感染传染病的风险显著增加，如在抗击新冠疫情过程中，众多医护人员因接触新冠病毒而不幸感染。

在养殖行业，饲养员与动物密切接触，容易感染人畜共患疾病，如禽流感、口蹄疫、狂犬病等。这些疾病不仅会对动物造成危害，还可能传播给人类，影响公共卫生安全。在食品加工行业，如果卫生条件不达标，食品容易受到微生物污染，如细菌、霉菌、寄生虫等，导致食物中毒、食源性疾病的发生，不仅危害消费者健康，也会对食品加工企业的劳动者带来职业健康风险。

（四）心理性风险因素

随着现代社会的快速发展和工作节奏的加快，心理性风险因素在劳动中的影响日益凸显。工作压力过大是常见的心理性风险因素之一，在一些竞争激烈的行业，如互联网、金融等，员工经常面临高强度的工作任务和紧张的工作氛围，长期处于这种状态下，容易出现焦虑、抑郁、失眠等心理问题，甚至引发心理疾病。

职业倦怠也是不容忽视的心理问题，当劳动者对工作内容感到单调乏味、缺乏成就感，或者长期处于高负荷工作状态而得不到适当的休息和调整时，就容易产生职业倦怠。此外，工作中的人际关系紧张、职业发展受限等因素，也会给劳动者带来心理压力，影响其心理健康和工作效率。

三、劳动安全风险防范措施

（一）加强安全教育培训

安全教育培训是提高劳动者安全意识和防范能力的重要手段。企业应制订系统的安全教育培训计划，定期组织员工进行培训。培训内容应涵盖劳动安全法律法规、企业安全规章制度、安全操作规程、安全知识和技能等方面。

可以邀请专业的安全培训师进行授课，通过生动的案例分析、现场演示、互动讨论等方式，让员工深刻认识到安全事故的危害性，掌握必要的安全知识和技能。例如，通过播放安全事故视频，让员工直观感受事故的惨烈后果，从而提高安全意识。同时，还可以组织安全知识竞赛、应急演练等活动，增强员工的参与感和学习积极性，使员工在实践中不断提高安全防范能力。

（二）完善安全管理制度

完善的安全管理制度是保障劳动安全的重要基础。企业应建立健全安全生产责任制，明确各部门、各岗位的安全职责，确保安全工作层层落实。制定严格的安全检查制度，定期对工作场所、设备设施、操作流程等进行全面检查，及时发现和消除安全隐患。

建立安全奖惩制度，对遵守安全规定、在安全工作中表现突出的员工给予奖励，如颁发奖金、荣誉证书、晋升机会等，激励员工积极参与安全管理。对违反安全规定的行为进行严肃处理，如警告、罚款、降职等，以起到警示作用。同时，要不断完善安全管理制度，根据实际情况和法律法规的变化及时进行修订和更新，确保制度的有效性和适应性。

（三）提供必要的劳动防护用品

劳动防护用品是保障劳动者免受安全风险侵害的重要装备。企业应根据不同工作岗位的特点和风险程度，为员工提供符合国家标准的劳动防护用品，如安全帽、安全鞋、防护手套、护目镜、口罩、防护服等。

在发放劳动防护用品时，要确保员工正确佩戴和使用。可对员工进行培训，使其了解各种防护用品的功能、使用方法和注意事项。例如，对于安全帽，要教导员工如何调整帽带，确保佩戴舒适且能有效保护头部；对于防护口罩，要让员工掌握正确的佩戴方式和更换时间。同时，要定期检查劳动防护用品的质量和使用情况，及时更换损坏或过期的防护用品，确保其防护效果。

（四）优化工作环境和设备设施

优化工作环境和设备设施是降低劳动安全风险的重要措施。企业应改善工作场所的物理环境，控制噪声、温度、湿度、通风等指标，为员工创造舒适、安全的工作环境。例如，在噪声较大的车间安装隔音设备，降低噪声对员工的危害；在高温作业场所设置通风降温设施，防止员工中暑。

定期对设备设施进行维护和保养，建立设备设施的档案和维护记录，按照规定的周期进行检查、维修和更新。对老旧设备进行及时的技术改造或更换，确保设备的正常运行和安全性。例如，为机械设备安装防护装置，防止操作人员接触危险部位；对电气设备进行绝缘检测和接地处理，防止触电事故的发生。

榜样力量

陶建良——把脉问诊护安全

2月5日凌晨，沪春联络线上海莘庄站内，陶建良手持探照灯俯身贴近钢轨，目光如炬地扫过每一寸道岔。这位深耕钢轨打磨30年的“铁路医生”，正带领团队进行春运前最后一次钢轨病害排查。他说：“钢轨上的0.1毫米裂纹，可能就是高铁安全的致命隐患。”

道岔被称为列车转向的“神经中枢”，在列车高频冲击下，钢轨极易产生波浪纹、岔尖磨损等病害。陶建良独创“五步诊脉法”：一看轨面光泽、二测轮廓数据、三听异响震动、四验打磨参数、五核动态波形。2023年，在京沪线检修中，他凭借肉眼发现一处肉眼难辨的0.3毫米裂纹，避免了一起潜在脱轨事故。

“高铁钢轨打磨误差必须控制在±0.2毫米以内，这相当于在头发丝上雕刻。”陶建良团队研发的“动态轮廓测量系统”，将打磨精度提升至0.05毫米，使长三角高铁钢轨病害率下降70%。30年来，他累计消除钢轨隐患超2万处，护航里程可绕地球12圈。

2022年，进口铣磨车刀粒短缺危机让陶建良警觉：“依赖进口等于把安全命脉交到别人手里。”他带领团队攻关国产替代，在陇海线零下10℃环境中连续作业36小时，采集5000组钢轨切削数据，最终研发出耐磨度提升15%的国产刀粒，使成本降低30%。

“刀粒崩裂可能引发钢轨崩边，国产刀粒将故障率从千分之三降至万分之一。”这项成果在沪宁城际高铁无砟轨道施工中经受住了考验，使钢轨寿命延长至2亿通过总重，远超欧洲1.2亿标准。

“安全没有第二次机会。”2023年集中检修中，徒弟蔡嘉遭遇打磨车发电机突发故障。陶建良赶到现场，仅用3分钟锁定电缆短路点：“电压调节器烧毁会导致系统失控，必须建立故障树分析模型。”他编写的《钢轨打磨车百例故障速查手册》，将应急响应时间缩短60%，成为铁路安全“护身符”。

面对无砟轨道铣磨世界级难题，陶建良创造“三级联控法”：一级预判风险参数、二级设置安全冗余、三级动态校准轨迹。这套方法使沪宁城际高铁铣磨作业合格率达100%，轨道平顺性创国内最优。

“安全不是一个人的战斗。”陶建良创立“3D安全培训体系”：桌面推演（Desk）、实景模拟（Drill）、数据复盘（Data）。他带出的81名高级工中，23人成为安全监察专家。徒弟姜磊森发明的“便携式传感器检测仪”，在第二十三届上海市优秀发明赛中获奖，将传感器故障引发的安全事故归零。

2024 年春运前，陶建良工作室发布《高铁钢轨全生命周期安全管理白皮书》，建立从病害预警到智能维护的闭环体系。站在飞驰的复兴号旁，他抚摸着温热的钢轨说："安全是铁路人的信仰，我们要让每一条钢纹都成为护佑生命的年轮。"

（资料来源：李治国：《上海大机运用检修段钢轨打磨二车间高级技师陶建良——把脉问诊护安全》，《经济日报》，2025 年 2 月 9 日）

第二节　不同劳动场景下的安全操作规程

一、工业生产劳动场景的安全操作规程

（一）机械制造行业

在机械制造行业，安全操作规程是保障员工安全和生产顺利进行的关键。员工在操作机械设备前，必须进行全面细致的检查。首先检查设备的外观是否有损坏、变形，各部件连接是否牢固；其次检查电气系统，确保电线无破损、漏电现象，开关、按钮等控制装置正常工作；最后检查防护装置，如防护罩、限位器、联锁装置等是否齐全有效。

严格按照操作规程启动和停止设备，不得随意更改操作顺序。在启动设备前，要确保设备周围无障碍物，操作人员处于安全位置。设备运行过程中，操作人员要保持高度的注意力，不得擅自离开岗位，密切观察设备的运行状态，如发现异常声音、振动、温度升高等情况，应立即停止设备运行，进行检查和维修。

例如，在操作车床时，要正确安装和调整刀具，根据工件的材质和加工要求选择合适的切削参数，控制切削速度和进给量，避免因操作不当导致刀具断裂或工件飞出伤人。同时，要定期对设备进行维护保养，清理设备周围的铁屑、油污等杂物，保持工作区域的整洁，延长设备的使用寿命。

（二）化工生产行业

化工生产行业具有高温、高压、易燃、易爆、有毒有害等特点，安全操作规程更为严格和复杂。员工在进入生产区域前，必须穿戴好相应的防护用品，如防毒面具、防护服、防护手套、防护靴等，确保身体各部位得到有效保护。

在开始生产时，应严格遵守化学品的储存、搬运和使用规定。化学品应按照其性质分类储存，避免相互反应。储存场所要保持通风良好，设置相应的防火、防爆、防泄漏等设施。在搬运化学品时，要轻拿轻放，防止碰撞、摩擦产生火花。在使用化学品时，要严格按照操作规程进行操作，控制化学品的用量和反应条件，如温度、压力、浓度等。

在进行化学反应操作时，要设置好紧急停车装置，一旦发生异常情况，能够迅速停止反应。例如，在进行危险化学品的合成反应时，要密切监测反应温度和压力，若超过

规定范围，立即采取降温、降压等措施，并启动紧急停车装置。同时，要定期对生产设备进行检查和维护，防止设备腐蚀、泄漏等问题，确保生产过程的安全稳定。

（三）电力生产行业

电力生产行业的安全操作规程主要围绕电气设备的操作和维护展开。员工在进行电气操作前，必须取得相应的资格证书，严格按照电气操作规程进行操作。在停电、送电操作时，要严格执行工作票制度，做好安全措施，如悬挂警示标志、验电、接地等，防止触电事故的发生。

在维护电气设备时，要先切断电源，并进行放电处理，确保设备不带电。使用绝缘工具进行操作，并有专人监护。例如，在检修高压电气设备时，要穿戴好绝缘手套、绝缘靴，使用绝缘棒进行操作，同时要设置好安全围栏，防止无关人员进入作业区域。

定期对电气设备进行绝缘测试和预防性试验，及时发现和消除设备隐患。对老化、损坏的电气设备要及时进行更换，确保设备的可靠性和安全性。同时，要加强对员工的安全培训，提高员工的电气安全意识和操作技能，防止因操作不当引发电气事故。

二、建筑施工劳动场景的安全操作规程

（一）高处作业

高处作业是建筑施工中风险较高的作业环节，必须严格遵守安全操作规程。作业人员在进行高处作业前，必须进行身体检查，确保身体状况良好，无高血压、心脏病、贫血等不宜高处作业的疾病。正确佩戴和使用安全带、安全帽等防护用品，安全带要高挂低用，挂点要牢固可靠。

在高处作业平台上，要设置防护栏杆和安全网，防护栏杆高度不低于 1.2 米，且要安装牢固。安全网要张挂严密，防止人员和物体坠落。在进行外墙装修、屋面施工等高处作业时，要搭设牢固的脚手架，脚手架的搭设和拆除必须由专业人员进行，并经过验收合格后方可使用。

例如，在进行外墙涂料粉刷作业时，作业人员要将安全带系在可靠的固定点上，使用吊篮或脚手架进行作业。同时，要注意天气变化，遇有大风、暴雨、雷电等恶劣天气，应立即停止高处作业，将作业人员和设备撤离至安全地带。

（二）起重吊装作业

起重吊装作业需要严格遵守操作规程，确保作业安全。在进行起重吊装作业前，要对起重设备进行全面检查，包括起重机的制动装置、钢丝绳、吊钩、滑轮等，确保设备性能良好，无损坏和故障。根据吊装物体的重量和形状，选择合适的吊具和吊装方法，如使用钢丝绳、链条、吊钩、卡环等吊具时，要确保其承载能力满足要求。

在吊装过程中，要保持吊物平稳，避免晃动和碰撞。要有专人指挥，指挥人员要熟悉起重设备的性能和吊装操作规程，使用标准的指挥信号进行指挥。例如，在吊装大型

建筑构件时，要设置警戒区域，禁止无关人员进入，确保吊装作业的安全。同时，要定期对起重设备进行维护保养，对钢丝绳进行润滑、检查和更换，确保设备的可靠性和安全性。

（三）土方工程作业

土方工程作业包括土方开挖、回填等环节，存在坍塌、滑坡等安全风险。在土方开挖前，要对施工区域的地下管线、电缆、光缆等进行详细调查和标识，避免在开挖过程中造成损坏。根据土质情况和开挖深度，确定合理的边坡坡度，当深度超过一定限度时，要采取支护措施，如打桩、设置挡土墙、土钉墙等，防止土方坍塌。

在开挖过程中，要设置排水设施，如排水沟、集水井等，及时排除地下水和雨水，防止基坑积水。同时，要对土方边坡进行监测，发现异常情况及时采取措施进行处理。例如，在进行深基坑开挖时，要定期对边坡的位移、沉降进行监测，若发现边坡有裂缝、变形等情况，应立即停止开挖，采取加固措施。

在进行土方回填时，要分层夯实，控制回填土的含水量和压实度，防止回填土下沉。在回填过程中，要注意保护地下管线和结构物，避免造成损坏。

三、服务行业劳动场景的安全操作规程

（一）餐饮服务行业

餐饮服务行业的安全操作规程主要涉及食品安全和厨房操作安全。在食品加工过程中，要严格遵守食品卫生标准，确保食品原材料的新鲜和安全。对食品原材料进行分类储存，生熟分开，避免交叉污染。例如，肉类、蔬菜、水产品等要分别存放，使用不同的刀具、砧板进行加工。

在烹饪过程中，要控制好温度和时间，确保食品熟透，杀灭细菌和寄生虫。对肉类、禽类等食品要确保其中心温度达到规定要求。同时，要注意厨房操作的安全，正确使用厨房设备，如炉灶、烤箱、油炸锅、搅拌机等。定期对设备进行清洁和维护，防止设备故障引发火灾等事故。

例如，在使用炉灶时，要确保燃气阀门关闭严密，避免燃气泄漏。油炸食品时，要控制油温，防止油温过高引发火灾。此外，要注意厨房的通风换气，及时排除油烟和异味，保持厨房空气清新。

（二）酒店服务行业

酒店服务行业的安全操作规程包括客房安全、消防安全等方面。在客房服务中，要定期检查客房设施设备的安全性，如门窗是否牢固、电器是否正常、家具是否有损坏等，确保客人的人身和财产安全。对客房进行清洁和消毒时，要使用合适的清洁剂和消毒用品，并注意通风换气，避免对客人造成伤害。

在消防安全方面，酒店要配备足够的消防设施和器材，如灭火器、消火栓、火灾自

动报警系统、自动喷水灭火系统等，并定期进行检查和维护，确保其性能良好。员工要熟悉消防知识和灭火技能，能够正确使用消防设施和器材。

例如，酒店要制定火灾应急预案，并定期组织员工进行演练，提高员工的应急处置能力。在发生火灾时，员工要能够迅速组织客人疏散，引导客人通过安全通道撤离至安全地带，并及时报警和进行初期火灾扑救。

（三）交通运输服务行业

交通运输服务行业的安全操作规程主要围绕驾驶员的安全驾驶和车辆的安全运行展开。驾驶员必须取得相应的驾驶资格证书，严格遵守交通法规，不得超速、超载、疲劳驾驶、酒后驾驶等。在驾驶过程中，要保持良好的心态，注意观察路况，与前车保持安全距离，避免急刹车、急转弯等危险操作。

例如，长途客车驾驶员要合理安排休息时间，每驾驶 4 小时至少休息 20 分钟，防止疲劳驾驶。同时，要定期对车辆进行保养和维修，确保车辆的制动系统、转向系统、轮胎等关键部位的性能良好。在车辆运行前，要对车辆进行全面检查，包括轮胎气压、刹车性能、灯光、喇叭等，确保车辆处于安全运行状态。

此外，驾驶员要熟悉车辆的应急设备和操作方法，如灭火器、安全锤、应急门等，在发生紧急情况时能够正确使用，保障乘客的生命安全。

第三节　劳动安全事故应急处理与救援技能训练

一、劳动安全事故应急处理原则

（一）以人为本原则

在劳动安全事故应急处理中，人的生命安全始终是首要关注点。一旦事故发生，所有的应急行动都应围绕抢救受伤人员展开。应急救援人员要迅速组织力量，争分夺秒地将受伤人员从危险区域转移出来，优先保障他们的生命体征稳定。在救援过程中，要充分考虑受伤人员的身体状况和需求，提供及时、有效的医疗救治。例如，在火灾现场，救援人员要冒着危险深入火场，寻找被困人员，并尽快将他们转移到安全地带，交由专业的医疗团队进行救治。对于伤势严重的人员，要在第一时间进行心肺复苏、止血等急救措施，以提高他们的生存概率。无论事故的规模和损失如何，都不能以牺牲人的生命为代价来换取其他方面的利益，始终将人的生命安全放在首位，这是劳动安全事故应急处理的根本原则。

（二）快速反应原则

事故发生后的每一秒都至关重要，快速反应是减少事故损失、降低伤害程度的关键。一旦接到事故报警，应急救援指挥中心应立即启动应急响应机制，迅速组织救援队伍和调配救援资源。救援队伍要在最短的时间内赶赴事故现场，展开救援行动。同时，相关部门要及时向上级报告事故情况，以便上级部门能够迅速做出决策，协调更多的资源支持救援工作。例如，在发生危险化学品泄漏事故时，消防、环保、医疗等部门应迅速联动，消防部门要立即赶到现场进行堵漏和灭火，环保部门要及时监测周边环境，防止污染扩散，医疗部门要随时准备救治可能受到伤害的人员。快速反应能够抓住救援的黄金时间，有效控制事故的发展态势，减少事故造成的人员伤亡和财产损失。

（三）科学救援原则

劳动安全事故的类型多种多样，每种事故都有其独特的特点和风险。因此，应急处理必须遵循科学的原则，根据事故的具体情况制定合理的救援方案。在救援行动开始前，要对事故现场进行全面的评估，了解事故的性质、规模、危害程度以及周边环境等因素。例如，在进行建筑坍塌事故救援时，要先对坍塌结构进行稳定性评估，确定救援的切入点和方法，避免在救援过程中引发二次坍塌，对被困人员和救援人员造成更大的伤害。同时，要充分利用先进的救援技术和设备，提高救援的效率和成功率。例如，使用生命探测仪寻找被困人员的位置，利用液压破拆工具进行障碍物清除等。科学救援还包括对救援人员的安全保障，确保他们在救援过程中不会受到不必要的伤害。

（四）统一指挥原则

在应急处理过程中，统一指挥是确保救援工作协调有序进行的重要保障。由于劳动安全事故的救援往往涉及多个部门和单位，如消防、公安、医疗、企业自身的应急队伍等，因此需要建立一个统一的指挥体系。指挥人员应具备丰富的应急处理经验和领导能力，能够根据事故情况及时做出决策，协调各方面的资源和力量。各救援队伍和部门要服从指挥人员的统一调度，明确各自的职责和任务，密切配合，形成合力。例如，在大型火灾事故救援中，现场指挥部要统一指挥消防队伍的灭火行动、公安部门的现场秩序维护、医疗部门的伤员救治以及企业的协助配合等工作，确保各项救援工作有条不紊地进行。统一指挥能够避免救援过程中的混乱和无序，提高救援工作的效率和效果。

二、常见劳动安全事故的应急处理方法

（一）火灾事故应急处理

当火灾事故发生时，现场人员应立即发出警报，通知周围人员疏散，并迅速拨打当地的火警电话。在确保自身安全的前提下，尝试使用附近的灭火器材进行初期火灾扑救。不同类型的火灾需要使用不同的灭火器材，例如，干粉灭火器适用于扑救可燃固体、液体、气体以及电气火灾；二氧化碳灭火器适用于扑救贵重设备、档案资料、仪器仪表等火灾；泡沫灭火器适用于扑救可燃液体火灾。

在使用灭火器时，要站在上风向，距离火源适当的位置，拔掉保险销，握住喷管，对准火焰根部进行喷射。如果火势较大，无法用灭火器控制，应立即组织人员疏散。在

进行疏散时，要按照预定的疏散路线进行，避免拥挤和踩踏事故的发生。对于高层建筑，要利用防烟楼梯间进行疏散，避免乘坐电梯。同时，要确保疏散通道畅通，及时清理障碍物。

待消防人员到达现场后，要迅速组织力量进行灭火和救援工作。他们会根据火灾的情况，采取不同的灭火战术，如隔离灭火法、窒息灭火法、冷却灭火法等。在灭火过程中，要注意防止火势蔓延，保护相邻的建筑物和设备。在火灾扑灭后，要对火灾现场进行保护，以便调查火灾原因，总结经验教训，防止类似事故再次发生。

（二）触电事故应急处理

发现有人触电后，应立即采取措施切断电源。如果附近有电源开关或插座，应迅速关闭电源；如果无法及时找到电源开关，可以使用绝缘物体将触电者与电源分开，如干燥的木棍、竹竿、塑料棒等。在进行救援时，救援人员要注意自身安全，避免触电。

将触电者转移到安全地带后，要立即对其进行急救处理。如果触电者呼吸、心跳停止，应立即进行心肺复苏术（CPR）。心肺复苏术包括胸外按压和人工呼吸两个部分。胸外按压时，将双手重叠，用手掌根部按压在触电者的胸骨中下1/3处，按压频率为每分钟100~120次，按压深度为5~6厘米。在进行人工呼吸时，可捏住触电者的鼻子，口对口吹气，每次吹气时间为1秒左右，观察触电者胸部是否有起伏。

在进行心肺复苏术的同时，要尽快拨打急救电话，将触电者送往医院进行进一步治疗。在等待急救人员到来的过程中，不要轻易放弃急救，要持续进行心肺复苏术，直到触电者恢复呼吸和心跳或专业急救人员宣布停止抢救。

（三）化学中毒事故应急处理

发生化学中毒事故时，应立即将中毒者转移到通风良好的地方，解开中毒者的衣领、腰带等，保持呼吸通畅。如果中毒者皮肤接触化学品，应立即用大量清水冲洗皮肤，冲洗时间不少于15分钟，以彻底清除皮肤上的化学品。如果中毒者眼睛接触化学品，应立即用大量清水冲洗眼睛，冲洗时要转动眼球，确保彻底冲洗，避免化学品残留对眼睛造成进一步伤害。

如果中毒者吸入有毒气体，应让中毒者吸氧，以缓解缺氧症状。同时，要尽快拨打急救电话，将中毒者送往医院进行治疗。在送往医院的途中，要密切观察中毒者的生命体征，如呼吸、心跳、意识等。

对于化学中毒事故现场，要及时进行隔离和封锁，防止有毒物质扩散。相关部门要对泄漏的化学品进行处理，根据化学品的性质采取相应的措施，如中和、吸附、收集等。同时，要对事故现场进行监测，确保环境安全。

（四）坍塌事故应急处理

坍塌事故发生后，应立即组织救援力量，抢救被埋压人员。在救援过程中，要注意自身安全，避免二次坍塌。首先要对坍塌现场进行评估，确定坍塌的范围和可能的危险区域，设置警戒标志，禁止无关人员进入。

可以使用专业的救援设备，如挖掘机、起重机、生命探测仪等进行救援工作。生命探测仪能够帮助救援人员寻找被埋压人员的位置，提高救援的准确性和效率。在使用挖掘机等大型设备时，要小心操作，避免对被埋压人员造成二次伤害。

在救援过程中，要保持与被埋压人员的沟通，稳定他们的情绪。可以通过喊话、敲击等方式与被埋压人员取得联系，告诉他们救援人员正在努力营救他们，让他们保持信心和体力。如果被埋压人员受伤，应在救出后立即进行急救处理，如止血、包扎、固定等，然后尽快将受伤人员送往医院进行治疗。

三、劳动安全事故救援技能训练

（一）心肺复苏术（CPR）训练

心肺复苏术是一项关键的急救技能，对于挽救生命具有重要意义。在训练过程中，首先要让学员了解心肺复苏术的原理和适用情况。当遇到心脏骤停或呼吸停止的患者时，心肺复苏术能够通过胸外按压和人工呼吸来维持患者的血液循环和氧气供应，为进一步的医疗救治争取时间。

胸外按压的训练需要学员掌握正确的按压位置、手法和频率。学员要将双手重叠，手指交叉，用手掌根部按压在患者的胸骨中下 1/3 处，按压时要保持手臂伸直，利用上半身的力量垂直向下按压，按压频率为每分钟 100~120 次，按压深度为 5~6 厘米。每次按压后要让胸部充分回弹，以保证心脏能够充分充盈血液。

人工呼吸的训练要求学员掌握正确的吹气方法和频率。学员要捏住患者的鼻子，口对口紧密贴合，平稳地吹气，每次吹气时间为 1 秒左右，观察患者胸部是否有起伏。在进行心肺复苏术时，胸外按压和人工呼吸要按照 30：2 的比例进行，即进行 30 次胸外按压后，进行 2 次人工呼吸，如此反复进行，直到患者恢复呼吸和心跳或专业急救人员到达。

通过反复的模拟训练，让学员在实际操作中逐渐熟练掌握心肺复苏术的技能，提高他们在紧急情况下挽救生命的能力。同时，要让学员了解心肺复苏术的注意事项，如按压的力度和频率要适中，避免造成肋骨骨折等并发症；人工呼吸时要确保气道通畅等。

（二）灭火器材使用训练

不同类型的灭火器材适用于不同类型的火灾，因此熟练掌握灭火器材的使用方法至关重要。常见的灭火器材有干粉灭火器、二氧化碳灭火器、泡沫灭火器、水基型灭火器等。

干粉灭火器是常用的灭火器材之一，适用于扑救可燃固体、液体、气体以及电气火灾。在使用干粉灭火器时，学员要先拔掉保险销，握住喷管，对准火焰根部，按下压把，由近及远、左右扫射，将干粉均匀地喷射到火焰上，直至火焰熄灭。

二氧化碳灭火器主要用于扑救贵重设备、档案资料、仪器仪表等火灾。使用时，学员要先拔出保险销，握住喇叭筒根部的手柄，按下压把，二氧化碳会迅速喷出。由于二氧化碳灭火器喷出的二氧化碳气体温度很低，使用时要注意不要握住喇叭筒外壁或金属连接管，以免冻伤。

泡沫灭火器适用于扑救可燃液体火灾，如汽油、柴油等。使用泡沫灭火器时，学员要将灭火器颠倒过来，使两种溶液混合，产生泡沫，然后将泡沫喷射到燃烧物表面，覆盖火焰，以达到灭火的目的。

水基型灭火器适用于扑救可燃固体火灾和可燃液体的初起火灾。在使用时，学员要将灭火器的喷嘴对准火焰根部，按下压把，喷出灭火剂进行灭火。

在训练过程中，要让学员了解每种灭火器材的适用范围、优缺点和使用注意事项，并通过实际操作训练，让学员熟练掌握灭火器材的使用方法，提高他们在火灾发生时的灭火能力。

(三) 急救包扎技能训练

在劳动安全事故中，受伤人员往往需要进行及时的急救包扎，以减少出血、防止感染和固定骨折部位。急救包扎技能训练包括绷带包扎、三角巾包扎等多种方法。

绷带包扎是常用的包扎方法之一，包括环形包扎、螺旋包扎、螺旋反折包扎、“8”字形包扎等。环形包扎适用于包扎手腕、脚踝等部位，将绷带作环形重叠缠绕数圈即可。螺旋包扎适用于包扎上臂、大腿等部位，将绷带呈螺旋形向上或向下缠绕，每圈覆盖前一圈的1/3~1/2。螺旋反折包扎适用于包扎小腿、前臂等粗细不等的部位，将绷带螺旋形缠绕，每圈反折一次，反折时要对齐，避免压迫皮肤。“8”字形包扎适用于包扎关节部位，如膝关节、肘关节等，将绷带在关节上下作“8”字形缠绕。

三角巾包扎具有操作简便、应用广泛的特点。三角巾可以用于头部、面部、胸部、腹部、四肢等多个部位的包扎。例如，头部帽式包扎时，将三角巾底边中点放在眉间上方，顶角经头顶垂在枕后，然后将底边经耳上向后扎紧压住顶角，在枕后交叉再经耳上到额部拉紧打结，最后将顶角向上反折嵌入底边内。面部面具式包扎时，将三角巾顶角打结，套住下颌，底边拉向枕部，上提两底角，拉紧并交叉压住底边，再向前绕到额部打结。

在训练中，要让学员了解不同急救包扎方法的适用情况和操作要点，通过实际操作练习，让学员熟练掌握急救包扎技能，能够在事故现场迅速、有效地对受伤人员进行包扎处理。同时，要让学员了解包扎的注意事项，如包扎的力度要适中，避免影响血液循环；包扎前要先对伤口进行清洁和消毒，等等。

(四) 绳索救援技能训练

在一些高处作业、坍塌事故或自然灾害救援场景中，绳索救援技能发挥着重要作用。绳索救援技能训练包括绳索的选择、打结方法、固定方式以及绳索救援的操作流程等内容。

绳索的选择要根据救援的具体需求和环境条件来确定。常见的救援绳索有静力绳和动力绳：静力绳主要用于下降和保护，其延展性较小；动力绳主要用于攀爬和冲坠保护，具有较好的延展性。学员要了解不同绳索的特点和适用范围，能够根据实际情况选择合适的绳索。

打结方法是绳索救援的基础技能，学员要掌握多种实用的打结方法，如单结、双结、蝴蝶结、称人结（又称布林结）等。每种打结方法都有其独特的用途和特点，例如，单结用于临时固定绳索；蝴蝶结用于在绳索中间形成一个固定的环；称人结用于制作安全可靠的绳圈，可用于救援人员的自身保护或救助被困人员。

绳索的固定方式也是绳索救援的关键环节。学员要学会利用周围的固定物，如树木、岩石、建筑物等，将绳索牢固地固定。可以使用各种固定器材，如膨胀螺栓、锚点、绳索保护器等，确保绳索的固定安全可靠。

在绳索救援的操作流程方面，学员要学习如何进行绳索的安装、调试和使用。包括如何设置上升和下降系统，如何进行水平移动和垂直救援等。通过模拟各种实际救援场景，让学员在安全的环境下进行操作练习，提高他们在复杂环境下的绳索救援能力，同时培养他们的团队协作精神，因为绳索救援往往需要多人配合完成。

（五）危险化学品泄漏处置训练

危险化学品泄漏事故具有高风险性和复杂性，救援人员需要接受专门的泄漏处置训练。首先，学员要了解各种危险化学品的特性，包括其物理性质（如颜色、状态、气味、密度、溶解性等）、化学性质（如可燃性、氧化性、腐蚀性、毒性等）以及危险特性（如爆炸极限、闪点、自燃点等）。只有充分了解危险化学品的特性，才能在事故发生时迅速判断其潜在危害，采取正确的处置措施。

在个人防护装备的使用训练中，学员要学会正确穿戴和使用各种防护装备，如防化服、防毒面具、防护手套、防护靴、护目镜等。不同类型的危险化学品泄漏需要使用不同级别的防护装备，学员要根据实际情况选择合适的防护装备，并确保穿戴正确，以保护自身安全。

泄漏源的控制是危险化学品泄漏处置的关键环节。学员要学习如何关闭阀门、封堵漏洞、收集泄漏物等方法。对于液体化学品泄漏，可以使用围堤堵截、吸附材料吸附、中和处理等方法；对于气体化学品泄漏，要采取通风驱散、喷雾稀释、化学中和等措施。在处置过程中，要注意防止泄漏物扩散，避免引发次生灾害。

泄漏化学品的处理和转移也是训练的重要内容。学员要了解如何对泄漏化学品进行收集、储存和运输，确保其安全处置。对于一些有毒有害的化学品，要按照相关规定进行专门的处理，避免对环境和人体造成危害。通过模拟危险化学品泄漏事故场景，让学员在实践中积累经验，提高应对危险化学品泄漏事故的能力。

（六）现场指挥与协调能力训练

在劳动安全事故救援现场，有效的现场指挥与协调是确保救援工作顺利进行的关键。现场指挥与协调能力训练包括现场情况评估、救援方案制定、资源调配、信息沟通等多个方面。

现场情况评估是指挥与协调的基础。学员要学会迅速对事故现场进行全面评估，了解事故的类型、规模、危害程度、周边环境、潜在风险等因素。通过观察、询问、检测等方式，收集准确的信息，为制定救援方案提供依据。

救援方案制定需要学员根据现场情况评估的结果，结合救援资源和人员的实际情况，制定合理的救援方案。救援方案要明确救援的目标、任务、步骤和方法，以及各救援小组的职责和分工。在制定方案时，要充分考虑各种可能出现的情况，制定相应的应急预案。

资源调配是确保救援工作顺利进行的重要保障。学员要学会合理调配救援资源，包括人员、设备、物资等。根据救援方案的要求，及时组织救援人员和设备到达事故现场，并确保物资的供应充足。同时，要注意资源的合理使用，避免浪费和不必要的消耗。

信息沟通在救援现场至关重要。学员要学会建立有效的信息沟通机制，确保救援人员之间、救援队伍与指挥中心之间、各部门之间的信息传递及时、准确、畅通。可以使用对讲机、手机、无线通信设备等工具进行信息沟通，同时要建立信息报告制度，及时向上级报告救援进展情况和存在的问题。

通过模拟不同类型的事故救援场景，让学员在实践中锻炼现场指挥与协调能力，提高他们在复杂环境下的决策能力和组织能力，确保救援工作能够高效、有序地进行。

（七）心理救援技能训练

劳动安全事故不仅会给受害者带来身体上的伤害，还可能导致严重的心理创伤。因此，救援人员需要具备一定的心理救援技能。心理救援技能训练包括了解事故受害者可能出现的心理反应，学习与受害者进行有效的沟通技巧，掌握基本的心理疏导方法等内容。

学员要了解事故受害者在事故发生后可能出现的心理反应，如恐惧、焦虑、抑郁、愤怒、自责、创伤后应激障碍等。不同的受害者可能会有不同的心理反应，学员要能够识别这些心理问题，以便采取相应的心理救援措施。

与受害者进行有效的沟通是心理救援的关键。学员要学习倾听、共情、提问等沟通技巧，让受害者感受到被理解和被关注。在与受害者沟通时，要保持耐心和同理心，尊重他们的感受和想法，避免使用刺激性的语言。同时，要注意观察受害者的非语言信号，如表情、肢体动作等，更好地理解他们的内心感受。

基本的心理疏导方法也是心理救援技能训练的重要内容。学员需要掌握放松训练、认知行为疗法、支持性心理治疗等方法。放松训练可以帮助受害者缓解身体和心理的紧张情绪，如深呼吸训练、渐进性肌肉松弛训练等。认知行为疗法可以帮助受害者识别和改变负面的思维模式和行为习惯，从而减轻心理痛苦。支持性心理治疗则通过给予受害者情感上的支持和鼓励，增强他们的心理韧性和应对能力。

在训练过程中，通过角色扮演、案例分析等方式，让学员模拟与事故受害者的互动场景，提高他们的心理救援能力。同时，也让学员学会关注自身的心理健康，因为救援人员在面对事故现场和受害者的痛苦时，也可能会产生心理压力和负面情绪。学会自我调节和心理疏导，能够保证救援人员以良好的心理状态投入到救援工作中，更好地为受害者提供帮助。

（八）团队协作训练

劳动安全事故救援是一项复杂的系统工程，需要多个部门和人员的紧密协作才能顺利完成。团队协作训练旨在提高救援团队成员之间的默契度、沟通能力和协同作战能力。

训练可先从团队成员之间的相互了解和信任培养开始。通过团队建设活动，如拓展训练、团队聚餐、小组讨论等，让成员之间增进彼此的了解，建立良好的人际关系。在拓展训练中，设置一些需要团队成员共同完成的挑战项目，如高空断桥、信任背摔等，这些项目可以帮助成员克服恐惧，增强对团队的信任。

沟通能力的训练是团队协作训练的重要部分。团队成员需要学会清晰、准确地表达自己的想法和意见，同时也要学会倾听他人的观点。通过模拟救援场景中的沟通练习，如信息传递、任务分配、问题解决等环节，让成员掌握有效的沟通技巧。例如，在模拟救援现场，要求成员在规定时间内准确传达事故信息、救援指令等，提高信息传递的准确性和效率。

协同作战能力的训练则侧重于让团队成员熟悉各自的职责和任务，以及在不同情况下的协作方式。通过反复的模拟演练，让成员了解在救援的不同阶段，自己应该承担的责任和与其他成员的配合方式。比如，在火灾救援模拟演练中，消防队员、医疗人员、后勤保障人员等各部门成员需要明确各自的任务，消防队员负责灭火和救人，医疗人员负责伤员救治，后勤保障人员负责物资供应和设备维护，各部门之间密切配合，确保救援工作的顺利进行。

此外，团队协作训练还包括对团队领导能力的培养。团队领导者需要具备良好的组织协调能力、决策能力和应变能力，能够在复杂的救援场景中迅速做出正确的决策，合理调配资源，指挥团队成员有序开展救援工作。通过模拟不同的救援场景，让团队成员轮流担任领导角色，锻炼他们的领导能力，同时也让其他成员学会服从领导、配合工作，提高整个团队的执行力。

（九）应急救援预案演练

应急救援预案是应对劳动安全事故的行动指南，而演练是检验和完善预案的重要手段。定期组织应急救援预案演练，能够提高救援队伍的应急响应能力和协同作战水平，确保在事故发生时能够迅速、有效地开展救援工作。

在演练前，要精心制订演练方案，明确演练的目的、场景、参与人员、流程和评估标准等。根据不同的劳动安全事故类型，设置相应的演练场景，如火灾、爆炸、坍塌、中毒等。例如，在火灾演练场景中，模拟不同规模和复杂程度的火灾事故，包括高层建筑火灾、工厂仓库火灾等，以检验救援队伍在不同情况下的应对能力。

在演练过程中，严格按照预案的规定进行操作，各部门和人员要密切配合，展现出真实的应急响应过程。救援队伍要迅速集结，按照预案要求开展救援行动，如灭火、救人、疏散群众、现场警戒等。同时，要注重演练的细节，如救援设备的正确使用、救援人员的安全防护、信息的及时传递等。

在演练结束后，要进行全面的总结评估。评估小组要对演练过程中各部门和人员的表现进行评价，分析演练中存在的问题和不足之处。通过评估，可以发现预案中可能存在的漏洞和不合理之处，以及救援队伍在技能、协作、沟通等方面的薄弱环节。例如，可以发现某些救援设备的操作不够熟练，或者部门之间的信息沟通存在障碍等问题。

根据总结评估的结果，及时对预案进行修订和完善，对救援队伍进行针对性的培训和训练。通过不断地演练和改进，使应急救援预案更加科学、合理、可行，以提高救援队伍的应急处置能力，确保在实际事故发生时能够最大限度地减少人员伤亡和财产损失。

（十）救援设备的操作与维护训练

劳动安全事故救援需要依靠各种专业的救援设备，熟练掌握救援设备的操作与维护技能，是救援人员的基本要求。救援设备的操作与维护训练包括设备的原理学习、操作技能培训和日常维护保养等方面。

首先，救援人员要学习各种救援设备的工作原理。例如，对于消防车的消防泵，要了解其工作原理和性能参数，包括流量、扬程等；对于生命探测仪，要掌握其探测原理，如红外探测、雷达探测等。只有了解设备的工作原理，才能更好地理解设备的操作方法和注意事项，提高设备的使用效率和安全性。

操作技能培训是让救援人员熟练掌握设备的操作方法，通过理论讲解和实际操作相结合的方式，让救援人员学习设备的启动、运行、调试和停止等操作步骤。例如，在起重机的操作培训中，救援人员要学习如何正确操作起重机的控制器，进行起吊、旋转、变幅等动作，同时要掌握如何根据吊装物体的重量和形状选择合适的吊具和吊装方法。在实际操作练习中，要设置不同的操作场景，让救援人员在模拟的救援环境中进行操作训练，提高他们的操作技能和应对复杂情况的能力。

日常维护保养训练则是让救援人员学会对设备进行定期的检查、清洁、润滑、调试和维修等工作。不同的设备有不同的维护保养要求，救援人员要了解并严格按照要求进行操作。例如，对于消防车的发动机，要定期更换机油、空气滤清器等；对于液压破拆工具，要定期检查液压油的油量和质量，保持工具的清洁和润滑。通过日常维护保养，可以延长设备的使用寿命，确保设备在救援时能够正常运行，发挥其应有的作用。

通过以上全面、系统的劳动安全事故救援技能训练，能够打造一支高素质、专业化的救援队伍，提高应对劳动安全事故的能力，为保障劳动者的生命安全和社会的稳定发展提供有力的支持。同时，也有助于提高全社会的劳动安全意识，营造安全、和谐的劳动环境，减少劳动安全事故的发生。

榜样力量

侯子龙——为矿工打通生命通道的“逆行者”

徒手爬绳 4.5 米、正手单杠 15 个、背 15 公斤的氧气呼吸器跑 1000 米、拉 20 公斤的检力器 100 次……在国家矿山应急救援平顶山队综合体能训练场，直属二中队中队长侯子龙正在和队员们进行日常体能连续项目训练。

作为为矿工打通生命通道的“逆行者”，日常体能连续项目训练虽特别消耗体能，但却是提高队员身体素质最快最有效的训练方式。

在采访现场，记者尝试双手拎起氧气呼吸器，却只坚持了几十秒，而训练队员要背在身上跑1000 米。“氧气呼吸器相当于我们的第二生命，背上它可以在灾区避免有害气体的侵害，是完成任务的重要保障。”侯子龙告诉记者，进入灾区救援时，平均每人负重约 50 斤，除日常体能连续训练，他们还进行高温浓烟训练、单项训练中的激烈行动、耐力训练等，这些训练对救援工作起到了十分重要的作用。

练兵千日，用兵一时。在一次救援任务中，侯子龙和队员们克服了灾区有毒有害气体浓度大、温度高、湿度大等困难，绕行采面切眼侦察了 1350 米巷道，在采面进风巷一处临时避难硐室发现了 23 名被困矿工，分批次将遇险矿工护送到安全地点。“通过这次救援，我们更加熟知了日常训练的重要性。”侯子龙说。

侯子龙曾被应急管理部授予个人三等功，他所在的直属二中队曾获集体三等功。当问到为啥选择应急救援这个工作时，侯子龙眼神里充满了坚定与自豪。“我叔和我舅都是军人，从小受他们的影响，所以长大后我也选择去当兵。退伍之后，我主动选择到国家矿山应急救援平顶山队工作，这个单位是军事化管理，在这里工作就好像自己从没离开部队一样。”

据介绍，作为 113 支国家安全生产应急救援队伍之一，国家矿山应急救援平顶山队始建于 1958 年，是最早建设的国家级矿山应急救援队伍之一，也是矿山救护队质量标准化一级救护大队。近年来，在应急管理部、国家安全生产应急救援中心和中国平煤神马集团支持下，国家矿山应急救援平顶山队坚持政治建队、改革建队、科技建队、人才建队、依规建队，队伍的装备水平、训练成效和实战能力明显提升，积极承担河南、湖北、湖南、广东、广西、海南等省（区）的矿山救援和全国封闭空间灾害事故及国际矿山（隧道）应急救援职责，先后参与了 2023 年河北保定涞水县赵各庄洪涝、2024 年湖南平江县大型内涝灾害等救援任务。

这支队伍里还有很多和侯子龙一样的“逆行者”，为无数黑暗里的矿工带去了希望之光。当前，国家矿山应急救援平顶山队累计参加各种应急救援行动 3090 次，成功拯救生还人员 4837 人，荣获全国“五一劳动奖状”、全国“抗震救灾先进单位”、全国安全生产“青年示范岗”等 20 多项省部级以上荣誉。

值得一提的是，国家矿山应急救援平顶山队以打造“智慧应急救援”为目标，深化 5G 技术、搜寻机器人和智能化装备的推广应用，推进科技创新、制度创新、

“五小”创新，着力破解影响救援效能的难点、堵点和“瓶颈”，有效提升了应急救援科技化、专业化、智能化水平，增强安全生产事故应急救援核心能力。

资料来源：彭华：《应急救援基层行丨为矿工打通生命通道的“逆行者”》，https：//news. cnr. cn/local/dftj/20240901/t24240901_526881690. shtml，有改动。

第四节　劳动自律的内涵与重要性

一、劳动自律的多维度内涵

劳动自律，是劳动者在劳动过程中所展现出的一种综合素养，贯穿于劳动者的思想、行为和态度之中，有着丰富且多层次的内涵。

从最基本的行为规范层面来看，劳动自律表现为对劳动规章制度和工作流程的严格遵守。在各类企事业单位中，考勤制度是劳动自律的基础体现。员工应按时打卡上下班，不迟到、不早退，确保工作时间的有效投入。以工厂流水线作业为例，每个岗位的工人都必须按照既定的生产流程和操作规范进行工作，不能随意更改工序或降低质量标准。在办公室环境中，员工需遵守公司的保密制度，不泄露工作机密，维护公司的商业利益。这些看似琐碎的行为规范，实则是劳动自律的基石，保证了工作的有序进行和组织的正常运转。

进一步而言，劳动自律在态度层面体现为对工作的高度责任感和敬业精神。一个具有劳动自律的人，会将工作视为实现自我价值的重要途径，而不仅仅是获取经济报酬的手段。例如教师这一职业，自律的教师会认真备课，精心设计每一堂课，关注每一位学生的成长与进步，即使在课后也会主动为学生答疑解惑，投入大量的时间和精力提升教学质量。自律的医生在面对患者时，会秉持救死扶伤的信念，无论工作多么辛苦，都会全力以赴地进行诊断和治疗，对患者的生命健康负责到底。这种敬业精神和责任感，是劳动自律在态度上的深刻体现，也是劳动者赢得尊重和信任的关键。

从自我约束的角度来看，劳动自律要求劳动者具备强大的意志力，能够克制自身的欲望和冲动，抵御各种外界干扰和诱惑。在当今数字化时代，智能手机、社交媒体等带来了诸多便利，但也成为影响工作效率的重要因素。自律的劳动者能够合理控制使用这些设备的时间，专注于工作任务。比如，程序员在编写复杂代码时，能够屏蔽手机的通知，避免因无关信息而分散注意力，全身心地投入代码逻辑的构建和优化。同时，在面对工作中的困难和挑战时，他们也能自我激励，不轻易放弃，努力克服困难，坚持完成工作目标。

从目标导向层面分析，劳动自律是劳动者为了实现个人职业目标和劳动价值而自觉遵循的行为准则。劳动者会根据自身的职业规划，设定明确的短期和长期目标，并通过自律的行为逐步实现这些目标。对于销售人员来说，为了达到销售业绩目标，他们会自律地制订详细的客户拜访计划，不断学习销售技巧，积极拓展客户资源。每一次与客户的沟通、每一次销售方案的制订，都是他们朝着目标前进的具体行动，而劳动自律则是推动他们不断前进的动力源泉。

二、劳动自律对个人职业发展的关键作用

（一）提升工作质量和效率

劳动自律是提升工作质量和效率的重要保障。当劳动者严格遵守工作规范和流程时，能够减少工作中的失误和错误。以会计工作为例，自律的会计人员会严格按照会计准则和财务制度进行账务处理，仔细核对每一笔账目，以确保财务数据的准确性和可靠性。这种严谨的工作态度不仅能为企业提供准确的财务信息，帮助企业做出正确的决策，还能提升自身在专业领域的声誉。

在提高工作效率方面，劳动自律使劳动者能够合理安排工作时间，避免拖延和浪费。他们会制订详细的工作计划，将工作任务按照重要性和紧急程度进行排序，优先处理重要且紧急的任务，以确保工作的高效推进。比如，一名项目经理通过自律的时间管理，能够合理分配团队成员的工作任务，明确各项任务的时间节点，并及时跟进任务进度，从而保证项目按时、高质量地完成。长期坚持自律的工作方式，还能让劳动者形成良好的工作习惯，进一步提高工作效率，为个人职业发展奠定坚实的基础。

（二）增强职业竞争力

在竞争激烈的职场环境中，劳动自律是增强个人职业竞争力的核心要素之一。自律的劳动者往往具有更强的自我驱动力，他们不满足于现状，会主动学习新知识、新技能，不断提升自己的专业素养。以互联网行业为例，技术更新换代迅速，自律的程序员会利用业余时间学习新的编程语言和框架，参加技术研讨会和培训课程，保持对行业最新动态的了解。这种持续学习和自我提升的能力，使他们在面对激烈的职场竞争时更具优势，更容易获得晋升机会和更好的职业发展空间。

此外，劳动自律还能帮助劳动者树立良好的职业形象和口碑。在工作中，自律的劳动者以高度的责任感和敬业精神对待每一项任务，按时完成工作，保证工作质量。这种可靠的工作表现会得到同事和上级的认可和赞赏，从而在团队中建立起良好的人际关系和声誉。良好的职业形象和口碑不仅有助于个人在职场中的发展，还能为个人带来更多的职业机会和资源。

（三）培养良好的职业习惯和品德

劳动自律有助于培养劳动者良好的职业习惯和品德。长期坚持自律的工作态度，能够使劳动者养成严谨、细致、专注的职业习惯。在科研工作中，自律的科研人员会认真记录实验数据，严格按照实验流程进行操作，不放过任何一个细节。这种严谨的职业习惯不仅有助于提高科研工作的准确性和可靠性，还能培养劳动者的科学精神和态度。

同时，劳动自律也体现了劳动者的品德修养。自律的人在工作中诚实守信，不弄虚

作假，遵守职业道德规范。在商业活动中，他们会坚守商业道德，不进行不正当竞争，维护市场的公平和秩序。这种良好的品德修养不仅能赢得他人的尊重和信任，还能为个人的职业发展营造良好的环境。良好的职业习惯和品德是劳动者在职业生涯中不断前进的重要支撑，也是实现个人价值和社会价值的重要保障。

三、劳动自律对团队和企业发展的积极影响

（一）提高团队协作效率

在团队合作中，成员的劳动自律是提高团队协作效率的关键因素。当团队中的每一位成员都能自律地完成自己的工作任务时，团队的工作流程就能够顺畅进行，减少因个人失误或拖延导致的内耗。以软件开发团队为例，程序员、设计师、测试人员等各成员需要按照项目计划和分工，按时完成各自的工作。如果有成员缺乏自律，不能按时交付代码或设计稿，就会影响整个项目的进度，增加团队的沟通成本和协调难度。

相反，自律的团队成员会积极主动地与其他成员沟通协作，及时反馈工作进展和遇到的问题，共同解决困难。他们会尊重团队的决策和安排，遵守团队的规则和制度，形成良好的团队氛围。这种高效的团队协作能够提高团队的整体战斗力，使团队在面对各种挑战时能够迅速做出反应，高效地完成任务，进而实现团队目标。

（二）塑造良好的企业文化

劳动自律是塑造良好企业文化的重要组成部分。在一家企业中，如果员工普遍具有劳动自律的品质，会形成一种积极向上、严谨负责的企业文化氛围。这种氛围会对新员工产生潜移默化的影响，使他们更快地融入企业，认同企业的价值观和文化理念。例如，一些知名企业以其严格的自律文化和高效的工作作风而闻名，新员工进入这样的企业后，会受到老员工的影响，逐渐养成自律的工作习惯和态度。

同时，劳动自律也体现了企业的管理水平和规范程度。自律的企业注重制度建设和执行，强调员工的责任感和敬业精神。这种良好的企业文化不仅有助于吸引优秀人才的加入，还能提高员工的忠诚度和归属感，增强企业的凝聚力和向心力，为企业的长期发展奠定坚实的基础。

（三）促进企业的稳定发展

劳动自律对企业的稳定发展具有重要意义。自律的员工能够更好地适应企业的发展需求，积极应对各种变化和挑战。在市场环境不断变化的今天，企业需要不断调整战略和业务方向，员工的自律和自我管理能力能够使他们更快地适应这些变化，积极参与企业的变革和创新。例如，当企业引入新的技术或管理模式时，自律的员工会主动学习和掌握相关知识和技能，为企业的发展贡献自己的力量。

此外，劳动自律有助于减少企业的管理成本，提高管理效率。自律的员工能够自我约束，遵守企业的规章制度，减少违规行为的发生，降低企业的管理风险。同时，他们

能够高效地完成工作任务，降低企业的运营成本。企业在稳定的内部环境中，能够更加专注于业务发展和创新，提升自身的竞争力，实现可持续发展。

榜样力量

刘静——勇担使命　用劳动书写精彩

刘静是国家税务总局青岛高新技术产业开发区税务局党委纪检组三级主办、山东省青岛市税务局第四批青年才俊、社会保险费和非税收入专业人才库成员、注册税务师。工作以来，她立足税务工作本职，坚持发扬劳动精神和工匠精神，凭着一股子干劲钻研业务、做好服务，用恪尽职守和无私奉献诠释着税务人的忠诚和担当。

在同事们眼中，刘静“勤奋好学、尽职尽责、业务能力强”。刚进入税务系统工作，她就面对国地税合并、个人所得税改革、减税降费政策不断更新等新情况。她不等不靠，努力学习，不断更新知识储备、不断提升业务技能，让自己更快地适应税务工作发展的新趋势。

刘静坚持把政治理论学习摆在第一位。同时，她还积极参加高新区税务局组织的各类专业培训，努力学习纪检、财会、税收方面的知识。2023 年青岛市税务局与青岛市总工会联合举办社保非税条线岗位技能竞赛，作为哺乳期的妈妈，她克服巨大的困难压力，主动报名，认真规划学习计划，凭着勤学苦练的韧劲，一路过关斩将，在技能竞赛决赛中获得非税条线个人成绩第一名。

作为一名共产党员，刘静始终坚信“把每一项工作做好就是有责任感，把每一件小事做好就是不平凡”。

参加工作以来，她勤勤恳恳、尽职尽责，发挥了一名共产党员特别能吃苦、特别能战斗的模范表率作用。在科室人手较少的情况下，她始终坚持着认真、严谨、细心的处事原则，有条不紊做好每一项工作。作为一名纪检干部，她聚焦主责主业，履职尽责担当，创建了“一二三四”工作法，以落实减税降费政策、深化税收征管改革为重点，积极开展“沉浸式”监督。她还紧盯“两权运行”，做深专题会商，常态化督促落实中央八项规定精神，巩固拓展违规收送礼品礼金专项整治成果；聚焦“节日腐败”及时发送廉洁提醒，做细日常监督，为净化政治生态持续努力。

“打铁还需自身硬”，刘静深知，作为纪检干部要以身作则。她始终绷紧廉洁自律这根弦，严格执行廉洁自律的各项规章制度，从严要求自己，不断增强拒腐防变和抵御风险的能力。在生活中，坚持和发扬艰苦奋斗的优良传统，管住自己、守住小节，以实际行动维护纪律刚性，树立良好的纪检干部形象。

多年的努力付出，换来的是累累硕果。刘静在 2020 年全国税务系统执法资格考试中获得满分，在 2021 年被评为“高新区税务局优秀共产党员”，2022 年入选青岛市税务局第四批青年才俊，2023 年在由青岛市税务局、青岛市总工会联合举办的青岛市税务系统社保非税条线岗位技能竞赛决赛中获非税条线个人成绩第一名，获青岛市税务系统“优胜个人”称号。

行者方致远，奋斗路正长。刘静牢记“为国聚财，为民收税”的初心，揣着对税务工作的热爱，努力用忠诚和奉献书写着自己的青春“税”月。“在青岛高新区税务局，像我这样的青年税务干部还有很多，我将继续攻坚克难，勇担使命，为税收事业现代化发展贡献力量。”刘静说。

资料来源：李冉：《刘静：勇担使命　用劳动书写精彩》，https：//www.workercn.cn/2024-05-07/8246161.shtml，2024-05-07.

第五节　劳动过程中的自我管理方法与技巧

一、时间管理的策略与实践

（一）制订科学的工作计划

制订科学合理的工作计划是有效进行时间管理的首要步骤。劳动者需要根据工作任务的性质、难度和时间要求，对工作进行全面的梳理和规划。在开始一天的工作之前，可以先列出当天需要完成的任务清单，并按照重要性和紧急程度进行排序。例如，将任务分为“重要且紧急”“重要不紧急”“紧急不重要”“不重要不紧急”四类。对于“重要且紧急”的任务，如即将到期的项目报告、重要客户的紧急需求等，要立即安排时间优先处理；“重要不紧急”的任务，如长期的项目规划、技能提升学习等，需要制订详细的计划，逐步推进；“紧急不重要”的任务，可以考虑委托他人处理，以节省时间和精力；“不重要不紧急”的任务，则可以适当推迟或简化处理。

此外，制订工作计划时要合理分配时间，为每个任务设定明确的时间节点和完成期限。可以使用时间管理工具，如日程表、待办事项应用程序等，将工作计划可视化，以便更好地跟踪和管理任务进度。例如，一名市场营销人员在制订月度工作计划时，会根据市场推广活动的安排，为每个活动的策划、执行和评估阶段设定具体的时间节点，确保活动能够按时、有序地进行。

（二）运用时间管理工具

在现代社会，各种时间管理工具为劳动者提供了极大的便利，帮助他们更高效地管理时间。常见的时间管理工具包括日历、待办事项清单、时间管理软件等。

日历是一种简单而实用的时间管理工具，劳动者可以将重要的工作任务、会议、截止日期等信息记录在日历上，直观地查看每天、每周或每月的工作安排。通过日历，能够清晰地了解工作的时间分布，以避免时间冲突或遗漏重要事项。

待办事项清单则可以帮助劳动者将工作任务详细列出，明确任务的内容和要求。

可以按照任务的优先级、类别等进行分类管理，方便随时查看和跟踪任务的完成情况。

时间管理软件如 Trello、Asana、Todoist 等，具有更强大的功能。这些软件可以实现任务的创建、分配、跟踪和提醒，支持团队协作，方便团队成员之间共享任务信息和进度。例如，在一个项目团队中，项目经理可以使用 Trello 创建项目任务列表，为每个任务分配负责人和截止日期，并设置提醒功能。团队成员可以通过软件查看自己的任务，更新任务进度，及时与其他成员沟通协作，大大提高了团队的工作效率和时间管理能力。

（三）避免时间浪费

在劳动过程中，时间浪费是影响工作效率的重要因素，劳动者需要认识到常见的时间浪费因素，并采取有效措施加以避免。

拖延是较常见的时间浪费行为之一。许多人在面对工作任务时，会不自觉地拖延，将任务推迟到最后期限才开始着手处理，导致工作质量下降和压力增大。为了克服拖延习惯，劳动者可以采用设定明确的截止日期、将大任务分解为小任务、建立奖励机制等方法。例如，将一项复杂的报告写作任务分解为资料收集、大纲编写、内容撰写、校对审核等小任务，为每个小任务设定合理的时间限制，并在完成每个小任务后给予自己适当的奖励，激励自己按时完成任务。

过度社交也是导致时间浪费的因素之一。在工作时间内，频繁地闲聊、参与无关的社交活动会分散注意力，降低工作效率。劳动者要学会控制自己的社交行为，避免在工作时间进行过多的社交互动。可以设定专门的社交时间，如午餐时间或工作间隙，在这些时间内进行适当的社交活动，而在工作时间内则专注于工作任务。

此外，无意义的会议、不必要的邮件往来等也会浪费大量时间。对于会议，要提前明确会议目的和议程，只邀请必要的人员参加，控制会议时间，提高会议效率。在处理邮件时，要学会筛选重要邮件，优先回复紧急和重要的邮件，避免在无关邮件上花费过多时间。

二、任务管理的有效方法

（一）任务分解与细化

将复杂的任务分解为具体的、可操作的小任务，是任务管理的核心方法之一。当面对一项庞大的工作任务时，直接着手处理可能会感到无从下手，而通过任务分解，可以使任务变得更加清晰和易于管理。

以策划一场大型活动为例，可以将任务分解为活动主题确定、场地选址、嘉宾邀请、宣传推广、活动执行等多个子任务。每个子任务还可以进一步细化，如宣传推广任务可以细分为制定宣传方案、设计宣传物料、选择宣传渠道、发布宣传信息等更小的任务。通过这样的分解和细化，能够将复杂的任务转化为一系列简单的、可操作的步骤，降低任务的难度，提高工作的效率和质量。

在任务分解过程中，要确保每个小任务都有明确的目标、要求和时间节点。这样可以使劳动者更加清楚地了解自己的工作任务，便于制订详细的工作计划和进行任务分配。同时，任务分解也有助于及时发现任务中的潜在问题和风险，提前采取措施加以解决。

（二）任务优先级设定

设定任务优先级是合理安排工作顺序的关键。在实际工作中，往往会同时面临多项任务，而时间和资源是有限的，因此需要根据任务的重要性和紧急程度来确定任务的优先级。

在考虑任务的重要性时，要从任务对个人职业发展、团队目标实现、企业战略推进等方面的影响来评估。对于对企业发展具有重要战略意义的项目，如新产品研发、市场拓展等任务，应设定为高优先级。同时，要考虑任务的紧急程度，即将要到期的任务、对业务流程有直接影响的任务等通常具有较高的紧急性。

在设定任务优先级时，还需要考虑任务之间的关联性和依赖性。有些任务需要在其他任务完成后才能进行，这些任务的优先级要根据前置任务的完成情况来确定。例如，在软件开发项目中，需求分析任务完成后才能进行代码编写任务，因此需求分析任务的优先级要高于代码编写任务。

通过合理设定任务优先级，劳动者可以确保将有限的时间和资源集中在最重要、最紧急的任务上，避免在不重要的任务上浪费时间和精力，提高工作的针对性和有效性。

（三）任务进度跟踪与反馈

及时跟踪任务进度并进行反馈是确保任务顺利完成的重要环节。在任务执行过程中，劳动者需要定期检查任务的完成情况，与计划进行对比，及时发现任务的进展是否符合预期。

可以使用进度条、甘特图等工具来直观地展示任务进度。进度条可以显示任务的完成百分比，让劳动者清楚地了解任务的完成程度；甘特图则可以展示任务的开始时间、结束时间、任务之间的关系等信息，帮助劳动者更好地掌握任务的整体进度和时间安排。

除了自我跟踪任务进度，还需要与团队成员、上级领导等进行及时的沟通和反馈。在团队合作中，成员之间要定期汇报任务进展情况，分享工作中的经验和问题，共同解决遇到的困难。对于上级领导，要及时向上级汇报任务的完成情况和存在的问题，以便上级做出相应的决策和调整。

通过有效的任务进度跟踪和反馈，能够及时发现任务执行过程中的问题和偏差，采取相应的措施进行纠正和调整，确保任务按照计划顺利进行，最终实现任务目标。

三、情绪管理与压力应对技巧

（一）认识和理解自己的情绪

情绪管理的首要前提是认识和理解自己的情绪。在劳动过程中，劳动者会面临各种不同的情况和挑战，从而产生各种各样的情绪反应，如焦虑、愤怒、沮丧、兴奋等。要学会观察自己的情绪变化，注意情绪产生的时间、地点和情境。例如，当面临一项重要的工作任务时，是否会感到紧张和焦虑；在与同事发生冲突时，是否会产生愤怒的情绪。通过观察和记录自己的情绪，能够逐渐了解自己的情绪模式和触发因素。

同时，要认识到情绪是正常的生理和心理反应，每一种情绪都有其存在的意义。焦虑可能是因为对工作的重视和对结果的担忧，愤怒可能是因为受到了不公正的对待或自己的权益受到了侵犯。理解情绪背后的原因，能够帮助我们更好地应对情绪，而不是压抑或忽视它们。可以通过写情绪日记、与他人交流等方式来加深对自己情绪的认识和理解。在情绪日记中，记录下自己的情绪感受、触发事件和应对方式，定期回顾和分析，从中总结经验教训。在与他人交流时，倾听他人对自己情绪的看法和建议，从不同的角度了解自己的情绪状态。

（二）情绪调节的方法

当认识到自己的情绪后，需要掌握有效的情绪调节方法，以保持良好的情绪状态，提高工作效率和生活质量。

深呼吸是一种简单而有效的情绪调节方法。当感到紧张或焦虑时，可以通过深呼吸来放松身体，缓解情绪。慢慢地吸气，使腹部膨胀，然后慢慢地呼气，感受身体的放松。重复深呼吸几次，能够帮助平复心情，集中注意力。

运动也是释放压力和改善情绪的好方法。适当的运动可以促进身体分泌内啡肽等神经递质，这些物质能够改善情绪状态，让人感到愉悦和放松。可以选择自己喜欢的运动方式，如跑步、瑜伽、游泳等，每周进行几次运动，每次运动 30 分钟以上，不仅能锻炼身体，还能缓解工作中的压力和负面情绪。

此外，倾诉也是调节情绪的重要途径。当遇到困扰或情绪低落时，与亲朋好友分享自己的感受，倾听他们的意见和建议，能够获得情感上的支持和理解，减轻心理负担。有时候，仅仅是将内心的烦恼说出来，就会感觉轻松许多。

另外，艺术创作，如绘画、写作、音乐等，也可以成为情绪调节的有效方式。通过艺术创作，将内心的情绪以一种创造性的方式表达出来，能够帮助我们更好地理解和处理情绪。例如，在绘画时，用色彩和线条来表达自己的情绪状态，或者通过写作来记录自己的感受和思考，都有助于释放情绪，获得内心的平静。

（三）压力应对策略

在劳动过程中，压力是不可避免的，劳动者需要掌握有效的压力应对策略，以保持身心健康和工作效率。

首先，要合理安排工作和生活，保持工作与生活的平衡。过度劳累和长时间的工作压力会导致身心疲惫，影响工作效率和生活质量。因此，要学会合理分配时间，给自己留出足够的休息和娱乐时间。可以制定一个详细的日程安排表，将工作时间和休息时间明确划分，确保每天有足够的睡眠、合理的饮食和适当的运动。例如，每天工作 8 小时后，安排 1~2 小时进行休闲活动，如阅读、看电影、与家人朋友聚会等，让身心得到放松和恢复。

其次，要学会调整自己的心态，以积极的心态看待工作中的压力和挑战。压力往往源于对工作的过度担忧和对结果的过高期望。尝试将压力视为成长和进步的机会，认识到每一次挑战都是提升自己能力的契机。当面临困难时，告诉自己“这是一个锻炼我的机会，我可以从中学习到新的知识和技能”。同时，要学会接受不完美，不要对自己过于苛刻，允许自己在工作中犯错误，从失败中吸取教训，不断成长。

再次，还可以寻求外部支持来应对压力。与同事、家人或专业心理咨询师交流，分享自己的压力和困扰，获取应对压力的建议和帮助。同事可能有类似的经历，他们的经验和建议可能会对你有所启发；家人的支持和理解能够给予你情感上的慰藉；而专业心理咨询师则可以通过专业的方法和技巧，帮助你更好地应对压力，调整心态。

复次，学会时间管理和任务管理也是应对压力的重要策略。通过合理安排工作任务，将大任务分解为小任务，按照优先级进行处理，能够减少工作的紧迫感和压力。同时，要学会拒绝不必要的工作任务，避免过度承担工作压力。如果发现自己的工作负担过重，可以与上级沟通，寻求合理的解决方案，如调整工作分配或延长任务期限。

最后，培养一些兴趣爱好也是缓解压力的有效方式。兴趣爱好可以让你在工作之余找到乐趣和放松的途径，转移注意力，缓解工作压力。例如，学习一门乐器、参加摄影俱乐部、练习书法等，这些活动能够让你沉浸其中，忘却工作中的烦恼，提升生活的幸福感。

榜样力量

薛慧——匠心于纺纱，卓越在指尖

薛慧，女，汉族，二级技师，2013 年参加工作，现为山东铭宏纺织科技有限公司一名细络车工；从事纺织工作十余年来，她多次参加集团举办的操作技术比武，还代表公司参加省市级和国家级职业技能大赛，并取得了优异成绩，曾先后获得“全国纺织行业技术能手”“全国青年岗位能手”“先进个人”“技术标兵”等荣誉称号。

十余年的坚守和执着，让薛慧练就了一身过硬的操作技能。在学徒阶段，她从最基础的操作学起，总是随身携带一个小本子，及时记录师傅们讲解的每一个知识点和操作细节，业余时间反复练习琢磨。为了能够熟练掌握操作技能，她每天都是第一个来到车间；通过日积月累的实践与总结，她逐渐成长为同期学徒中看台能力最出色的员工。在日常工作中，她敢于担当，在车间生产紧张的情况下，主动要求看样品机台和难纺品种，最终使得开台效率保持班组最优，每月“瞬断最少”。

薛慧善于学习新知识，不断提高自己的操作技术水平；与此同时，她还尽自己所能帮助身边的姐妹们提高操作技能。她乐于助人，善于合作，经常和同事们交流操作心得，探索新技巧，对每一个细节每一个动作都进行耐心细致的讲解和指导，把实践中的宝贵经验毫无保留地传授给大家，为车间打造了一支积极向上、奋发有为的优秀团队，提高了车间的整体操作技术水平。

多年来，薛慧坚持练兵学习，提高看台能力，将纺出优质棉纱作为工作目标，并将提高操作技术作为努力方向。日积月累的坚持和沉淀，助力她在各类赛场上不断超越自我，追求卓越。在 2016 年全国纺织行业“魏桥-经纬杯”细纱机操作工职业技能竞赛中，她荣获纯棉 32 支细纱接头单项第三名和总成绩第五名；在 2024 年全国纺织行业“经纬-西纺杯”纺纱工（细纱机操作工）职业技能竞赛中，她再次挑战自我，一举夺得“顺穿法换粗纱”单项第二名和总成绩第五名。

2024 年底，因工作成绩突出，薛慧被集团公司评为“劳动模范”。她表示，在今后的工作中，将更加严格要求自己，不骄不躁，把每一次的技术突破作为一个新的起点，努力成长为纺织行业的技术尖兵；她胸怀匠心，用亮丽的成绩书写出从平凡到卓越的精彩篇章，激励着每一位奋斗在一线的纺织工人坚定地走技能成才之路。

资料来源：《【棉纺织人物】薛慧：匠心于纺纱，卓越在指尖》，http：//www. ccta. org. cn/pprc/yxrc/202501/t20250120_4374195. html，2025-01-20。

第六节　劳动自律与自我管理能力的培养机制

一、学校教育中的培养措施

（一）课程设置与教学内容优化

学校在培养学生劳动自律与自我管理能力方面，课程设置和教学内容起着关键作用。在劳动教育课程中，应不仅仅局限于传授劳动技能，更要注重培养学生的劳动观念和自律意识。可以通过组织学生参与校园劳动实践，如校园清洁、图书整理、实验室协助等活动，让学生亲身体验劳动的过程，感受劳动的价值和意义。在劳动过程中，引导学生遵守劳动纪律，按时完成劳动任务，培养学生的责任感和自律能力。

同时，在其他学科教学中，也应融入劳动自律与自我管理能力的培养内容。例如，在数学课程中，通过解决复杂的数学问题，培养学生的逻辑思维和时间管理能力。让学生学会合理安排解题时间，制订解题计划，逐步培养学生的自我管理能力。在语文课程中，通过写作训练，培养学生的自我约束和自我反思能力。要求学生按时完成写作任务，对自己的作品进行反复修改和完善，培养学生的严谨态度和自律精神。

此外，还可以开设专门的自我管理课程，系统地传授时间管理、任务管理、情绪管理等方面的知识和技能。通过理论讲解、案例分析、实践练习等方式，让学生掌握自我管理的方法和技巧，并能够将其应用到学习和生活中。

（二）榜样示范与引导

教师是学生的榜样，教师的言行举止对学生劳动自律与自我管理能力的培养具有重要的示范作用。教师要以身作则，在教学工作中表现出高度的自律和自我管理能力。例如，教师按时上课，认真备课，严谨治学，对待工作一丝不苟。在批改作业时，及时、认真地反馈学生的学习情况，为学生树立良好的榜样。

同时，教师可以通过讲述名人故事、优秀毕业生的事迹等方式，为学生树立榜样，引导学生学习他们的自律精神和自我管理方法。例如，讲述居里夫人在科研工作中坚持不懈、自律严谨的精神，激励学生在学习中也要有这种精神，为了实现自己的目标而努力奋斗。还可以邀请优秀毕业生回校分享他们的学习和工作经验，让学生了解他们是如何通过自律和自我管理取得成功的，激发学生的学习动力和自我提升的愿望。

此外，在班级管理中，教师可以设立榜样激励机制。对在劳动自律和自我管理方面表现优秀的学生进行表彰和奖励，如颁发“自律之星”“自我管理小能手”等荣誉称号，激励其他学生向他们学习。通过榜样的示范和引导，营造积极向上的班级氛围，促进学生劳动自律与自我管理能力的提高。

（三）实践活动与项目学习

学校可以通过开展各种实践活动和项目学习，为学生提供锻炼劳动自律与自我管理能力的机会。例如，组织学生参加社会实践活动，如社区服务、志愿者活动等。在社区服务中，学生需要按照活动的要求和安排，按时到达服务地点，认真完成服务任务，与团队成员协作配合。通过这些实践活动，培养学生的社会责任感、团队合作精神和自律能力。

在项目学习中，学生需要自己制订计划、安排时间、分配任务，通过完成项目来提高自己的自我管理能力。例如，在科学研究项目中，学生要确定研究课题，制订研究计划，收集和分析数据，撰写研究报告。在这个过程中，学生需要学会自我约束，合理安排时间，克服各种困难和挑战，最终完成项目任务。

学校还可以组织各种学科竞赛、文体活动等，让学生在竞争和合作中锻炼自己的自律和自我管理能力。在竞赛和活动中，学生需要遵守规则，努力发挥自己的水平，同时也要学会调整自己的心态，应对竞争压力。通过这些实践活动和项目学习，学生能够在实际操作中不断提高自己的劳动自律与自我管理能力，为今后的职业发展和生活打下坚实的基础。

二、企业培训中的强化手段

（一）入职培训与企业文化融入

企业在新员工入职培训中，应将劳动自律和自我管理能力的培养作为重要内容。通过培训，让新员工了解企业的规章制度、工作流程和企业文化，明确企业对员工的自律要求。可以通过讲解、案例分析、实地参观等方式，让新员工深入了解企业的运作模式和管理理念。

在培训中，重点强调劳动纪律和工作规范，让新员工明白遵守规章制度是工作的基本要求。同时，介绍企业的优秀员工案例，展示他们的自律精神和自我管理方法，引导新员工尽快适应企业的工作环境，养成良好的自律习惯。例如，安排资深员工分享自己的工作经验和成长历程，讲述他们是如何通过自律和自我管理在企业中取得成功的，让新员工从中汲取经验和动力。

此外，要让新员工融入企业文化，认同企业的价值观和发展目标。通过培训活动，传递企业积极向上、追求卓越的文化氛围，激发新员工的工作热情和责任感。当新员工认同企业文化时，他们会更加自觉地遵守企业的规定，以企业的目标为导向，努力工作，实现自身价值与企业价值的统一。

（二）职业技能培训与自我管理相结合

在企业的职业技能培训中，应将劳动自律和自我管理能力的培养与技能培训相结合。在培训过程中，引导员工学会合理安排学习时间，制订学习计划，自我约束，确保培训效果。例如，在开展计算机技能培训时，要求员工按时参加培训课程，认真完成培训作业，通过自我管理提高学习效率。

培训教师可以在教学过程中传授一些自我管理的方法和技巧，帮助员工在今后的工作中更好地管理自己的时间和任务。比如，讲解如何制订学习计划、如何提高注意力、如何应对学习和工作中的压力等。同时，鼓励员工在培训中积极与其他学员交流，分享学习经验和心得，培养团队合作精神和沟通能力。

此外，企业可以通过设置培训考核机制，对员工的学习态度、学习进度和学习成果进行评估。对于在培训中表现出良好自律和自我管理能力的员工，给予奖励和表扬；对于存在问题的员工，及时进行沟通和指导，帮助他们改进。这种方式可以有效强化员工的劳动自律和自我管理意识，进而提高培训的质量。

（三）激励与考核机制

企业应建立健全激励与考核机制，强化员工的劳动自律和自我管理能力。激励机制可以包括物质激励和精神激励。物质激励如颁发奖金、提供晋升机会、增加福利等，对在工作中表现出高度自律和自我管理能力的员工给予物质奖励，激励他们继续保持良好的工作状态。精神激励如授予荣誉称号、公开表扬、颁发荣誉证书等，这些可以让员工感受到自己的工作得到了认可和尊重，进而增强自信心和成就感。

考核机制则要将劳动自律和自我管理能力纳入绩效考核体系，对员工的工作态度、工作效率、任务完成情况等方面进行综合考核，制定明确的考核指标和标准，确保考核的公平性和客观性。例如，考核员工是否按时完成工作任务、是否遵守工作纪律、是否能够自我约束和自我管理等。对于自律性较强、工作表现优秀的员工，给予较高的绩效考核评分和奖励；对于自律性较差、工作存在问题的员工，进行相应的惩罚和督促改进。

激励与考核机制的建立，可以形成一种良好的竞争氛围，促使员工不断提高自己的劳动自律和自我管理能力，为企业的发展作出更大的贡献。同时，激励与考核机制也能够帮助企业发现和培养优秀人才，提高企业的整体竞争力。

三、个人自我培养的途径与方法

（一）自我反思与目标设定

个人要培养劳动自律和自我管理能力，首先需要进行自我反思。定期回顾自己在劳动过程中的表现，思考自己在时间管理、任务执行、情绪控制等方面的优点和不足。可以通过写工作日志的方式，记录自己每天的工作内容、遇到的问题以及自己的应对方式，然后进行分析和总结。例如，反思自己是否经常拖延工作任务，导致工作效率低下；在面对工作压力时，自己的情绪反应是否恰当，是否影响了工作的开展。

其次，在自我反思的基础上，明确自己的职业目标和个人发展方向。目标要具体、可衡量、可实现、相关联、有时限（SMART 原则）。比如，一名销售人员可以设定在接下来的一个季度内将销售额提高 20%的目标。为了实现这个目标，进一步将其分解为具体的行动计划，如每周拜访一定数量的新客户，每天跟进一定数量的潜在客户等。通过设定明确的目标，能够为自己的劳动自律和自我管理提供方向和动力，使自己更加有针对性地培养相关能力。

（二）习惯养成与坚持

良好的习惯是劳动自律和自我管理的基础。要培养劳动自律和自我管理能力，需要从培养良好的习惯入手。可以从日常生活和工作中的小事做起，逐步养成自律的习惯。例如，养成每天早起的习惯，提前规划好一天的工作和学习任务，避免拖延。在工作中，养成及时整理工作文件和资料的习惯，保持工作环境的整洁和有序，提高工作效率。

培养习惯需要坚持不懈地努力。刚开始养成新习惯时，可能会遇到各种困难和挑战，容易产生放弃的念头。但只要坚持下去，随着时间的推移，新习惯会逐渐成为一种自然而然的行为。可以采用一些方法来帮助自己坚持，如设定奖励机制，当自己成功坚持一段时间后，给自己一个小奖励，激励自己继续保持。同时，也可以寻找一个志同道合的伙伴，互相监督和鼓励，共同养成良好的习惯。

（三）学习与借鉴他人经验

个人可以通过学习和借鉴他人的经验，快速提高自己的劳动自律和自我管理能力。可以阅读相关的书籍、文章，参加培训课程，与优秀的人交流等方式，获取他人的成功经验和方法。例如，阅读一些关于时间管理、任务管理、情绪管理的经典书籍，学习其中的理论和技巧，并尝试将其应用到自己的工作和生活中。

参加专业的培训课程也是一个很好的途径。通过系统的培训，能够更全面地学习劳动自律和自我管理的知识和技能，同时还能与其他学员交流心得，分享经验。此外，与身边优秀的人交流，观察他们的工作方式和生活习惯，学习他们的自律精神和自我管理方法。比如，向工作中自律性强、效率高的同事请教，了解他们是如何安排工作时间、处理工作压力的，从中汲取有益的经验。

在学习和借鉴他人经验的过程中，要结合自己的实际情况，灵活运用，不能盲目照搬。每个人的工作和生活环境不同，需要根据自己的特点和需求，对他人的经验进行调整和改进，形成适合自己的劳动自律和自我管理方法。

（四）定期评估与调整

个人在培养劳动自律和自我管理能力的过程中，要定期对自己的能力提升情况进行评估。可以设定一个评估周期，如每月或每季度，对自己在时间管理、任务管理、情绪管理等方面的表现进行全面评估。评估可以采用自我评估、同事评估、上级评估等多种方式，从不同角度了解自己的优势和不足。

根据评估结果，及时调整自己的培养计划和方法。如果发现自己在时间管理方面存在问题，如经常拖延工作任务，就需要加强时间管理技巧的学习和实践，制定更详细的工作计划，严格执行时间安排。如果在情绪管理方面有所欠缺，容易在工作中产生焦虑和烦躁情绪，就需要加强情绪调节方法的练习，如增加冥想、运动等活动，提高自己的情绪稳定性。

通过定期评估和调整，能够不断优化自己的劳动自律和自我管理能力确保自己在不断变化的工作和生活环境中，始终保持良好的自律和自我管理状态，持续提升自身的能力和素质。

（五）培养自我激励机制

自我激励是保持劳动自律和自我管理的重要动力源泉。在追求目标的过程中，难免会遇到各种困难和挫折，如果缺乏自我激励，很容易产生懈怠和放弃的念头。因此，个人需要建立一套适合自己的自我激励机制。

可以设定一些小目标，当自己成功完成这些小目标时，及时给予自己肯定和奖励。奖励可以是物质的，如购买一件心仪已久的物品，也可以是精神的，如给自己一段放松的时间，看一场喜欢的电影或读一本好书。这些小奖励能够让自己感受到努力后的成果，增强自信心和成就感，从而激励自己继续前进。

同时，要学会从失败中汲取经验教训，将失败视为成长的机会。当遇到挫折时，不要过分自责和沮丧，而是要冷静分析原因，总结经验，调整策略，相信自己有能力克服困难。通过这种积极的心态和自我激励方式，能够在面对困难时保持坚定的信念和不屈的精神，持续推动自己在劳动自律和自我管理的道路上不断进步。

（六）营造良好的环境氛围

环境对个人的行为和习惯有着重要的影响。为了更好地培养劳动自律和自我管理能力，个人需要营造一种有利于自律的环境氛围。

在工作环境方面，保持工作空间的整洁和有序，将常用的工作物品放在固定的位置，方便随时取用，以避免浪费寻找物品的时间。同时，应合理布置工作区域，使其光线充足、通风良好，使其有助于提高工作效率和专注力。

在生活环境方面，应保持规律的作息时间，营造安静、舒适的睡眠环境，保证充足的休息；合理安排休闲娱乐时间，避免过度沉迷于电子设备或其他娱乐活动，影响工作和学习。此外，还应与积极向上、自律性强的人交往，形成良好的社交圈子。因为他们的行为和态度会对自己产生积极的影响，激励自己更加自律。

（七）培养专注力和意志力

专注力和意志力是劳动自律和自我管理的重要支撑。在当今信息爆炸的时代，各种干扰因素层出不穷，很容易分散我们的注意力，进而影响工作和学习的效率。因此，培养专注力和意志力至关重要。可以通过一些专门的训练方法来提高专注力，如冥想、专注力训练游戏等。冥想能够帮助我们集中注意力，排除杂念，提高大脑的专注力和反应能力。专注力训练游戏，如拼图、数独等，也能锻炼我们的注意力和思维能力。在工作和学习中，要学会排除干扰，关闭不必要的电子设备通知，避免在工作时间浏览无关的网页或社交媒体。

意志力的培养则需要长期的坚持和锻炼。可以从一些小事做起，如坚持每天早起、坚持锻炼身体等。在面对困难和诱惑时，要学会克制自己，坚定自己的目标和信念。例如，当想要偷懒不锻炼时，提醒自己坚持下去，克服身体的惰性。通过不断地挑战自己，逐渐增强意志力，从而更好地实现劳动自律和自我管理。

（八）强化时间观念

强化时间观念是提升劳动自律和自我管理能力的关键环节。要深刻认识到时间的宝贵性，珍惜每一分每一秒，避免时间的浪费。

可以通过制订详细的时间计划，对时间进行合理分配。每天晚上花一些时间回顾当天的工作和学习情况，总结经验教训，并制订第二天的工作计划。将工作任务按照重要性和紧急程度进行排序，合理安排时间，确保重要且紧急的任务优先完成。同时，为每项任务设定明确的时间限制，以提高工作效率。

在执行时间计划的过程中，要严格遵守时间安排，养成按时完成任务的习惯。如果遇到特殊情况需要调整时间计划，要及时进行调整，并确保调整后的计划仍然合理可行。通过不断强化时间观念，能够更好地掌控自己的工作和生活，提高劳动自律和自我管理能力。

（九）培养团队协作与沟通能力

劳动自律和自我管理能力不仅仅体现在个人的工作和学习中，在团队协作中同样重要。培养良好的团队协作与沟通能力，有助于更好地实现劳动自律和自我管理。

在团队中，要明确自己的角色和职责，按时完成自己的工作任务，为团队的整体目标贡献自己的力量。同时，要学会与团队成员沟通协作，积极参与团队讨论，倾听他人的意见和建议，尊重他人的想法和观点。当与团队成员发生分歧时，要以理性和建设性的方式解决问题，避免情绪化的反应。

通过良好的团队协作与沟通，能够提高团队的工作效率和凝聚力，同时也能从团队成员身上学习到不同的经验和方法，进一步提升自己的劳动自律和自我管理能力。例如，在团队项目中，观察其他成员的工作方式和时间管理技巧，借鉴他们的优点，改进自己的不足。

（十）持续学习与知识更新

劳动自律和自我管理能力的培养是一个持续的过程，而持续学习与知识更新是保持和提升这些能力的重要途径。随着社会的发展和科技的进步，工作环境和要求也在不断变化，只有不断学习新知识、新技能，才能适应这些变化，更好地实现劳动自律和自我管理。

可以通过阅读书籍、参加培训课程、在线学习等方式进行持续学习。选择与自己工作和兴趣相关的书籍和课程，不断拓宽自己的知识面和视野。同时，关注行业动态和最新趋势，及时了解相关领域的发展变化，将所学知识应用到实际工作中。

此外，要注重学习方法的总结和改进，提高学习效率。学会将所学知识进行整合和归纳，形成自己的知识体系。通过持续学习和知识更新，不断提升自己的能力和素质，为劳动自律和自我管理能力的培养提供坚实的知识基础。

总之，劳动自律和自我管理能力的培养需要个人从多个方面进行努力，通过不断地实践和反思，逐步提升自己在时间管理、任务管理、情绪管理等方面的能力，以适应不断变化的工作和生活环境，实现个人的职业目标和人生价值。同时，学校和企业也应积极发挥作用，为个人提供良好的培养环境和支持，共同推动社会整体劳动自律和自我管理水平的提高。

榜样力量

苏炳添——亚洲飞人背后你所不知道的故事

中国速度，刷新历史，中国飞人苏炳添赢得东京奥运会男子100米第六名，且在半决赛中以9.83秒刷新了亚洲百米纪录。除了苏炳添惊人的成绩表现，背后还有很多大家所不知道的故事与真相！

苏炳添能够站在奥运男子百米飞人大战的决赛场，也是创造了新的纪录，之前没有一个亚洲人能够站在男子百米飞人大战的决赛场，可以说苏炳添是亚洲名副其实的“第一飞人”。

那一天，社交媒体上所有的热门话题，都是有关苏炳添的。

今年已经32岁的苏炳添可以说在短跑运动员里已经是一位“老将”了，与他同场竞技的基本上是“95后”，甚至“00后”的选手。而他依然能够保持如此好的身体状态实属不易，当然，这与苏炳添极其自律的生活和训练是分不开的。

苏炳添的战绩，很大程度上来源于他超强的自律能力：不抽烟、不喝酒、不吃禁忌食物，训练从不偷懒，保质保量。他至今都严格遵守着一个专业运动员“枯燥”的作息规律，每天早上不到7点起床，晚上11点前睡觉。

他的外教亨廷顿对他评价道：“苏炳添太自律了，他的训练态度是中国田径运动员中少有的，根本不需要教练去鞭策。”

自律成大器，苏神也不是一蹴而就的！

饮食上对自己极为严格、极度自律

2018年，上观新闻报道，苏炳添的表哥蔡健发回忆弟弟时表示，每次家庭聚会，大家都是吃吃喝喝，苏炳添从来不乱吃东西，不吃猪肉，更不喝酒。

作息非常自律，晚上10点准时睡觉

据苏炳添的队友谢震业介绍，苏炳添每天晚上10点准时睡觉，而且手机关机。对于99%的成年人来说，晚上10点前睡觉是一件很难做到的事情，可苏炳添数年如一日。可以想象，当第二天一早，很多人还在梦乡的时候，苏炳添已经进入训练状态了。

为了保持身体状态，从不抽烟喝酒

很多运动员为了标榜个性，身上会有纹身。更有一些运动员，在训练和比赛之余抽烟、喝酒、泡吧等，借此打发无聊的时间。在苏炳添的世界里，这些元素都不存在。

资料来源：摇跑球：《亚洲飞人苏炳添，背后你所不知道的故事》，https：//www.sohu.com/a/510175067_121134271，2121-01-2-20，有删节。

第三篇　劳动实践篇

第九章 校园实践与社会责任培养

在当代高等教育体系中，社会责任感的培养已成为衡量人才培养质量的重要维度。随着社会转型的加速与全球化进程的推进，社会对青年一代的期待早已超越了单纯的知识积累与技能掌握，而更加强调价值引领、公民意识与责任担当。校园实践作为连接理论学习与社会现实的桥梁，正日益成为锻造学生社会责任意识的关键载体。

习近平总书记在深圳经济特区建立40周年庆祝大会上提出，我国正处于实现中华民族伟大复兴的关键时期。①社会问题的复杂化与公共议题的多元化对人才素质提出了更高的要求。校园实践通过组织志愿服务、社会调研、创新创业等多元活动，使青年在直面社区需求、参与基层治理、解决现实问题的过程中，将抽象的责任理念转化为具象的行动逻辑。这种“知行合一”的培养模式，不仅能够深化学生对国情社情的理解，更能激发其主动担当的内生动力。

党的十九大强调，“要落实立德树人根本任务”“培养德智体美全面发展的社会主义建设者和接班人”②。社会责任感的培养关乎“立德树人”根本任务的实现。通过构建“实践育人”生态系统，高校能够引导学生在真实的社会场域中完成价值体认——在乡村振兴实践中感知民生温度，在环保行动中理解可持续发展，在弱势群体帮扶中培育共情能力。这些浸润式的实践经历，将帮助青年突破“自我中心”的局限，建立起他们个人成长与社会发展的深刻联结。

---

① 习近平．习近平总书记在深圳经济特区建立40周年庆祝大会上的重要讲话精神［EB/OL］．［2020-10-14］．http：//news. china. com. cn/2020-10/16/content_76812071. htm.

② 习近平．决胜全面建成小康社会夺取新时代中国特色社会主义伟大胜利——在中国共产党第十九次全国代表大会上的报告［R/OL］．［2017-10-27］．https：//www. gov. cn/zhuanti/2017-10/27/content_5234876. htm.

第一节　宿舍内务整理与劳动技能培养

一、文明寝室建设要求

寝室是我们学习、生活、休息的重要场所，寝室文明环境建设直接体现我们的精神面貌和个人素质，直接关系我们的身心健康。我们应将维护整洁文明的寝室环境内化为自觉追求，外化为自觉行动，来达到以下要求。①

（1）文明寝室的环境总体应达到“六净”“六无”“六整齐”的目标，具体内容如下：

“六净”：地面净、玻璃净、桌椅净、墙壁净、床上用品净及洗漱用品净。

“六无”：无垃圾、无宠物、无异味、无杂物、无违禁物品、无吸烟现象。

“三整齐”：室内物品摆放整齐，被褥衣服叠放整齐、床下东西存放整齐。

（2）遵守寝室纪律，达到“一遵守”“八没有”，共同维护寝室良好生活环境。

“一遵守”：遵守校纪校规。

“八个不”：不赌博、不酗酒滋事、不擅自离宿、不留宿他人、不夜不归宿、

不晚归、不使用违禁物品、不饲养宠物。在寝室应杜绝不文明行为，日常维护良好的公共生活环境。

（3）宿舍楼公共区域保洁内容与要求：

①走廊等公共区域的清洁应标准化。清洁标准可视为，无烟头、果皮、纸屑、广告纸、蜘蛛网、灰尘积聚、污迹。

②清扫应自下而上清洁楼梯、扶手、栏杆、墙壁、电子门、邮箱、配电箱、门窗和走廊的电灯开关等。用抹布从上到下擦拭扶手和栏杆，并将袋装生活垃圾收集到清洁车内。用半湿布擦拭邮箱、配电箱，用干布擦拭电子门上的钥匙。用抹布擦拭可触及的窗玻璃。脏抹布必须及时更换或清洗。

③用羽毛掸子和扫帚清理墙上的灰尘和蜘蛛网。

④宿舍公共区域地面无积水、无污渍。如果有明显的污渍，必须先用洗涤剂去除，然后用半湿拖把擦干。

⑤宿舍公共区域要放置垃圾箱，箱内应套垃圾袋。保持垃圾箱表面干净无污渍，及时清运垃圾，垃圾不得满溢且不得堆放在垃圾箱旁。定期清洗垃圾箱，必要时做消毒处理。

⑥宿舍宣传栏干净整洁，玻璃橱窗清洁标准目视检查：无灰尘、蜘蛛网、污渍和指纹。

---

①　张文胜，彭勇军，柴全喜．劳动创造美好生活——新时代劳动教育教程［M］．镇江：江苏大学出版社，2020：116.

榜样力量

宁夏一大三男生用书法打造寝室版“陋室铭”

宁夏大学新华学院一位大三男生用书法作品装饰宿舍的视频引起网友关注，网友感慨：诗意满满，寝室版“陋室铭”意境十足。

这位男生名叫王虎，是宁夏大学新华学院汉语言文学专业大三的一名学生。王虎表示，自幼热爱书法，高考之后虽然自学书法，但也走了不少弯路，直到大学进入书法社团才掌握了书写技巧，平时会和一群志同道合的朋友探讨书法要领。

“书法可以使自己静下心来，变得更加专注，还可以磨炼自己的心智，体会持之以恒地做喜爱之事的乐趣。”王虎希望通过努力，未来能够在自己所热爱的领域发光，“平时喜欢临摹许多名家书法帖，有空的话会为同学们制作精美书签、手机壳夹页、为折扇题字等。”

坚持不懈，日不辍笔。王虎的舍友何智宁也感受着书法带给他潜移默化的影响。“从大一开始，王虎便将练习完的有些字贴在他的书桌和寝室的墙上，时间久了，就成了如今‘斯是陋室，惟吾德馨’的模样。”

2021 年春节，王虎将爱好“变现”，赚到了人生第一桶金。“下了好大的雪，我一个人去彭阳大街上写春联，没想到竟然赚了一个月的生活费，今年打算继续这样做，挺有意思的。”

王虎坦言，作为新时代的青年，用作品书写美好时代，传承传统文化，这是文化自信的体现，希望自己始终保持初心，努力上进。

资料来源：人民网《宁夏一大三男生用书法打造寝室版“陋室铭”》，http：//nx.people.com.cn/n2/2022/0927/c192493-40141093.html。

【探究思考】你对打造寝室文明有什么好的想法？

二、特色寝室建设标准

特色寝室作为校园文化的重要载体，承载着独特的精神内核，其营造的相互影响、彼此照应、和谐共进的氛围，对提升学生文化修养与综合素质有着显著的促进作用。它不仅是学生的生活空间，更是塑造人格、培养集体意识的重要场所。

建设特色寝室，需以寝室成员的共性特征为基础，充分考量多数人的个性、喜好与价值观，并以此为导向打造别具一格的“特色”文化。例如，若寝室成员普遍热爱学习，可着力建设学习型寝室；若成员对运动充满热情，则可创建运动型寝室；若成员关注环保议题，环保型寝室便是理想之选。此外，还可根据实际情况，建设创业型、自强型、友爱型、逐梦型、音乐型等多样化特色寝室。

以某高校“最牛男生宿舍”为例，这一学习型寝室极具代表性。全寝室 12 名男生中，10 人斩获哥伦比亚大学等国外知名大学硕士研究生录取通知书，另外 2 人也分别收获了中国移动集团公司录用通知，以及国家电网、IBM、华为等多个知名企业的入职邀约，充分彰显了特色寝室建设对学生成长的积极推动作用。为有效推进特色寝室建设，可参照以下标准：

（1）全员参与决策：全体寝室成员需深度参与特色寝室建设的全过程，共同商议并明确特色建设方向，确保每位成员的意愿得以充分表达，增强集体认同感与责任感。

（2）主题化环境营造：依照确定的特色主题，对寝室进行整体布置。布置效果应精准契合主题特色，通过简洁、大方、美观的设计，展现别具匠心的创意，打造新颖独特、令人耳目一新的视觉效果，直观传递寝室文化内涵。

（3）配套活动与计划：制订与寝室文化相匹配的“行为习惯养成计划”，引导成员形成良好的生活与学习习惯；规划“寝室团建活动安排”，通过定期开展主题活动，增进成员间的交流与协作，强化寝室文化氛围，促进特色文化在实践中持续发展。

三、寝室美化设计与创意

（一）美化原则

（1）简约有序：鉴于寝室空间有限，遵循简约美学理念，避免过度堆砌装饰品。以简洁大方的布置风格，保持空间的通透感，确保视觉上整洁有序，规避杂乱无章的视觉效果，让有限空间发挥最大效用。

（2）温馨宜居：寝室作为学生日常休憩放松的港湾，美化过程中需着重营造温馨舒适的氛围。通过柔和的灯光、柔软的织物、暖色调的装饰等元素搭配，融入家的温暖气息，为学生打造一个能舒缓身心、缓解学习压力的居住环境。

（3）书香氛围：考虑到寝室兼具学习功能，在美化设计时，从色彩搭配到整体风格都应契合学习场景需求，搭配简约实用的书桌布置、激励向上的标语字画等，以构建静谧、专注的学习空间，助力学生高效学习。

（二）创意要点

（1）文化具象化：每个寝室独特的文化是美化设计的灵魂。深入挖掘寝室文化内涵，将其转化为具体的设计元素。无论是通过主题墙绘、特色装饰挂件，还是定制的文化展示区，都要让寝室文化以直观、新颖的形式呈现，打造别具一格的寝室美学。

（2）低碳创意实践：积极践行低碳绿色生活理念，将废物利用融入寝室美化。充分挖掘易拉罐、雪糕棍、牛奶盒、饮料瓶、废纸箱等生活垃圾与旧物的潜力，通过手工创意将其变身为实用的收纳盒、创意灯具、艺术摆件等生活用品。向身边人传递环保的生活态度，彰显独特创意。

（3）个性与统一融合：寝室由多个个人小空间组成，在美化时既要保证整体风格协调统一，又要尊重每位成员的个性需求。通过独特的摆件、个性化的墙面布置等，打造兼具整体和谐与个性风采的寝室空间。

资料链接

寝室美化小窍门

在紧张的学习或工作之余，寝室作为我们休息和放松的重要场所，其环境舒适度对我们的心情和效率有着不可忽视的影响。一个温馨、整洁、个性化的寝室不仅能提升居住的幸福感，还能激发生活的创造力。以下是一些实用的寝室美化小窍门，帮助你轻松打造出一个理想的休憩天地。

1. 合理规划布局

空间分区：根据寝室大小和形状，合理规划学习区、休息区和储物区。使用屏风、书架或窗帘进行简单隔断，既保持空间通透，又能实现功能区分。

动线流畅：确保寝室内的主要通道畅通无阻，避免家具摆放过于拥挤，影响日常活动。

2. 色彩搭配与灯光设计

色彩选择：采用温暖或柔和的色调作为主色，如米白、淡蓝、浅灰等，有助于营造宁静舒适的氛围。可以适量添加一两种鲜艳色彩作为点缀，增加活力。

灯光布置：除了基本的照明，增设台灯、落地灯或氛围灯，根据需求调节光线明暗，创造不同的情境效果。暖色调灯光更适合睡前阅读，而明亮的白光则有利于学习或化妆。

3. 个性化装饰

墙面装饰：利用海报、照片墙、艺术画作或壁纸来展示个人品位和兴趣。考虑使用无痕挂钩或胶带，避免损坏墙面。

软装配饰：添加抱枕、毛毯、地毯等软装饰品，不仅能提升舒适度，还能通过色彩和图案增添个性。

绿植点缀：在窗台或角落摆放几盆小型绿植，如多肉、蕨类或吊兰，既能净化空气，又能增添生机与自然气息。

4. 高效收纳与整理

多层收纳：利用置物架、抽屉隔板、床下储物箱等增加存储空间，让物品各归其位，保持寝室整洁。

隐形收纳：使用透明收纳盒或标签标记物品，便于寻找的同时保持视觉上的简洁。

定期整理：制订整理计划，如每周一次大扫除，每月一次深度整理，确保寝室环境长期保持舒适宜人。

5. 创意 DIY

手工艺品：动手制作一些装饰品，如编织挂饰、手绘马克杯或改造旧衣物，既能展现个人创意，又能为寝室增添独一无二的元素。

个性化家具：如果条件允许，可以尝试对部分家具进行改造，比如喷涂喜欢的颜色、贴上个性化的贴纸，让家具与整体风格更加和谐统一。

通过上述这些小窍门的运用，即使是有限的寝室空间，也能被打造成一个既实用又充满个性的温馨小窝。记住，寝室美化是一个持续的过程，随着时间和心情的变化而变化，不妨适时调整布局和装饰，让寝室成为你真正的避风港。

第二节　校园公共区域清洁与维护

一、呵护我们的校园

校园是物质与精神交融的独特空间，其物质环境与精神环境相辅相成，不仅为师生构筑起舒适的学习生活场所，更是校园文化具象化、动态化的重要载体，需要全体师生共同用心呵护、携手建设。

（一）物质环境：校园的“形”与“基”

校园物质环境是经人工规划、改造后形成的实体空间，涵盖校容校貌、自然景观、建筑群落以及各类设施设备等。它犹如校园的外在形象，是人们踏入校园的第一印象。干净整洁的校园道路、错落有致的绿植景观、窗明几净的教学楼宇、功能完备的学习设施，这些不仅为师生营造出舒适宜人的学习生活氛围，更在潜移默化中引导学生养成良好的卫生习惯与文明素养。维护物质环境的整洁美观，是打造优质校园环境的基础，也是展现校园风貌的关键所在。

（二）精神环境：校园的“魂”与“韵”

校园精神环境是校园的灵魂内核，深刻反映着师生群体共同认同的价值取向与个性特征。它凝聚在校风的醇厚底蕴中，流淌在学风的严谨氛围里，彰显于师生昂扬向上的精神面貌上，外化为独具特色的学校形象。积极投身校园精神环境建设，有助于培育优良学风，让勤奋学习、积极进取成为校园风尚；有助于塑造健康向上的精神文化，使正能量在校园中传递、浸润，感染每一位师生，以激发大家的归属感、荣誉感与奋进动力，为校园注入源源不断的生机与活力。

（三）教室保洁内容与要求

（1）早上和放学后需安排专人打扫室内卫生和清洁区。教室经常开窗通风，以保持室内空气新鲜，地面和课桌桌面保持干净，无果皮、纸屑等废弃物。无垃圾死角。

（2）课桌凳椅摆放整齐，讲台干净，教具、粉笔摆放有序。讲台各类设备接线要整理，有序放置在相应地方。

（3）教室门窗经常擦洗，窗帘定期清洗，墙壁无灰尘及蜘蛛网。窗台无灰尘，并及时清理杂物。

（4）前后黑板无乱写、乱画现象，黑板报或宣传栏要保持完好，并定期更换。黑板要及时擦干净，板槽内无粉笔灰末等杂物。定期清洗黑板。

（5）教室布置要整齐美观，讲究文化氛围，不得在墙壁及桌凳上乱写、乱画、乱刻和胡乱张贴。如有违规张贴，要及时清除。

（6）教室内垃圾不准长时间放置，及时处理垃圾池、垃圾箱等。打扫工具如拖把、扫帚等要摆放整齐，不得东倒西歪，并保持干净干燥。

（7）教室四周墙壁瓷砖保持干净，定期擦拭。

（8）教室内的一切设备，任何人不得损坏和私自拿走。学生离开教室时要主动关灯，关好门窗。

（9）教室外走廊内外侧的墙壁，无灰尘、蜘蛛网、脚印等。走廊走道无果皮纸屑等垃圾，地面无痰迹、无积水。

（10）实训教室必须保持安静整洁，不得乱扔果皮纸屑、废弃物等。各类用品和展品不得随意使用、翻动。实验实训前应检查实验所需的药品器材是否齐全完好，如有缺漏、损坏，应及时报告教师。实验完毕，应整理仪器装置，清洁器皿，搞好卫生，并经教师检查后才能离开实验实训教室。①

资料链接

四川大学学生发起“校园焕新行动”
千名志愿者共建清洁公共空间

为营造更加优美、和谐、宜人的学习和生活环境，提高师生的安全性和幸福感，四川大学文学与新闻学院“新风”青年志愿者服务队在江安校区发起“旧貌焕新颜”校园美化清洁活动。

活动开始之后，志愿者们携带着垃圾袋、垃圾架、手套等清洁工具，以小组为单位，分别前往不同的地点开始了清洁工作。志愿者们分工有序，有条不紊地深入路边沿着小径一路拾捡隐藏在绿化中的塑料袋、纸团、包装盒等废弃物，再收放在垃圾袋中。大家相互配合，彼此帮助，那一抹抹鲜艳的志愿绿，为校园增添了亮丽的色彩。

志愿者们不仅通过集体努力，改善了校园环境，营造了绿色、宜人的校园氛围；而且加深了对公用器材的公德意识。

---

① 刘占山，李龙图，等．新时代大学生劳动教育教程［M］. 广州：华南理工大学出版社，2020.

习近平总书记指出："要在全社会广泛弘扬奉献、友爱、互助、进步的志愿精神，更好发挥志愿服务的积极作用，促进社会文明进步。"勾勒高质量的发展蓝图，绿色是永恒不变的主色调。随着社会对环境保护意识的日益增强，作为未来社会建设者的学生，更应树立环保观念，积极参与到实际行动中来，让我们携手将这份志愿精神绽放在每一个角落。

资料来源：四川大学青春川大《深秋志愿行，旧貌焕新颜》，https：//tuanwei.scu.edu.cn/info/1003/26542.htm，有改动。

二、共建无烟校园

众多权威研究已明确证实吸烟对人体健康存在广泛且严重的危害。根据世界卫生组织（WHO）发布的《全球烟草流行报告》，在世界前八位致死疾病中，缺血性心脏病、脑血管病、下呼吸道感染、慢性阻塞性肺疾病、结核病和肺癌这六种疾病均与吸烟密切相关。①吸烟不仅会损伤呼吸系统，引发肺癌、慢性阻塞性肺疾病等，还会增加心血管疾病的发病风险，对人体多个器官和系统造成不可逆的损害。

世界卫生组织的调查数据同样触目惊心，烟草每年致使全球超过 800 万人失去生命。其中，超过 700 万人因直接使用烟草而被夺走生命，约 120 万则是非吸烟者，他们因接触二手烟而深受其害。二手烟中包含焦油、尼古丁、悬浮微粒、PM2.5 等超过 4000 种有害化学物质及数十种致癌物，即便短暂暴露于二手烟环境，也会对人体健康产生不良影响，尤其是对青少年的呼吸系统、心血管系统和神经系统发育危害极大。正如《中国吸烟危害健康报告 2020》中所指出，青少年正处于生长发育阶段，对有害物质的抵抗力较弱，吸烟及接触二手烟会显著增加其患各种疾病的风险，严重影响身心健康。②

为有效预防香烟危害，共建无烟校园，我们可从以下方面积极行动：

（1）自我约束，拒绝吸烟：依据《公共场所控制吸烟条例》倡导的健康生活理念，为守护自己与他人的生命健康，同时维护校园的良好环境，全体师生应严格约束自身行为，自觉做到不抽烟，从根源上杜绝吸烟行为在校园内发生。

（2）加强认知，增强抵制力：主动学习世界卫生组织、中国疾病预防控制中心等权威机构发布的吸烟危害知识，充分了解吸烟对个人健康、他人健康以及环境造成的严重后果，以此增强自我控制能力，自觉抵制吸烟诱惑。

（3）培养健康习惯，提升身体素质：遵循《中国居民膳食指南》《健康中国行动（2019—2030 年）》中关于健康生活方式的建议，养成早睡早起、规律作息的良好习惯，

① 世界卫生组织（WHO）．全球烟草流行报告［R/OL］．［2025-03-20］．https：//m.thepaper.cn/baijiahao_24176965.

② 国家卫生健康委．中国吸烟危害健康报告 2020［R/OL］．［2025-03-20］．https：//www.gov.cn/xinwen/2021-05/30/content_5613994.htm.

合理饮食、适度运动，保持良好的身体状态，以健康的生活方式降低对烟草的依赖。

（4）谨慎交友，优化社交环境：借鉴青少年行为发展相关研究成果，充分认识到社交环境对个人行为习惯的重要影响。在交友过程中要保持谨慎态度，主动远离有吸烟等不良嗜好的人群，积极融入健康向上的社交圈子，减少外部吸烟行为的干扰。

（5）积极参与宣传，强化控烟意识：积极响应学校及相关部门组织的控烟健康宣传活动，学习《“健康中国 2030”规划纲要》中关于控烟的政策要求，通过参与活动提升自身控烟意识，同时主动向身边同学、朋友宣传吸烟危害，带动更多人加入共建无烟校园的行动。

资料链接

青少年吸烟不可取这些危害易产生

青少年年龄偏小，而且正处于生长发育期，整个身体的机能和抵抗力都比较薄弱，如果在此时养成了吸烟的习惯，将给身体造成非常严重的伤害。

影响肺部健康

由于青少年的脏器还在不断发育完善中，若此时养成了吸烟的习惯，将对自己的肺部健康造成严重影响，易诱发一系列疾病。

影响身体机能

在日常生活中，青少年吸烟将严重影响其身体机能，比如少男吸烟易导致其身体瘦 弱、抵抗力差；少女吸烟易导致皮肤粗糙、经期紊乱等。

影响呼吸系统

由于香烟中含有大量的有害物质，如果青少年长时间保持吸烟的状态，将严重影响其呼吸系统的健康。

影响学习

青少年吸烟除了给身体造成健康隐患，还会影响其学习。吸烟的青少年精神状态不佳，专注力不够，根本无法专注于学习。①

【探究思考】如果你身边有同学抽烟，你会如何劝他戒烟？

三、实验室维护与使用安全

实验室作为知识的孵化地与创新的摇篮，是开展科研探索、教学实践的核心场所，

① 张文胜，彭勇军，柴全喜．劳动创造美好生活——新时代劳动教育教程［M］．镇江：江苏大学出版社，2020：120-121.

其承载着推动学术进步、培育专业人才的重要使命。正如《高等学校实验室工作规程》所提到的，“实验室是进行教学和科学研究的重要基地”①，可见其在教育科研体系中的作用举足轻重。

然而，实验室环境复杂，暗藏诸多风险。这里不仅存放着种类繁多的化学试剂，从强腐蚀性的酸碱到易燃易爆的有机化合物，不一而足；还配备了精密贵重的仪器设备，运行原理复杂。实验操作常涉及高温、高压、强电环境，以及复杂的化学反应过程。据中国安全生产科学研究院的相关研究报告显示，在过去数年中，因实验室安全事故导致的人员伤亡、财产损失事件时有发生。任何细微的疏忽、违规操作，都可能如多米诺骨牌般引发严重后果，火灾、爆炸、中毒、触电等安全事故不仅会瞬间摧毁多年科研成果，造成设备损毁、财产严重损失，更会无情地危及师生的生命健康安全，对科研教学秩序造成难以估量的冲击。

在日常的工作、学习中，我们应该如何避免实验室安全事故呢？具体做法要求如下：

第一，设备与工具管理。

①常规检查：每日实验前检查电源、插座、仪器开关是否正常，发现电线老化或接触不良及时报修。

②清洁整理：实验结束后清理台面，归还工具至指定位置，避免杂物堆积（如纸屑、废弃包装）。

③标签标识：对公共设备（如万用表、显微镜）标注使用说明或注意事项，减少误操作风险。

第二，环境维护。

①通风与照明：确保实验室门窗通风良好，照明设备无故障，避免在昏暗环境下操作仪器。

②温湿度监控：普通电子设备（如电脑、示波器）需远离潮湿或高温区域，必要时使用除湿机。

③垃圾分类：区分普通垃圾（如纸屑、塑料）与实验废弃物（如碎玻璃、废弃电路板），分类投放。

第三，个人防护要求。

①基本装备：实验全程穿戴实验服（避免宽松衣物），长发需束起，禁止穿拖鞋或露趾鞋。

②防护工具：操作锋利的工具（如镊子、裁纸刀）或腐蚀性液体时佩戴手套和护目镜。

第四，用电安全。

①禁止行为：禁止私拉、乱接电线，同一插座避免连接过多设备（建议不超过 3

① 国家教育委员会．高等学校实验室工作规程［R/OL］．［2025-04-20］．http：//www.moe.gov.cn/srcsite/A02/s5911/moe_621/199206/t19920627_81923.html.

台）。设备长时间不使用时需关闭电源，避免待机过热。

②应急处理：发现设备冒烟、异味：立即断电，使用干粉灭火器扑救，禁止用水。

第五，操作安全。

①实验纪律：禁止在实验室内饮食、追逐打闹或使用手机（避免分心引发事故）。两人以上协作时需明确分工，尤其涉及精密仪器操作。

②工具使用：玻璃器皿轻拿轻放，破碎后立即用扫帚清理，禁止徒手捡拾碎片。加热设备（如电炉、恒温水浴锅）使用后及时关闭，远离易燃物。

四、维护校园环境秩序

为维护良好的校园秩序，营造一个文明、整洁、健康、高雅的校园环境，建设平安校园、和谐校园，根据《高等学校校园秩序管理若干规定》〔教育部（国家教育委员会令第 13 号）〕，我们应遵循以下校园文明行为规范：

（1）注重仪表仪态，着装整洁大方，保持仪容端庄得体。

（2）规范言行举止，做到行为优雅，用语文明礼貌。

（3）爱护校园环境，珍惜花草树木，养成节约用水的好习惯。

（4）维护电梯秩序，遵循先下后上原则，主动相互礼让。

（5）遵守环境卫生准则，保持校园干净整洁，不随地吐痰、乱扔杂物。

（6）文明使用卫生间，保持其清洁卫生，爱护设施设备。

（7）遵守课堂纪律，候课时不在楼道大声喧哗，保持安静。

（8）爱护教室设施，合理使用教学设备，共同营造整洁的教学环境。

（9）规范车辆停放，汽车、电动车、自行车需停入指定车位，摆放整齐。

（10）严禁在教学楼内教室、办公室、楼道楼梯、卫生间及公共场所吸烟。

（11）参加教学展演、讲座、会议等活动时，服从现场管理，维护秩序，爱护场地设施。

（12）开展教学和汇报演出活动，合理使用场地及设施，控制噪声，避免影响周边单位和居民正常工作生活。

（13）严格遵守学校规章制度，尊师爱友、团结同学，共同营造绿色健康的学习氛围与积极向上的工作环境。

（14）参加校内外教学汇报演出、比赛或游学活动，确保安全、严守纪律，尊重当地风俗习惯与文化传统，爱护文物古迹、风景名胜及旅游设施。

（15）遇突发事件，服从学校统一指挥，积极配合应急处置工作。

（16）遵守网络信息管理相关法律法规，维护微信群安全秩序，自觉抵制不良信息，不传播网络谣言。①

① 张文胜，彭勇军，柴全喜．劳动创造美好生活——新时代劳动教育教程［M］．镇江：江苏大学出版社，2020：122.

资料链接

“多肉 DIY”进校园 成都东部新区引领绿色新风尚

为有效提升成都东部新区学生对校园环境保护的重视程度，进一步培养青少年的环保意识和责任感，成都市生活垃圾分类工作推进领导小组办公室、成都市城市管理委员会主办，成都市生活垃圾分类管理服务中心、成都东部新区综合执法局、成都东部新区文化旅游体育局开展“垃圾分类新时尚，志愿服务添风采”主题宣传活动。

来自玉成街道的宣讲员贾璐和董家埂镇的宣讲员付梦飞以生动有趣的方式，深入浅出地讲解了垃圾分类的意义、分类标准、如何做好垃圾分类及投放注意事项，激发了同学们对垃圾分类的兴趣和热情。在讲解过程中，宣讲员们还穿插了互动环节，鼓励同学们积极参与讨论，呼吁同学们争当垃圾分类的实践者、宣传者、推动者。

此次活动从“分类时尚·萌趣多肉志愿行”多肉植物 DIY 环节着手，让同学们在实际行动中积极投身于垃圾分类。在志愿者的指导下，同学们亲手 DIY 多肉植物盆栽，巧妙地将垃圾分类的绿色环保理念融入其中，通过创意制作，不仅锻炼了动手能力，更深刻理解了垃圾分类与绿色生活的紧密联系。通过精心设计的垃圾分类问题，同学们不仅巩固了所学知识，体验到多肉植物 DIY 的无穷乐趣，还进一步加深了生活中垃圾正确分类方法的理解，进一步为同学们共建绿色校园环境奠定了扎实的基础。

资料来源：《“多肉 DIY”进校园 成都东部新区引领绿色教育新风尚》，http：//sc.people.com.cn/n2/2024/1012/c407319-41005351.html，有改动。

第三节　校园环境保护与劳动主题实践活动

一、实践活动：绿色校园，你我共同维护

进入 21 世纪以来，全球气候变暖、生存环境日益恶化的态势越发严峻。联合国政府间气候变化专门委员会（IPCC）第六次评估报告显示，过去的几十年里，全球平均地表温度持续上升，极端天气事件如高温热浪、暴雨洪涝、干旱等发生的频率和强度显著增加，这对人类的健康与生存构成了严重威胁。①世界卫生组织研究表明，气候变化

---

① 联合国政府间气候变化专门委员会．第六次评估报告《综合报告》［R/OL］.［2023-05-04］. https：//www.cma.gov.cn/ztbd/kjdsj/20230427/202304/t20230428_5477652.html.

引发的空气污染、传染病传播等问题，每年导致数百万人患病甚至死亡。由此可见，遏制气候变暖，发展绿色低碳经济，已成为全人类共同且紧迫的使命。

正如《巴黎协定》所倡导的，全球各国需协同合作应对气候变化，而这离不开每一个个体的努力。

为了你、为了我、为了他，也为了我们赖以生存的地球大家庭，更为了明天的美好生活，我们理应率先身体力行倡导绿色低碳生活、共建绿色校园。请围绕“低碳生活”制订一个“绿色校园，你我共同维护”的个人计划，并在生活中执行该计划。

【过程记录】

计划要点：

计划思路：

计划可行性评估：

计划实施要点：

【结果评价】

教师可参考表 9-1 对学生制订的个人计划进行评价。

表 9-1　　**“绿色校园，你我共同维护”个人计划评价表**

评价标准	分值	分数小计	教师评价
计划完整	30 分		
计划切实可行	20 分		
计划有层次，目标有阶梯	20 分		
计划有反馈提升机制	10 分		
计划可评测	10 分		
计划有奖励机制	10 分		
总分			

二、实践活动：寝室焕新颜，共创美好家园

教育部在《高校思想政治工作质量提升工程实施纲要》中明确提出，要“推进高校‘一站式’学生社区综合管理模式建设”，充分凸显了学生寝室在高校育人体系中的关键地位。①寝室作为学生校园生活的微观生态，是折射学生精神世界与校园文化特质的重要棱镜。它不仅是学生日常生活、学习、交流的核心场所，更在潜移默化中影响着学生的价值观与行为习惯。

《2024 年全国大学生心理健康蓝皮书》数据显示，居住在整洁有序、氛围融洽的寝室的学生，其人际沟通能力得分平均高出其他学生 18%，学业成绩优良率提升了 22%。这印证了营造干净整洁的环境、构建和谐的人际关系、塑造文明温馨的寝室氛围与独特寝室文化，对学生的身心发展和学业进步具有不可忽视的促进作用。

基于此，为深化校园文化建设，助力学生全面发展，现开展“寝室焕新颜，共创美好家园”寝室文化建设活动。本次活动以各个寝室为单位，鼓励同学们充分发挥创意，自主设定主题、精心设计方案，并全员参与实践。活动过程需以 PPT 或短视频的形式进行记录，生动展现寝室文化打造的精彩历程。最终，各寝室作品进行展示比拼，评选出优秀案例。

【过程记录】

主题选定：

设计要点：

实施难点及解决方案：

心得体会：

【结果评价】

教师可参考表 9-2 对各成员参与“寝室焕新颜，共创美好家园”活动的情况进行评价。

① 中共教育部党组．高校思想政治工作质量提升工程实施纲要［R/OL］.［2025-04-20］. http：//www. moe. gov. cn/srcsite/A12/s7060/201712/t20171206_320698. html.

表 9-2　　“寝室焕新颜，共创美好家园”活动评价表

评价标准	分值	分数小计	寝室长评价
参与活动全过程	30 分		
积极主动，献计献策	20 分		
出色完成自己的任务	20 分		
促进活动关键节点的推进	10 分		
有创新意识	10 分		
能充分发挥自己的优点	10 分		
总分			

三、实践活动：携手共创美丽校园环境

校园作为学生学习和生活的重要场所，其环境质量与学生的身心健康、学习效率息息相关。所以，要重视校园文化建设，营造良好育人环境①，美丽整洁的校园环境不仅能为学生带来愉悦的心情，更能在潜移默化中发挥环境育人的功能。

为进一步优化校园环境，增强学生的环保意识与集体责任感，请以班级为单位，组织一次“携手共创美丽校园环境”的校园美化活动，可结合实际情况，自主选择活动形式，既可以组织植树活动，为校园增添一抹绿意；也可以开展清洁卫生活动，对校园内的卫生死角进行彻底清理；还可以进行绿化维护活动，修剪绿植、浇灌花木等，让校园成为学生成长的美好家园。

【过程记录】

活动要点：

活动难点及解决方案：

心得体会：

【结果评价】

① 中华人民共和国教育部．中小学德育工作指南［R/OL］．［2025-04-20］．http：//www.moe.gov.cn/srcsite/A12/s7060/201712/t20171206_320698.html.

教师可参考表 9 - 3 对学生参与"携手共创美丽校园环境"活动的情况进行评价。

表 9-3　　"携手共创美丽校园环境"活动评价表

评价标准	分值	分数小计	教师评价
参与活动全过程	30 分		
出色完成自己的任务	20 分		
积极主动劳动	20 分		
能从中体会劳动的乐趣	10 分		
在活动中树立劳动的榜样	10 分		
在活动中带动周围同学进行劳动	10 分		
总分			

第四节　志愿服务的基础知识

一、志愿服务的内涵、特征、原则与主要类型

2017 年 12 月 1 日起施行的《志愿服务条例》（国务院令第 685 号）作为我国首部关于志愿服务的专门性法规，明确界定"志愿服务是指志愿者、志愿服务组织和其他组织自愿、无偿向社会或者他人提供的公益服务"，为志愿服务的规范化发展奠定了法律基础。① 本节将从理论与实践层面深入剖析志愿服务的内涵、特征、原则与主要类型。

（一）志愿服务的内涵

1. 精神驱动下的公益实践

志愿服务本质上是一种由内在精神动力支撑的社会活动。正如联合国开发计划署（UNDP）在《全球志愿服务状况报告》中指出："志愿服务是个人基于自由意志，为促进社会福祉、推动人类发展而开展的非强制性服务行为。"②

在现实社会中，众多志愿者用行动诠释着志愿服务的内涵。他们有的牺牲休息时间，深入社区为孤寡老人提供生活帮扶；有的放弃优渥条件，奔赴西部偏远山区支教；还有的活跃于大型赛事、国际会议等活动现场，维护秩序、提供服务。这种行为超越了

① 国务院．志愿服务条例（国务院令第 685 号）［R/OL］.［2022-12-05］. https：//www. gov. cn/gongbao/content/2017/content_5225860. htm.

② 联合国开发计划署．全球志愿服务状况报告［R/OL］.［2022-12-05］. https：//swvr2022. unv. org/？continueFlag = c23e67f711263fc462a2a8c113a00f3d.

物质利益的考量，彰显着人性的光辉，践行着志愿精神。

志愿精神体现为在自愿且不计报酬的前提下，参与推动人类发展、促进社会进步和完善社区工作的理念，是公众参与社会生活的重要方式，也反映了个人对生命价值、社会关系及人生观的积极态度。无私奉献的志愿精神构成了志愿服务的核心灵魂，驱动着志愿者们无偿贡献个人时间、精力，投身社会公益与服务事业，传递爱心与温暖，促进社会文明进步。

2. 志愿服务是一种非营利性的活动

志愿服务并不是用以谋生或营利的职业，而是个体基于奉献社会的意愿开展的社会服务。其非营利性体现在志愿者不将服务作为获取经济收益的手段，完全出于利他动机。①

尽管志愿服务不追求经济报酬，但现代志愿服务组织和机构的发展与运转离不开资金支持。《非营利组织管理学》一书明确指出，志愿服务组织可通过合法的社会捐赠、政府资助等途径获取经费，但必须坚守非营利原则，不得向服务对象收取费用，也不能以营利为目的开展活动，确保志愿精神的纯粹性。②

3. 志愿服务是一种有组织的社会公益服务

志愿服务并非简单的助人行为，而是系统性、有组织、自愿开展的社会公益服务。它作为社会建设和社会管理的重要组成部分，有效弥补了政府、市场和个人力量的不足，在国家与个人之间搭建起沟通的桥梁。③

志愿服务通常依托社会团体、社会服务机构、基金会等组织形式开展，通过规范的管理和协调，更好地回应复杂的社会需求。这些组织不仅能够整合资源、提升服务专业性，还能推动行业交流，促进志愿服务事业的发展。志愿服务组织已成为现代社会开展志愿服务的核心力量，在精神文明建设、社会治理创新等方面发挥着关键作用。

（二）志愿服务的基本特征

志愿服务以志愿性、无偿性、公益性和组织性为四大核心特征，其内核是无私奉献的精神。这四大特征相互关联、缺一不可，共同构成志愿服务区别于其他社会活动的本质属性。④

1. 志愿性

志愿性是志愿服务的首要前提。实证研究表明，自主选择参与的志愿者在服务投入度、持久性及满意度上显著高于被动参与群体。任何形式的强制参与、摊派任务或变相压力，均违背了《志愿服务条例》中“自愿参与”的基本原则。正如条例明确规定，志愿服务组织应尊重个体意愿，不得以任何形式强迫他人参与，确保志愿服务的纯粹性与

① 邵峰，等．志愿服务与发展［M］．北京：北京出版社，2020.

② 李维安．非营利组织管理学［M］．北京：高等教育出版社，2005：217-220.

③ 赵立波．中国特色公益服务体系研究［M］．北京：人民出版社，2015.

④ 彭柏林．中国特色社会主义志愿服务伦理学［M］．北京：人民出版社，2023：56-60.

可持续性。

可以想象，如果志愿服务不是每个人都自愿参加的，而是在某些组织或个人的强迫和压力下参加的，其社会意义就会大打折扣。被迫参与到志愿服务之中的人员不是真正意义上的志愿者，他们即使参加了志愿服务活动，也很难持续发挥积极的作用。①

2. 无偿性

无偿性界定了志愿服务的非功利属性。志愿服务提供者不得直接或间接从服务对象获取经济回报，包括金钱、实物或服务置换。但为保障志愿者基本权益，组织提供的交通、餐饮补贴等合理成本支出，并不违背无偿性原则。②

3. 公益性

公益性决定了志愿服务的价值导向。这意味着营利行为、个体间的互助行为以及基于特殊关系的帮助，均不属于志愿服务范畴。对于志愿服务组织者而言，志愿者滥用志愿服务资源谋取商业利益，或利用志愿服务机会进行非公益活动，均被严格禁止，以维护志愿服务的社会价值与公共属性。

对服务活动的组织者来说，志愿服务不应该被用来达到公益服务以外的目标，如经济目标，否则就会损害志愿服务者的动机。

对志愿服务者而言，在提供志愿服务时应该始终坚持以利他和公益为基本目标，不能私自进行工作计划以外的服务内容。例如，志愿者不得向服务对象做宗教传道的工作，不得在活动时间内宣传与公益活动无关的事物。

4. 组织性

组织性是志愿服务实现社会效能的关键。通过建立专业的组织架构、管理制度与协作网络，志愿服务能够整合分散资源，形成规模化、系统化的服务力量。以“自然之友”“壹基金”等民间志愿组织为例，它们通过专业化运作与品牌化建设，在环保公益、灾害救援等领域产生深远社会影响。

（三）志愿服务的原则

《志愿服务条例》明确指出，开展志愿服务，应当遵循自愿、无偿、平等、诚信、合法的原则，不得违背社会公德、损害社会公共利益和他人合法权益，不得危害国家安全。

根据《志愿服务条例》，需要志愿服务的组织或者个人可以向志愿服务组织提出申请，并提供有关信息，说明可能发生的风险，志愿服务组织应当及时答复；志愿者、志愿服务组织、志愿服务对象可以根据需要签订协议。

《志愿服务条例》规定，志愿者接受志愿服务组织安排参与志愿服务活动的，应当服从管理，接受必要的培训；志愿者应当按照约定提供志愿服务，因故不能按照约定提

① 柴文胜，彭勇军，柴全喜．劳动创造美好生活——新时代劳动教育教程［M］．镇江：江苏大学出版社，2020：128-135.

② 陆璇，林文漪．中国社会组织法律实务指南［M］．北京：法律出版社，2016：26-27.

供志愿服务的，应当及时告知志愿服务组织或者志愿服务对象。

（四）志愿服务的主要类型

志愿服务覆盖扶贫济困、助老助残、社区服务、生态建设等多元领域，依据组织形式与实施特点，可归纳为三大类别：

（1）政策引领性志愿服务：以国家战略需求为导向，典型如“大学生志愿服务西部计划”“三支一扶”等。此类项目以周期性运作，服务周期较长，对参与者学历、专业技能等资质设定明确要求，助力国家区域发展战略落地。

（2）官方统筹性志愿服务：由政府部门、事业单位及学校等主导开展，常以国际赛事、大型展会为依托，如奥运会、世博会、亚运会等。这类志愿服务依托具体活动展开，服务覆盖面广、周期短，通过临时招募机制，吸纳广泛社会力量参与。

（3）民间自发性志愿服务：由社会组织与公益团体自主发起，像“自然之友”“地球村”“绿家园志愿者”等。它们聚焦特定社会群体或环保议题，具备较高的专业门槛，志愿者需通过培训考核，服务周期稳定，持续深耕细分公益领域。

二、志愿者的三种动机与三层境界

（一）志愿者的三种动机

为什么要做志愿者？志愿者参与服务活动的驱动因素大致可归为三大类别：

其一为自我导向型动机。此类志愿者将个人成长与学习视为首要目标，他们在服务过程中不断汲取新的知识与经验，更注重内心满足感的获得。通过志愿服务实现自我提升、挖掘潜能，在助人的过程中完成精神世界的丰盈与成长，是这类志愿者的核心诉求。

其二属人际联结型动机。此类志愿者更看重人际关系与群体互动带来的价值。他们期望通过志愿服务结识志同道合的伙伴，在团队协作与服务他人的过程中收获友谊，同时渴望得到他人的认可与赞赏。在与他人的交流合作中，建立情感纽带、拓展社交圈子，是他们投身志愿服务的重要动力来源。

其三为社会责任型动机。怀有此类动机的志愿者，将目光投向更广阔的社会层面。他们参与志愿服务，是出于对社会责任的深刻认知与担当，希望通过自身行动为社会贡献力量、回应社会需求，以实际行动推动社会进步，同时也期待借此获得社会层面的广泛认可，实现更高层次的社会价值。

（二）志愿者的三层境界

志愿服务的至高境界究竟是什么？其实，志愿者的成长与奉献之路，大致可分为三重境界：

第一重境界：助人悦己。当我们投身志愿服务，在伸出援手帮助他人后，看到对方绽放出喜悦的笑容，自身也会被这种积极情绪感染，收获由衷的快乐与满足。这往往是每一位初涉志愿服务领域者最直观、最深刻的体验，是善意与温暖碰撞出的最初火花。

第二重境界：志愿驻心间。真正的志愿者，其精神早已融入生命底色。他们不会将助人之举局限于特定的服务场所与时间，无论身处何方，都时刻保持着敏锐的观察力，主动发现身边需要帮助的人，并毫不犹豫地伸出援手，以实际行动践行社会责任，让志愿服务成为一种生活方式。

第三重境界：爱与文明，薪火相传。志愿者们不仅是爱心的奉献者，更是文明的传播者。他们将关怀与善意传递到社会的各个角落，让“爱心”与“文明”如同接力棒一般，在人与人之间不断传递。点点微光，终成星河，这些分散的善意最终汇聚成强大的暖流，滋养着整个社会，推动文明不断前行。

三、志愿者应有的素质与志愿者精神

志愿者，作为社会公益事业的重要力量，其素质与精神内核是推动志愿服务蓬勃发展的关键。在服务过程中，志愿者需在不同维度展现出相应的优秀品质。

面向服务对象时，志愿者应怀赤子之心，以爱心给予关怀，用耐心化解难题，始终恪守诚信准则，认真聆听对方心声，严格保守隐私秘密，为服务对象营造温暖、安全的环境。

对待志愿工作，需具备高效的时间管理能力，灵活应对各种突发情况，保持积极主动的工作态度，勇担责任不推诿，面对困难迎难而上，以高度的责任感履行服务承诺，一丝不苟地完成每一项任务。

身处志愿团体或机构中，要做到令行禁止，服从上级安排，以谦逊的姿态接纳组织建议，秉持团队精神协同合作，以诚实守信的品质与伙伴们携手共进。

志愿服务蕴含着不可估量的价值，如同一座桥梁，有力地推动着个人成长与社会发展。而志愿服务精神，凝练为“奉献、友爱、互助、进步”八字箴言，深刻诠释了公益事业的核心内涵。

（一）奉献：精神的崇高境界

奉献，是志愿服务精神的灵魂，彰显着无私付出的高尚情操。志愿者们秉持着纯粹的信念，在无报酬、无名利、无特权的前提下，投身于推动人类文明进步的事业中。他们的每一份付出，都闪耀着奉献精神的璀璨光芒，成为照亮社会的温暖火炬。

（二）友爱：跨越界限的温暖

友爱精神贯穿志愿服务的始终，倡导志愿者以友善的目光欣赏他人，以包容的胸怀接纳不同。这种爱，打破了国界、职业与贫富的界限，消弭了文化、民族与收入差异带来的隔阂，是一种纯粹而平等的大爱。它如春日暖阳，为社会注入源源不断的温情，让世界充满善意。

（三）互助：双向奔赴的力量

志愿服务中的互助精神，倡导“互相帮助、助人自助”的理念。志愿者凭借自身的能力与爱心，为身处困境的人们伸出援手，用实际行动传递希望。同时，这种互助精神也唤醒了更多人内心的善意，让爱心得以传递与延续，形成人人奉献、共同进步的良性循环。

（四）进步：个人与社会的共同成长

进步精神是志愿服务不可或缺的重要组成部分。在参与志愿服务的过程中，志愿者不仅能够提升自身能力，实现个人价值的升华，还能通过点滴行动汇聚成推动社会进步的强大力量。每一次志愿活动，都是进步精神的生动实践，激励着人们为构建和谐社会而不懈努力。

资料链接

一名西部计划志愿者的成长故事：“像父母一样，到祖国需要的地方去”

支教宁夏、援助新疆，父母当年服务西部的行为，成为翁高悦职场选择的参照。

2022年6月，从福州大学毕业后，她申请成为一名西部计划志愿者，到宁夏回族自治区中卫市中宁县服务，“我要像父母一样，到祖国需要的地方去”。

翁高悦是福建省漳州市人，第一次了解宁夏是上幼儿园时，她的父亲在2004—2005学年到宁夏吴忠市红寺堡中学支教。父亲告诉她，宁夏气候干燥，冬天非常冷，如果不注意护肤，手脚会皲裂。她也听父亲说过枸杞、羊肉、骆驼等“宁夏特产”。

翁高悦第一次看到祖国西北的辽阔面貌，则是大学期间去新疆探望参与援疆工作的母亲。

“西部梦想”变成了现实，翁高悦“刚工作时既兴奋又忐忑”。在宁夏服务的第一年，翁高悦被安排在中宁县白马乡政府综合办公室工作，平时吃住在乡政府。新环境带来新挑战，首先是父亲当年提到的干燥气候，加之时有沙尘，她有段时间经常流鼻血。还有就是不会说也听不懂中宁方言，这让她和当地人交流有障碍。

白马乡辖7个行政村，以玉米、苹果、硒砂瓜等农作物为主要产业，常住人口4000多人，留守老人和孩子占比高。虽然医疗、教育、社保、农业生产、生活服务等政策措施都能在网上查询，但当地很多老人不擅长使用智能手机，不会在线查询，遇事还是习惯亲自到乡政府询问。翁高悦接待服务过很多这样的老人。为了消除语言障碍、拉近与群众的心理距离，她特意学习了一些中宁方言。

服务期第一年，正值新冠疫情防控关键阶段。每次值班接到群众来电，她都积极响应，保障村民特别是老人孩子的饮食、用药等生活物资供应。她与同事分工协作，准确快速回应群众合理需求，在一次次服务中收获了群众的信任和感谢。

第一次提笔撰写工作稿、第一次上山夜巡、第一次加班到凌晨……翁高悦在宁夏经历了人生中许多“第一次”。在领导同事的帮助指导下，她能熟练撰写整理公文、独立接待办事群众、冷静应对工作突发情况、井然有序组织活动。

从福建到宁夏基层生活，翁高悦并不觉得孤单。下了班，她经常和同期的西部计划志愿者、中宁当地同事一起，到乡村田野里亲近大自然，去热情的农户家摘苹果、烤玉米，到乡文化站玩桌游，还学会了打羽毛球、踢毽子。工作有压力时，她会和父母打电话聊聊，重拾昂扬心态。慢慢地，她感觉自己融入了宁夏，宁夏于她而言，变成了一个“温暖的地方”。

工作一年后，翁高悦转到团中宁县委服务，从事青少年权益保护等工作。2024年3月至4月，她参与举办两期“红领巾手拉手，城乡结对心连心”活动，组织徐套乡长流水完全小学学生到中宁县第三小学交流，接着又带中宁县第五小学学生到大战场镇西沙梁完全小学开展社会实践。

在她的带领下，越来越多长期在县城生活的孩子，到田间地头学习生态环保知识、听驻村干部讲乡村振兴故事、参加消防安全演练；更多的农村孩子，则有机会到县城学校里参加“石榴花开校园　籽籽同心向党”主题队课、踢足球友谊赛、拔河、体验人工智能等类别的社团活动。

翁高悦说：“孩子们一开始比较拘谨，经历两三轮互动实践后，就有说有笑熟络起来，互相建立起友谊，也在实践锻炼中开阔了眼界。”

关心关注帮扶困境青少年，是翁高悦的重点工作之一。12岁的茜茜（化名）家住中宁县太阳梁乡，家中有两名病人，全靠茜茜父亲干农活挣钱，随着茜茜长大，家中住房环境变得更加局促。在走访慰问中了解到这一情况后，翁高悦考虑到自己和茜茜年龄差距最小，便主动承担起沟通职责，向茜茜详细询问家中生活困难之处、多次交流居住环境改善想法。最终，团中宁县委帮助茜茜改造了一间“希望小屋”。

回顾作为西部计划志愿者这两年的工作经历，翁高悦说：“我在乡政府学到了各业务部门同事之间的协同工作方法，在团委学到了集体活动的组织策划技能。我更加确信，到西部来、到基层来，是正确的选择。”

翁高悦说，她很珍视在宁夏的基层服务经历。前不久得知好友初入职场工作受挫，她分享了自己过去两年学到的工作经验，鼓励对方振作精神。“大学生初次就业，应多考虑到基层锻炼成长。深入基层了解群众，才能更好服务群众，在基层社会治理中发挥重要作用。”

焦敏龙：《一名西部计划志愿者的成长故事：“像父母一样，到祖国需要的地方去”》，《中国青年报》，2025-02-21。

四、志愿者标识与志愿者日

志愿者群体不仅以实际行动传递温暖，其专属标识与重要节日也承载着深厚的精神内涵。注册志愿者标识——“心手标”，以极具感染力的视觉语言诠释志愿精神。标识整体呈红色心形，巧妙融入英文“Volunteer”首字母“V”，既象征志愿者炽热的奉献之心，也点明其身份归属。图案中央，白色的手型造型，既是传递援助的双手，又是幻化为振翅欲飞的白鸽，白鸽象征和平与希望，寓意志愿者向社会传递善意。整个标识将爱心、援助、和平等元素融为一体，生动诠释“爱心献社会，真情暖人心”的理念，彰显“团结互助、共创和谐”的美好愿景。

每年 3 月 5 日，中国青年志愿者服务日如约而至，青年志愿者群体以青春之力践行志愿使命，成为社会公益事业中最富活力的生力军。而 12 月 5 日的国际志愿者日，则是全球志愿者共同的节日盛典，它跨越国界与文化差异，汇聚起世界各地志愿者的奉献热情，让志愿精神在这一天得到最广泛的致敬与传播。

五、志愿者的激励和表彰

星级认证制度由省级团委、志愿者协会组织实施。注册机构负责具体认证工作，根据 志愿者注册后参加志愿服务的时间累计，认定其为一至五星志愿者。星级志愿者认定后，可由相关注册机构在其注册证上进行标注，并佩戴相应标志。

志愿者注册后，参加志愿服务时间累计达到 100 小时的，认定为“一星志愿者”。

志愿者注册后，参加志愿服务时间累计达到 300 小时的，认定为“二星志愿者”。

志愿者注册后，参加志愿服务时间累计达到 600 小时的，认定为“三星志愿者”。

志愿者注册后，参加志愿服务时间累计达到 1000 小时的，认定为“四星志愿者”。

志愿者注册后，参加志愿服务时间累计达到 1500 小时的，认定为“五星志愿者”。同时，共青团中央、中国青年志愿者协会定期组织开展中国青年志愿者优秀个人奖、组织奖、项目奖评选表彰活动。①

第五节 社会实践的基础知识

一、社会实践的内涵

社会实践，作为个体或群体融入社会、实现自我成长与社会价值的关键路径，其内涵丰富且多元。社会实践是个体在真实社会场景中亲身参与、深度体验，进而获取知识、技能、经验并塑造价值观的重要活动。以下将从多个层面深入阐释其内涵：

（一）理论与实践相结合

社会实践强调个体与社会环境的互动。它是一座桥梁，连接起理论知识与现实应用。个体通过亲身参与社会实践，将课堂所学的抽象理论知识具象化，应用于实际问题的解决中。在工程专业实践里，学生依据力学理论搭建建筑模型，在操作过程中深化对

① 中国注册志愿者管理办法［R/OL］.［2013-11-30］.https：//cvsf. org. cn/public/policy/1495447819137. html.

力学原理的理解，同时检验、巩固并拓展知识技能。这种理论与实践的有机结合，不仅能全方位提升个人的综合素养与能力水平，还能显著增强个体的社会责任感与团队协作能力，促进个体更好地融入社会。

（二）广泛参与和多样性

社会实践的范畴广泛，涵盖社会生活的各个领域。冯艾在其著作中列举了丰富多样的实践活动形式，如志愿服务、社会调查、实习实训、文化交流等。这些活动各具特色，在促进个体与社会互动方面发挥着独特作用。志愿服务培养个体的奉献精神与社会关怀；社会调查帮助个体深入了解社会现象，挖掘问题本质；实习实训助力个体将专业知识与职业技能对接；文化交流促进不同文化间的碰撞与融合。从分类来看，依据不同标准，社会实践可划分为教学实习类、社会服务类、社会调查类、职业体验类、文化交流类以及创新创业类等。每一种类型都为个体提供了独特视角，助力其全面认识社会、积极融入社会，并为社会发展贡献力量。

（三）教育性和目的性

社会实践具有鲜明的教育属性，是以实践活动为主体、理论学习为辅助的教育模式。学生在参与社会实践过程中，直接接触社会现实，获取课堂之外的知识与技能，实现知识的拓展与深化。这种教育形式具有明确的目标指向，旨在培养学生的实践操作能力、工作执行能力以及社会责任感，提升学生的社会适应能力，为其未来的职业发展奠定坚实基础。通过社会实践，学生能提前了解职场环境，明确职业方向，更好地规划未来人生道路。

（四）个人成长与社会发展相结合

社会实践对个人与社会均具有重要意义。从个人角度而言，个体在实践中承担责任、履行义务，不仅能够拓宽视野、提升能力，还能强化社会责任感与团队协作精神。在团队合作的实践项目中，个体需要与成员紧密配合，共同解决问题。在此过程中，个人的沟通能力、协调能力以及责任感都能得到锻炼与提升，从而更好地适应未来社会生活与工作。从社会层面来看，个体通过社会实践为社会提供服务、解决问题，推动社会的进步与发展。众多志愿者参与的环保实践活动，能够提高公众的环保意识，改善生态环境，促进社会可持续发展，实现个人价值与社会价值的有机统一。

二、社会实践的几大类型

社会实践形式丰富多样，其核心目标在于助力学生及参与者深度洞察社会，实现自我能力与素养的提升。以下是一些常见的社会实践内容：

（一）教学实习类

教学实习作为社会实践的关键构成，是理论知识迈向实际应用的桥梁。教学实习将理论知识与实际工作紧密融合，能够有效提升学生的思想境界与实践操作能力。

（1）学校教学实习：在中小学或教育机构开展实地教学活动，学生以实习教师或助教身份参与其中，全面投身班级管理、课程设计与课堂讲授等工作。这一过程中，学生能将教育学、心理学等理论知识运用到真实教学场景中，在实践中不断优化教学方法，提升教学技能。

（2）职业技能培训：参与计算机编程、会计、市场营销等职业技能培训课程，有助于学生增强专业技能，提升就业竞争力。在培训过程中，学生跟随专业导师，通过实际案例分析、模拟操作等方式，快速掌握实用技能，为未来职业发展筑牢根基。

（二）社会服务类

社会服务类实践活动聚焦于培养学生的社会责任感与奉献精神。学生通过投身公益活动、志愿服务等形式，切实为社会贡献力量。

（1）公益活动：涵盖义卖、义演、助残、助学等多种形式，旨在为弱势群体提供援助。以义卖活动为例，学生组织策划商品售卖，将所得款项捐赠给需要帮助的群体，在这个过程中，学生不仅学会如何组织活动、协调资源，更深刻体会到关爱他人、奉献社会的意义。

（2）志愿服务：在医院、养老院、孤儿院等机构开展志愿服务，为需要照顾的人群送去关爱与支持。志愿者们陪伴老人聊天、协助医护人员照顾患者、辅导孤儿功课，在点滴付出中传递温暖，培养自身的耐心、爱心与社会关怀意识。

（3）环保行动：参与清理垃圾、种植绿化、宣传环保理念等环保活动，为环境保护贡献力量。通过亲身体验，学生能直观认识到环境问题的严峻性，进而积极传播环保知识，倡导绿色生活方式，带动更多人参与环保行动。

（三）社会调查类

社会调查类实践活动助力学生深入了解社会现状与问题。学生借助实地调查、数据分析等手段，探寻问题根源并提出解决方案。

（1）社会现象调查：针对网络成瘾、青少年犯罪等社会现象开展实地调研，运用问卷调查、访谈等方法收集数据，深入剖析现象背后的原因，并提出切实可行的解决策略，为社会治理提供参考。

（2）市场需求调研：围绕某一行业或产品，了解消费者需求与市场趋势，为企业决策提供支持。学生通过市场走访、数据分析等方式，精准把握市场动态，帮助企业优化产品设计、制定营销策略，提升市场竞争力。

（四）职业体验类

职业体验类实践旨在帮助学生明晰不同职业的工作内容与要求。通过实习、实训等途径，学生能够提升职业素养与技能。

（1）企业实习：深入企业实地实习，全面了解企业文化、工作流程与职业发展路径。在实习期间，学生参与项目运作，与企业员工协作，将专业知识应用于实际工作，同时了解职场规则，为未来职业发展做好准备。

（2）职业实训：参加职业培训课程与模拟实训，强化职业技能与实际操作能力。例如，在模拟职场环境中进行商务谈判、项目策划等实训，学生在实践中积累经验，提升解决实际问题的能力。

（五）文化交流类

文化交流类实践致力于增进不同地区、文化间的相互理解与交流，此类实践有助于提升学生的跨文化沟通能力与国际视野。

（1）国际交流项目：参与国际学生交流项目，与外国学生进行文化交流与学习互动。学生在交流中分享各自国家的文化、习俗，拓宽国际视野，提升跨文化沟通能力，培养全球意识。

（2）跨文化体验活动：如参加国际美食节、文化节庆等活动，亲身感受不同文化的风俗习惯与传统艺术。在活动中，学生通过品尝美食、欣赏表演等方式，直观了解不同文化的魅力，促进不同文化间的交流与融合。

（六）创新创业类

创新创业类实践重点在培养学生的创新意识与创业能力。通过参与创新创业项目、比赛等活动，激发学生的创新思维与实践能力。

（1）创新创业项目：参与学校或社会的创新创业项目，开展市场调研、产品设计、营销策划等工作。学生在项目中组建团队，整合资源，将创新想法转化为实际项目，锻炼创新能力与团队协作能力。

（2）创新创业比赛：参加各类创新创业比赛，展示创业项目与创新成果，争取资金支持与创业机会。在比赛过程中，学生通过与评委、其他团队交流，获取反馈与建议，不断完善项目，提升创业成功率。

三、参与社会实践与志愿服务活动须知

暑假期间，参与社会实践与志愿服务活动成为众多学生提升自我、服务社会的重要选择。然而，为确保活动顺利开展并实现预期目标，学生需遵循一系列规范与要求。社会实践与志愿服务活动的顺利进行，依赖于参与者对各环节要点的精准把握。

（一）选择正规可靠的实践与服务平台

保障实践与服务活动安全有序开展的首要前提，是选择社会和学校认可的正规平台。在信息化时代，虚假招募信息层出不穷，部分非法组织借实践与志愿服务之名，行诈骗或侵害权益之实。学生应通过学校官方发布的实践项目、教育部门推荐的志愿服务网站，以及具有良好口碑和合法资质的社会组织获取活动信息，避免因轻信来源不明的信息而遭受损失。

（二）结合自身条件，合理选择实践与服务项目

不同的社会实践与志愿服务项目，对参与者有着不同的能力与知识要求。学生在选择项目时，需结合自身特长、专业背景及兴趣爱好。契合自身条件的项目不仅能提升实践效果，还能增强参与者的积极性与获得感。

对于重视培训工作的志愿组织，学生应优先考虑。专业的培训能够帮助志愿者掌握必要的知识与技能，以做好充分的心理准备。例如，深入农村的志愿者需参加组织培训，系统学习农村相关法律法规、民俗文化以及农业生产知识，以便更好地融入乡村环境，为当地发展提供有效支持；前往边远地区支教的志愿者，需学习先进教学方法、沟通技巧，拓宽知识储备，以满足学生多样化的学习需求；从事社区服务的志愿者，应突破固有的服务模式，根据社区居民的不同需求，创新服务形式与内容；面向社会弱势群体的志愿者，要深入了解服务对象的情况，运用专业服务技能，提供个性化、贴心的服务。

（三）践行志愿精神，全身心投入实践与服务活动

在参与社会实践与志愿服务活动的过程中，学生应始终秉持奉献、友爱、互助、进步的志愿精神①，这也是活动的核心价值所在。志愿者须坚守岗位，以认真负责的态度完成各项任务，主动发现服务对象的需求，积极解决问题。面对服务对象时，要保持热心、细心、耐心，关注细节，用真诚的服务传递温暖，为社会和谐发展贡献力量。

第六节　社会实践与志愿服务主题活动

一、实践活动："学习雷锋好榜样"志愿服务活动策划

1962 年 8 月 15 日，沈阳部队某部英雄战士雷锋在辽宁抚顺因公殉职，其事迹逐渐传播。1963 年 2 月 15 日，《共青团中央关于在全国青少年中广泛开展"学习雷锋"的教育活动的通知》印发，《中国青年》编委会向毛泽东主席发函请求题词。3 月 5 日毛泽东的题词"向雷锋同志学习"在《人民日报》发表。此后，全国广泛开展学习雷锋的活动。2023 年，教育部印发《教育系统关于新时代学习弘扬雷锋精神 深入开展学雷锋活动的实施方案》，要求全国教育系统自觉引导学生把个人追求融入为党和人民事业奋斗中，为中国式现代化建设添砖加瓦。②

学生以 4~6 人为一组，以"学习雷锋好榜样"为主题策划一次志愿服务活动，弘

① 中国注册志愿者管理办法[R/OL].[2013-11].https：//cvsf.org.cn/public/policy/1495447819137.html.

② 教育系统关于新时代学习弘扬雷锋精神 深入开展学雷锋活动的实施方案 [R/OL]. [2023-03-03]. http：//www.moe.gov.cn/srcsite/A12/moe_1407/s6870/202303/t20230303_1049024.html.

扬“奉献、友爱、互助、进步”的志愿者精神，引导和鼓励周围的人积极参与志愿服务。策划时可以灵活选取活动形式，但要注意结合当地实际情况，使活动策划切实可行。

【过程记录】

策划要点：

策划难点及解决方案：

心得体会：

【结果评价】

教师可参考表9-4对学生策划“学习雷锋好榜样”志愿服务活动的情况进行评价。

表9-4　**“学习雷锋好榜样”志愿服务活动策划评价表**

评价标准	分值	分数小计	教师评价
活动策划契合主题	20分		
活动策划完整、考虑全面	30分		
活动策划合理、可行	20分		
活动策划形式新颖、有创意	15分		
个人积极参与策划过程	15分		
总分			

二、实践活动：温暖夕阳红——关爱老年人志愿服务活动

“老吾老以及人之老”，关爱老年人是中华民族的传统美德，更是新时代志愿服务精神的生动体现。在老龄化社会加速发展的当下，许多老年人面临着孤独、生活不便等问题，他们渴望陪伴与关怀。通过开展关爱老年人志愿服务活动，我们能够将“奉献、友爱、互助、进步”的精神落到实处，为老年群体送去温暖与慰藉，同时也能在服务中收获成长与感动。

请以小组为单位，组织一次“温暖夕阳红——关爱老年人志愿服务活动”。各小组可以参考以下活动方向，结合实际情况制订具体方案：

【过程记录】

活动要点：

活动难点及解决方案：

心得体会：

【结果评价】

教师可参考表 9-5 对学生参与“温暖夕阳红——关爱老年人志愿服务活动”的情况进行评价。

表 9-5　**“温暖夕阳红——关爱老年人志愿服务活动”评价表**

评 价 标 准	分值	分数小计	教师评价
参与活动全过程	30 分		
积极主动参与志愿服务	20 分		
达到预期服务效果	20 分		
能从中体会奉献的快乐	10 分		
在服务过程中传递志愿者精神	10 分		
在服务过程中表现优秀	10 分		
总分			

第十章
专业技能劳动与创新创业实践

在新时代劳动教育体系中，专业技能劳动与创新创业实践犹如车之双轮、鸟之双翼，共同驱动着教育与社会发展的深度融合。前者以扎实的专业技术锤炼为根基，将知识转化为改造世界的实践能力；后者以创新思维与创业精神为引擎，激发创造价值的无限可能。当工匠精神的精益求精与创业者的开拓进取相互激荡，不仅能塑造个体的职业竞争力，更能为社会经济注入源源不断的活力。本章节将深入探讨专业技能劳动与创新创业实践的协同育人路径，解析其如何在新时代背景下，成为培育复合型人才、推动产业升级与社会进步的关键力量。

第一节　与专业结合的实训劳动的主要方式

一、大学生参加专业实习

以就业为导向的高校人才培养模式，工学结合是最佳途径，则学生参加专业实习是必不可少的。

（一）专业实习含义

专业实习是学院进行专业教学、实施素质教育的重要途径，是教学计划的重要组成部分，是学校专业教学过程的延伸，是贯彻理论联系实际教学原则的具体体现，是提高学生职业能力、培养高素质技术技能人才的重要环节。

专业实习旨在开拓学生的视野，使学生提前了解社会，增强岗位意识和岗位责任感，提高学生对专业的认识，培养学生适应岗位的能力和创新能力，特别是提高学生的实践动手能力，以达到完成专业培养计划和培养目标的目的，为学生“零距离”就业打下坚实的基础。

（二）参加专业实习的注意事项

1. 树立乐观积极的心态

就业实习的学生有时候只看到企业光鲜亮丽的一面，往往对自己和实习企业期望过高，对基层工作的艰苦以及严格的企业规章制度缺乏充足的心理准备，在企业从事具体的一项工作，与自己的理想状态可能存在差距，所以这时候就更应该树立乐观积极的心态，从心理上适应就业实习才能更好地让自己从行动上去适应实习的环境。

2. 学会处理好人际关系

学生在企业实习的过程中，人际交往范围扩大，人际关系发生了一些变化，原来在学校很纯洁的师生和同学关系之上会增添同事关系、上下级关系、客我关系等，人际关系处理得当，会让我们在工作中轻松以及会拥有好的心情。

3. 提升自己的能力和素质

现代企业比较注重员工的沟通能力、处理突发事件的能力、独立处理工作的能力，在实习期间，学生们应该有意识地锻炼各方面的能力，训练和提升服务技能。

（三）实习危机应对

（1）在实习之前做好准备。在就业实习之前应该本着平等自愿、协商一致的原则，与用人单位签订有关劳动用工合同，在合同中明确、细致、全面地规定出双方当事人的责、权、利及应尽义务，预防劳动争议的发生。

（2）出现争议首先要与实习单位协商解决。对于实习的学生来说，最容易出现的是在劳动薪资、劳动质量等方面产生劳动争议，出现争议首先要与实习单位协商解决。

（3）依法维护自己的合法权益。在劳动纠纷发生后，学生可以通过学校向政府劳动争议仲裁机关或职能部门依法申请调解、仲裁或提起诉讼，也可以协商解决，从而有效地维护自己的合法权益。

二、大学生参加支农社会实践

（一）“三下乡”社会实践活动的含义

大学生“三下乡”社会实践活动，是指大学生深入农村，利用自己掌握的文化、科技、卫生等知识为农村建设服务，为农民群众服务，并在服务过程中不断提高自己的综合素质。在大学生“三下乡”社会实践活动中融入爱国主义教育，能使大学生在爱国主义精神感召下更加深刻地认识到“三下乡”社会实践活动的意义，从而更加自觉地提高服务意识，并在为农民群众服务的过程中认识到自己专业知识和实践技能上的不足，明确努力方向。

（二）“三下乡”社会实践活动开展的背景

“为深入学习贯彻习近平新时代中国特色社会主义思想和党的十九大精神，把贯彻落实全国高校思想政治工作会议精神进一步引向深入”，教育部于2018年5月决定委托部分高校开展“三全育人”综合改革试点工作，并提出了《“三全育人”综合改革试点工作建设要求和管理办法（试行）》。在该要求和管理办法中，实践育人是普通高等学校院（系）“三全育人”综合改革试点建设标准的一项一级指标，而“建立社会实践长效机制”在实践育人的三个二级指标中列第一位。① 对照该要求和管理办法，目前不少高校已经开展“三下乡”社会实践活动。

（三）“三下乡”社会实践活动开展的意义

“三下乡”社会实践活动是开展爱国主义教育的重要途径之一。近年来，随着科学技术和经济的迅猛发展，国家间在政治、经济、文化等领域的联系空前加强，但经济全球化是一把双刃剑，在推动世界各国经济发展和文明成果“共享”的同时，也对传统的民族国家主权观、安全观、文化观产生了巨大的冲击，出现了形形色色的新思潮，从而使我国的爱国主义教育受到了巨大挑战。受历史虚无主义的影响，一些大学生不能正确认识中国共产党领导中国人民进行革命和建设的历史，缺乏热爱中国共产党和中华人民共和国的情怀。

在“三下乡”社会实践活动中，大学生可以在为农民服务的同时，了解历史。大学生还可以了解中国农民在中国共产党领导下进行社会主义建设艰苦奋斗的历史以及所作出的巨大贡献，了解中国农村在改革开放中所取得的巨大成就，明确今天幸福生活的来之不易，从而培养、提高自己的爱国主义精神，坚定成为社会主义合格建设者和可靠接班人的意志。

资料链接

大学生下乡“带娃”，共绘“七彩假期”

烈日炎炎的校园，孩子们欢声笑语。暑期，湖南大学的6名研究生和13名本科生组成湖南省“七彩假期”志愿服务团队——电遇湘“溪”实践团，奔赴湘西州贫困山区，积极投身乡村儿童思想引领、身心健康、普法教育、科技创新、快乐成长等工作，开展丰富多彩的特色课程，陪伴乡村孩子们度过一个七彩缤纷的假期。

点燃红色引擎，感悟思想力量

“没有共产党就没有新中国，就没有我们现在的美好生活。”铿锵有力的话语时常在教室响起。为传承红色文化，弘扬红色精神，实践团队以党史学习为主题，开展了系列红色教育活动。团队成员带孩子们回顾了党成立以来的重大历史事件，

① 教育部办公厅．教育部办公厅关于开展“三全育人”综合改革试点工作的通知［R/OL］．［2025-04-20］．http：//www. moe. gov. cn/srcsite/A12/moe_1407/s253/201805/t20180528_337433. html.

并通过讲述革命先辈英雄故事，让红色教育深入人心，在寓教于乐中激发乡村儿童的爱国情怀。实践团成员周琳竣说：“儿童是祖国的花朵，爱国教育必须从娃娃抓起，未来祖国的建设才会越来越好！”

开展安全教育，助力健康成长

“一到暑假我就担心他们去池塘游泳，在街上被坏人骗。”家住内溪乡街道的一位家长道出了家长的担忧。实践团成员通过咨询相关专家、网络查找资料，探索出“三防四安全”模式，即围绕防溺水、防诈骗、防性侵、用电安全、用火安全、食品安全、交通安全，开展了形式多样、内容丰富的课程。模拟溺水急救操作、生动有趣的科普视频……内溪乡孩子们在有趣又有料的课堂中学会了一个又一个的新知识。

讲解科学原理，培养远大志向

“电从哪里来，电是怎样生成的?”结合专业知识，“电”遇湘“溪”团队以电力知识为切入口，通过讲解案例、观看视频，清晰阐述日常生活中孩子们看到的风力发电、卫星互联网连接的基础原理。

在讲解过程中，实践团成员蒋鹏时不时看到孩子们瞪大了眼睛、脸上露出惊讶的表情。他认为，孩子们对外面的世界充满了好奇与求知的渴望，作为当代大学生，应当以实际行动赋能乡村教育。在之后的课程中，蒋鹏与实践团成员也有意识地为孩子们通俗介绍电力科学的研究前沿，期望能够培养他们远大志向。

追随榜样脚步，奔赴闪亮未来

“哥哥，请问怎样才能提升学习的注意力?”“姐姐，如何才能写出优美的作文呢?”孩子们一个个问题在轻松愉快的座谈会现场被抛出。

在实践团成员和龙山团县委的共同组织下，就读国内知名高校的龙山县籍优秀学子走进支教课堂，向内溪乡的孩子们分享学习经验，解答成长之惑。从制订学习计划、合理分配时间、培养学习习惯到培养兴趣爱好、懂得感恩、做人诚信，分享会内容“干货”满满。

“七彩假期”支教课堂虽短，但是孩子们的“七彩人生”永不会停止，实践团成员和孩子们的交流并不会中断。离别之际，实践团成员组织学生家长建立了微信群，双方达成意向，今后湖南大学电遇湘“溪“实践团成员不仅能够为当地儿童开展“一对一”线上服务，还可以利用假期，结合孩子们需求开展更多特色课程，拓宽学习视野。

资料来源：《大学生下乡“带娃”，共绘“七彩假期”》，http：//hn. people. com. cn/n2/2024/0816/c356888-40946311. html。

三、高校大学生社会实践能力培养的意义

实践是提高当代高校学生综合素养的重要途径，也是大学生进行自我教育的主要方式。目前，我国各级党委、政府非常重视学生的社会实践培养工作。新时代下的中国若

想得到更加长久的发展，需要的是综合型人才，其不仅需要具有优秀的文化专业素养，还需要具备较强的社会实践能力，即懂得如何运用所学的基础理论知识去解决生活中的问题，进而改造我们所生活的客观世界。新时代的高校教育是集专业素养、思想道德、社会实践等为一体的，其中社会实践是实现学生专业能力展示的重要途径。同时也是促进新时代高校学生全面发展的重要途径。加强学生社会实践能力创新培养的意义主要有以下几点：

（一）有助于学生知识的完善与创新

新时代大学生只有通过社会实践，将课堂所学的基础理论知识内化吸收，这样在实际运用的过程中才会更加得心应手。还可以通过社会实践发现自己专业知识上的不足，及时对知识进行查漏补缺，进而让知识能够逐渐得到完善与创新。

（二）促进个人综合素养提高

素质教育是新时代所倡导的一种教育模式，不仅重视学生的专业基础能力，还非常重视学生的心理、认知及个性发展。现阶段大部分大学生为独生子女，他们并未经历过社会上的压力与挫折，对于社会缺乏足够的认知，同时合作交流能力较弱，未能具备吃苦耐劳的精神。素质教育所蕴含的先进理念就是建立在实践的基础上，由此可知，通过社会实践是对大学生进行素质教育的重要途径，进而可以有效提高大学生的个人综合能力素养。

（三）可以提高学生的社会责任感

新时代大学生社会实践能力培养工作是根据高校教育改革的基本任务，是有组织、有规划的引导学生参加社会经济与政治活动的总称。高校大学生不仅能够通过社会实践提高对社会的认知水平，同时也可以实现自我价值。

通过实践证明，加强大学生社会实践工作能够让新时代高校大学生更加迅速地融入社会生活之中，同时也能够增强他们的社会责任感，进而培养他们独立自强、奋斗不息的精神意志。

榜样力量

井冈山大学“红色追风”实践团队
在井冈山开展暑期社会实践活动

2024 年 7 月 3 日至 6 日，井冈山大学“红色追风”暑期社会实践团队在革命圣地井冈山开展了系列暑期社会实践活动。

八角楼，这座位于井冈山茅坪村的革命遗址，见证了中国共产党早期的革命奋斗历程，承载着革命先辈的坚定理想信念和不屈斗争精神。实践团队成员参观走访了八角楼革命旧址群，聆听关于井冈山革命斗争历史的讲解，在指导老师的带领下认真研读红色经典著作，进一步加深了对井冈山革命根据地的了解。

在井冈山的各个革命历史遗址和纪念场馆，队员们通过参观展览、观看文物和听取讲解员的详细解说，深入了解井冈山革命斗争的历程、重要历史事件和历史人物，对于中国共产党领导创建第一个农村革命根据地的革命斗争历史有了更加深刻的认识。同学们围绕调研主题进行了理论宣讲，并拍摄制作成小视频进一步强化宣传效果，以身体力行的实际行动大力弘扬井冈山精神、传承赓续党的红色基因。

在风景如画的挹翠湖畔，社会实践团队成员有幸邀请到中国井冈山干部学院的陈胜华教授进行了一场别开生面的座谈会。同学们就“八角楼的灯光”对当代青年的启发、井冈山精神在新时代的价值意义等话题进行了提问和讨论。陈胜华逐一解答了队员们的提问，勉励同学们坚定理想、脚踏实地，将个人的聪明才智应用到新时代强国建设、民族复兴的生动实践之中，在八角楼灯光的指引下成长为有理想、敢担当、能吃苦、肯奋斗的时代新人。

此次活动通过实地考察调研、参观访问、研学、讨论等形式，引领青年大学生不断夯实理想信念之基，大力弘扬井冈山精神，赓续传承党的红色基因与血脉。

资料来源：《井冈山大学“红色追风”实践团队在井冈山开展暑期社会实践活动》，http：//jx. people. com. cn/n2/2024/0709/c186330-40906660. html。

第二节　专业实践操作流程与规范指南

一、专业实习指南

实习作为连接校园学习与职场就业的关键纽带，对大学生的职业发展具有深远意义。优质的实习经历不仅是对其在校学习成果的有效检验，更是为未来就业奠定坚实基础的重要“预备战”。以下是专业实习的几个关键要点：

（一）获取实习信息

我们可以从以下渠道获取实习信息：

1. 学校公示栏

学校公示栏是获取实习信息的传统且可靠渠道。周边企业或公司常以纸质文稿形式，将招聘信息张贴于校内公示栏。对于期望在学校附近实习的学生而言，定期关注公示栏，能够精准筛选出符合自身需求的实习单位，这种方式具有地域适配性强、信息可信度高的特点。

2. 各地方人力资源和社会保障局

各地人力资源和社会保障局每年都会出台相关政策，大力支持学生假期实习。人力资源和社会保障局所提供的实习单位，涵盖多种行业类别，且均经过严格审核，具备较高的规范性与安全性。这些岗位不仅为学生提供了丰富的实践机会，还能帮助学生了解地方产业发展动态，增强就业竞争力。

3. 各大企业官网

从企业人才招聘策略角度来看，在寒暑假期间，各大企业通常会在官方网站发布实习招聘公告。有意向的学生通过持续关注企业官网，能够及时获取一手招聘信息，精准匹配自身专业与兴趣，找到契合自身发展需求的假期实习岗位，同时也有助于提前了解企业的文化与用人需求。

（二）结合自身专业或兴趣选择实习岗位

在选择实习岗位时，应优先考虑与自身专业相匹配或符合个人兴趣的方向。这种选择方式既能实现专业知识的实践转化，又能充分激发个人潜力，为未来职业发展做好充分准备。在具体决策过程中，要全面、客观地分析自身的专业知识储备、沟通技能水平、思维能力特点，以及性格特质与兴趣偏好。通过评估实习机会对个人能力和素质提升的实际价值，做出科学合理的岗位选择，以确保实习经历能够真正服务于个人职业发展目标。

（三）在实习中探索个人职业定位

实习是大学生探索职业定位的重要契机。在实习过程中，学生除了应认真完成工作任务，还应主动深入研究目标岗位的核心能力要求、岗位特性，仔细观察职位的晋升路径以及所在行业的发展趋势。通过将自身条件与岗位、行业要求进行对比分析，判断自身与该岗位或行业的适配程度，从而明确是否需要对职业定位进行调整。这种基于实践的职业探索，能够帮助学生更加清晰地认识自我，为未来职业发展规划提供精准方向。

（四）在实习中提高自身综合能力

进入企业实习后，学生需实现从学生到职场工作者的身份与思维转变，全面提升综合能力。

1. 树立结果导向思维

职场工作以结果为核心评价标准。客户关注最终成果，企业对员工的工作评估同样侧重于成果交付。即便过程中付出了诸多努力，若未能达成目标、交付成果，也不能视为工作完成。当工作未取得预期成果时，学生应主动协调各方资源，积极推动问题解决，确保工作目标的实现。

2. 合理安排时间

有效区分工作的轻重缓急是时间管理的关键。当对工作优先级存在疑问时，学生应及时向上级领导请示汇报，以确保工作安排科学合理，避免因时间分配不当影响工作进度与质量。

3. 保持积极工作态度

对待工作内容，学生应摒弃眼高手低的心态，以积极主动、认真负责的态度完成每一项任务，严格遵循时间节点，确保工作质量，在实践中积累经验，提升专业能力。

4. 提升沟通协作能力

良好的沟通与和谐的同事关系是职场顺利发展的重要保障。学生需注重学习有效的沟通技巧，尊重同事意见，积极参与团队协作，营造良好的职场人际关系，为自身职业发展创造有利环境。

二、专业实习实务

专业实习的顺利开展与高质量完成，离不开对各阶段实务要点的精准把握。从实习初期的适应、中期的成长到结束时的总结，每个阶段都蕴含着关键的实践方法与策略，具体内容如下：

（一）实习初期

1. 快速融入环境，构建全局认知

实习初期快速熟悉环境是顺利开展工作的基础。实习生不仅要深入了解所在部门的业务范畴、工作流程，还需对其他部门的职能与协作关系形成基本认知，从而在后续工作中更好地配合与沟通。同时，熟练掌握打印机、扫描仪等办公设备的使用方法，能够有效提升工作效率。基础办公设备的熟练操作是职场新人必备技能，这些技能可减少因操作不熟练带来的工作延误。

2. 明晰业务术语，夯实知识基础

在实习过程中，对于领导和同事提及的专业名词与业务关键词，实习生应及时查阅资料或向他人请教。准确理解业务术语是高效开展工作的前提，模糊的认知可能导致工作方向偏差或执行错误。通过及时解惑，能够快速建立起与工作相关的知识体系，为后续深入学习与实践奠定坚实基础。

3. 主动学习观察，加速知识获取

多听、多想、多自学是实习生快速掌握工作内容的有效途径。在工作中保持高度的敏锐性，主动观察同事的工作方法与流程，积极参与各类会议与项目讨论，通过阅读工作文档、报告等资料，系统了解业务全貌。这种主动学习的方式，能够帮助实习生在短时间内熟悉工作环境与业务内容，提升自身适应能力。

（二）实习中期

1. 强化责任意识，积极担当作为

进入实习中期，实习生应以正式员工的标准严格要求自己。主动承担工作任务，积极尝试接触新的工作领域，在实践中锻炼能力、积累经验。这种责任意识的培养，不仅有助于提升个人工作能力，还能为未来职业发展塑造良好的职业形象。

2. 规范工作流程，确保任务完成

靠谱的工作执行能力是职场人必备的素质。实习生在接受工作任务时，应清晰明确工作的目标、要求与时间节点，及时向领导汇报工作进度，遇到问题时先进行自主思考，提出解决方案后再寻求帮助。通过规范的工作流程与严谨的工作态度，按时、保质、保量地完成各项工作任务，展现良好的职业素养。

3. 注重总结反思，实现持续提升

总结与反思是推动个人成长的重要环节。实习生应定期对工作进行回顾，分析工作中的重点环节、潜在风险与改进方向。通过思考如何优化工作方法、提高工作效率、更好地应对突发状况，将实践经验转化为个人能力的提升，为后续工作的开展提供有力支持。

（三）实习结束

1. 完善实习鉴定，留存实践证明

实习结束后，应及时向实习单位申请实习证明。实习证明应包含实习岗位、岗位工作内容、完成的项目与任务，以及实习单位对实习生工作表现的综合评价等内容，并由实习单位签字盖章。实习证明是对实习成果的官方认可，也是未来求职、升学的重要参考依据。

2. 全面总结经验，优化求职简历

实习生需对整个实习过程进行系统总结，梳理实习中取得的成果、遇到的问题以及获得的成长与收获。通过反思自身在专业知识、实践能力、沟通协作等方面的不足，明确未来提升方向。同时，将实习经历中的关键成果与能力亮点提炼到简历中，增强简历的竞争力，为毕业求职做好充分准备。

3. 维护职场关系，拓展职业资源

良好的职场关系网络对个人职业发展具有重要价值。如果有意向毕业后进入实习单位工作，实习生可根据实际情况申请延长实习时间，加深与实习单位的了解与融合。离开实习单位后，应持续与同事、领导保持联系，关注单位业务发展动态，及时获取招聘信息，为未来职业发展创造更多机会。

资料链接

如何成为优秀的实习生？

让领导做选择题，而非解答题

如果领导要求你策划一场宣传活动，最好不要让领导做解答题，活动的具体细节等琐碎东西不要麻烦领导来确定。领导都喜欢做选择题，你应提前做好活动的多个预案，向领导汇报各个预案的优缺点，让领导来选择执行哪一个。

不要找各种借口

刚开始实习时，因为不熟悉业务难免会出问题。但要注意，出现问题时不能找各种借口推脱责任。如果说完成不了工作是能力问题，那么找各种借口来推脱责任就是态度问题了。这样会给人留下特别糟糕的印象。

多做事，少说话

我们要时刻提醒自己来实习的主要目的是提升自我，明白公司招聘你的目的是希望你为公司作出一定贡献，做到在工作期间把精力放在做事上。

提高工作的主动性

对于实习生，公司一般不会安排太多事情。我们在完成自己的工作后，要主动观察或开口询问周围的人是否需要帮助，这样才能在实习中真正有所学、有所悟、有所提高。①

三、假期兼职陷阱

寒暑假期间，多数学生会做兼职。假期兼职可以在锻炼自己、增加生活体验的同时挣一些生活费，是一种常见的社会实践形式。在假期兼职时，我们应擦亮眼睛，谨防落入各种“陷阱”。

（一）兼职“网络消费陷阱”

当下，传销组织手段愈发隐蔽且狡猾，这些组织常利用人们的心理弱点实施诈骗。它们打着“连锁销售”“特许经营”“直销”等幌子，或假以“国家搞试点”“响应西部大开发号召”等名义，诱使学生参与传销活动。从形式上看，相关市场监管报告显示，传销组织由以往单纯发展“下线”，转变为“网上营销”模式，打着“电子商务”“网络直销”等旗号借助互联网开展传销。这种方式使得其违法活动更为隐秘，传播范围也更为广泛，极大地增加了学生受骗的风险。

（二）培训陷阱

部分骗子公司与培训机构相互勾结，精心设下骗局。在招聘过程中，以“先培训，拿证后上岗”为借口，向求职者收取培训费、考试费、证书费等各类费用。依据《中华人民共和国劳动合同法》，用人单位不得要求劳动者提供担保或以其他名义向劳动者收取财物。② 可现实是，学生历经一段时间培训并参加考试后，公司却人间蒸发，或者被告知“考试未通过，无法上岗”。这种情况在《大学生求职陷阱及防范对策研究》一文中也有所阐述，充分表明此类陷阱对学生的危害极大。

① 张文胜，彭勇军，柴全喜．劳动创造美好生活——新时代劳动教育教程［M］．镇江：江苏大学出版社，2020：149.

② 中华人民共和国劳动合同法［R/OL］．［2025-04-20］．https：//www.mohrss.gov.cn/xxgk2020/fdzdgknr/zcfg/fl/202011/t20201102_394622.html.

（三）"押金"陷阱

一些用人单位声称出于管理便利，向应聘者收取一定数额的押金或保证金，并承诺工作结束后予以退还。但当工作结束，学生往往只能拿到工资，保证金却不见踪影。更有甚者，在学生交钱后，以职位已满或暂无工作为由，让学生回去等待消息，随后便没了下文。国家人事和劳动部门明确规定，用人单位不得以任何名义向应聘者收取报名费、考试费等，员工培训费用应由企业成本支出。然而，许多学生因求职心切且对相关规定缺乏了解，极易陷入此类陷阱，这在劳动法规解读类的专著中均有详细说明。

（四）"黑中介"陷阱

部分黑中介利用学生社会经验不足且求职急切的心理，收取高额中介费后，却未能履行承诺，不能及时为学生找到合适的工作。其惯用手段是不断拖延，让学生耐心等待，最终不了了之。还有一些中介"打一枪换一个地方"，骗取中介费后便消失得无影无踪。这揭示了学生在面对黑中介时的弱势地位以及加强监管的紧迫性。

四、兼职劳动关系

在过去，部分司法审判机关将劳动者的兼职行为认定为劳务关系。这种认定方式导致劳动者在兼职过程中，无法享有社会保险、法定节假日、最低工资保障等基本劳动权益，合法权益难以得到充分保障。

2008 年，《中华人民共和国劳动合同法》与《中华人民共和国劳动争议调解仲裁法》正式实施，明确了兼职劳动关系的认定标准：若兼职者与用人单位签订书面合同，双方关系将被界定为劳动关系；若既无书面合同，也未达成口头协议，则该兼职行为视为劳务关系。

对于参与兼职活动的学生群体而言，深入了解与兼职单位之间的权利义务关系至关重要。为切实维护自身合法权益，建议通过签订书面合同的方式，清晰明确双方的法律关系及具体权利义务，以避免潜在的劳动纠纷风险。

第三节　专业实习劳动主题实践活动

实践活动名称：《兼职之旅：是宝贵体验还是无谓浪费？》主题写作。

校园内外，关于兼职的争论从未停歇。有人将其视作成长的跳板，有人却视之为学业的绊脚石。兼职究竟是宝贵体验，还是无谓浪费？答案或许藏在选择与权衡之中。

在支持者眼中，兼职是踏入社会的"试金石"。在咖啡厅端盘，能学会察言观色；于企业实习，可触摸行业脉搏。这些经历不仅锤炼沟通、应变能力，更能带来经济回报，让学生在物质与精神上都收获独立。

反对者的担忧也不无道理。学生的首要任务是汲取知识，若因兼职挤占大量时间，导致成绩下滑，无疑是本末倒置。单纯为赚钱而盲目兼职，错过获取奖学金、参与科研项目的机会，从长远来看，损失远大于短期收益。

兼职本身并无绝对的对错，关键在于“度”的把握。选择与专业相关的兼职，既能巩固知识，又能积累行业经验；合理分配时间，将兼职作为学业的补充而非替代，才能实现“鱼与熊掌兼得”。毕竟，真正的成长，是让每一份经历都成为向上攀登的阶梯，而非前进路上的阻碍。

你是如何看待兼职的？请以《兼职之旅：是宝贵体验还是无谓浪费？》为主题，写一篇 600~800 字的作文。

【过程记录】

写作题目：

写作思路：

写作框架：

【结果评价】

教师或组长可参考表 10-1 对学生的作文进行评价。

表 10-1　**《兼职之旅：是宝贵体验还是无谓浪费？》主题写作评价表**

评价标准	分值	分数小计	教师评价
完成作文，且字数符合要求	30 分		
逻辑清晰，层次分明	20 分		
重点突出，详略得当	20 分		
语言流畅，不拖泥带水	10 分		
过渡自然，文字有吸引力	10 分		
体现自己的见识和理解	10 分		
总分			

第四节 正确认识创新创业

一、创新的内涵

在当今竞争激烈的时代，深入了解创新的基本常识，是实现创新突破的基石。创新是推动经济发展的核心动力，与竞争紧密相连，不可分割。熟知创新常识，是开启创新成功之门的钥匙。①

（一）创新的分类

创新涵盖广泛领域，类型多样，不同类型在内容与方法上呈现出显著的差异性和个性特点。以技术创新和管理创新为例，二者存在极大的不同。对于高职院校学生而言，着重了解以下创新类型意义重大，它们与学生毕业后的职业发展和竞争息息相关：技术创新、管理创新、企业创新、制度创新以及技术人才岗位创新。

1. 技术创新

技术创新已成为全球瞩目的热点话题。企业将其视为生存与发展的生命线，政府也将其作为提升国家综合实力与经济竞争力的关键手段。技术创新是指生产技术的创新，既包括开发新技术，也包括将现有技术应用于新场景。一项完整的技术创新活动，包含三个关键要素：技术及其载体、企业与企业家、市场与适度竞争。技术创新不仅是企业竞争优势的重要来源，更是推动当代社会经济发展的核心力量。

2. 管理创新

管理，是对人、财、物、事构成的系统运动、发展与变化进行有目的、有意识控制的行为。在知识经济时代，管理创新被赋予新内涵，管理创新包括管理机制、思想、组织、方法及手段等多方面的创新，是智慧管理与智能管理的融合，旨在提升管理效能，适应不断变化的内外部环境。

3. 企业创新

企业创新是企业持续发展的核心驱动力。从宏观层面看，专著《企业创新管理》中指出，企业创新包含企业功能、经营、机构、组织以及资产资本运作等方面的创新；微观层面，则涵盖产品创新、工艺创新、市场创新、流程创新与模式创新等。产品创新聚焦于创造新产品或改进原有产品功能；工艺创新，又称过程性创新，是产品生产技术的重大变革；市场创新强调改善与顾客交流沟通的方式，精准把握需求，以实现产品销售；流程创新是企业规模扩张时，为节约时间成本而进行的流程优化；模式创新则注重通过创新商业模式，整合各方资源实现竞争优势，例如某些企业通过独特方式整合硬件、软件与服务，以打造全新商业模式。

---

① ［美］约瑟夫·熊彼特．经济发展理论［M］．郭武军，译．北京：商务印书馆，2020：77-78.

4. 制度创新

制度创新是在现有生产和生活环境下，创设更能有效激励人们行为的制度，以推动社会持续发展与变革。约翰·康芒斯在《制度经济学》中指出，所有创新活动都依赖于制度创新的支撑与持续激励，制度创新能将创新成果固化，使其以制度化方式持续发挥作用，为其他创新活动保驾护航。①

5. 技能人才岗位创新

在当今社会，技能人才尤其是高技能人才，已成为国家和企业发展的重要力量。他们作为生产一线的主力军，立足于岗位创新，为企业创新和技术创新提供了重要突破口与支撑点，有力推动了企业和行业的发展。

资料链接

“科技怪才”杨成兴：以创新创业绽放青春

“创业的目的，就是实现对社会有意义的想法或发明，这个过程中，不管其如何简单无味，坚持以造福人为核心的出发点，一切可以拥有价值。发明家发明了灯，企业家却能够让它照亮全世界，只有创造发明应用于社会实践才更有意义。”讲出这番话的是被誉为“科技怪才”的杨成兴，一个身材偏瘦的“90后”青年。

2011年，杨成兴通过自荐，凭借特殊的发明才能被重庆电子工程职业学院免试录取。在校期间，杨成兴将臻于发明创造的兴趣发挥到极致，不仅荣誉不断，并一手创办重庆兴狼科技有限公司，将发明创造付诸实体市场。2016年，杨成兴获得“第十一届中国大学生年度人物”。

2015年，国务院副总理刘延东对杨成兴的创业事迹作出特别批示，“要认真总结杨成兴创新创业结果，积极推广其创新创业精神”。在新时代“大众创业、万众创新”的路上，杨成兴以自身的努力为广大青年做出了青春的榜样。

萌芽初绽　发明之梦源于问题困扰

“我真没发现自己有多大天赋，在创新方面我是比较心细而且善于执行，能实现一些问题的解决方案。”自幼便对科技发明充满无限兴趣的杨成兴这样笑着评价自己。

从小学到高中，杨成兴每年都会参加科技创新比赛，他也将每次比赛的成绩都视为期末考试的成绩，而在每一个学期期末家长会上，他的课桌上也总是全班奖状最多的，总是能在学校喇叭里听到来自校领导的各种表扬。

然而，一开始，爱好发明所获得的荣誉并未给杨成兴带来所有人的认可，没有漂亮的成绩单，在老师和家长眼中，杨成兴不是传统意义上“听话的孩子”。“我

① ［美］约翰·康芒斯．制度经济学（上册）［M］．于树声，译．北京：商务印书馆，1983：87.

好像从来就没有平衡过，那时也总逃不过班主任对我‘成绩不好，考中学很困难’的评价，回到家里也会经常被揍被骂。”杨成兴说，在传统应试教育观念下，尽管有老师和父母经常教导自己专心学习、权衡好兴趣爱好和学习比重的劝诫，但是他专注于科技发明的心思，从来没有改变过。

面对科技发明与学业的抉择，“屡教不改”的杨成兴只求做到“问心无愧”，在取得父母的理解后，他也将自己的心思完全投入发明创造那片自由驰骋的天地。

杨成兴称自己的发明想法大多来自偶然的灵光乍现，感兴趣了就边想边动手，发现问题了就着手去解决问题。

在杨成兴的发明专利中，有一项为“可伸缩安全笔”，其灵感便来源于同学经常被笔造成的误伤。“我当时就想，自己能不能解决笔比较容易伤人的问题。”杨成兴回忆说，有了这个想法后，他开始尝试很多方法，比如选择使用电子元件、磁铁等材料，或者用物理的技术或者化学性质的改变来解决笔尖容易伤人的问题。

在经过一番尝试后，杨成兴利用弹簧的原理，在笔杆握笔部位的外侧安装了笔芯固定卡套，在卡套内固定连接两个L形弹性卡脚，这样一来使得笔芯在不书写的状态下，即使没有笔帽的防护，当笔芯受到压力时也会自动退回到笔杆内，这样就解决了笔尖伤人的问题。

和很多人一样，杨成兴爱养花草，却因为屡屡照顾不周而导致花草枯萎。这个经历触动着杨成兴去思考解决成为“植物杀手”的问题。一次在课堂上，杨成兴偶然留意到矿泉水瓶里的水如果长时间不喝，瓶子上部会凝结成很多水蒸气。这个看似普通不过的日常现象却令杨成兴深受启发，“何不利用好水蒸气来浇花?”于是，经过一番试验，杨成兴成功发明出“自动保湿节水花盆”，并申请了专利。

鱼和熊掌不可兼得，虽然爱好和学习不能兼顾，但杨成兴从未动摇过潜心钻研发明的决心。“我只学自己感兴趣和认为有用的知识，同时我不会死记硬背，只在需要用的时候去寻找相关的答案，当我找不到答案的时候就会进行各种试验和尝试。”杨成兴说。

杨成兴称他依然记得所读的重庆复旦中学的一句校训：“努力前程，成功成人。”不过，每次在学校公开演讲时，杨成兴都会将校训稍作改动，说成“努力前程，成人成功”。

“我认为我最大的资本就是我所追求的是我向往的。”杨成兴认为，在兴趣爱好面前，他从未犹豫过，而正是这些经历为他实现自己的梦想铺垫了扎实的契机。

资料来源：《“科技怪才”杨成兴：以创新创业绽放青春》，https：//t. m. youth. cn/transfer/index/url/qnzz. youth. cn/tegao/201611/t20161105_8817529. htm？ ivk_sa = 1024320u。

（二）创新的意义

1. 创新是员工职场进步的核心能力

在市场竞争日益激烈的当下，企业对创新的需求愈发迫切，这要求员工将创新思维深度融入日常工作与生活。正如《创新与企业家精神》一书中所言："创新是企业家特有的工具，凭借创新，企业家可以将变化视为开创新业务或服务的机会。"①对员工而言，创新意识的强弱直接影响其竞争能力提升的速度与职业生涯的发展前景。在"互联网 +"时代，市场遵循"优胜劣汰、适者生存"的丛林法则，唯有不断创新，才能在复杂的市场经济与激烈的国内外竞争中脱颖而出。

企业的发展离不开创新驱动，员工的创新能力已成为企业选人用人的重要考核指标。以华为公司为例，其建立的"创新激励机制"鼓励员工突破常规思维，众多技术与管理的创新成果助力企业成为全球通信行业的领军者。这充分证明，创新不仅是企业增强市场竞争力的核心命脉，更是员工实现职场进阶的关键所在。

2. 创新的主要素质要求

人类社会的发展与科学技术的进步，始终与思维创新、方法创新、工具创新紧密相连。熊彼特在《经济发展理论》中强调，创新是打破旧的生产体系、建立新组合的过程，是推动社会进步的根本动力。② 事实上，创新能力是每个人潜在的特质，且能通过系统学习与训练得以激发和提升。在我国从制造大国迈向创造大国的进程中，培养创新型人才成为教育领域的重要使命，高职院校也需着重加强学生创新素质的培育。

创新素质涵盖智力素质与非智力素质两个关键维度。智力素质包括学习能力、记忆力、想象力、观察力和实际动手能力等；非智力素质则包含自信、质疑、勇敢、勤奋、热情等要素。美国心理学家特尔曼的追踪研究表明，在个人成就中，智力因素仅占20%，非智力因素占比高达 80%，这凸显了非智力素质在创新实践中的重要性。

创新动机的核心是强烈的事业心和责任感。技能人才的岗位责任感，是激发创造动机的思想基石。正如爱迪生致力于"揭开大自然的奥秘，并以此为人类造福"，这种崇高的使命感驱动他取得无数伟大发明。众多技能大师也以岗位为成长平台，不断实现创新突破。自信心同样是创新成功的重要前提，能让人保持积极心态，无畏困难与挫折。巴尔扎克凭借"狮子般的勇气和不可战胜的从事劳动的精力"，创作出《人间喜剧》等不朽著作。

此外，创新还需要持久的耐力、坚定的意志、专注的情感、质疑精神和无畏的胆量。良好的意志品质，包括坚定的信念、明确的目标、出色的自我管理能力等，是高职院校学生在未来职场赢得竞争的关键。专注的情感能激发员工对岗位的热爱与工作兴趣，成为创新的内在动力。而质疑精神要求员工敢于突破常规、提出问题，保持对创新的渴望。创新伴随着风险，只有具备不怕失败、勇于抗争的精神，以及科学理性的态度，才能在创新道路上稳步前行。

---

① ［美］彼得·德鲁克．创新与企业家精神［M］．魏江，陈侠飞，译．北京：机械工业出版社，2023：3.

② ［美］约瑟夫·熊彼特．经济发展理论［M］．郭武军，译．北京：商务印书馆，2020：97-100.

（三）创新的方法

笛卡儿曾深刻指出：“最有价值的知识是关于方法的知识。”掌握创新方法，如同拥有开启创新之门的钥匙，能让人在创新实践中更加游刃有余。以下为几种在创新领域中广泛应用且行之有效的常用方法。

1. 组合创新法

组合创新法的核心在于将两个或多个原本不相关的事物要素，以巧妙的方式有机融合，从而创造出具有全新生命力的事物或产品。从理论层面来看，这一方法打破了传统思维对事物界限的固有认知，正如学者在《创新方法论》中提及，组合创新是对既有资源的重新整合与价值重构。其组合形式丰富多样，既可以是不同材料、技术原理的结合，也可以是物品、颜色、形状等方面的搭配，甚至跨越不同领域、性能的事物也能进行组合，涵盖上下、左右、近缘、远缘、边缘等多种组合方式。

在实际应用中，众多伟大发明都源于组合创新。钢笔便是蘸水笔与墨水的巧妙组合，让书写更加便捷；汽车则是发动机与四轮车的结合，彻底改变了人类的出行方式。组合创新不仅推动了技术的快速发展，更是社会进步的重要驱动力。在实际操作中，常见的实用组合方法包括功能组合、结构组合等，通过对不同元素的优势互补，实现创新成果的价值最大化。

2. 类比创新法

类比创新法基于类比推理原理，即从两个事物在某些属性上的相同或相似，推导出它们在其他方面也可能存在相似属性。这种方法在技术发明领域发挥着关键作用，在创新实践中，人们往往通过细致观察和丰富联想，以熟悉事物为参照，延伸至相似的新事物，进而实现新技术、新产品的发明创造。

例如，在飞机设计过程中，工程师类比鸟类飞行的原理，不断优化飞机的气动结构；在建筑领域，人们借鉴蜂巢的六边形结构，设计出更加稳固且节省材料的建筑结构。通过类比推理，不仅能够开拓思维，还能为解决新问题提供极具价值的猜想和方向，助力创新者突破思维局限，找到创新的突破口。

3. 智力激励法

智力激励法，又称头脑风暴法、集思广益法，是一种通过集体讨论激发创造性思维的高效方法，在全球范围内被广泛应用。其有效性的关键在于对核心原则的严格执行。首先，鼓励与会者解放思想，摆脱固有思维的束缚，大胆提出新奇设想，以“求新、求异、求奇”为核心目标。其次，遵循延迟评判原则，避免过早对设想进行否定或批判，正如日本创造学家丰泽丰雄所说：“过早地判断是创造力的克星”，过早评判会扼杀众多潜在的创新观念。

此外，追求设想数量的最大化也是该方法的重要原则，大量的设想能够提高获得有价值创意的概率，且往往后期提出的设想更具实用性。同时，鼓励与会者相互启发，对他人设想进行补充和完善，以形成新的创意。美国学者奥斯本强调：“最有意思的组合大概是设想的组合”，充分体现了智力激励法中思想碰撞与融合的重要性。在实际职场应用中，会议结束后还需对所有设想进行综合评估与改进，以提炼出最具可行性和价值的创新方案。

4. 奥斯本检核表法

奥斯本检核表法，也称为检核表法、设想提问法或分项检查法，是创造学界极具影响力的创意思考方法。该方法通过引导创新主体围绕九个核心问题展开思考，从而激发思路、拓展想象空间，助力产生创新创意和解决方案。其设计的精妙之处在于多向思考，九条提示如同九个不同视角，帮助人们打破不愿提问或不善提问的心理障碍，突破传统思维框架。这九个问题分别是：有无其他用途、能否借用、能否改变、能否扩大、能否缩小、能否代替、能否调整、能否颠倒、能否组合。在实际应用中，无论是对现有产品的改进，还是全新创意的开发，奥斯本检核表法都能为创新者提供清晰的思考路径。例如，通过思考“能否扩大”，企业可能会开发出更大容量的产品；思考“能否代替”，则可能发现更环保、更高效的替代材料，从而实现创新突破。

正如黑格尔所言：“方法是任何事物所不能抗拒的、最高的、无限的力量。”①对于即将步入职场的学生而言，掌握这些创新方法是必要的基础。然而，更重要的是将这些方法应用于实际工作与生活中，保持勤于思考、善于发现问题的态度，才能真正发挥创新方法的价值，实现创新突破。

二、创业的内涵

（一）创业的定义

创业的概念具有丰富的层次与内涵，从范围上可划分为广义和狭义两种维度。广义的创业，是人类极具开拓性与创新性的创举活动，涵盖政治、经济、军事、文化、科学、教育等社会各个领域。《创业学：理论与实践》指出，这类活动以从未有过的实践，为社会带来了积极且深远的影响。例如毛泽东带领中国人民推翻了封建主义、帝国主义和官僚资本主义“三座大山”，建立社会主义新中国，这一伟大历程便是广义创业的典型范例。②

相较于广义创业，狭义创业的概念更聚焦于经济活动领域，众多学者从不同视角对其进行了界定。有学者提出：“创业是一种思考、推理和行动的方式，需要在方法上全盘考虑并拥有和谐的领导能力。”③因此，创业并非个人特质，而是任何人都能通过学习掌握的行为，它是一项需要系统性组织的工作。

在本章论述中，“创业”特指狭义层面的创办企业行为，尤其针对大学生群体探讨

---

① 马克思恩格斯选集（第1卷）［M］. 北京：人民出版社，2012：220.

② 刘平，李坚，钟育季. 创业学：理论与实践［M］. 北京：清华大学出版社，2016.

③ ［美］杰弗里·蒂蒙斯，［美］小斯蒂芬·斯皮内利. 创业学［M］. 周伟民，吕长春，译. 北京：人民邮电出版社，2005：13.

创业实践。大学生创业可定义为：大学生基于当下经济社会发展现状，遵循国家就业创业政策导向，运用所学理论知识与专业技能，主动挖掘市场商机，通过创造新产品、提供新服务等方式，实现潜在商业价值的过程。通俗而言，大学生创业就是以自谋职业为起点，将知识成果转化为市场产品，投身于企业创办与事业开拓的活动。这一过程不仅体现了大学生对知识的实践应用，更是其创新精神与创业能力的集中展现。

资料链接

寝室冲凉冲出来的创业达人——杨西炜的千万创业项目①

在长沙民政职业技术学院的校园里，流传着这样一个创业故事：一个大学生因为宿舍洗澡热水供应不稳定，从而萌生创业念头，最终将这个不起眼的小问题发展成为一个价值千万的创业项目。这个故事的主人公就是该校电子信息工程学院的学生杨西炜，被师生笑称为“寝室冲凉冲出来的创业达人”。

故事的起点，源自一个再平常不过的夜晚。杨西炜在宿舍洗澡时，发现热水供应总是时断时续，水温也忽冷忽热，这让他深感不便。然而，这个不起眼的小问题，却成为杨西炜创业的起点。他开始思考如何解决这个问题，并和同学们一起探讨。在老师的指导下，他们发明了“智慧融自中央热水节能管家系统”。

2018 年，杨西炜和他的团队成功获得了 200 万元的创业投资。大三时，他成立了自己的公司，正式踏上了创业的道路，在大学生群体中成为“创一代”。创业之初，杨西炜笑称自己“偷感”很重。为了解决寝室热水供应问题，他和团队成员常常在夜幕降临后，携带工具悄悄登上寝室楼顶，细致检查热水设备。虽然他们的行为时常导致整栋楼的热水供应中断，引来同学们的打趣，但杨西炜总是以笑容回应：“我们并非去偷热水，而是去偷那些因等待热水而虚度的无聊时光。”

创业的道路并非一帆风顺。最开始，他们研发的设备噪声大，无法在寝室运行。于是，杨西炜和团队另外 3 名成员在学校附近小区的地下车库租下 15 平方米的小场地，作为他们的实验室。在那里，他们进行了长达 8 个月的产品实验，最终成功研发出第一代产品。他们的宿舍也成为第一批享受到智慧系统的人。

随着产品的不断完善和市场应用的拓展，杨西炜团队所研发的系统已在全国 11 个省份、近 1000 个站点投入应用，其中高校就有百余家，包括浙江大学、同济大学、重庆师范大学等。杨西炜自豪地说：“我们为超百万名大学生解决了洗澡难的问题。”

创业成功后，杨西炜并未止步。他将创业的目光转向了乡村，专注于一些年轻

① 改编自何青，刘文暄．创业“新”锋丨杨西炜：大学时洗澡洗出了一个千万创业项目［EB/OL］．［2024-12-19］．https：//moment. rednet. cn/pc/content/646856/53/14557259. html.

人没有关注的农村厕所领域。他认为，宜居是乡村振兴的重要内容，希望能通过技术加持，改变农村家庭的旱厕脏乱差现状。于是，他和团队开始了长达3个月的调研，足迹遍布湖南37个县近200个乡镇。结合以往技术优势，他们与一家专注于农村户厕生活污水治理的公司开启了全新的技术合作，研发新型化粪池和污水处理回水循环装置，解决农村厕所冲水不足的痛点。

目前，该项目已在全省14个市州的近70个县成功落地，赢得了老百姓的一致好评，显著改善了农村的卫生条件。杨西炜和团队成员在一起沟通，共同为乡村振兴贡献力量。

作为职业院校的学生，杨西炜从不羡慕流量时代的网红，也不羡慕高楼大厦的白领。他坚持做实体经济，用科技服务社会。他相信，只有久久为功，步步为营，才能够实现自己的星辰大海。

在长沙民政职业技术学院这片充满创新与梦想的沃土上，杨西炜的创业故事激励着更多的学子勇敢追梦。学校鼓励并支持学生们围绕民生领域开展富有创意与温度的创业项目，期望每一位从这里出发的大学生创业者都能为解决社会问题、增进民生福祉贡献出不可或缺的力量。

（二）创业的特征

1. 价值创造的双重维度

创业本质上是一个价值创造的动态过程。新事业的价值不仅体现在为创业者带来经济收益与个人成就感，更在于其社会价值的实现。正如《创业经济学》所述，创业活动通过提供新产品、新服务或新商业模式，以满足市场需求，推动产业升级，为社会创造就业机会、促进经济增长。例如，新能源汽车企业的创立，既为创业者开辟商业新赛道，也助力社会实现绿色低碳转型，这正是创业价值双重属性的生动体现。

2. 高强度的资源投入与持续奋斗

完成创业全流程并成功创造有价值的成果，需要创业者投入大量时间、精力与体力。创业初期往往面临资源匮乏、市场竞争激烈等困境，《创业管理：理论与实践》研究表明，超70%的初创企业在起步阶段需经历日均工作时长超12小时的高强度阶段。① 以马云创办阿里巴巴为例，早期团队在艰苦环境中日夜攻坚，正是这种不懈努力，才推动了企业从创业小团队成长为商业巨头。

3. 多维风险的必然应对

风险贯穿创业全程，其表现形式因创业领域、团队资源差异而有所不同。常见的风险涵盖人力资源风险、市场风险、财务风险、技术风险及外部环境风险等。美国小型企业管理局（SBA）数据显示，约60%的初创企业因未能有效应对市场风险而失败。这要求创业者具备敏锐的风险洞察力与过人的胆识，敢于直面风险并制定应对策略。

① 段洪波，刘炎．创业管理理论与实践［M］．北京：科学出版社，2018.

4. 创业将给创业者带来回报

风险与回报的正相关关系是创业活动的重要特征。创业带来的回报既包括物质层面的财富积累，也包含精神层面的自我实现、社会认可。马斯洛需求层次理论指出，创业者在实现经济目标的同时，也在追求尊重与自我实现需求的满足 。例如，“老干妈”创始人陶华碧通过创业实现财富自由与品牌影响力提升，这种多元回报成为创业者持续奋斗的核心动力。

（三）创业者的特征

1. 良好的身体条件

创业者需具备健康的体魄、充沛的体力与旺盛的精力，以支撑高强度的工作节奏与复杂决策。苹果公司创始人乔布斯即使在身患重病期间，仍保持对产品创新的高度关注与工作热情，这印证了良好身体条件是创业成功的重要前提。

2. 过硬的心理素质

创业者的心理素质涵盖自我意识、性格、情感等多方面。在自我意识层面，需保持自信与自主；性格上应兼具开朗的沟通能力、坚持的毅力、果断的决策力与刚强的抗压性；情感方面要保持理性。面对创业途中的挫折与不确定性，创业者需提前做好心理建设。例如，罗永浩在创业失败后仍能重整旗鼓，正是强大心理素质的体现。

3. 优秀的人格品质

强烈的成就动机是创业者的显著特征，他们追求自我价值实现、社会尊重与财富积累。诚信品质更是企业立足之本，海尔集团创始人张瑞敏“砸冰箱”事件，通过坚守质量诚信重塑品牌形象，展现了诚信对企业发展的关键作用。

创新能力是创业者的核心竞争力，他们以创造性思维突破常规，寻求高效解决方案。曾宪梓“做生意靠创意而非本钱”的理念，深刻揭示创新在商业竞争中的决定性作用。此外，创业者需具备基于调查与事实的分析判断能力，运用创新思维进行科学决策，以应对复杂多变的市场环境。

资料链接

邵阳籍大学生黄金辉返乡创业，点燃家乡“青春梦”

在湖南省邵阳市，一股由大学生群体引领的创新创业热潮正在悄然兴起。其中，邵阳籍大学生黄金辉的返乡创业故事，成为这座城市引才、育才、用才、留才的生动注脚。

黄金辉，一个怀揣着创业梦想的邵阳籍学子，在外的求学经历让他深刻感受到了家乡与外界的差距，也激发了他返乡创业的决心。2025 年初，在邵阳市连续举办的多场关注大学生创新创业的大会后，黄金辉被家乡对人才的渴求和创新创业的浓厚氛围打动，毅然决定返乡创业。

“‘青青子衿，悠悠我心。但为君故，沉吟至今。’正在发展的家乡敞开胸怀，广纳人才，我愿做一颗‘种子’，在家乡的沃土上生根发芽。”黄金辉在邵阳市大学生新春座谈会上深情地说。他的发言，不仅表达了对家乡“崇文重教、招才纳贤”的盛赞，更展现了他以青春之我，铸桑梓辉煌的坚定信念。

黄金辉的创业之路并非一帆风顺。在决定返乡创业之初，他也曾面临过资金短缺、项目选择、团队建设等一系列难题。然而，邵阳市委、市政府对大学生创业的高度重视和一系列扶持政策，给了他莫大的信心和强有力的支持。

近年来，邵阳市委、市政府大力推进科技创新赋能攻坚，创新实施“邵商+”护航大学生创业计划，把大学生的成长成才与邵阳的发展紧密融合。为了全力推动大学生留邵来邵创业，邵阳市还根据实际情况制定了《邵阳市支持大学生创业若干措施》，并于2024年12月17日正式印发。这一措施明确了拓宽大学生创业金融支持渠道、落实大学生创业人才支持政策、设立邵阳大学生创业投资基金等多方面的扶持举措，为大学生创业提供了全方位的支持。

在邵阳市政府的扶持下，黄金辉成功获得了创业贷款和创业孵化基地的支持。他利用所学专长，结合家乡特色资源，创办了一家专注于文化创意和科技创新的企业。企业的创办不仅解决了他的就业问题，还带动了周边村民的就业增收，为家乡的经济发展贡献了自己的力量。

黄金辉的创业故事，是邵阳市大学生创新创业的一个缩影。在邵阳市政府的引导和扶持下，越来越多的大学生选择返乡创业，他们用自己的智慧和汗水，在家乡的沃土上书写着属于自己的青春传奇。

“创业是向前追梦，邵阳就是坚强后盾。”正如邵阳市委书记严华所说，邵阳市正以家的温度托举创业梦想，以政策的温度、平台的厚度、服务的力度交织成网，为创业者架起成长阶梯，构筑梦想的“孵化器”。在这座千年宝庆府里，青春之光正在照亮三湘大地的人才新图景。

资料来源：《时刻观察丨连续三场大会聚焦大学生　邵阳这样点燃创业就业“青春梦”!》，https：//sy. rednet. cn/m/content/646946/52/14711693. html，有改动。

三、创业素质提升方法

提升创业者素质是一项系统性工程，虽需家庭、学校、企业、政府协同构建宏观培养体系，但从大学生创业者的微观视角出发，掌握直接与间接的提升方法同样至关重要。这些方法将为大学生在创业道路上积蓄力量、奠定基础。

（一）创业素质直接提升方法

培养强烈的创业意识是提升创业素质的首要前提。创业者需从内心深处激发对创业的渴望，深刻认识创业的价值与意义，将创业目标内化为潜意识中的坚定追求，以此驱动自身不断探索与实践。

积极投身多元的第二课堂活动，是积累创业经验的有效途径。参与校内创业赛事，能在模拟商业竞争中锻炼创新思维与项目运作能力；勤工俭学、校外兼职及企业实习，则可深入了解市场运作规律与职场规则；创业模拟实训、基地见习考察，更能让创业者提前感知真实创业场景，为实战做好准备。

融入创业社群生态有助于拓展资源与视野。注册创业者论坛、参加创业沙龙和企业家论坛，关注优质创业公众号并加入交流群，既能及时获取前沿创业资讯、寻找志同道合的合作伙伴，又能在思想碰撞与资源共享中增强创业信心。

尝试低门槛创业实践，如微信创业（微创业），是大学生积累实战经验的理想选择。微商模式凭借低成本、低风险的特点，适合作为创业起点。从代理业务起步，在实际运营中学习客户管理、营销推广等技能，为后续发展奠定基础。

深度参与校内外创业园活动，能为创业者提供广阔的实践平台。通过观摩优秀项目、参与创业孵化课程，挖掘适合自身的创业项目并入驻园区，在真实的创业环境中汲取经验、提升素养。

投身创业课题研究，是实现理论与实践融合的重要方式。与创业导师合作开展课题研究，既能系统学习创业理论知识，又能在调研、分析与方案设计过程中，提升解决实际问题的能力，全面增强创业的综合素养。

（二）创业者素质间接提升方法

构建完善的知识体系离不开系统的课程学习。在校大学生应选修涵盖创业方法、创业管理、实战技巧等领域的课程，将专业知识与创业知识有机结合，为创业活动提供坚实的理论支撑。

广泛阅读创业相关书籍，是汲取前人经验的重要渠道。通过图书馆借阅企业家传记、创业案例分析等著作，或利用网络教学资源学习，能深入了解创业历程中的成功经验与失败教训，降低试错成本，提升学习与反思能力。

多渠道获取并筛选创业信息，有助于提升决策能力。借助报纸、杂志、广播电视等传统媒体，以及互联网、移动新媒体等平台，收集行业动态、政策法规、市场趋势等资讯，并运用批判性思维去伪存真、整合分析，为创业决策提供依据。

积极参与高端创业交流活动，能够拓宽视野、激发创业热情。聆听商界名流、专家学者的创业讲座与报告，参与项目研讨和咨询活动，能获取行业前沿观点，坚定创业信念，同时为项目发展提供新思路。

加入创业协会等组织，可有效整合创业资源。大学生创业者协会、校友创业协会等平台，不仅是创业者相互支持、共同成长的家园，更是拓展人脉、实现资源互补的重要渠道。通过参与协会活动，创业者能提升资源整合与协作的能力。

提升与多方机构及政府部门的沟通能力，对创业成功至关重要。学会与风险投资机构、资质评定机构、培训机构等建立良好合作关系，掌握与工商、税务、监管等部门的沟通技巧，有助于解决融资、政策申报等实际问题，增强创业情商与抗风险能力。

第五节 专业、职业与创新创业

一、创业与就业的区别

大学生创业是指大学生凭借自身知识与技能，通过自筹资金、技术入股、寻求合作等方式创办企业的实践活动。大学生创业作为新兴的择业路径，展现了青年群体主动参与社会竞争的进取精神，在创造社会价值的同时实现个人价值 。与传统就业相比，二者在角色定位、能力需求、成本收益等方面存在显著差异。

从角色定位来看，创业者在企业创建过程中始终处于核心决策层。德鲁克在《创新与企业家精神》一书中提出，创业者需承担企业战略规划、资源整合、风险决策等多重责任，是企业发展的主导者。而就业者通常处于企业中低层岗位，主要职责是完成既定工作任务。①

在能力要求方面，创业者需具备复合型知识与技能体系。创业者不仅要拥有战略眼光，还需掌握市场营销、财务管理、团队管理等具体经营技能。相比之下，就业者往往只需精于某一领域的专业技能即可开展工作。例如，在软件开发行业，程序员只需掌握编程技术便能胜任岗位职责，而软件创业团队负责人则需同时具备技术研发、市场推广、资金管理等综合能力。

在成本与收益层面，就业的主要投入为教育成本，即便企业经营不善，个人教育投资依然存在价值。而创业除教育成本，还需投入大量人力、物力和资金。《全球创业观察报告》表明，约60%的创业项目在初期面临资金短缺问题，一旦失败，创业者将承受前期投入的巨大损失。成功后，就业者通常获得固定薪酬及有限利润，而创业者则可获取企业大部分经营收益，其回报空间在理论上无上限。

此外，就业者可依托企业平台获取资源支持，而创业者更依赖个人经验、学识、资金储备以及对市场需求和资源的整合能力。正如《创业管理：理论与实践》所述，创业成功与否很大程度上取决于创业者对外部环境的适应能力和资源调配能力。②

二、创新促进职业发展

在数字化与知识经济时代，用人机构对受雇者的能力要求发生显著变化。首创精神、冒险意识、创业能力以及技术、社交、管理等综合技能已成为企业招聘的核心考量。尽管“创新”概念被广泛讨论，但本质上，创新是解决实际问题的必然产物。熊彼特在《经济发展理论》中提出，创新是生产函数的重新组合，当现有技术与方法无法

① ［美］彼得·德鲁克．创新与企业家精神［M］．魏江，陈侠飞，译．北京：机械工业出版社，2023：237-246.

② 段洪波，刘炎．创业管理：理论与实践［M］．北京：科学出版社，2018.

满足需求时，创新便应运而生。①

（一）岗位创新是高职院校学生创新的重要平台

立足岗位创新是技能人才实现价值的重要途径。在制造业、服务业等领域，众多企业通过开展岗位创新活动，推动技术革新与效率提升，大量青年技能人才借此脱颖而出。例如，某汽车制造企业通过设立“技能大师工作室”，鼓励一线工人进行工艺改进，累计产生创新成果300余项，创造经济效益超千万元。这种创新模式符合技能人才“在实践中成长、在岗位上成才”的发展规律，印证了“创新源于工作实践”的客观真理。

（二）专业技能是岗位创新的基础

我国高职院校作为高技能人才培养的主阵地，其培育的人才是推动制造业转型升级的关键力量。《中国制造2025》规划强调，高技能人才的创新能力直接影响国家制造业的核心竞争力。② 教育部职业教育与成人教育司研究表明，扎实的专业知识是创新的基石，缺乏专业技能支撑的创新往往难以落地。以数控技术专业为例，学生只有熟练掌握机械原理、编程技术等基础知识，才能在设备改造、工艺优化等方面提出有效创新方案。

（三）解决问题是技能创新的关键

创新的可行性是其价值实现的核心要素。任何创新都需考虑资源约束、技术可行性和成本效益等因素 。在提出创新方案时，需深入分析未被他人尝试的原因：可能是问题尚未显现、方法难以实施、创新价值不足或成本过高。通过系统调研与论证，才能提升创新项目的成功率。例如，某食品企业研发团队在改进生产线时，充分评估现有设备兼容性、改造成本等因素，最终通过局部技术创新实现了生产效率提升30%，验证了可行性分析对创新实践的重要意义。

在竞争激烈的现代职场，创新已成为职业发展的核心驱动力。通过强化创新意识、夯实专业基础、提升问题解决能力，职场人士能够更好地适应技术变革与产业升级，在“大众创业、万众创新”的时代浪潮中实现职业突破。

三、创业者的职业生涯规划

创业者的职业生涯规划是基于对个人个性特征、能力素质、内在需求等内部因素，以及资源禀赋、市场环境等外部条件的综合研判，从而确立创新创业发展方向与目标，并制定系统性计划的过程。根据舒伯（Donald E. Super）在生涯发展理论中

① ［美］约瑟夫·熊彼特．经济发展理论［M］．郭武军，译．北京：商务印书馆，2020：197.

② 国务院．中国制造2025［R/OL］．［2015-05-31］．https：//www.miit.gov.cn/ztzl/lszt/zgzz2025/index.html.

提出的观点，职业生涯是个体自我概念在职业领域的实现过程，与个人的生活方式选择紧密相连。职业生涯不仅是谋生手段，更是个体实现自我价值、追求自我完善的重要途径。

马斯洛所提出的需求层次理论表明，自我实现需求是人类最高层次的需求，其驱使个体充分发挥潜能，追求理想目标。① 对于创业者而言，这种需求体现为通过创新创业活动解决社会问题、实现商业抱负。在“大众创业、万众创新”的时代背景下，创业已成为众多个体实现自我价值的重要选择。

从发展心理学视角来看，生涯规划贯穿个体生命全程。不同人生阶段具有特定的发展任务，创业者需依据自身发展阶段，动态调整职业规划。在创业决策前，创业者需全面了解创新创业所需的条件、面临的风险与挑战。成功的创业者不仅需具备创新精神与创业能力，更应制定科学的个人发展规划与创新创业计划，以应对复杂多变的创业环境。

四、创业环境分析

新创企业的微观环境由行业环境、竞争环境、中介环境、顾客环境、公众环境和内部环境六大要素构成。参考波特（Michael Porter）在《竞争战略》中提出的理论，对这些环境要素的分析是制定创业战略的关键，分别阐述如下：

（一）行业环境

行业环境是创业决策的重要考量因素。根据《产业经济学》的研究，创业者需关注行业壁垒，包括规模经济效应、投资风险程度，以及行业周期不同阶段供应商和消费者的议价能力。② 例如，在高新技术行业，往往存在较高的技术壁垒与研发投入风险；而传统制造业则更受规模经济的影响。

（二）竞争环境

竞争环境直接影响新创企业的生存与发展。依据波特的五力模型，创业者需分析产品或服务的差异化程度、替代品威胁、现有竞争者的强度，以及潜在进入者的威胁。准确评估竞争环境有助于新创企业制定差异化竞争策略，提升市场竞争力。

（三）顾客环境

顾客环境分析的核心在于洞察市场需求。所罗门的《消费者行为学》研究表明，创业者需深入了解目标市场的消费特征，挖掘潜在需求，尤其要关注行业不同发展阶段

---

① ［英］亚伯拉罕·马斯洛．动机与人格［M］．陈海滨，译．南昌：江西美术出版社，2021：68-69.

② 王俊豪．产业经济学［M］．北京：高等教育出版社，2015：53-67.

消费者需求的变化。① 例如，在新兴行业发展初期，消费者更注重产品的创新性；而在成熟阶段，则更关注产品的性价比与服务质量。

（四）公众环境

公众环境涵盖政府机构、媒体、社会团体、地方大众和网民群体等。良好的公众关系有助于新创企业获取政策支持、提升品牌形象。例如，与政府部门保持良好沟通，有助于企业及时了解政策动态；积极利用媒体进行宣传，可有效提升企业知名度。

SWOT 分析法是一种广泛应用的战略分析工具。根据《战略管理》的理论，该方法通过综合评估企业内部优势（Strengths）与劣势（Weaknesses），以及外部机会（Opportunities）与威胁（Threats），为企业战略选择提供依据 。在创业环境分析中，SWOT 分析法能够帮助创业者全面把握内外部环境，从而制定科学的创业战略。

第六节　劳动在创新创业中增值

一、创意为劳动增添价值

创意作为人类创造性思维的具象化表达，是推动社会发展与价值创造的核心动力。一般认为，创意是通过创新思维对资源进行重新组合与激活，从而提升资源价值的独特方法，深刻影响着人类的生活方式与生产模式。例如，从蒸汽机车到时速 350km 的高铁，正是人们对速度提升的创意构想，驱动着交通技术的持续革新。在信息时代，产品创意更是成为社会进步的重要引擎，不断重塑市场格局。

（一）创意的定义及要素

创意学作为新兴学科，系统揭示了创意的本质与构成。创意是个体从事创造性社会实践的过程，是与自然、社会环境进行信息交换的创新性劳动。创意的核心在于创造性思维，其内容涵盖产生创造性成果的思维过程，以及思维本身与结果均具创造性的创意思维。

从构成要素来看，创意包含三个关键层面：首先是创意概念形成，这是思维层面的初步构想；其次是创意素材选择，即围绕概念收集并分析相关素材，使抽象想法具象化；最后是创意实现/表现方法，其指在现实条件限制下，将创意转化为实际成果的具体方式。创意思维成果的诞生，依赖于思维方式、过程的创新，二者相辅相成，共同构成创意思维的核心内涵。

---

① ［美］迈克尔·R. 所罗门. 消费者行为学［M］. 卢泰宏，杨晓燕，译. 北京：中国人民大学出版社，2009：5-6.

（二）创意带来技术性突破

纵观人类发明创新史，众多重大技术突破均源于创意的驱动。爱迪生曾言："有史以来，没有任何一件伟大的事业不是因为创意而成功的。"创意不仅是解决问题的灵感源泉，更是推动技术进步的精神动力。以特斯拉电动汽车为例，其创始人马斯克突破传统汽车能源的固有思维，将新能源与智能科技相融合，开创了电动汽车行业的新纪元。

习近平总书记强调："生活从不眷顾因循守旧、满足现状者，而是将更多机遇留给善于和勇于创新的人们。"① 这深刻揭示了创意在时代发展中的关键作用。创意鼓励人们突破常规的思维定式，从不同视角探索世界，通过思维方式的转变实现技术创新与价值创造。

二、创业为创新提供平台

在知识经济与信息化时代，创业能力已成为稀缺的社会资源。创业是对资源的重新整合与价值创造，需要超越现有资源限制，运用市场机会与创新思维。对于大学生群体而言，创业不仅是实现个人价值的途径，更是推动社会创新发展的重要力量。

（一）把握创业机会

对于充满创业热情的大学生来说，面对复杂多样的市场机会，需系统学习创业知识，提升项目评估与选择能力。良好的企业构思能够显著提高创业效率，降低风险。

以"饿了么"的创业历程为例，创始人从校园生活场景中敏锐捕捉到外卖配送的市场需求，通过整合资源、创新商业模式，成功打造出领先的本地生活服务平台。这启示创业者应注重市场调研，深入挖掘潜在需求，运用创新思维将创意转化为可行的商业项目。

（二）把握创业模式

大学生虽在资金、经验方面存在不足，但凭借其知识结构、信息技术能力与创意策划优势，在创业方向选择上具有独特潜力。依托高校科研资源，发挥技术专长，是大学生科技创业的重要路径。如"易得方舟""视美乐"等大学生创业企业，正是凭借技术创新实现快速发展。

在网络经济浪潮下，大学生可充分利用互联网资源，探索创新商业模式。同时，在创业决策过程中，需保持理性，运用 SWOT 分析等工具，综合评估项目可行性，审慎选择创业方向，确保创业项目兼具创新性与市场竞争力。

① 习近平．论党的青年工作［M］．北京：中央文献出版社，2022：20.

三、创新创业主题实践活动

（一）实践活动：创意点子集——自行车的发明与演变信息

1. 训练通过检索获取信息的方式，并尝试对有效信息进行筛选

步骤一：教师布置任务，要求学生搜集并整理“自行车发明和演变”的文字和图片信息。

步骤二：课下，学生从图书馆或利用计算机进行相关信息的搜集。

步骤三：对信息进行筛选和整理，形成书面材料。

步骤四：给出任务情境：在骑自行车的时候，希望自行车体积要大，以便能够载人或者载物，但是当停放自行车的时候，又希望节省停车场空间。如何解决？

2. 讨论自行车的改进方案

步骤一：划分小组，采用随机抽样的方式进行分组，每组 4~6 人为宜。

步骤二：以小组为单位讨论，我们日常用的自行车可以怎么改进，能改造成什么样子？主要用途有什么？

步骤三：小组派代表发言，老师做总结。

【过程记录】

创意要点：

难点及解决方案：

心得体会：

【结果评价】

教师可参考表 10-2 对学生关于“创意点子集——自行车的发明与演变的信息”的完成情况进行评价。

表 10-2 **“创意点子集——自行车的发明与演变的信息”主题实践完成评价表**

评 价 标 准	分值	分数小计	教师评价
参与活动全过程	20 分		
积极主动，献计献策	30 分		
出色完成自己的任务	20 分		
促进活动关键节点的推进	15 分		
有创新意识	15 分		
总分			

（二）实践活动二：创新思维训练营——新组合新创想

1. 目标

通过组合法训练游戏，让同学们掌握创新技法。

2. 规则和程序

把办公室里的物品分成两类，写成两栏（如表 10-3），每栏各有六种物品，采用随机指定的方法来确定组合方式，以激发新的创想。

表 10-3 **创新思维训练营——新组合新创想**

第一栏	第二栏
1. 公文柜	1. 书　柜
2. 桌　子	2. 太阳镜
3. 咖啡杯	3. 闹　钟
4. 电　话	4. 电　灯
5. 地　毯	5. 椅　子
6. 订书机	6. 电灯开关

参考文献

[1] 马克思恩格斯选集（第1~3卷）[M]. 北京：人民出版社，2012.

[2] [德] 马克思. 1844年经济学哲学手稿 [M]. 中共中央马克思恩格斯列宁斯大林著作编译局，编译. 北京：人民出版社，2018.

[3] 马克思恩格斯文集（第1卷）. 北京：人民出版社，2009.

[4] [瑞士] 裴斯泰洛齐. 林哈德和葛笃德 [M]. 北京编译社，译. 北京：人民教育出版社，2005.

[5] [德] 福禄培尔. 人的教育 [M]. 孙祖复，译. 北京：人民教育出版社，2005.

[6] [美] 约翰·杜威. 民主主义与教育 [M]. 王承绪，译. 北京：人民教育出版社，2001.

[7] [苏] 安·谢·马卡连柯. 论共产主义教育 [M]. 刘长松，杨慕之，译. 北京：人民出版社，1981.

[8] 张之洞. 劝学篇 [M]. 上海：上海古籍出版社，2002.

[9] 蔡元培. 蔡元培全集（第2卷）. 杭州：浙江教育出版社，1997.

[10] [德] 马克思. 资本论（第一卷）[M]. 中共中央马克思恩格斯列宁斯大林著作编译局，译. 北京：人民出版社，2004.

[11] 林崇德. 发展心理学 [M]. 北京：人民教育出版社，2018.

[12] 张华. 劳动教育理论与实践 [M]. 上海：华东师范大学出版社，2020.

[13] [美] 西奥多·W. 舒尔茨. 人力资本投资 [M]. 吴珠华，译. 北京：商务印书馆，1987.

[14] [英] 威廉·配第. 政治算术 [M]. 陈冬野，译. 北京：商务印书馆，1978.

[15] [英] 亚当·斯密. 国民财富的性质和原因的研究 [M]. 郭大力，王亚南，译. 北京：商务印书馆，2002.

[16] [德] 弗里德里希·李斯特. 政治经济学的国民体系 [M]. 陈万煦，译. 北京：商务印书馆，1961.

[17] [美] 西奥多·W. 舒尔茨. 人力资本投资 [M]. 吴珠华，译. 北京：商务印书

馆，1987.
[18]［美］加里·S. 贝克尔．人力资本［M］. 梁小民，译．北京：北京大学出版社，1987.
[19] 中华人民共和国劳动法［M］. 北京：法律出版社，1994.
[20]［美］JonathanHall. 算法劳动：零工经济的控制与反抗［M］. 李华，译．上海：上海人民出版社，2023.
[21]［美］亚伯拉罕·马斯洛．人类动机理论［M］. 纽约：哈珀罗出版社，1943.
[22]［美］弗雷德里克·赫茨伯格．工作与人性［M］. 纽约：世界图书公司，1959.
[23] 叶喆民．中国陶瓷史［M］. 北京：生活·读书·新知三联书店，2011.
[24] 李建华．职业道德与法律规范［M］. 北京：高等教育出版社，2015.
[25]［美］斯滕伯格．创造力手册［M］. 施建农，译．北京：北京大学出版社，2005.
[26] 李志祥．劳动安全与职业健康管理［M］. 北京：中国劳动社会保障出版社，2020.
[27] 李知宴．中国陶瓷史［M］. 北京：社会科学文献出版社，2011.
[28] 檀传宝．劳动教育论［M］. 北京：北京师范大学出版社，2020.
[29] 李开复．AI·未来［M］. 杭州：浙江人民出版社，2018.
[30] 檀传宝．劳动教育论［M］. 北京：北京师范大学出版社，2020.
[31] 朱光潜．谈美［M］. 北京：生活·读书·新知三联书店，2019.
[32] 费孝通．乡土中国［M］. 北京：北京大学出版社，2018.
[33] 邵峰，等．志愿服务与发展［M］. 北京：北京出版社，2020.
[34] 李维安．非营利组织管理学［M］. 北京：高等教育出版社，2005.
[35] 赵立波．中国特色公益服务体系研究［M］. 北京：人民出版社，2015.
[36] 彭柏林．中国特色社会主义志愿服务伦理学［M］. 北京：人民出版社，2023.
[37] 陆璇，林文漪．中国社会组织法律实务指南［M］. 北京：法律出版社，2016.
[38] 冯艾．大学生社会实践导读［M］. 北京：社会科学文献出版社，2005.
[39]［德］尤尔根·哈贝马斯．理论与实践［M］. 郭官义，李黎，译．北京：社会科学文献出版社，2010.
[40] 郝大海．社会调查研究方法［M］. 北京：中国人民大学出版社，2024.
[41] 邹朝望，闫伟伟，李强．理论与实践：生态环境与资源保护研究［M］. 北京：北京工业大学出版社，2019.
[42] 胡文仲．跨文化交际学概论［M］. 北京：外语教学与研究出版社，1999.
[43] 温和瑞，邱鑫．创新创业教育理论与实践［M］. 北京：清华大学出版社，2023.
[44] 王远东．劳动争议处理实务［M］. 北京：北京大学出版社，2009.
[45] 李斌．大学生职业发展与就业指导［M］. 北京：科学出版社，2020.
[46] 王峰．高校就业指导工作体系研究［M］. 北京：中国市场出版社，2010.
[47]［美］ANDREW J. DUBRIN. 职业心理学［M］. 姚翔，陆昌勤，等译．北京：中国轻工业出版社，2008.

[48] 钟立新，陈光建．职业生涯规划与发展 [M]．镇江：江苏出版社，2014.
[49] 王冰田．职业素养与职业发展：从校园到职场 [M]．北京：北京师范大学出版社，2010.
[50] 于斌．组织行为学 [M]．北京：清华大学出版社，2013.
[51] 王鹰．终身学习与职业发展 [M]．北京：中央广播电视大学出版社，2014.
[52] 李玫瑾．犯罪心理研究——在犯罪防控中的作用 [M]．北京：中国人民公安大学出版社，2010.
[53] [美] 约瑟夫·熊彼特．经济发展理论 [M]．郭武军，译．北京：商务印书馆，2020.
[54] [美] 约翰·康芒斯．制度经济学（上、下）[M]．于树生，译．北京：商务印书馆，2021.
[55] [美] 彼得·德鲁克．创新与企业家精神 [M]．魏江，陈侠飞，译．北京：机械工业出版社，2007.
[56] [美] 吉姆·柯林斯，[美] 杰里·波勒斯．基业长青 [M]．真如，译．北京：中信出版社，2019.
[57] 刘平，李坚，钟育秀．创业学——理论与实践 [M]．北京：清华大学出版社，2016.
[58] [美] 杰弗里·蒂蒙斯，[美] 小斯蒂芬·斯波内刊．创业学 [M]．周伟民，吕长春，译．北京：人民邮电出版社，2005.
[59] 段洪波，刘炎．创业管理：理论与实践 [M]．北京：科学出版社，2018.
[60] 廖美玲．职业生涯与发展规划 [M]．厦门：厦门大学出版社，2015.
[61] 王俊豪．产业经济学 [M]．北京：高等教育出版社，2015.
[62] [美] 迈克尔·R. 所罗门．消费者行为学 [M]．卢泰宏，杨晓燕，译．北京：中国人民大学出版社，2009.
[63] 李道平．公共关系学 [M]．北京：科学出版社，2006.
[64] 朱钟炎，丁毅．创意思维方法论 [M]．北京：北京大学出版社，2021.

后　记

在全面建设社会主义现代化国家的壮阔征程中，新时代大学生劳动教育与实践既是时代发展的必然要求，更是对教育领域落实国家战略的积极响应。党的十八大以来，党中央站在培养担当民族复兴大任时代新人的战略高度，将劳动教育纳入社会主义建设者和接班人的总体要求，“德智体美劳”全面发展的育人理念深深扎根教育实践。2021 年，全国人大常委会修订《中华人民共和国教育法》，明确提出教育“必须与生产劳动和社会实践相结合，培养德智体美劳全面发展的社会主义建设者和接班人”，指明了新时代劳动教育改革创新的方向。本书正是在这样的政策背景下编写而成，各章节内容紧密围绕国家战略部署，以新时代劳动教育的核心任务为指引，全方位展现劳动教育的时代内涵。

本书是编者团队对新时代劳动教育实践的集体思考。全书由赵忠民统筹，负责总体章节设计，并最后审定书稿。团队具体分工如下：金益负责撰写第九章和第十章，王亮负责撰写第五章、第六章、第七章，崔懂礼负责撰写第一章、第二章、第三章，钱宏宇负责撰写第四章、第八章。团队成员各展所长，从理论深化、案例打磨到组织协调，确保内容兼具理论意义与实践指导价值。每一章节的内容都饱含着编者对劳动教育事业的热爱与责任。因此，本书力求将党的劳动教育政策精髓转化为可感知、可操作的育人指南。

征程万里风正劲，重任千钧再奋蹄。劳动教育是落实立德树人根本任务的重要载体，也是培养时代新人的关键环节。期望本书能助力高校将党的教育方针融入劳动教育全过程，引导大学生成长为担当民族复兴大任的时代新人；也期待各界读者反馈意见，携手推动新时代大学生劳动教育顺应政策大势，不断创新发展，为建设教育强国、实现中华民族伟大复兴贡献力量。

赵忠民

2025 年 5 月 6 日